U0086233

滄海叢刊

社會學的滋味

蕭新煌 著

1988

東大圖書公司印行

©社會學的滋味

作　者　蕭新煌
發行人　劉仲文
出版者　東大圖書股份有限公司
總經銷　三民書局股份有限公司
印刷所　東大圖書股份有限公司
地址／臺北市重慶南路一段六十一號二樓
郵撥／○一○七一七五－○號
初　版　中華民國七十七年三月
編　號　E 54062
基本定價　柒元壹角壹分
行政院新聞局登記證局版臺業字第○一九七號

有著作權・不准侵害

社會學的滋味
編號 E 54062
東大圖書公司

獻給

所有讓我有機緣品嘗到
社會學滋味的老師們

自　序

李遠哲博士在這一陣子再度返臺的期間，曾經做了一次講演，談到學者的三個任務，教學、研究與社會服務，該如何搭配和協調的分寸。他認爲教學與研究還是最基本的責任，把書教好，將研究做好，應是學術界的本份；不過，他更強調，學者既然是社會的一份子，當然也不能推託掉對社會服務的責任。

在幾位獲得諾貝爾獎殊榮的中國人當中，在美國柏克萊教書的李遠哲教授是一位頗爲關懷臺灣社會現實問題的科學家。他對臺灣的政治、社會與學術現況都曾做了中肯而眞心的批評，既不虛驕也不奉承，可說是難得的「臺灣子弟」。他所造成的「李遠哲旋風」所留下來的社會衝擊，不只是年輕學子一時的羨慕之情，而更是讓很多人有思考問題的自由空間。他表現出來的風格，也不只是「知識人」的書卷氣，更是「社會人」的參與精神。書卷氣的養成並不太難，但參與精神的培養除了讀書和學位之外，恐怕還更要對社會有足够的熱忱和幾分的骨氣。

從李遠哲的例子讓我更深的體會到學者在今天的臺灣社會裏，確實蠻辛苦，也蠻不容易做好的。不但要對學術規範效忠，遵守學術的要求，又要對推動學術之外的社會進步，負擔多一重的義務和責任。這樣子的雙重負擔，恐怕不是其他先進工業國度裏的學者所能體會出來的。在中國人的社會裏，學者的社會角色尤其凸顯出這種以「天下爲己任」的性格。這還不只是學者自己志願的承諾，恐怕更是社會上一種過多期待的壓力結果。我基本上並不排斥這種知識分子「天下爲己任」的文化及歷史使命感，但我卻認爲學者自己要有「自知之明」和「量力而爲」的本事，旣不要膨脹自己，更不可因爲將「天下」視爲「己」任，而無形中把自己變成另一種權威主義的俘虜。

我所謂「自知之明」，是說學者的社會參與，尤其是透過言論和實際的運動參與，在針對社會、政治現實進行批判與改造時，一方面要先了解自己最能發揮的專長，有的人長於思考，有的人則擅於運動，更有的人是對找尋新旨趣、成立新組織有很大的興趣，這三種參與方式都有它的貢獻，這得隨每個人的性格與專長去選擇參與及服務的路子。旣不能相輕，也不要勉強，把自己視爲全能的學者與運動家。因爲學者與運動家這兩種角色之間是難免有衝突和矛盾的。而我所謂「量力而爲」是說衡量個人有多少力量就做多少事，同時更要欣賞和動員其他學者的專長和力量，化個人的力量爲集體的力量；「量力」的定義也就不單是一個人的「力」而已，而是更多學者的「力」了。如果有了「自知之明」和「量力而爲」的認識，我想「天下爲己任」的使命感才不會變質成爲另一種個人權威主義的化身。在學術的領域裏，眞正的行家是可以「權威」稱之，那也只能限於專業的範疇，但這種「權威」怎麼說也不該淪爲「權威主義」的藉口。尤其是以改造社會不公平制度和打倒政治權威主義，做爲社會參與宗旨的學者，如果也不幸犯上「大頭病」，那不是更令人遺憾和感慨嗎？

要避免學者在從事社會改革運動時會犯上「權威主義」或「大頭病」，除了要在態度上時時警惕自己之外，可能更重要的是要先鞏固自己的學術基礎，在學術的天地裏得到充分的滿足感來源，而不要過於計較是不是能從社會參與得到什麼。如果要計較有什麼「得失」，那是應該從學術工作裏去爭取，而不宜想從社會服務過程中去獲得。我想李遠哲教授所說的意思，大概就是如此。

學術研究過程的本身，可以也應該「中立」，但是選擇什麼樣的學術研究，用什麼角度去詮釋，以及研究結果的運用，那是「中立」不起來的。主觀的考慮就會影響到用什麼立場說話，這種體驗也是我幾年來，以治社會學的學者身分，感觸很深的一點。我就發現學術研究的本身，在某個程度內也具有社會批評與社會參與的含意。

這本以「社會學的滋味」爲書名的文集，是我將過去幾年來寫過有關治社會學心得的八十四篇評論文章彙集成册而成的。在這本書第一輯的文章裏，我探討了我對社會學的本質的看法和我如何追求社會學的想像，所以輯名就叫「追求社會學的想像」；第二輯收錄了我從「發展社會學」角度發抒對臺灣發展困境的文字，輯名是「理解發展的辯證」；第三輯集中在探索臺灣社會的結構轉型、知識分子和中產階級；第四輯的文章則旨在剖析大衆文化的內涵以及評述當前婦女的社會處境；在第五輯的文章裏，我則試圖去打開學術的象牙塔，分析學術圈內及圈外的種種問題；第六輯的文章是我幾年來研究大陸社會變遷及發展的心得，也是我自認正在開拓的一個小的新領域；第七輯則放眼第三世界，釐淸「第三世界」的概念及探索幾項第三世界發展的事實；最後一輯的輯名叫「寫下社會學的遊記」，是收集了幾篇或是親訪或是臥遊的「遊記」等，是社會學的小品文章。

品嘗社會學的滋味，旣沒有專利，也不是一種特權；它應該是人人都可以有的權利。我幸運的嘗到了一些，我想也將它分享給更多的圈內同行及圈外朋友。在這裏我要以這本書獻給曾經在我學習過程中給我機會讓我品嘗到社會學滋味的老師們，沒有他們，我不可能嘗到這種社會學的滋味，我很謝謝他們的教誨。我也希望這本書能讓那些現在正在學習社會學的年輕學子們，增加多一點興趣和多一分傻勁，來親身嘗嘗社會學的滋味。

這本書能夠出版，我也特別要謝謝三民書局發行人劉振強先生的鼓勵，並且將它列爲東大圖書公司滄海叢刊的社會系列之一。

蕭 新 煌

民國七十六年十一月十六日於南港

社會學的滋味　目次

序

輯一　追求社會學的想像

輯二　理解發展的辯證

◈ 輯三 探索結構轉型、知識分子與中產階級

◈ 輯四 剖析大衆文化與婦女處境

◈ 輯五　打開學術的象牙塔

輯六 關懷大陸社會

輯七 瞭解第三世界

◈ 輯八　寫下社會學的遊記

輯一

追求社會學的想像

學社會學的滋味

最近翻到過去寫過的東西，偶然看到七年前爲母系系內刊物與另外四位大學時代的好朋友合寫的一篇「與社會學系同學一席談」。除了我以外，其他四位作者都不是學社會學的，他們分別是學電腦、哲學、農業推廣和公共行政。當時的動機，不外乎是在打發我們對社會學這門學問的感想和對讀社會學的人的期許。現在回憶起來，當時的用心可能「期許」要更重於「感想」。

讓我尤其詫異的是我發現自己現在對「做社會學」(Doing Sociology) 的一些看法，竟跟七年前相去不遠，不知是當年我就看準了問題，還是說我這幾年來沒有太多「進步」。這都暫時不管它，既然都是我自己的想法，我就得忠實地承認。我想可能更有意義的是把那些我仍然相信的若干看法，整理出來。

或許可以向畢業的、在學的，甚或想去讀社會學的年輕朋友們「野人獻曝」一番。這也代表了我過去所嚐到的社會學的滋味。

我在學校時一向喜歡用「多走、多看、多想、多寫」來做爲自己讀社會學的要求。——「多走」，是多到外頭走走，多旅行，街頭巷尾、城鎭鄉野、從高級住宅區到貧民窟，從風化區到寺廟教堂，只要有人有羣體的地方就有做爲讀社會學的素材。——「多看」，是多涉獵各方面的知識，教科書固是基本，擧凡雜誌、期刊、報紙都可看，甚至看電影都是上課，像以前的幾部電影：（大時代）裏的黑手黨組織、（海神號）裏的新教牧師作風、（春風秋雨）的黑白種族問題、（太陽王）裏的木器、鐵器兩種文化的接觸及印加與印地安兩文化的涵化問題、（小巨人）裏描寫的印地安民族的性格及人生觀，都是可以加以討論的對象。——「多想」，是對各種的社會現象加以思考。你可以從報端刋出的一則鄉村家族間土地糾紛，連想到臺灣的家庭的遺產土地分配，土地的利用及買賣，都市發展對鄉村土地的影響，甚而可以思考到中國人對土地的價値觀和態度的變遷；看一則留學生的殺妻案的消息，你就可以想到去硏究留學生的婚姻問題；從一則中小企業發展成功的個案，你更可以想到開發中國家中小型企業資本的形成、經營的方法，以及它們對經濟發展的影響。諸如此類的問題，都可以讓你的腦筋去轉、去想。——「多寫」是勤於動筆、認眞的寫報告（從定題目、蒐集資料開始，就得認眞），不要存著應付交卷的心理。投稿是件樂事，當你看到自己的文字變成鉛字時，一定會感受到一陣「快感」。我大二時一位比我高屆的學長曾經這樣勸過我：「不要怕投稿，寫得好不好自有人評斷；登了，雜誌會爲你負責，不登，自己再改，你沒有什麼損失……」。現在，我仍然相信一個讀社會學的大學生應該這麼試做。如果諸位能把握這四點，我想就讀社會學的生活體驗來說，可以做到多采多姿。

基於這樣的心理訓練和背景，當我加入軍隊時，除了想作好一個軍人外，我還希望能「多走、多看、多想、多寫」，事實上，我服役也到了不少地方，從臺中成功嶺、北投復興崗、高雄萬壽山到澎湖的大小島嶼、金門的古寧頭、料羅灣我都跑了一圈。尤其在澎湖的半年裏我曾租了小船到離島去看廟、去看一項撲蚊的實驗。也跟不少的漁民聊過，去過漁會，也到過農會要資料。令人興奮的是我還跳過傘，體會到何謂戰場恐懼心理，何謂團體的壓力，以及何謂士氣。

我也很相信讀社會學的人應該多去關懷這個社會，去愛你的鄰居、社區和同胞，並且嘗試去體驗一個社會學家、社會工作者的胸懷和信念。過去我總覺得社會學系同學一向在校園裏很少發言，使得別人都險些要忘了我們。其實有好些活動本來是應該我們帶頭的。像幾年前的「社會軍」、「慈幼會」、「百萬小時奉獻服務」，甚而其他有意義的社會運動等。我並不是贊成大家出風頭，可是這些社會性的擧動應該有社會系的同學在裏面策劃、設計、參加，那才說得過去。我在此想推薦兩本小書：金恩傳和賀佛爾傳，這兩本書分別描述兩個投向社會、擁抱羣衆的人物。後者是出身流動散工和碼頭工人，後來根據他敏銳的觀察和深入的生活體驗成爲一本暢銷書《羣衆運動》(*The True Believer*）的作者和伯克萊加州大學的高級研究員，前者則是個黑人牧師，也是位黑人民權運動史上最偉大的領袖。這兩位都是我所欣賞的美國人，他們有著濃厚的批評社會、也更熱愛社會的氣度。他們雖都不是社會學家，但却有著我「想像中」社會學家和社會工作者所追求的信念和抱負。下面三篇東西，尤其讓我有這方面更大的感觸，這三篇東西是：美國工程師職業發展評議會擬定的「工程師的信念」；美國心理學會所擬定的「美國心理學家信條」；以及美國應用人類學會一次年會討論的「應用人類學的倫理觀」。我在想，今後是不是也有必要讓讀社會學的同學有機會接受一套類似社會學家、社會工作者的信條、信念或工作哲學的「靈修」訓練。讓每個人建立起職業的道德和培養他對社會的責任感。

我也常常盼望今後社會學系能夠形成一種風格，一種社會系獨特而光榮的風格。譬如前臺大外文系在夏濟安時代曾標榜「創作」；歷史系在許倬雲當系主任時曾以「時代的Elite」自許。社會系要以什麼做為我們同學共同追求的性格？我不知道我們目前是不是已有什麼風格存在，這需要全系的老師和同學共同創造，共同孕育，尤其更企盼老師們能以一種化育學子的胸襟，來潛移默化所有社會學系的同學，讓同學能在校園裏，甚至到外頭都能擡起頭，挺起胸以做為一個「社會人」而光榮、而驕傲。也許起步可以從了解自己的社會，關懷自己的社會，進而改革自己的社會做起，多做有關中國社會，臺灣社會的研究，多花時間去蒐集，去思考。說不一定可以從對自己社會的了解中去建立「社會學人」的風格。

有這種風格之後，便能坦然開始去面對更多的人，走更遠的路，應付更複雜的問題，而能夠不忘記自己是一個——「學社會學的人」。

總之，我們要有信心，只要諸位肯下功夫在社會學，好好把握在校四年，學到一些眞正的東西，我想，不必計較目前別人對我們的冷漠、誤解，總有一天，這個大社會一定會體會到社會學系的重要。

69.1.21.《民生報》

治社會學答客問

學習社會學的基本認識

問：剛開始學習社會學，須具備那些基本的功夫。

答：我以前也跟你們差不多，因爲高中沒有接觸過社會學，所以大一是有些茫茫然，大二才眞正開始進入社會學專業科目裏面。最好多讀書，這是實際的作法，其他要靠自己去想，多體會，多摸索，課堂上指定的書要讀，沒有指定而有關的，也要多看，大三、大四最好選些外系的課，例如經濟學、政治學、人類學……等有關連的課程，爲治社會學而治社會學的時代已經過去，最好有科際整合的觀念。另一方面，社會學的範圍很廣，不要以爲它只有理論，社會學理論只是給社會學家的一個訓練，而不是唯一的訓練，社會學有相當特殊的「多元性」，絕對不要認爲社會學是一個模子，或誤以爲社會學只熟悉各家理論或批評各家理論而已。事實上，他們更需要的是「研究」和「分析」，以及培養社會學的想像力。

社會學的普同性與本土化

問：社會學的中國化、本土化，與社會學強調的普同性有沒有衝突？

答：我想，在目前這個階段來講，當然有衝突，所謂社會學的世界性是看能不能找到一個或若干個理論在世界上的解釋是共通的，當然不是說用一個理論來了解全世界的社會。社會學是最具有本土、鄉土味道的學科，如果不符合當地社會就沒有意義。其實世界性現在已很少人談，這是在六〇年代美國人所提出。七〇與八〇年代則強調「國家社會學」與「本土化」，但這不是排斥「進口」理論的意思。要注意的是「社會學研究中國化」與「社會學中國化」在層次上多少有些不同，前者是指研究中國問題，觀念可能來自西方，但以中國的背景來研究；後者則是指學科中國化，提出中國式的概念，中國式的想法，進而或可反哺於社會學這門科學。

鑽進社會學的堂奧

問：美國社會學相當重視的像犯罪學、人口學，照理說這些在社會中是很踏實，很有用，但有人批評這些是社會科學中的打雜工，而像社會變遷這方面的研究，對整個社會來說又太大，使我們無所適從。

答：我想不必太計較這些，我們現在在臺灣研究社會學，要從我們的感覺中去認爲我應做什麼才是最重要的。社會學是一門很能夠讓社會學者隨心所欲，把自己想法放進去的學科，重要的是尊重學科專業性和學術上的良心，不要試圖去限制社會學範圍，你們現在唯一值得去思考的是怎樣去做個社會學系的學生，想想今後三四年要怎麼思考問題，這些才是實際可以去期望自己的。

你們現在的責任不是替這門學科找尋出路，而是去替自己的思想找出路，因爲你們還在起步，要先鑽進社會學的堂奧，去尋找自己喜歡什麼，現在看到的「問題」、「困境」，許多會隨著經驗的增加而消除。所以當在懷疑這個學科時，先要把這個學科弄清楚，即使將來想轉系，多懂些社會學，也絕對不算浪費，學術路子是很漫長的，如果只看結果或許很不値得。做爲學術界的一員，要有欣賞「過程」的美德，且要保持自己學術工作和生活的愉快。我是到畢業後才開始有了欣賞的心態，我從大二就開始參與實際社會研究工作，這給我很大的影響。是否懂得欣賞，也許多少是性格的問題，我是經過一些挫折才使我醒悟到也許只有欣賞「過程」，而不在意「結果」，這個心情才是最好的，如此也才不會患得患失。

我常常覺得要做一個好的社會學家，一定要深入現實的社會觀察，而且，要選擇適合你自己性格和個性的研究方向，只有不同的社會學家才能夠組合成一個豐富的社會學界。社會學家的生活經驗非常可貴，在大學四年當中的想法、遭遇都可能影響將來。

讀書人沒有權利去悲哀

問： 有時自己有股讀書人的悲哀，覺得許多事都是紙上談兵，而自己的理想、看法無法被接受。

答： 首先要認清一點，學者的主張能被社會或是政府接受這是運氣，比較重要的，先要同行的認可，至於社會、國家的認可倒是其次。學者的責任，第一個在於對學術界的貢獻，第二個才是改革社會。像我遵守的規範來說，第一個是學術界的規範，第二個則是知識分子、公民的規範，雖是跟社會有關，但還是要注意自己本身的學術角色及責任。

翻譯與學習

問：剛才您提到在大學時多發表些文章，如翻譯些名著，老師覺得怎樣？

答：基本上，這是很好的。但不要翻譯些你能力不及的，否則會很吃力。我覺得翻譯很值得做，但絕不是主要工作，若最後弄到爲翻譯而翻譯，而不是從翻譯中學東西，那就完全變質了。如把翻譯當賺錢的工具，就更沒意思了。翻譯要找有興趣的題材慢慢翻，要找幾個同學互相討論，請教老師、學長，邊討論邊翻，透過翻譯，想以前沒有想過的東西，那才是成功的做法。我鼓勵同學翻譯，但不是課也不上，入迷了，那是不值得的。

翻譯整本書，對你們來說，還是太早了，翻譯文章沒關係，可以翻譯老師上課提到的一個研究報告，或很好的一篇文章。第一篇翻譯文章要短，以後才會有信心，才敢再翻第二篇；千萬不要翻書，而且不要一個人翻一本書。我大三時翻譯一篇研究報告，談現代化，是哈佛大學的一個研究報告，所討論的問題我非常有興趣，自然有足夠的動機，爲了滿足，中間過程也不會有挫折感。

問：在翻譯時，因爲那是外國理論，要納入中國社會，會發現許多和中國社會不盡相合的地方，要如何處理這些問題？

答：翻譯就是翻譯，第一是存眞，第二才是求適用，碰到這種問題，不妨改寫，或加譯後註解。

問：要如何找資料來證明自己的想法？可否以沙亦羣譯的《疏離感》一書來說明？

答：《疏離感》文中談到從酒精中毒的人來看美國疏離問題，這種情形在臺灣很少而且不明顯，臺灣如有疏離感可能不表現在酒精中毒，而表現在其他方面，如選擧過程中的疏離、家庭關係的疏離、師生關係的疏離、勞工的疏離。談到疏離感，在臺灣不要想到酗酒，可以想到別的地方，那就能擺脫它的牽制。

問：如果翻的那本書剛好談到中國的社會問題，但它所談的和自己認為的完全不一樣怎麼辦？

答：要反省一下是否自己的思想不成熟。

局內人和局外人

問：外國人是以外國的觀點來看中國問題，和中國人以中國的觀點來看中國問題是有差別的。

答：對！這問題可能是因為我們是局內人，要跳出來才看得清自己，他們可能比我們清楚；或者他們可能看錯了。你去求證，求證的方式只有多看書，以很多資料來證明。發現是他對你不對，你對他錯，或兩個都對只是看的角度不同，這也有可能。所以讀書要存一個「批判」的態度，主要看這問題怎麼推論，作者的思維方式，他怎麼看這問題，想這問題，如兩個人看的角度相同，而結果不同，那就有意思了。

問：如果對他的出發點不以為然怎麼辦？

答：學生時代你不妨時時注意，看有沒有和你意見不一樣的學者或說法，然後在三、五年後，可能你的觀點成熟後，或許就可以推翻他的看法。不過，要小心，可能你看到的是很多對這問題的理論中的一個而已，可能已有很多人反對，只是你沒看到，並不是你的大發現，所以還是一句老話，要多讀書。　70. 9. 23.《民生報》

社會學家的倫理守則

去年一月二十一日，我曾在本版寫過一篇以「學社會學的滋味」爲題的文章，裏頭提到說希望將來能理出適合臺灣的社會學家的「行規」：倫理守則。很幸運，在去年八月的美國社會學會的通訊裏，我瀏覽到由美國社會學家討論的一套倫理規範，讀完之後，發現其中不少是我們的社會學界可以拿來參考的。我只說「參考」，因爲適合美國社會學界的規範，跨了國界和文化，至少有些不適於我們這裏，總要加一點什麼，或是減一點什麼。尤其這時候我們正在關心社會學的中國化，如果要我們自己的行爲規範，跟著美國同行一樣的模子學，那不是個很大的諷刺嗎？

因此，我想就讀了他們的倫理守則後，把我主觀上覺得還可以接受的地方，摘述下來，並加上一些我的意見供同好參考。或許也可讓社會上多對社會學家這一行多有些認識和了解。

由於社會學是一個知識上的行業，所專注的「工作」和「服務」項目不外就是研究、教書和提供政策實務上的建議等直接服務，所以暫以這三項工作做爲守則的內涵，顯然這三項還是不能涵蓋所有的。

一、研　　究

·社會學家在進行研究時，應盡力保持客觀和公正的態度；

•社會學家在公開他的研究發現時，應該誠實無欺，不可曲解，更不能隱瞞那些或許會推翻自己理論或假設的資料；

•社會學家有責任保護他的研究對象，尤其是立足於抽樣不全、解釋不足的研究當中，他的研究對象不論是個人或羣體，都該受到社會學家的關照；

•如果是協同主持或合作的研究計畫，社會學家應坦誠公開的談妥分工，作者權益、待遇、日後資料的運用、及連帶的權利義務，萬萬不可因爲共同做研究而反目，製造社會學界彼此的不悅；

•社會學家不應爲了得到某個研究計畫而吹噓自己的能力或訛傳其他同事的才能；

•如果得到某項經費的支持做研究，社會學家應該明白註明，如有某人或某機構給予研究上的協助，也應附註以示謝意；

•社會學家不得接受任何可能違反倫理原則的研究支助、合約或委託；如中途發現也應即時糾正，或隨即中斷其關係；

•一旦接受了他認爲可以接受的研究之後，社會學家必須盡心盡力的去做好研究，以完成他對支助單位的承諾；

•社會學家絕對不得用他的研究角色做爲掩護，以得到社會學研究目的以外的消息或情報；

•社會學家也不應該爲政府的某些單位做間諜，或打小報告，而危害了自己做爲一個社會學家的職業良心。

二、教　　書

•除了一般做爲教授的職責及規範要遵守之外，身爲大學中社會學系的教授，更要特別著重對學生「公平」的原則，並使自己的教學方法及態度儘量達到完美境地；

•社會學系的本身「單行法」應該有其特色、風格，並力求讓學生了解；

•對學生的表現，社會學家要特別關注，發現後繼的社會學人才，並給予適當的鼓勵及提拔，但教書的公正嚴格正是對學生關注的一部分；

•社會學家應該灌輸學生正確對社會學的看法，自然不要給他們太悲觀的色彩，也不必給他們有太天眞的期望；

•尊重學生的隱私是社會學家要特別注意的一點，不可藉機剝削或欺騙學生，要學生參與某研究計畫，一定得事先說明，讓學生自願參加及效勞。

•社會學家萬萬不可「竊佔」學生的文章或作品爲己有；

•社會學家在教書時，一定要隨時將社會學家的職業倫理及規範告訴學生，共同討論。

三、從　　政

•一旦參與到實務行政體系作業，社會學家得就要認淸，他的社會學研究必將受到限制和約束；

社會學家即使「從政」，也不該忘却自己仍然負有社會學家的責任，那就要花一部分精力、時間去批評政策，對政策提出批判的字眼，以求其改進；

•「從政」社會學家應該了解他也該擔負爲社會學術和社會地位的提高而努力，應多跟「在野」的社會學家有溝通的機會；

•一旦要跟政府、企業界打交道，社會學家應該先釐清自己的立場和興趣，當提供政策性意見的時候，不可偏頗的對「現況」過分自信和做過分的「辯護」；

臺灣的社會學是新興的科學，社會學家的人數也不算多，正因爲這樣，社會學家們可以聚於一堂坐下來，談談社會學家在臺灣到底要有怎麼樣的倫理規範，唯有大家一道來討論日後將會有無形或有形約束力的倫理守則，才會產生「共識」。也許現在正是可開始做的時候。

70. 5. 25.《民生報》

社會學與社會批判

在臺灣，社會學是一門相當年輕的社會科學，它的根還沒有紮實的長在臺灣的泥土上，原因是這門學問的種子本來就來自西歐，經過日本傳到中國大陸，跟著中國大陸的社會學家來到臺灣。如果以東海大學在1956年正式設立社會學系爲臺灣發展社會學的起點，到現在也不過二十四年。在過去二十多年裏，社會學和從業的社會學家們度過了寂寞的學術歲月。一方面同道的人不多，加上訓練的限制，發揮不了太大的影響力量；另一方面臺灣的社會政治環境也還有很多禁忌和限制，無法讓社會學眞正擔負起它的歷史使命。

二十多年來，臺灣的社會學界從不到十個社會學者，分散各地慘澹經營，到現在的「中國社會學社」擁有兩百個正式社友；從一個系到今天的七個系， 兩個碩士班研究所； 所擁有的專業社會學家從只有四個博士到目前的二十多個社會學博士，其中還大半是屬於壯年的人；從只有幾本譯述和幾個描述性的研究到現在大批的分析性經驗研究的出版；這一切都顯示了在量上的增加和擴張。臺灣的社會學是在明顯的成長之中。

社會學的中國化和批判化

在質上又是怎麼樣呢？在二十多年裏，社會學跟臺灣的社會情境是不是建立了連續和整合的關係；社會學家是不是跟臺灣這塊鄉土有了某種程度的認同？社會學的研究結果又有多少是稱得上有顯著的「社會相關性」的呢？從上面所提到的理由看來，這些問題的答案大概都只有偏向於否定的。換句話說，臺灣的社會學確實是有量的「成長」，但還沒有達到質的「發展」。這也就是說，臺灣的社會學唯有具備了的「臺灣的」和「中國的」性格，及「社會批評」的雙重性格之後，才算是眞正的發展！前者是「中國化」風格，後者是「批判化」特質；要社會學有發展，這兩種品質恐怕是缺一不可。「中國化」和「批判化」很難說該從那一個先下手，或是該同時並進。因爲很可能兩者具有很高的連帶關係，不管做了那一個，另一個也就會有些進展。

臺灣社會學的對外依賴

社會學或社會學研究的中國化，牽扯範圍要比批判化更複雜，更廣泛。它可能要回溯到西方社會學傳進中國大陸當時的一些歷史因素和遷臺後的一些政治經濟背景。寄望社會學的中國化，不僅要社會學家在認知上做肯定，很多客觀環境還更需要先有轉變和調整，而那些轉變和調整恐怕不是靠社會學家主觀意志能支配得了。比方說，如果將來我們社會學家的高級訓練依然得靠著英美的大學研究院，外國博士學位仍然要比國產博士學位吃香，在國外發表論著仍舊被看得比在國內發表高一等，那麼我們的社會學理論和研究取向就將仍然跟著西方，或乾脆說將跟著美國社會學的主要範型（core paradigm）走；不管我們再怎麼修正，再怎麼更改來適合國情和社會文化環境，不管有再多的新興邊陲範型（peripheral paradigm）出現，在結構上，還是存在著依賴的關係。只要這結構的依賴關係存在一天，達到社會學的中國化理想在實質上就有困難。

至於社會學批判化性格的建立，則在社會學家的主觀上較容易支配得了，所要求的轉變和調整也可能以主觀的認知、態度和行爲模式爲主；結構上的阻礙雖然不是沒有，但總不像「中國化」那樣牽涉到「世界體系」的問題。它大部份仍然關係到國內本身的社會政治結構層次而已。

批判不等於應用

要臺灣的社會學愈來愈走向社會批判的方向，就是指望今後的社會學家走進社會，走進羣衆，帶著關心和批評的態度，對社會制度和社會現象做深一層的分析和探索。其實，社會批判在社會學的大傳統裏不應該算是陌生，幾個鼻祖及開拓者對社會學的期望也都有藉著社會學去批判現行社會運作的方式及方向的意思。尤其到了六十年代中期以後，批判性格呈現在西方社會學的表徵就愈來愈明顯，甚而指明批判的對象是風行的資本主義社會內部的衝突、矛盾及其內在持久變遷的必然性。就這點來說，「批判」並不等於「應用」，「批判」遠遠超過「應用社會學」所能考慮或想去應用的範圍，批判是更深的一層去剖析社會各個成份、因素、制度、和階層間的關係。發現社會外表以內的眞相才是批判的眞諦，至於能不能應用社會學去改進，彌補一些社會問題及缺失，那倒是其次。再說，「應用」的本身是保守的成份居多，因爲有能力應用得起社會學的是旣得利益者及政府機構，一旦他們是應用社會學（家）的雇主，這種「僱佣」關係一建立，保守成份就隨即形成，而這往往正是批判社會學想要去剖析的對象。

社會批判必要時，還要在社會結構現況中，找尋社會問題的一些根源所在及取代的可能性，擧一個例子來說，貧窮現象到處被認可是合法的社會問題，應用社會學家、心理學家、社會工作者，都在企圖瞭解之後再去解決它。他們的途徑不外是把貧窮當做許多因素造成的結果，「因」與「果」是分開的，所以「因」找到之後，針對它下工夫，「果」就會慢慢消失。這些被發現到的貧窮原因包括有失業、傷殘、或是所謂「貧窮副文化」……。可是，萬一貧窮的因果是分不開時怎麼辦呢？萬一用來消滅貧窮的政策措施或資源卻正是製造貧窮的誘因時，怎麼辦？萬一貧窮是建築在某種社會形態之上時，怎麼辦？最後，萬一資本主義社會及經濟正是靠著製造貧窮來創造利潤及累積財富時又怎麼辦？這一連串問號，應用社會學家或自命純粹社會學家們是不會問出來的，也問不出來的，而這些却是走向社會批判的社會學家要常常自我訓練、自我反省的問題。

批判與投身

上面這個例子大致上也隱含了一些社會批判的基本觀點及做法。下面是一些比較接近定義式的說法，或許可以提出來談談。一向力倡將社會帶回人文學的柏格（Peter Berger）基本上認爲社會學不外乎是用來幫助我們去「看透」「看穿」社會結構的表相，進而能夠深入瞭解社會的裏層。這樣說來，社會學倒又像是一種「意識」的形式，對所有的人類活動都有興趣，也都關心。但除了關心之外，更要有透視力；譬如說目睹犯罪，就想到法律；要了解離婚問題，非透徹深入現有的婚姻和家庭制度不可；同樣的，要分析暴動革命的眞相，除了對參與者做徹底了解之外，還更要探索政府的現行做法、經濟及分配制度及其他社會階層化的運作是不是有什麼地方導引和觸發整個事件的發生。如果是那樣，錯不僅是在幾個人的「造反」，還更是社會本身的錯，因爲它促成了個人造反的動機。能夠朝著這方向去想，那就是具備了社會批判的意識。

另外一個社會批判的大師是英年早逝的米爾士(C. Wright Mills)，他更直截了當的說出唯有社會學的想像才是當代社會學家該追求的特質。根據他的說法，社會學的想像其實就是勇於批判社會的勇氣和意識。他說社會學家要能敢面對現實，極力去發掘「社會到底是怎麼一回事？」並不惜揭穿他所研究的社會體系的內幕，不要老被社會上流行的說法所蒙蔽。要在社會當中找尋個人經歷和歷史過程的交錯點，及歷史加諸個人之上的制約性，而這種態度多少就是培養一種特殊的心態特質，能夠抓住人與社會之間的互動。更由此，能夠使一般人將對私事、個人地位升遷的不安焦慮，對公衆事物的冷漠，轉移到對社會、歷史、大衆問題的直接關懷及積極參與。這似乎又點出批判社會的另一面，那就是除了冷靜批判之外，更要熱情投身。我常常在想，肯去批判社會，已經包容了一種投身社會，改良社會的前奏了。換句話說，社會學家要有獨特見解，不爲現實勢力左右，這才是「社會學家」的風範，而非只認付錢老闆的「技術人員」。

從這裏，就讓我們聯想到社會批判的實質做法。我想大致上有兩個方向可循。

兩種批判的做法

第一，採取林德 (Robert Lynd) 的建議，社會學研究不但不要避諱談「價值」問題，更要選擇運用一些價值來挑出有意義、而且重要的問題來發問、來發掘。林德更大膽地揭櫫社會科學不應只做學究式的研究，更應該「反饋」於社會，將得自社會文化的社會科學知識再用回到社會裏去，這就是他所謂的「永遠幫助人們去了解並且重建他們生活其中的文化」。而這正回答了他提出的那個有名的問題：「知識爲何？」

第二，更具體的另一個方法由貝克 (Howard Becker) 所提出來的。在他那篇頗具震撼力的文章〈我們該站那一邊？〉裏，他呼籲批判社會不僅僅引介價值，更要採取某種特定的價值觀去做批判，那特定的價值就是要爲社會裏不利的一羣人說話。更坦白說，是要替現行社會制度下可能是犧牲者的那些羣體爭公道，找平等，得利益。反過來說，如果社會學儘找些不重要的研究做，儘問些不干痛癢的問題，後果將會是助長了社會旣有的不公平結構或潛在的社會問題。

社會學的「低度發展」？

談了這麼多概念性的話，讓我們回過頭來再檢討臺灣的社會學。坦白說，依我們可以彙集到的研究著作來看，過去社會學研究倒是做了不少，但是批判性格却仍然非常缺乏。也就是說，社會學與社會學家跟社會、民衆的生活和實際社會的運作依然有差距，有疏離。研究者所問的問題可能問偏了方向，或是問錯了問題，或者根本沒弄清楚在爲誰問那些問題? 如果社會學想要脫離這種「低度發展」的情境，可能磨鍊自己對問問題的勇氣和能力，以及再度反省社會學家本身的社會角色是必要走的第一步。

69. 12. 《綜合月刊》

印象、事實與批判

從國外讀書回來的人，大概很常被問到下面這個問題：「那邊留學生對臺灣怎麼樣？」剛一被問到這時，還眞不知道問題的中心在那裏，被問多了，也就摸出些線索來。原來問這問題的人，無非是想知道，第一，留學生對臺灣社會的批評怎麼樣？是友善呢？還是不友善？第二，留學生對臺灣前途的看法，是樂觀呢？還是悲觀？暫時不管到底有多少留學生是友善或不友善，又到底多少人樂觀或悲觀，値得注意的倒是那些留學生到底依據什麼採友善或不友善的批評態度，又根據什麼對臺灣前途抱樂觀或悲觀的看法？是純粹主觀印象臆度，還是客觀資料？如果是事實，又是怎麼樣來源的事實資料？

一般說來，留學生有三種表達他們對臺灣關心的誤謬方式。第一種是認爲臺灣一切都蠻不錯了，問題總是存在，說又有什麼用。他們並不去想知道臺灣有問題，大致上這些人不是打定主意不回臺灣，就是想說反正要回去，知道太多問題，反而麻煩。第二種是自認對臺灣有深切認識，却只是一些浮光掠影的片片段段，或是來自以前存在的印象，或是道聽途說，一知半解，但做判斷時却不知善加考慮。第三種是一腦子意識型態，憑他們讀到外國的新聞報導或書籍就依樣畫葫蘆，照著意識型態宿命論來大罵臺灣，不只是執政黨，連整個在臺灣生活的人都罵進去。上面這三種方式，聽起來都是想批評臺灣，但只憑印象，或意識型態的框框來做評斷的依據，却不脚踏實地去根據事實資料；不是以偏概全，就是曲解。除了這三種錯誤的方式外，還有一種很正確的方式，那就是先做了解再做批評，這種才是理性的社會批評，我認爲批評社會，除了關懷及熱忱之外，更需要的是證據和事實。尤其是那些客觀，不做假而又非官方公布的資料更是可貴。換句話說，如果社會批評能根據「非御用」社會科學研究結果應該是可以比較中肯和眞實的。進一步想，國內人士做社會批評時，不也是有上面幾種方式嗎?

這讓我想到我在美國時讀到的一本實地的社會研究報告《西河的社會變遷》（文崇一、許嘉明、瞿海源、黃順二著，中央研究院民族學研究所出版），以及我讀後所做的一些社會批評。這本書取材於臺灣北部淡水河沿岸的一個村子，主要在探討過去二十多年來到底呈現了那些變遷？那些變遷又代表了什麼樣的意義？雖沒有明白表示肯定現代化在這村子的含意，但是從全書的行文語氣看來，現代化帶來的影響已呈現在生態、文化、社會及心理各個層面的變遷上。現代化似乎是必然會來的，不管村民是喜歡、還是不喜歡。現代化被當做是一個追求目標的過程，那目標就是「現代社會」。這本書的作者們所關心的也就是那追求「現代」所發生的種種問題。雖然，作者們並不企圖因此提出解決的建議及對策，但關心的讀者及各級官員應該可以摸索得出來下一步「該怎麼做」。

這本書分六章及結論。分別討論西河的生態環境（聚落形成，人口組合及變化），經濟活動（職業變遷，漁業經營與漁民，農業的衰落，及土地買賣），親族組織（宗族，家族婚姻，繼承），社會關係及權力結構（角色，社羣組織及功能，地方領導羣權力結構，宗敎活動（祭祀圈，社區性宗教活動，羣體性及私人性宗教活動），最後一章討論社會態度（包括宗教、政治、家庭、道德、經濟、成就等六種態度成分）。在結論中作者們再提出若干發現來討論。這本書可讀性很高，尤其那時我是在海外第二年讀到的，正是所謂身在外鄉，心繫鄉里的時候，這本書的確也讓我回溫了不少鄉情。

這本書除了提供一個社會研究該走的科際整合的路子外，尤其可貴的是作者們在行文中間流露出來的那種有心想去關心社會的心態，這正是目前社會科學界所需要的胸懷。暫時不談這本書在純學術水準上的分量及有那些可批評的地方，跟前面談到用證據、事實進行社會批評有關的是，這本書提供了不少素材可以讓社會批評家及一般關懷社會問題的民衆做爲他們用來做進一步評價或批判社會的基礎。

我從書中挑出一些問題點出來也許可以做爲指標，讓大家來討論，看看這些現代化中變遷的表徵或背後蘊含的意義對不同的人是不是可以做出不同的判斷來，是好？還是壞？如果是壞，怎麼辦？

- 淡水河淤淺與污染，誰造成的？誰受害？
- 農民職業改變選擇有限及適應困境，誰輔導他們？
- 農民賣土地後的投資及保值問題，有什麼方向？
- 社區由於工廠引進來後的景觀規畫問題，能控制嗎？
- 農業衰敗，可能有再發展的機會嗎？
- 地方權力的轉移與分散派系的明爭暗鬥，是社區常態還是病態？
- 換帖兄弟會和宗教團體掌握全村子的決策權力，是代表什麼現象？是現代化的決策方式？
- 地方宗教活動非常活躍投資在宗教上的名目（添油香，奉獻，蓋廟捐款，迎神賽會演臺戲……）非常多，居民是否眞的心甘情願，對家計經濟負擔又有什麼影響？如果心甘情願，又爲什麼？其他社區建設的捐款及投資却竟然又提不起勁來。

●居民的宗教狂熱是否意味著一種心理上的依賴；這代表什麼樣的社會心理狀況呢?

●居民對政府能力及公平，還有政治參與的要求已經提高，但里民大會的功能却竟仍形同虛設，根本很少能夠上達民情，為什麼?

●選舉的毛病百出，怎麼搞的?

●代差問題顯示在社會態度上，尤其是有關家庭，道德觀念的轉變上面，更是明顯。這表示什麼?

●個人的經濟和成就態度仍然有著相當程度的被動性，是社會環境抑壓的結果呢? 還眞的是個人的心理狀況? 或是一種不得已的解嘲方式? 這些跟過去經濟成長的關係如何? 又對以往持續性成長有何影響?

這些社會問題點，不應只停留在社區小層次來看，大可以將它的注意面拓大到整個臺灣的社會去再多問些有意義的問題，說不定這就是今後理性的社會批評起步的地方。

69.7.15.《民生報》

社會科學家該爲何辯護？爲誰辯護？

我猜想大概還有少數的社會科學家還會迷信於完全價值中立、完全客觀的「自我形象」。我也猜想，有愈來愈多的社會科學家會認同於自己身爲第三世界知識份子的社會責任。他也不再被允許完完全全孤立在教室或校園裏面，不問世事。這不是說，所有的社會科學家都會把自己的專業轉移到只注意現實問題。而是說，他們有更多的場合和機會，被民間或是官方要求運用他們的專業和所長，去表達他們對若干現實問題的關心和看法。而且，通常是在有嚴重問題發生的節骨眼上。因此，社會科學家也就經常被迫扮演一種要立即給答案、立即給建議的角色。在這種情境下，除非他拒絕，否則，一旦要給任何「意見」，他將不可避免會碰到價值的判斷和取捨。

社會科學家最常被問到的是有關某些社會（廣義的意義）問題的原因、現象、後果、以及對策。他到底要從那個角度去分析該問題的成因和現象呢？要根據那個觀點去論斷該問題的後果呢？又要依照那個標準去探究和批判牽扯到這後果當中的犧牲和成本，以及責任和彌補呢？很顯然，這些都是價值問題。而不同價值的取捨，將會影響社會科學家所做的分析、論斷、探究和批判。隨手可擧的例子很多，包括貧窮、失業、色情、犯罪、暴動、權力分配、貪污、農業問題、社會風氣、以及污染和公害等等。進一步看，當社會科學家被要求去做建議和對策的時候，價值更是一項決定性的因素。從分析到建議，這一系列看似全然該是「客觀」的過程，事實上，却是一連串社會科學家內心對不同的價值做選擇和妥協的歷程。

既然是這樣，社會科學家就該逐漸意識到一些會影響他的分析、論斷和建議的價值取向，意識而不逃避。換句話說，當他做分析或是建議的時候，他應該時時刻刻想到，「爲何？爲誰？」這兩個純屬價值的倫理問題。並且，眞正掌握住自己相信的價値，根據這個價值去活用專業訓練所得的理論、分析架構、論點、以及透視方法。這更是在說，價值和理論的肯定，可能要先於理論及方法的選擇。我們細細回味幾個社會科學的祖師，像Comte, Adam Smith, Marx, Weber, Durkheim 等，他們創造出來的社會科學理論，不都是有相當濃厚的價值及倫理意味嗎？他們不都是在某種倫理的驅使力量下，才建構出一些社會學、政治學及經濟學的理論嗎？他們不更都是有一種強烈的渴望，要他們生活中的社會和世界更好嗎？他們的理論也不都是有「計畫變遷」的意識嗎？經過了將近二百年的社會科學發展歷史，這十五年來我們似乎又在找尋當年有的那種倫理取向。畢竟社會科學的知識，不只是社會科學家的專利或特權，它應該是屬於全社會的。

到底現在的社會科學家應該特別要認同的價值和倫理是什麼呢？在現在這種變遷快速，甚至可說是動盪的時代裏，第三世界的社會科學家特別要固守的倫理，可能是一種「辯論者」(Advocate) 的倫理，那又爲什麼而辯護呢？爲一種「公正社會」的價值而辯護。在第三世界裏，由於所處的世界體系，處境原已相當不利，而這不利處境加上內在社會經濟政治變遷的轉變，許許多多結構上、制度上的失調，就製造了愈來愈多的失序，以及因這失序而導致的不公、不平的問題，其中最顯著的就是所得、財富以及權力分配的不均。面對這些結構的不公平，社會科學應該要有勇氣爲了要追求「公平」這個價值而去發掘其中的癥結所在，在批判之餘，更要找出誰在這不公的結構中付出了過多的代價和犧牲，是誰得到了好處？又是誰該負這個責任？

社會科學家的積極辯護角色，可以有好幾種表現的方式。他可以沿襲比較正統的作法，做政策研究者，透過政策分析及研究的途徑，對社會不公問題的解決做「最佳的」政策建議。他也可以扮演一種「仲裁者」的角色，讓牽涉在某種社會問題當中的各個羣體，都能得到一些妥協式的「公正」結果，這通常要透過長期的觀念遊說和溝通；他更可以「投身」到爲追求某一個社會公平目標而有的社會運動，在這運動中，他將要挺身代表社會不平結構下的受害者發言，並去爭取機會的公平，和合理的社會待遇。

這三種辯護的作法，在這裏的社會科學家身上我們也都能發現到它們的存在。說實在的，「政策研究者」、「觀念溝通者」、以及「社會運動參與者」，在目前的臺灣，我們都需要。至於，誰去扮演什麼角色，這得看各個社會科學家本身的性格、天賦、意識型態和興趣了。

71.6.25.《中國論壇》162 期

對卅年來社會學在臺灣發展的一些觀察

針對這個主題，我是打算從社會學這一社羣的角度來討論並且企圖從三十年來臺灣社會學家們傳承與接續看出一些問題。社會學不可能從眞空中產生，必然有臺灣如此的背景環境，才能夠有如此的臺灣社會學的研究、理論、甚而包括社會學家的心態與整個學術的性格。

四代傳承

談到臺灣社會學家的傳承與接續，依我個人的觀察，現階段的臺灣社會學界，大致可分爲四個代間：

第一代：戰後從大陸來臺灣的社會學家，例如：龍冠海教授、楊懋春教授、謝徵孚教授、謝康教授、以及張鏡予教授等。

第二代：四十五歲上下及以上的中間一代，例如朱岑樓、席汝楫、文崇一、吳聰賢、范珍輝教授等。

第三代：戰後在臺灣本土出生的社會學家，大半爲以上兩代的社會學家訓練出來，而且不少在國外深造返國，目前已在各個學術機構傳授或研究，年齡在三十歲至四十歲之間。

第四代：應可包括目前正就讀研究所或大學部求學的學生，而絕大多數都受到上面三代共同的影響。

以上所談的是專指在學術圈中的社會學者，而另外尙有業餘的社會學者，對社會學有與趣而又非專業的研究學者。

從今年教育部的評鑑資料中，可以知道社會學系（所）開課的講師級以上的社會學家，共有一四六位，其中在研究所開課的爲六一位。若將非學術界中對社會學有興趣，而且屬於「中國社會學社」的社員包括進去，也不過是二〇〇位左右。社會學界可說是一個相當小的「社羣」。但是從三十年來它本身的結構變遷來看，却具有相當的意義，大致上社會學在過去三十年當中發展的歷程，其特性可歸納成下面九點來說明。

慘澹經營

第一、在將近過去三十年來臺灣的社會學家，可以說是慘澹經營，非常辛苦。民國四十五年，東海大學設立了臺灣第一個社會學系，而民國四十九年臺灣大學也設立社會學系。當時設立這兩所社會學系的主旨似乎都是在强調社會學對臺灣社會變遷和社會政策的實用性，而不强調純粹的社會科學理論方面的需要。也正因爲相當强調社會學系設立目標是建立於實用性上，所以對未來的社會學發展也就有很大的影響。

外來力量的影響

第二、復原與延續方面的問題。由於1949年政治上的分裂也導致社會學分裂和不連貫的問題產生。中國大陸的社會學從1952年開始即已中斷，直至1979年才恢復社會學的研究和教學，所以中國大陸的社會學從1952至1979年都是一片空白，這是大陸的情形。而臺灣的社會學發展又是另一種情形，臺灣社會學的建立，有一個奇怪的現象就是依靠「外力」的支助，而亞洲協會扮演著一個相當重要的角色，協助在臺灣恢復社會學，無論是就人力、財力方面，都提供相當龐大的資助，不只是在設立時，外力有重大影響，在往後的發展過程中也有莫大的決定性。從表一中社會學系師資受訓情況，得知國外受訓的教授有七三位，而美國就佔有五七位，佔了77%。由此可看出美國社會學對臺灣社會學發展的影響有多大。我們姑且不論這影響是好是壞，但是絕對無可否認它事實的存在。

表一、臺灣各大學社會學系師資學歷一覽表

國內外大學	學位		人數	百分比（%）
國內大學（七十三人）	博士班		1	0.685
	碩士班		27	18.49
	大學部		45	30.82
國外大學（七十三人）	博士	美國	29	19.86
		歐洲	4	2.74
		亞洲	2	1.37
	碩士	美國	28	19.18
		歐洲	4	2.74
		亞洲	6	4.109
合計			146	100%

資料來源：教育部大學評鑑調查表，民國七一年四月

另一方面，我們再從教授所寫的文章中來討論。我從中國社會學刊、臺灣大學社會學刊、中興大學社會學與社會工作這些刊物，蒐集從出刊到去年（民國七十年）爲止，一共有二〇二篇文章，其中以中

文撰寫的爲一二三篇，其餘用英文寫的文章中引用一六二三次他人的著作，引用中文參考書目的是四八八次，而引用英文參考書目的却有一〇五一次，計佔六四%，而且大部分是引用美國社會學方面的著作。在理論的輸入方面，以結構功能學派爲最多，但是逐漸的在這近五年中，已開始反映歐洲社會學傳統在臺灣社會學的影響。我們大致可以這麼說，臺灣社會學於1960年代相當程度的是受到美國社會學的影響，而且最主要是著重於結構功能學派方面；而最近才逐漸開放到歐洲方面。但是無論是美國或歐洲，都可說是外來的影響，而且隨著社會學在歐洲的改變，臺灣也一樣的從「一元性」理論方向轉變成「多元性」的理論發展，這現象日形明顯，實在不容忽視。

與其他社會科學互賴發展

第三、臺灣社會學三十年來的成長與發展並非是獨立自主的，而是與其他社會科學互賴發展。首先，社會學與社會工作經常難以區分的，在未分系之前，許多系當中有很長的一段時間，社會學與社會工作的教學是在一起，師資也不是明顯的劃分，這多少產生一些混淆的問題。其次，社會學與心理學、人類學之間，在理論上、研究上，甚而學術分工也一直有很密切的關係，可以說二者之間是相輔相成的。在過去十年當中，還鼎足而以「行爲科學」風光一時，構成國內學術界的一支重要力量，對國內的輿論也有不少的影響力量，這些人物大多是前述第二代的成員，在心理學和人類學也是同一年齡層。現在各個學門人物日增，在發展上也逐漸各具特色，我們是要考慮獨立創造呢？還是繼續互生互賴呢？這問題是值得我們考慮的。

第四、女性社會學家的數目相當少，也是臺灣社會學界的現象之一。我提出這個問題的重點並不是在於數目的多寡而已，而是說女性社會學家的力量一旦增加，可能還會改變以後社會學未來研究理論的發展取向，尤其是在社會化或家庭方面的研究，甚而，對整個社會學界的結構方面，也都會有所改變。這現象也值得我們加以注意。而國內幾位女性社會學家也開始發揮她們日益增加的影響力，這的確是可喜的發展。

社會學家能夠做什麼？

第五、過去三十年來，社會學一直是在被社會忽視的情況下生存，社會學一直很少參與社會政策和計畫變遷方面的工作，以致有些學者會提出「社會學家到底能做什麼?」的問題。這個問題的產生固然是因爲政府過去一向不重視社會學，但是另一方面也是因爲社會學家人數太少的緣故。研究工作始終無法集中有力的繼續研究下去，必須一心兩用，甚而三用。應付社會學在草創打天下的局面，而致使社會學之研究一直有太過於分散的趨勢，所以我們必須更致力於新秀社會學家的培養。當然，這必須和整個社會的容納量配合，否則會導致將來社會學家失業問題的產生。

社會學的中國化

第六、臺灣社會學的發展一直存在一個問題，就是社會學研究中國化問題：要使社會學在臺灣能夠更具有中國特殊的風格，使臺灣社會學家更具有共同的中國化意識，使中國社會學更能眞正反映中國文化。從臺灣社會學近三十年來發展，由所發表之文章回顧中，可以看出十五年前的第一代中國社會學家，早已注意到了社會學要中國化的問題，但是中間却中斷了十五年。直到1980年底由中央研究院民族學研究所召集臺、港、新加坡一羣社會學家、人類學家和心理學家共同討論「社會及行爲科學研究的中國化」時，才把十五年來的中斷重新連續起來。

理論趨於多元化

第七、理論有由一元趨於多元的傾向，而且過去的研究內容多以介紹性或評介性研究爲多。我們可由表二和表三（次頁）數字資料看出，臺灣社會學家的研究著作大部分還是偏重於外來理論的評介，對於臺灣本土的研究還是比較缺乏。不過，最近五、六年來批判性理論的著作特別流行，這是比較有意義的轉變。不過，即使從這點看來，臺灣的社會學到目前爲止還是仍然在「消化」西方理論（不管是新、是舊）的階段當中。

在研究方面，「經驗研究」相當多，但是在方法上並不是非常的嚴謹，導致研究結果有某些問題的產生，而且還過分著重於經驗研究而單純「經驗」性，而忽略了理論在經驗研究上的絕對重要性，後果是導使了將社會學研究的範圍局限在純粹經驗研究的方向之中。也許我們可以開始設法著手於從事引進理論時，也可以進行「研究」，這恐怕是今後很值得我們深思的問題。

社會學家的社會角色

第八、社會學家性格以及他們的問題。從三十年來，我們可看出社會學界人口結構方面有了許多量與質的轉變。除了人數增多之外，以往社會學家大部分都爲戰後遷臺的內地籍學者，但是最近幾年來，在臺灣本土出生的社會學家愈來愈多，而且對於臺灣本土的問題也愈來愈有興趣，有許多的研究已漸漸的傾向於對臺灣社會本身做較深刻的探討，這應該也是非常令人興奮的發展之一。

我個人建議可把臺灣的社會學家區分爲三方面的性格或角色來看。

1.純粹授業者或研究者。

表二、臺灣各大學社會學系教師著作一覽表

校別	有關中國的實際研究		其它評介性論著		合計		成立年代
	篇數	百分比	篇數	百分比	篇數	百分比	
臺大	56	26.79	92	27.96	148	27.51	1960
政大	28	13.4	49	14.89	77	14.31	1981年改社會學系
興大	43	20.57	90	27.36	133	24.72	1951年社會行政科 1955年改社會學系
東海	36	17.22	15	4.56	51	95	1955
輔仁	15	7.18	24	7.29	39	7.25	1972
東吳	31	14.83	59	17.93	90	16.73	1973
合計	209	100	329	100	538	100	

資料來源：教育部大學評鑑調查表

2. 居間者（意即爲溝通者）：利用大衆傳播將一些觀念散播出去，做爲社會學家與大衆之間的橋樑。

3.辯護者：是透過研究而扮演較具辯護的角色。

表三、臺灣各大學社會學系研究所教師著作

校別	有關中國的實際研究		其它評介性論著		合計		成立年代
	篇數	百分比	篇數	百分比	篇數	百分比	
臺大	23	30.26	45	37.19	68	34.52	1974
東海	16	21.05	26	21.49	42	21.32	1978
東吳	37	48.68	50	41.32	87	44.16	1981
合計	76	100	121	100	197	100	

資料來源：同上

臺灣的社會學需要有這三種角色的同時存在，至於社會學家應該如何選擇「自我」的角色，就在於個人的興趣和意識型態的傾向。但是我覺得臺灣的社會學家應該是更積極的走進社會政策性的研究，並透過社會政策性的研究而將這三種角色整合起來。

也關心大陸的社會學

第九、最後一點則是這二、三年內的一種最新趨勢，那就是社會學家們也逐漸關心和考慮到大陸社會學發展的問題，而且也將視野拓大到整個「中國社會學」的前途和展望。這種視野和胸襟是值得再加以鼓勵，這問題更是值得所有社會學家們深入的討論和思考。

71.10.25.《中國論壇》170期

追求社會學的想像

從一個疑問開始

也不知道是不是讀了九年社會學以後才有這樣子的想法，還是本來我就這麼想。一個讀社會科學的人，尤其是對社會科學這門學問多少已投注感情和認同的人，我總覺得他的出身背景、性格、過去的經歷，以及現在的際遇，似乎在許多場合都會形成一股影響力量，在發揮一種左右的可能性，讓他在選擇研究的興趣，找尋解釋的理論取向，甚而摸索研究結果與現實世界的相關性時，都會不自覺的受到他本人的個人因素影響。想要完全脫離這些個主觀條件的影響，而硬說自己所想的、所說的、所寫的就是客觀，就是某個「學科」一定的說法，是很難以想像的，而且可能也不夠誠實。爲什麼還有那麼多社會科學家，拚命的教初學學生，「客觀」即是必然呢？這是現實，還是迷思？

三年又七個月以來，我做爲一個在臺灣的社會學者，在研究室裏做研究、寫報告，在課堂上教書，在公開場合講演，或是在外頭做田野工作，在社會各角落做訪談找資料，上面的這個想法，反反覆覆的在我腦海裏出現。經過一連串的反省和沉思，我又再次瞭解到，我所苦惱的何嘗不是將近七、八十年來社會學家們所爭論不休的？與其一再強迫自己在「理性」上做似眞却假的判斷，不如超越這種爭論，做自己「情感」上感到舒服合意的選擇。所謂舒服合意的選擇，事實上，也就是肯定了一個社會學家自己本人的主觀條件與「社會學」之間有著相當程度的凝結。有時候，難免會產生難以分辨出是本人的意見和說法，還是「社會學」的觀點和論斷。我現在爲自己理出的一條線索，更應該說是出路，是儘量讓自己在「治」社會學的時候，讓自己和「社會學」產生「有意識」的互動和整合，但却又能夠保持一種認識，那就是我所說出來的，所寫出來的，所研究出來的，只是我自己的整個條件與「社會學」產生「靈交」之後產生的一個結果，其中仍然保留有我之爲我的個性。那麼，不同的社會學家有不同的自我，他們「治」出來的社會學也就可能會不同。

不同的社會學家和因此產生不同的「社會學」，重點不在對社會學學術本身的基本認識，或是對某種理論的偏好，或更只是對某些方法技術上的取捨。在我看來，可能最「妙」的應該是在於不同的「風格」。而不同社會學風格的蘊育，也不能光靠讀書、進修、跑電腦、出國拿學位……，它的形成，可能就來自許許多多個人的主觀條件歷史的際遇，再加上一連串自己有心的對社會學想像的追求。

先保有自我，再擁抱社會學

在我追求社會學想像的過程當中，我始終希望能夠把握著一種「意識」，能夠時時反省我自己的性格、好惡、過去的經驗、和已經成形的「自我」，對最近十多年來學習社會學過程與方向的影響；另一方面，也要檢討學習社會學累積的經驗，對於三十多年來的「自我」又會有那些改造和再塑的影響。有時候，我還會感覺到總有著兩股力量在我的內心裏不時有著交互激盪的作用，一個是自己生理和心理塑成的「自我」，另一個則是社會學家的「專業自我」，要這兩者融而爲一，塑造成另一個「我即社會學，社會學即我」的自我，可能要眞是達到了爐火純青的地步才能夠做到。不過，至少不能讓這兩個「自我」老是在矛盾衝突，總要維持住一定水準的協調和妥協。要不然，結果是讓「做」社會學的人竟然與社會學有著「疏離」，或者是搞得「旣不是我，又不是社會學」，那才寃枉呢。幾年來，我也一直想儘量去調整這兩個「自我」可能存在的辯證，希望至少能先創造出一個「先保有自我，再擁抱社會學」的「合」。也儘量讓自己的生活品質，即使不能因爲有了社會學而提高，也絕不能因此而降低。當然，對所謂「生活品質」的體會，在以前是搞不淸它是什麼，這還是近幾年，我自己才能品嘗的一個概念。以前我初學社會學時，只是一心一意的去學，多讀多想而已。

回憶從考進臺灣大學社會學系（那是民國五十六年秋天的事）以來，除了第一個學期的半年，我與社會學之間曾有過抗拒和排斥之外，在四年的大學生涯裏，我跟社會學的關係應該算是不錯，學習的興致也一直很高，我想當年對社會學的想法大概就是有點所謂的「死心塌地」的追求。當然也就沒有像現在這樣的講求做社會學內部的自我批判。大概也可能就因爲有這麼一段不短時期的「不疑」，奠定了一些根基，加上在國外幾年的鞏固和修飾，到了今天才稍稍有些能力去做「持疑」的工夫。

誤闖社會學

回想大學一年級的時候，剛剛考進社會學系，對社會學是什麼，眞是空空如也。聯考報名所以塡社會學系，所憑的印象就是高中讀三民主義時，在民生主義幾講裏，唸到 中山先生曾爲社會學和社會主義做了定義上的劃分，如此而已。另外一個實際的原因讓我把社會學系塡在法律系之前，那就是我當年建中的同班同學經緯國（現在美國底特律幹 CPA）；他不知道怎麼曉得說萬一考上法律系，想轉系會難轉，社會系可能會好轉一些。就這樣，聽了經兄的話，我也進了社會系。記得剛考進去的時候，不知怎的，很不愉快，總是悶悶不樂，全家人反倒爲我能考進臺大非常興奮。大概我那時候，一方面是遺憾自已考不進工商管理系，另一方面又錯過法律系的緣故吧！這種不帶勁的情緒，也多少影響了家裏的其他人，搞得怪怪的。在還沒開學的暑假裏，有一天，我去找高三時的導師周文俊先生，他聽了我的抱怨後，馬上給我一記當頭棒喝。他說要我自己估量自己的性向，是不是眞的對商那麼有興趣， 對法律行業又是那麼有把握。當時的我，對很多事情，實在說都沒什麼把握，一經周老師這麼一提，我開始轉移了疑慮的對象。他接下去從對我的觀察做了分析，他說我在高中那幾年，國文底子還不錯，肯學、肯想，而且好像對些社會現象的反應也相當敏感，可能還是比較合適社會學系。他又勸我說，社會學應該是一門非常有趣的活學問，不但能有機會讓我走上學術的路子，又能有機會從事社會服務和社會改革的工作。他還在我快要離開的時候，訓了我一頓，要我高高興興的回家，分享父母有兒子考上臺大的快樂，不該那麼自私。不可以因爲一時想不開，生悶氣，影響家人的情緒。我還記得，那是黃昏的時候，外面還下著雨，我走出老師住的建中紅樓裏的宿舍，頓時感到輕鬆無比，雨滴淋在身上都是舒服的。

現在回想起來十六年前那天下午周老師給我一番話，對我後來大學四年裏唸社會學的經歷來說，可以說是先打了一個心理建設的椿。

我常常都還能記得那時候的情景。

雖然開學後，對社會學有了有生以來第一次的接觸，而且也一心想學，可是，碰到親戚或是鄰居，知道我讀臺大，在稱讚之餘，再問讀什麼系，一聽是社會系，那種馬上在臉上露出來的疑惑神情，眞叫當時的我心虛。尤其問到將來出路問題時，我更是什麼也答不上來。因爲這樣子，連續兩個月，我學習心情也受到了影響；在無可奈何之下，就動到了乾脆轉系的念頭。我有好幾次機會去找當時教我大一社會學的朱岑樓老師（現任社會系系主任）談，他就告訴我一句話，那句話沒想到就從此改變了我往後一生的學習生涯。他說爲什麼不好好利用大一這一年，認眞下工夫唸好普通社會學，說不定就會唸出興趣；再說卽使想轉系，也得有好成績才轉得成。

鑽進社會學

就衝著朱老師的那一席話，我從第一學期的後面兩個月開始不但絕對按進度讀完社會學的教科書（龍冠海教授的書，還有朱岑樓教授翻譯的兩本），還天天泡在總圖書館，借出很多很多有關社會學的書來讀，尤其是一些在大陸時期出版的社會學中文教本，全都是在當時涉獵的。還開始培養逛書店的習慣，買有關社會學方面的雜誌或書，記得那時我常跑文星書店，買它的文庫叢書，我那時也是商務東方雜誌和人人文庫的常客，也開始讀「思與言」的文章，去（七一）年我才把當年藏有的那些大堆小册書打發掉，送給幾位我的助理們。那時我讀那些課外書，還眞是仔細，不但用不同顏色的色筆圈點畫線，還加眉批、寫卡片。所以大一一年下來，看的書算是不少。

也是從大一開始我對查資料、寫報告，養成了一些自己的習慣；

記得爲了寫朱老師社會學課上的學期報告，我花了非常多的時間在南海路的中央圖書館裏。因爲我寫的題目是有關中國家庭史（後來報告的名稱叫試論中國家庭的昨日、今日、明日），就在那段時期我接觸到三〇年代社會史論戰的文獻，也讀了一些有關中國家庭形式大小爭論的文章，以及潘光旦當年對優生學倡導的觀點等等。

大概是受到周老師的影響，在大一的那年我也嘗試著去讀一些有關中國文史方面的書，近代書像馮友蘭的中國哲學史，古書如昭明文選、文心雕龍、古文觀止等，雖不見得讀多少，也懂得很少；但那時候，一股讀中國書的衝動却是非常强。

活用社會學

我那時候，也開始强迫自己去活用社會學概念（名詞），把它們運用到歷史上以及現世周遭的社會現象，譬如說大一讀國文，讀到易家鉞的中國家庭問題， 談到孝會造成階級思想， 就花了我好一段時間，想從社會學的看法來思考這問題。聽到幽默大師林語堂在體育館的講演對當時大學教育的批評，我也會回來以後寫日記，寫下自己的感想。看了「齊瓦哥醫生」的電影，也會試圖去挖掘故事背景——俄國革命時期的社會變遷。讀了孔雀東南飛，也就想去探討當時的家庭問題及婦女地位。唸了幾個朝代的詩文家文選，就會想到該去了解一下他們的社會背景跟作品之間的相關。跟師長聊天，也會冒出幾個連現在想想，也都算是有「深度」的問題（但仍然無法圓滿回答），譬如說我那時候會問到「三〇年代學術思潮之自由，究竟背景爲何？」，「大陸淪陷的事實，到底該如何做社會學的解釋？」等等。看到那時傳出尼姑思凡的新聞（？）之後，我還在班上自行出刊的「社會人」

班刊上寫了一篇「從社會學看尼姑思凡」，認爲尼姑思凡，本是常情，出家的尼姑如果適應不了出家佛門那種去慾、除欲的規範，而又無法抑制、忍受、煎熬，又如果「空」字說服不了她，她之「告別佛門」說是個人解脫之道，也只能說是她與「佛門無緣」。尼姑思凡，事實上是在追求另外一種社會規範——塵世社會的規範，在這規範中思春動情是容許的。

體會出社會學有批判的一面

除了活學活用社會學概念和觀點之外，我似乎還「體會」出社會學不只探討現象，分析現象，它還應該具有批評現實的另一層面。加上我高中時代的「反叛」性格，到了大學仍然不減，讀了社會學似乎它讓我有了「合理化」的發洩途徑。那時候的我，似乎對年輕人的苦悶有特別的感觸，在民國五十七年三月十一日的日記裏，我以「無題」寫出了當時的心情反應：

「青年人縱有滿腔的熱情，在胸裏澎湃，
想發表表現，但每每找不到出口。因爲
沒有人疏導他，
甚至還有莫名的壓力束縛他。
他從此鬱悶，從此消沉，
甚而，從此反叛；
其實，他只想發洩心中的熱情而已，
可是，却總有人誤解他，不同情他，
社會上的怪現象，這不就是？
總有一天，總有一天

他會像山洪一樣的暴發。」

大一下，我幹了所謂「有實無名」的班代表，因為照課外活動組的章程規定，一年只能改選班代一次，而事實上，各班大多是半年改選新班代。所謂「非法」班代一詞，也就流行開來。我參加了第一次代聯會，一個晚上下來，我對代聯會竟然沒有自己獨立的自治法規，課外活動組的干預，學校辦事不顧實際，只講究規章的名，而讓「名」、「實」矛盾存在等等，這些制度都讓我非常痛心，在那天晚上的日記裏我竟然一口氣寫了八條對代聯會的批評。

此外，我也似乎對當前的政治開始有了一些膚淺的認識，對自由、民主、法治這些抽象觀念，也開始嘗試做一些瞭解和嚮往。譬如說民國五十七年九月九日讀了報紙說那時美國詹森總統的聲望依蓋洛普民意測驗，降到了最低點，只獲得35%的擁護。我就想，為什麼我們不能除掉一些「神化」的人物崇拜，就事論事，依政績也來調查今日的大官員們呢？也來幾項民意測驗，讓眞正的民意發表出來。

在那時，我好像也感覺到所謂「社會風氣」的影響，好像那時候人與人之間已經存在著疏離，但不太清楚造成的原因是什麼。大概是在大二開始那一陣子，為了每份二十五元的工資，參加了英商格蘭廣告公司在臺北做的市場調查。為了等受訪者，在夜裏我經常一個人騎著脚踏車在街頭來回。那時候，內心眞有不少的感觸；面對熱鬧的街道，我好像感覺到在街頭上却有那麼多徬徨不已的心靈。在擁擠的公共汽車上，人與人的距離，不過一兩尺，然而彼此之間却存有著無名的隔閡。當時，我曾做了下面一段有關「都市裏的現代人」的描述：

「好像現代人的生活面越是彼此毗鄰的，越是陌生、越是冷淡……，我們可以發現現代人越是在熱鬧的場合裏，越發覺得寂寞與孤獨。因為那裏正在進行一筆『人格的交易』，在人的市場裏，人與人的價値全在於你的包裝。包裝美觀則價格高，反之就低。越是熱鬧、越是繁華的地方，這其中的價値高低差異就可能越大，那麼人與人的距離就愈遠，愈疏離了。」（五十七年十一月十六日夜）

發表研習心得

當年那些觀察、感觸或是批評，很多受惠於讀書得來的概念。經過與現實的交織互動之後，也就能夠產生一些社會學的想像。一個初學社會學的大學生，對社會學的嚮往，如果偶爾有了一點心得和想像，總是很喜悅的事。記得大二修中國近代史，李永熾先生教的，他剛從日本回國，引介 Max Weber 的一些觀點，來說明近代中國的變遷。我很感興趣，尤其讓我感到特別能了解的是鴉片一戰對中國社會結構的衝擊。我因此寫了一篇有關買辦階級的報告，用Weber對Class和Status的概念說明近代中國買辦的形成和演變。後來寫完，大概有一年多之後，我才發現郝延平教授的那本書 *"The Comprador in Nineteenth Century China: Bridge Between East and West"*，這是他的博士論文，題目、主旨竟然跟我當年寫的期末報告是完全一樣。我那時實在很興奮。後來，我參考了他的書，修改了我的文章，在畢業（民六十年）那年，投給當年的《現代學苑》，被接受了，那時的主編是項退結教授，他還在新店的家裏約了我談談，並鼓勵了我一番。在那之前，我也已經在《現代學苑》發表過一篇〈商鞅的社會思想〉，主要是探討他的變法、觀點與內容。那也是我上社會思想史時交給龍冠海教授的報告，後來加以修改之後寄去投稿發表的。

所以，我現在也就常常勸學生上課寫報告，一定要認眞，不可存有應付交卷的心理，如果寫得不錯，還可以拿出去發表，那不是一舉兩得的事嗎？現在回想十多年前，那時候的我，對讀社會學的勁竟然那麼大、有時候還有點不太敢相信。

四項野馬作風

對社會學的勁，除了上課、看書、讀雜誌、寫卡片、寫報告等這一連串腦力工夫之外，我還做了另外兩種工夫，而都是在爲了追求和累積自己的社會學想像力。一是多聽、二是多走。

「多聽」是指多接觸老師和學長，從他們身上和腦子挖出知識和寶藏，這就得靠「多問」來進行。記得大一、大二和大三這三年，我幾乎很少會放過任何可以跟授課老師多請教的機會，我也主動去找學長。社會系在龍老師的創意之中，設了學姊妹班制度，大一進來的新生，就有大三的那一班來帶，大三這一班每個人就抽籤去認一個學弟（妹），今後兩年就可以維持一種比較親密的關係。等到大一這一班升到大三的時候，他們就得扮演學兄（姊）的角色，去帶那時進來的大一學弟妹們。這個制度，至少對我個人來說，非常有好處，我因此有機會認識一些比我高兩班的學長。我的學姊是張雅麗小姐，我也就這樣跟黃順二兄（後來到西雅圖的華大唸碩士，現已轉行，在大貿易商工作），從此結下後來我們戲稱「難兄難弟」的緣份。由於順二兄跟我同時都擔任朱岑樓老師的助理，大二那年，我們同用一間法學院的研究室；直到他畢業爲止，我們的第一間研究室幾乎每晚永遠亮著兩盞燈。他畢業之後，我在那間研究室又待了兩年。順二兄治學很認眞，這一點是我想跟他學的。我們不但對社會學有共同的喜愛，我向他請敎不少他讀社會學的心得。在許多生活上和情感上的事，我們也都彼此做對方的「參謀」，雖然結果都不是原先計想的，但我們當年在法學院附近小吃攤吃小菜、喝啤酒、研擬策略和相互鼓勵的情景，却是非常有意思的。他班上的一些同學，在後來的幾年，甚而出國之後，也都曾維持過一段時間的連繫。對一個初入道的社會系學生來說，這些老大哥、老大姊的話都是很中聽的。別小看這些點點滴滴的經驗，這些都在日後成爲我編織社會學想像的原料。

系裏的幾位老師和助教，像當年擔任過助教的張曉春教授（我們都叫他大帥）、林瑞穗教授、鄭爲元教授、王慶力教授（現在美國）等也都在我的學習過程中扮演著良師益友的角色。

在系外、或者是校外，我也儘量將我的接觸面擴大，一方面補本系課程之不足，一方面滿足我對社會學相關知識的好奇心和「野馬」作風。「野馬」這名詞，我不記得是那位老師還是學長告訴我的，所謂「野馬」是說在大學時代追求知識，不妨像野馬那樣，四面八方都去闖去碰，不必畫地自限。也就這樣子，在大三那年我透過張曉春先生的介紹認識了中央研究院民族學研究所的文崇一先生，跟著他們，做了兩年「烏來山胞社會文化變遷」的研究計畫助理。從那時候開始我跟中研院民族所的緣份，十多年來一直沒有斷過，現在回臺灣，也在這裏幹活。也是從那時候開始，我從文先生那裏產生了對「社會變遷」的興趣。先從山地社會的變遷下手，再到平地的鄉村變遷。大學那幾年受到當時國內「行爲科學」範型的影響很大，因此對個人現代化及態度變遷非常有興趣。我還在新竹縣五峯尖石兩鄉的泰雅、賽夏兩族做過實地的田野調查，那是幫忙耕莘青年山地服務團發展社會研究業務而做的研究計畫。後來我根據資料的分析結果，發表了兩篇有關山胞現代化問題的文章，在《思與言》雜誌上登了出來。這種熱衷於「微視社會變遷」（Microsocial Change）的研究興趣，一直到了美國，讀了一年之後，才轉變到比較「鉅視的社會變遷」(Macrosocial Change) 研究，從個人、羣體或是社區的層次提昇到社會、國家，甚而世界體系的研究層次。現在回想這種轉變，倒蠻是一種漸進，逐漸自我成熟，自我轉進的過程，大學那幾年的「多聽、多想、多走、多看」，對我後來的發展是太有幫助了。

在我大學三、四年級時候，「行爲科學」這一新的領域正在國內社會科學界掀起「範型革命」的熱潮，由於我跟民族所的關係，也就常常可以接近到當時這運動的代表人物，除了文崇一教授外，楊國樞教授、李亦園教授、吳聰賢教授、胡佛教授等。我還分別選了李亦園教授在考古系開的「應用人類學」，吳聰賢教授在農推系開的「行爲科學硏究法」。另外，我還修了當時當講師的江玉龍教授在農推開的「發展社會學」。沒想到，到了美國，發展社會學竟成了我日後的學術本行。所以我一方面上社會學的本系課，一方面還跑到外系修課，更一方面參加實際的研究計畫，這三方面的結合，固然讓我忙得不可開交(還要交女朋友)；但是這些時間精力的花費，對增長社會學的想像來說，却是必要的工夫。

十多年之後，這些指導過我，幫助過我的師長們，也都仍活躍在國內的學術圈，在各自的崗位上孜孜不倦的工作。我則有幸於三年半前回來，追隨他們之後，也加上了這一行列。現在我也會經常回想當年跟他們學習的情景，他們個個風采不減當年。有時我也會暗自想十多年後，我會不會也能跟他們在過去十多年當中一樣，仍然那麼固守崗位，爲社會科學的發展而效力呢？那只有走著瞧了。

畢業前的憂慮

從大學畢業，對一個年輕人來說，總是多少帶來一些喜悅和徬徨，對當年的我來說，徬徨與焦慮確是相當大的。對畢業後的何去何從，眞是有太多的思慮要做。我是在畢業前半年，也就是五十九年十二月中旬開始嚴肅的考慮這件事。當時，我爲自己盤算一下，有四條可能的路可以走，這條路將來的方向又大概分別是這樣子：

一是考當時的臺大考古人類學究科所，拿個碩士學位，再出國進修，或進民族所當助理研究員，然後再考慮出國深造；

二是直接進民族所當助理員，然後，或是隨時申請出國，或是等兩年，由當時的科委會送出國；

三是設法申請回系裏當助教，然後再說；

四是以上這三條都走不通，可能就將會與學術無緣，那麼就馬上「改行」，或到企業界，或到公務機關當公務員，從基層幹起。

這四條路，第四條當然是最不願走的路，但它畢竟也是「路」。前兩條路都牽涉到「出國」的計畫，那時候出國已經很流行了，難免受到些「壓力」。記得在我大四以前，出國的念頭幾乎是零，那時候對山地社會研究非常熱愛，曾打算畢業當兵後，就申請到山地中學教書，然後長期深入的參與觀察，幾年後，說不定可以寫出一份很有份量的山地社會變遷調查研究。後來，種種個人遭遇及環境因素，讓我對出國進修產生了嚮往，而且開始感到它的必要性。不過，那時，也只是想想而已，根本無從做實際的計畫，因爲還有兩年的兵要當。記得一些班上的女同學，倒是非常積極的開始採取種種行動，譬如說「補托福」，要申請資料，找老師寫介紹信等等。那時候，對我來說，還眞是很遙遠的事。

經過幾番思考，並且與文崇一與李亦園兩位先生請教，並且多少知道他們也有歡迎到所裏工作的意思之從，我就決定了等退了伍，先選第二條路，也就是申請到民族所當助理員。做了這種決定之後，心情輕鬆多了，也紮實多了，總覺得自己終於爲自己選擇了一條「將來」要走的路。那時候我也深深體驗到大學畢業，才是眞正過成人日子開始的時候，事業與家庭的考慮也馬上接踵而來。

當了兩年兵，畢業前的計畫一直沒改變過，心想退了伍可能馬上就有正式的「頭路」，對家裏就多少有些交代，倒是很得意的。後來，在六十二年夏，在退伍前一兩個月，民族所那邊有了一些原來沒預料到的變化，接受我爲正式佔缺的助理員，將有實際上的困難。可是，由於民族所一個新的北部社會變遷研究，由文先生主持的，却需要一個像我這樣的助理來參與。因此李先生希望我考慮答應以臨時計畫助理（不佔缺）來所裏工作。這個突來的變化，不是原來想像的，總是有些難過。尤其是在軍中，原來的構想總一直是在腦中盤旋。經過幾天的反覆考慮，我接受了那份月薪三千元的臨時助理員的工作。做了一年，在第二年（六十三年）的秋天，我申請到紐約州立大學（水牛城校區）的獎學金，就出了國。然後一去，就是五年。

為「軍事行為研究中心」催生

在當兵的時候，日子過得也是很有社會學想像的。

由於在分科受訓期間，幾個臭氣相投的朋友在一起，就異想天開，想向上級申請一個研究計畫，做有關「軍事社會學」方面的研究。經過一個月的討論，就由讀電機搞電腦的李振瀛兄（現任華光電腦總經理）草擬計畫書，我負責改寫成比較像社會科學的研究計畫。就這樣在分科訓練完後，透過管道，呈送上去。當年我找到的合作夥伴，除了李兄與我是主要策劃人之外，還有讀農推的謝榮藤兄（現在美商禮來公司做行銷部經理），讀公共行政的謝靖中兄（現仍在美國讀書），讀哲學的蔡禎文兄（後在 Temple 大學讀到碩士，後轉到電腦，現在美任職電腦業）等。沒想到，在我們下部隊後半年，我因抽到特戰部隊，接受了傘訓完畢，再回澎湖沒多久，國防部來了電報，要我馬上回臺北報到有急事待命。

回到臺北，才知道李振瀛兄也從綠島回來了，我們也才知道這與我們所提的研究計畫有關。最初國防部總政戰部的構想是兩個月的「研究計畫」，顯然只要我們兩個年輕小伙子回來臺北，繼續完成我們在復興崗上草擬的想法，做做「紙上作業」，提出一些「可行的建議」。如此而已。這當然不是我們當初的構想，我們的構想是成立一個研究計畫小組，花較長時間做實際的軍事行爲研究。就這樣，經過幾番會議與再會議，終於說服了「上級」，先將兩個月延長到半年，並且也說服了他們做研究要「人」（研究人員和研究顧問），要「錢」（研究預算），要「行政支援」（有幾位校級長官與我們搭配，並有一士官長駕駛，一輛吉甫車，一間辦公室……）。更要有「信心」（不要怕我們亂搞），和「度量」（不要期望有說好話的研究發現）。後來不只延長計畫到一年，並且還在我們退伍之前，甄選了一批「接班人」，又再持續了一年。同時，在我們這一年當中，原先最早參與構想的我們這五個人，也都從各個部隊調回來並且正式組成了一個新單位，叫做「軍事行爲研究中心」，聘有顧問八位，都是我在校認識的教授，有社會學家、心理學家、政治學家、人類學家等。當時，我爲了協調這些教授專家的人選，的確花費不少口舌和心思，跟有關單位溝通。但總算辦通，所有的人選都通過，現在回想起來，那時的勁眞是大。這個中心雖然只有兩年多的生命，後因種種因素而取銷，但也算是中國軍事史上的唯一強調社會及行為科學的研究單位，而且成員都極爲 liberal ，這更是罕見的歷史。在兩年的歷史當中，這中心完成了四個研究計畫，都是有關計畫及政策效果評估研究方面的。我們是非常認眞的在做，顧問也非常嚴格而認眞的在評。至於研究結果和報告送上去之後，有沒有將它付諸實施，做任何的改善，這我們就不知道了，那也是超越我們所能控制的範圍了。

軍事社會學的想像

那一年的中心生涯，對我來說，無異的是猶如進了軍事社會學研究所的先修班，在那段期間，我涉獵了好一些有關軍事社會學的書，並且也接觸到所謂應用研究和政策評估研究的實際問題。尤其重要的是，我個人更深深體會到一個研究計畫中，團隊精神的奧妙以及如何提高這種團隊精神的困難，以及其重要性。我們五個人是幾天整天廿四小時都在一起，吃在一起，工作在一起，也睡在一起，甚而下午下班後也玩在一起， 然後半夜回辦公室， 一起回來加班趕報告， 趕進度。 那時候我們五個人也有一些分工， 李振瀛兄負責資料的電腦分析，謝榮藤負責對內工作進度之協調，蔡禎文負責「思考」和文字修改，謝靖中負責看看其他人沒有想到的，而我則多少扮演計畫經理人（project manager） 的角色，草擬計畫的原型和構想，又一方面負責與顧問聯繫，如果列席重要大會向上級報告，也由我做口頭簡報。

如今，我們各分東西，在臺灣的有振瀛、榮藤、和我，我們也常聚在一起，話當年，倒也有一番回味在心頭。

澎湖札記

所以對我來說，那二年的當兵生涯，可說是多采多姿，不但跳了傘，拿了槍桿，這是「武」，又做研究，動筆桿，這是「文」。而且很多的軍旅生活，也都可增加了我社會學的想像。像在澎湖駐防，我利用放假總是到澎湖各地方，包括離島去看看，寫了見聞。現在讀起來，都還很有趣，也很有社會學探索的味道。下面挑一段我當年紀錄下來去看吉貝村的情景：（時六十一年六月八日，星期四，晴）

「從白沙的赤崁到吉貝，搭大和號交通船要四十分鐘，車資五元。交通船主要是載來往貨物和人。吉貝是白沙的離島村，人口有二千人，約二五〇戶，空戶不少，多遷往臺灣。

從沿海看去，村舍相當密集，多為磚瓦房，電視天線很少，原因不是買不起電視，而是電費太高，村民出錢用火力發電，一度要四元，很難負擔得起。只有村辦公室（在武聖殿下層）及幾家人有電視。這裏的電，只有晚上才開放。

村落的房舍幾乎都集中在海港的前緣，有廿鄰，後方則為作物區，有高粱、地瓜及花生三類，面積相當廣闊，但農作收入比例却很低，我在想如果有其他的加工業來替代，不是會更好嗎？

這裏的陳、莊為大姓，歐姓也有數家。其餘為雜姓。廟宇有二，一為武聖殿，五十二年翻修，一為觀音寺，現在在修改前殿，也募有三十萬元，旅臺的吉貝人就捐了一半的款額，這點與其他我看過的村子建廟的情形是一樣的。

這裏的村民以捕魚為大宗收入，大小的漁船有百餘艘。一般的是三馬力的小機動船，大的是卅馬力的船。最大的是村長的，有四十五馬力。這裏的捕魚量，據村幹事葉烔達說，相當不錯，但半年出海，半年休假。冬天可以圈海等待來避風的魚而捕它。他們自己煮成魚乾，每天開船送到赤崁，再轉往馬公賣掉。

教育程度很低，生活水準也低。這裏沒有做「社區發展」，村幹事埋怨政府無暇顧及這些離島，同時配合款也很難凑，廟也沒有公產，無法替社區發展統籌經費。村民的意識也低，也搞不清什麼是社區發展。

武聖廟是這個村子的社會活動的重心，只有在廟事上才能把東西南北四甲的人統合起來，每「甲」在平時都有一個「總老大」，也是平時甲內廟事的主持。

各姓之間沒有衝突，但有派系之分，村長及代表主席各爲兩派的頭子，但最近情況尙好，論財勢，以村民代表主席佔優勢。

吉貝也是臺大唐美逸教授選擇做爲滅蚊計畫的實驗地。來的時候唐教授已返臺。但計畫是六月廿五日才開始，我留了便條給他，希望下次再聯繫。

我有興趣於這個滅蚊計畫的是想配合唐教授的實驗，做一個field work ，想了解一下這個島上的社會文化背景，與這個滅蚊計畫成功與否的關係。

在應用人類學和應用社會學的領域來說，這種有關公共衞生的工作，實在應該多考慮有關的社會、文化及心理因素才行。」

當然，我因爲調回臺北，在吉貝追求社會學想像的計畫也就沒法子繼續下去了。不過，也就在澎湖那段時間，我對澎湖的社會文化做了不少閱讀和紀錄。

觀察軍中的人生百態

我還利用每天跟官兵相處的機會，觀察了一些軍中的人生百態和不同的際遇。下面是幾則有關周遭的人物：

之一：情報官

晚上，我洗過澡，在鋪上擦乾脚趾的水，情報官走過來聊天，扯得很多。從特戰的特色，談到他的生平，他是十六歲離開梅縣的，當時他想當兵有錢拿，有飯吃，而且有書讀，何樂不爲？他大哥在民國卅一年的時候去當兵，寫信囘來說怎麼好，要他媽媽放心。他誤會說當了兵，什麼都會好。他記得幾年後，那天是七月半，吃過晚飯，正賭博一下子，就跟著他堂哥兩個人揹著包袱就走了。一走走了廿五年，他很感慨的說，他對得起國家，對得起同事，但是最對不起的是母親，因爲他始終沒奉養過他的母親。尤其他父親，自從他生下後，就在外養小老婆，母親一手從小把他帶大。等差不多大了，他却走了。從他的神情看來，我看得出他感傷是很深的……

類似這樣子的故事，在其他的老兵身上是常有的事，今後一年多，我可將不知聽到多少這種故事……（六十一年三月廿六日，星期日，晴）

之二：通信臺長和人事官

部隊有個通信中尉臺長，前幾天因腎結石開刀，注射痲醉劑，不愼身死。今天下午做完工囘部隊寢室，一大堆同事在整理他的遺物，撒得一地都是；他們是在找他的保險單，可是始終找不著。據說有一兩萬塊錢，在旁看的人都說可惜。在零亂的地上，我看到他的日記本，本想側身去撿來翻翻，但不好意思，才打消這念頭。據隊上一位老士官說，這位臺長還是光桿，不過三十多歲，如此一生了事，落得一坯黃土……

大概人生不過如此。難怪隊上人事官在回答我問他爲什麼不結婚的時候這麼說：「我又不知道明天活不活得下去，結婚幹什麼？」言下眞是無奈。我現在仍然沒有辦法體會出他們這些資深軍人的心情，又有多少人能呢？（六十一年三月廿七日，星期一，晴）

之三：擺夷、阿佧和魯凱

原來線有榮是旱擺夷，他的模樣倒也愈看愈像是個擺夷人，個子矮矮瘦瘦的，眼睛小小的。下午碰巧他坐在我對面，找了個下課機會跟他聊上，他是卅四年離開家鄉，逃離共匪控制下的家園，四十二年才到臺灣，他還是被共產黨抓過、刑過的頑固份子，關了三天才趁著共黨份子在外頭唱歌時溜出來的。

從他的神情他似乎有些不滿現在他的處境，他無限後悔的說如果他沒來臺灣，在邊區也可以活下去，老婆也有了。他在臺灣沒有親人，也沒有與家鄉聯絡上，年紀四十五歲了。說來又是個時代的犧牲者。

李儀柱是雲南山裏的阿佧人，線有榮提到他時，他有些得意和一絲絲安慰他是擺夷，他說我和你們是很有來往的（指和漢人）！他會說擺夷話，也會緬甸話，但他總是覺得在這裏不好意思說這種「落後的語言」。

再找機會跟他聊聊擺夷的社會和風土人情。我曾鼓勵李儀柱跟著我學寫字、認字看報。

麥德治是屏東霧臺鄉霧臺村的魯凱族小伙子，志願留營三年，還有兩年才能退伍，粗粗黑黑的，看起來，是個憨直的山地孩子。

他說他們魯凱並沒有像泰雅那樣有併母（父）名聯名制。豐年祭是在八月十五日，也過農曆年。他信天主教，他們村子基督教徒較多，傳教士是族人。沒有漢人定居在村中，只有學校教員及警察是漢人。沒有信平地拜神的人家。

這小子也眞有意思，我看他大概也是糊里糊塗地志願留在軍隊裏的，反正出去也找不到好工作，錢也不一定會多些，在軍隊又不必操心什麼。這種行爲在我看來多少是一種逃避退却現代社會衝擊的反應。（六十一年四月，日期不詳）

之四：老兵打架

吃晚飯時，第三隊兩個老士官突然打起架來，原因却是爲了其中一個吃飯時，嘮嘮叨叨說菜不好，把口水噴在菜裏，另一個就罵他，他不願被訓就拍桌子，就這樣幹起來了。這根本就是一件芝蔴的小事，這些老兵幹了半輩子兵，近二十幾年沒打仗了，生活也無聊了，每天就是三餐過日子，所謂「久不戰則怠」。這一陣子忙著裝備檢查，又急著應付政治作戰訓練考試，大家心裏很急躁，天氣也慢慢熱起來了。浮躁之下，這些老兵恨不得找個人出出氣，這一來，就爲了這小不點的事摔碗盤櫈子，害得值星官去勸架反而挨了打，旁觀的老兵，有的吃吃暗笑，恨不得兩個人多打一會好發洩發洩他們自己的悶氣。（六十一年四月，日期不詳）

現在我有時會想在當兵期間，對一個男孩子來說，的確很重要。尤其在臺灣，在這種重重考試壓力生活下的年輕人，實在沒有什麼機會，讓自己有自由的思考，兩年的當兵，正是可以重新爲自己的將來做考慮的機會。我自己在那兩年所經歷的、所見到的、所感受的，對後來的一切，蠻有一些觸發成熟的作用。當然當兵總有許多無聊的時候，也有不少「大學生」看不慣的事，但那些不都是實際人生當中的縮影嗎？

水牛城的第一年

從民國六十二年秋到六十三年夏，我在民族所幹了一年計畫助理，主要是做大溪的三層臺地社會變遷研究計畫的助手。跟我同時擔任助理的還有比我低一屆的張瑋小姐（現在美國）。她跟我都在計畫結束之後，出了國。在大溪做田野的那段時間當中，對決定出國進修的想法有不少的影響，也因此完全打消大學時代那種到山裏教書的純眞想法。

我是六十三年的八月卅一日到達美國的西海岸，在舊金山換機，飛到西雅圖找「難兄」順二，在他那裏住了三天，也是在西雅圖第一次看到了「上空秀」。在西雅圖的時候，跟順二兄敍舊，吃他親自下厨的「菜」（還記得是紅燒肉），對當時什麼都不會做的我來說，已是「神奇」的傑作的。我們也開車到附近的「雨神山」，那也是我生平第一次看到夏天的雪，我還要順二兄替我拍照爲證。

我是九月三日到水牛城（Buffalo），九月四日就開始上課。

就這樣，非常緊凑的開始我往後五年的水牛城生涯。

還好我是拿了獎學金來的，不必擔心學費和生活費，這種顧慮的免除，對一個留學生來說，是非常要緊的。第一年的留學生活，大概可以用下面這段話來描寫：教室、圖書館、家三個地方輪流轉。差不多每天的生活規律，都是在晚飯後睡一下，然後到圖書館看書，接著是開夜車。第二天晚起，吃過早飯，又到學校去。到了週末，日子就過得比較輕鬆些，那時我認識一位人類學系的教授，他常要我去他家玩，有時也跟他們全家去郊外逛逛。要不就是利用星期六的午夜與一位玻利維亞的朋友去逛逛 BAR，調劑一下。然後到二、三點回來。通常週末的時候，也是我清理一週上課心得的時間，補一補沒看完的書。當然，洗衣服、打掃房間也是在這一兩天內要做的事。這樣子一年下來，幾乎沒有時間胡思亂想，甚至想家都變成奢侈。

第一個寒假，我出去跑了三個星期作長途的旅行，跑了四個州，七個城市，看了一些老朋友。那時候的我，相當大膽，出去以前把銀行的錢幾乎領光，只剩五十美金（本來的存款就是很少）。想的是一旦開學了，就可以領獎學金。現在的我，可能就不敢那麼瀟灑了。那廿天的旅行，讓我開了不少眼界，對美國的社會也有了進一步的體認。錢花掉了，還是很值得的。

打工與餐館社會學

接著來的暑假，我利用第一段暑期班修了課。第二段以後，因爲在這之前我認識一位在當地一家中國餐廳做大厨的香港人，叫 Kenneth 的，他要我去幫忙打工，在厨房打雜，一天可以賺廿五美金。這廿五塊還不太好賺，從上午十點到晚上十點，在厨房裏洗米、煮飯、洗鍋子、做燒賣、炸浮容，樣樣都得做。我也就因此從那時候開始學會了不少「手藝」，之後兩年也就經常獻身表演，當時我燒的一些菜還挺不錯的哩。

在餐館打工的那段時間，我對在美國的中國人社會又有了一些認識，對餐館內部的「社會結構」更是有深刻的觀察。我還特地去找出一篇由 Robert Merton 寫的文章，就是有關餐館的社會學分析。我先是從厨房副手做起，開學後我又利用週末一兩個晚上打工，做 Bus Boy（清理餐桌），後來大概在半年後，我才被老板找去，要我幹 Waiter。我前後在那家餐館一共幹了兩年。我拿到碩士學位之後，還幹了半年。一直到了我結婚之後，那時候也開始趕我的博士論文，我才辭職。現在想想那兩年的打工生活，非常有意義，尤其是我那時候打工不是爲了基本生活費，而是想多賺點錢，好做爲零用和旅行，心情上比較輕鬆。而且我是放了工就拿現金，不在餐館的工作名單上，完全是「自由工」，不受限制也不必擔心移民局。

留學的五年計劃

在美國讀書五年，大致上是在第二年開始的時候，按第一年的經驗估計出來的計畫，記得當時我把得到博士學位的所有必經過程及要求（包括課程學分、考試、論文……）都順序的一一列出來，然後再估量每一過程需要的時間及自己最有把握的時機。就這樣我做出了一個類似工作計畫的流程圖，我並且把所有該修的課程及自己想專長的課程也都按年分配，這樣子也顧及到不同深淺課程之間的「加值」作用。大致說來，除了一小部分的先後順序有些更動之外，我都還能按當時擬出來的計畫一一完成。我大致上也會每一學期做一次的修正和檢討，看看是不是拖了進度，或是超前。

有了這麼一個計畫非常有幫助。凡事都可以有系統的評估，不會雜亂無章。譬如說拖了進度，馬上可以大概知道是那裏要加緊，如果進度超前，譬如學分多了，心情就可以輕鬆得多，而且可以稍微放鬆一下，免得讀出神經緊張的病來。大概也因爲這樣，我在美國讀書的那幾年，身心都還保持得很健康，生活也過得很有「品質」。而我也自認自己是一個還算能適應、能自我調整的人。

學術的生涯或許可以計畫，但牽涉到太多「緣」的婚姻大事却是無法預先計畫的。因此在我當年的留美五年計畫當中，根本不敢放進任何人生大事的計畫。頭兩年的功課很緊，而且又是努力在適應，在感情生活上根本談不上有什麼，頂多是消遣消遣，調劑一下而已。就是「緣」，我在第二年快結束的時候，認識了宇香。經過一年多的交往，在我差不多都完成博士資格考試之後，我們結了婚，那是一九七七年六月十一日。也就在婚禮上，我的指導教授宣佈我第三門資格考試（現代化與發展）已被考試委員會通過。那消息實在是最好的結婚禮物。

在促成我留美五年計畫成功執行的種種因素當中，宇香的鼓勵與支持是很重要的。因此，在我的博士論文完成的時候，我就在扉頁上說是獻給她的。當她看到我親自打上那幾行字的時候，她很開心的笑了。也就在我趕論文的那一年當中，我們的第一個孩子——良欣，生了下來。在那一年有良欣，雖然也不在我原來的五年計畫當中，不過，我們却是非常高興的歡迎他來加入我們新家庭的陣容。

初爲人夫與人父，實在是人生當中難忘的經驗。也因爲這種私人的個人經驗，讓我對社會學研究中的家庭、婚姻及兒童的社會化，有了不少深刻的體驗。那些社會學的知識，還是蠻有實用性的。

我是在1979年的3月底通過了博士論文的口試。剩下的幾個月，我繼續在學校教書，前後我在美國留學的後面兩年半，我都實際的在教書，先後教過的課程有社會學、社會變遷、開發中國家社會學，和第三世界的發展與環境等。在最後一年，爲了增加一些家庭收入，我應聘到附近的紐約州立學院（Baffalo State College）教了一年社會學的課程。那兩年多的教書生活說來非常忙，我一方面趕論文，一方面教書，又得多少分擔一些家事，因爲宇香也在上班。

我是在1974年的8月底，單身帶著兩個行李去美國，1979年的8月中，我回臺灣的時候，却是帶著太太、小孩和博士學位回來。想來，那五年的「成果」，不能說是「不豐收」。每當想到那五年的美國生涯，各種滋味都嚐過，該學的、該看的、該玩的都大致上有些交代。也頗有一番滋味在心頭，也常常不覺莞爾。

繼續追求社會學的想像

回到臺灣到現在已有三年又八個月了，在這前前後後，四十四個月裏，日子算是過得比在美國的五年緊湊和忙碌。這三年多可以算是我開始建立自己學術事業基礎的階段，忙碌也是應該的。到現在我仍然自認是在紮根的時候，旣然是紮根，就得格外賣力。另一方面，這三年來國內社會學界增加了不少同輩朋友，大家的勁都蠻大的，跟前輩社會學家們一道，也都想替社會學界多賣點力。因此，這幾年來社會學家們扮演的角色也就不完全只是純學術的，而且也從事一些社會的參與，像寫文章、演講，一方面推動社會學在臺灣的「活力」，一方面也多少發揮了社會學的「社會批判」功能。我有機會追隨這些朋友前輩，並參與其中，也深感與有榮焉。

回國這幾年參與了一些硏究計畫，寫了不少學術性論文和半學術性的文章，同時也實際參與到這幾年來的消費者運動當中。這些工作經驗和生活的體會，一時還沒有辦法釐淸和整理，或許再過幾年才能更客觀更有深度的回憶和檢討這三年又八個月的學術生涯和日子。不過，有一點倒是現在我就有把握可以肯定的，那就是在這三年又八個月裏頭，我一直是在連續過去十多年當中所追求的，仍然在追求社會學的想像。

1983年4月寫於日本琦玉縣嵐山郡，正參加在那裏舉行的國際消費者聯盟組織（IOCU）的國際研討會。

72.4.25～5.10.《中國論壇》181-182期

學者與「第三勢力」

我一向認爲，我的社會學家角色與政治總是比較間接的，而且著重在社會層面的探討，在黨內黨外的兩極化衝突及其協調過程中，我個人也並沒有扮演任何角色。

對學術、知識負責

基本上，我是把自己看成一個學術界的人。在學術界的規範中，第一個就是學者對於學術知識的尊重。如果說一個政治學家或社會學家，對於政治運動有潛在的貢獻的話，我覺得那就是把學者的角色扮演好， 他講的任何一句話， 任何意見， 都必須是眞實而對學術負責的。

我覺得學者是可以有立場的，但是不管他是站在那個立場，都必須要對學術和知識負責，這是我自己在觀念上的期許。

至於行動上的期許，我想我目前尙無法超越學術界的範疇。對於知識的眞實與學術的尊重，我希望不論黨內外、或實地參與政治運動的人， 當他希望學者提供意見的時候， 必須要尊重學者，不要把學者的角色搞混亂，好像說當你問他某些見解時，希望他講的話跟你一樣，基本上這是不尊重他們的角色。學者講出來的話也許不中聽，但是我覺得應該要受到尊重。 同樣的， 學者不是專門替某個黨派說話的，那樣就不是學者了，他可以離開學術圈，到黨去工作或成為一個政治人物。

有些學者豁出去了

而在學術界的「行規」中，要扮演好學者的角色，必須是他寫的文章、論文，達到一定的水準，然後行有餘力，可以跨越學術範疇，在言論上支持或批評某個黨派的政策和主張。然而基本上，學者絕對不應該是「黨內的人或黨外的人」，我不否認目前有部份的學者已經完全豁出去了。

就我自己來說， 我不希望自己「表態」， 就一個自由的學者而言， 他可以有時候支持某個黨派的理想， 有時候支持另個黨派的觀點，可以這樣說，他支持的是某個觀點，而不是支持某個黨派。我認爲這並不是什麼立場不穩，而是出於對學術和知識的尊重。

目前來講， 黨外政治運動的大方向——要求更民主、 自由的主張，一般都受到自由派學者的支持；同樣，黨外也應有接受學者批評的雅量， 如果它和它所批評的黨派一樣的話， 我們就不需要 「黨外黨」了。

激進是對事不對人

有些人認爲站在反對的一邊就是「激進」，這在某些程度上是對的， 但這並不完全是事實， 激進得澈底是對任何不合理的事進行批評，所以眞正的激進是對事不對人。因此，如果黨外有些做法是不對的話，也應該受到批評，學者不可以護短，當執政黨的御用學者更大可不必，但我也覺得自由派的學者也沒有必要做反對派的御用學者。

學者一旦實際參與政治，他就不是某某社會學家、政治學家，而是某某部長、某某立法委員、議員，我覺得這種角色的轉變應該區分開來，否則一下子人家當你政治學家，一下子當你是立法委員，一下子又是黨外，這角色很容易混淆。因爲當你坐在書桌上，是個政治學家時，你寫的文章是非常有批判性，是尊重學術和知識眞實的，但是在政治場上，你或許可以爲了政治鬪爭，耍一些小手腕，而這往往是被認可的，但當學者却是萬萬不可，就像爲了支持一項理論，找僞證、收集不眞實的資料，這是不對的。

一位教授出來競選，那他就是一名政客了，社會上不必再把他當名學者，而說他「形象很好」。對他的要求，就要如同一般立委或議員一樣，同樣的，如果學者當行政官員，就表示他已經脫離學者身份，我們應該視他爲某某部長或某某官員，而不是某某教授，他說的話，不代表學者的意見，而是官員的意見。

不支持黨派、支持觀點

甚至冠上「黨內的學者」或「黨外的學者」時，他就已經不是學者了。基本上，學者應該保持批判的態度，除非這兩個黨派是完全水火不容的對立狀況，不然他會分別支持兩個黨派的某些個別觀點，這應該是自然的。

當然，學者本身也有一些盲點和偏見，我自己就比較著重在社會發展、環境生態這方面，任何一個黨派擬訂出有利於這方面的政策，我想我都會支持。

這種對事不對黨派的態度，我認爲有個好處，就是不會被黨派的意識型態的框框所限制。學者本身也可以是黨員，但是在對事情、政策的批判上，應該以學者的角色爲先，否則你可以去當黨工，而不是扮演學者的角色。不過這種看法是在比較民主的社會才有可能，如果在獨裁或集權的社會當然就不是這樣了。

73.9.26.《前進週刊》27期

在海灘撿貝殼的老人：念龍師

奠下臺大社會系的基礎

第一次見到龍老師是在民國五十六年秋，我剛進臺大社會學系，參加新生訓練的那一天。記得坐在臺下，聽錢思亮校長介紹各系系主任跟所有新生見面，當介紹到社會學系主任的時候，只見一位個子矮小，頭已光禿，神情嚴肅的老師，徐徐從座位上站了起來，我才知道他就是我們的系主任。從那第一次的印象，我只感覺到他一定是一位不苟言笑，嚴肅得不得了的老師。大一是在校總區上的，幾乎與在法學院裏的社會學系完全隔離，也因此沒有什麼機會碰到龍老師。大二時， 到了法學院， 也根本難得到系辦公室， 再加上還沒有他的課，接近龍老師的機會大概只有在迎新送舊的會場，或是在法學院的走廊上，看到他，叫他一聲「龍老師」。當然，他還不知道我是誰。

一直到大二下，我因爲競選社會學會總幹事，才開始與龍老師有接觸，爲的是徵求他的意見。當選後，爲了下年度的學會活動計畫，我更有多一些機會到系辦公室，請教他對學會今後的期望和指點。也從那時候開始，我才發現龍老師不單是望之儼然，而且卽之也溫。從此，經過更多公私場合的接近之後，就愈覺得龍老師很看重中國傳統士大夫的「有所不爲」性格，這表現在他的嚴肅形象；可是私底下，當他表現「平常人」的那一面時，他却是很天眞、很可愛的。

龍老師的有所不爲，是他對名與利的淡泊，以及對許多世事的不爭。因此，在他擔任系主任的那十一年（民國四十九年到六十一年，中間於五十年休假一年，到東海教書）當中，他那「不爭」的性格也多少成爲整個系的風氣，在穩定中緩慢的成長。龍老師的這種個性，可能跟他過去的生活經驗有關，他小時候放過牛，讀書的歷程也相當曲折，據他自己說，他是經過許許多多錯誤的嘗試之後才選擇了社會學作爲主修和往後終身的事業。他愛上社會學，主要是這門學問所給的知識「能滿足個人求知的慾望」，對社會學的執著，「雖然它不能幫助我升官發財」，但「始終沒有後悔過」。他承認他早年對社會學者的另一種想法，即這門學問「對於改良我國社會或增進人類福利可以有幫助」，並不完全對。因此，對知識的追求和滿足，便成爲龍老師辦系的準則。而對於社會學系的擴張或是與實務相異的來往，他就並不太熱衷。也許，就靠著先頭十年多的默默耕耘，「對內取向」重於「對外取向」的把握，社會學系才能夠在以後，就那些基礎上往前進步。

草擬系歌，期待春華秋實

龍老師對社會學知識的熱愛，更甚於對自己的終身大事。我是在大四的時候，才從朱岑樓老師那裏知道一些龍老師過去在大陸曾有過的未成戀史，後來一直也因爲若干機緣不適，雖然幾位系內、系外的師長也曾不只一次勸他好好考慮成家，將來老一點能好有個照應，但龍老師似乎仍有許多內心的事情，外人不太清楚。就這樣，從我進系裏讀書到他中風住院，我所了解的龍老師，就是一位愛社會，更愛情人的老師。他那內心的「結」是不是有，是不是打不開，我還是不知道。但現在，這已經不重要了，他已帶著那結，一個人走了。

他對社會也是很熱愛的，雖然他似乎不太主張採取實際行動去做社會參與或社會改革，但他却深深相信透過社會學的知識，可以「幫助對人與社會及其問題有比較合理的了解」，然後或許可以「啓示關於人類福利的意旨和其實現的方法」。

也許仍有不少系裏的老師和同學，已經忘了，或根本不知道，龍老師早就替「臺大社會學會」做過會歌。我當總幹事那年（民國五十八年到五十九年），在一次機會，聽到他提到這件事，我馬上催他找出歌詞的原稿，我說我會去找人作曲，讓我們有一個能代表系上精神的「歌」。沒多久，他給了我一張親手寫的手稿，那張紙顯然是擺了很多年，已經變得黃舊。後來，我找同班同學蔣啓雄去託他的親戚，一位作曲家蔡中文先生譜了曲子。也就這樣，在我大四畢業前先後各兩次的迎新送舊晚會上，系上的合唱團（也是我任內籌劃出來的，但只維繫了兩年的生命）總會先唱出「臺大社會學會會歌」。

我之所以要提這段故事，主要是我在愈了解龍老師之後，愈深深感到龍老師的那首會歌歌詞，完完全全代表了他對社會學的認識和對社會學系學生的期許。這歌詞是這麼寫的:

同學們　同學們　我們是社會的前鋒

我們要探險　我們要遊覽

我們要耕耘　我們要播種

不怕毒蛇　不怕猛獸

不怕暴雨　不怕狂風

探險探險　勇敢地探險

遊覽遊覽　歡樂地遊覽
耕耘耕耘　奮勉地耕耘
播種播種　忠誠地播種
春天生長幼芽　夏天開放鮮花
夏去秋來　有始有終
自強不息　前程無窮
這是我們大家的光榮
這是我們大家的光榮

以系為家，視學生如子女

龍老師在臺灣沒有自己的家，却把社會系當做一個家來辦。對學生，自然也就看成是子女。所以有在全校中獨具特色的「姊妹班」組織。他對學生的規勉也像是家長對子弟訂的「家規」，這家規是：「除了盡力讀書研究外，應該孜孜學習處世爲人之道——虛心學習，和氣爲人，自強不息，培養健全的人格，做一個堂堂正正的中國人」。這是他在我大三那年，在成立十週年的《社會導進》特刊一篇文章，題爲〈已經十年了〉中的一段話。至今我還常常想起來，想像他用話說出來的樣子。

他對畢業的學生，也就看成是嫁出去的女兒，對於學生的來信，非常珍惜， 每年聖誕節他都會佈置起來， 將學生寄來的卡片整整齊齊的掛起來，然後對所有在校同學一一細說那張是那個學兄學姊寄來的， 如果有來信， 他也會給同學傳閱細讀。我就是這樣子看了好幾年。大概我畢業後寄回來的卡片或信，也曾被龍老師拿去傳閱過吧。對一個把系當作是家，也幾乎把一生精力和心血都投到這上面的他來說，這些子弟的成長和「離家」後的關心和問候，大概就是龍老師最大的安慰了。

龍老師是在民國六十一年十二月中風住院，後來就從此回家休養。病情一有好轉，就會在家開研究所的課。直到民國六十六年退休後，才完全離開教書的崗位。龍老師住院，我正在澎湖當兵，他病狀嚴重之後的那幾年，我則又在國外讀書。直到六十八年秋我回國，六十八年冬我去看他老人家，他已經完全不能言語，我只有從他面部的皮膚抽動，和口中發出的聲音，判斷他大概還認得我。之後再去看他，病情一直沒好轉，等到七十年的過年初二，我特地帶著太太和孩子去看他，我要良欣大聲喊他「龍公公」，他似乎還有一些反應，口中還很困難的發出沙啞的聲音。良欣那時四歲，開始會問一些似懂非懂的問題。在走出龍老師家的路上，良欣問我，「為什麼龍公公一直躺在床上，不說話，不跟我玩」。我克制住油然的心傷，我告訴良欣:「龍公公生病了，他很累，他要休息。」

海灘拾貝，學術上留下成績

龍老師實在是很累了，在大學裏教書教了四十多年，快到了可以休息的時候，却又跟無情的病魔交戰了十年。現在他終於解脫，走了。雖然，還是沒有休息，但至少脫離了病的苦痛……。我不知道良欣還記不記得這位他見過的龍公公。當我告訴他那位龍公公已經離開我們的時候，他問了我一句好像是比較懂事的話，「為什麼醫生不能救他呢？」我這次却沒有回答。

龍老師在病中還出版了兩本書，一本是《社會學與社會意識》（六十四年），另一本是《社會思想家小傳》（六十五年）。在《社會學與社會意識》的自序裏，他一開始就寫著，「一個人在人生旅途上，走了相當遠時，理當回顧一下，思考一番。究竟沿途看到了些什麼？做了些什麼？所見所爲又有何意義？對同路是否可能有幫助？對前人或後人又是否可能有些增補或提示？否則只算是白走一趟，絲毫無意義可言。目前我個人的心境裏，就是呈現著像這些疑問」。在同個序的結尾，他又寫著，「在人生旅程上走得越遠時，更加感覺自己學習得未免太少。我素來的心情，特別是求知和寫作的願望，正如牛頓所說的，像個在海灘撿貝殼的孩子，永不滿足……」。

我不知道龍老師在他一生旅途當中所看到的，他自己的評價是不是有意義，但做爲一個受業的學生來說，他「所做」的已經很多，很多，也很有意義了，對我們這些「後人」也有相當多的提示。我相信所有他的學生都會這樣感想。

龍老師，你走了，但你沒有白來。你已經爲我們留下來你在知識海灘上撿來的各式各樣貝殼；這海灘可能還很長，也不好走，你已經盡了力，剩下來的，你就讓我們這些做學生的孩子們繼續替你撿下去。

72.6.21.《人間副刊》

追念兩位第一代的臺灣社會學家：

龍冠海教授和郝繼隆教授

七月九日（星期六）的下午，中國社會學社開七十二年度的社員大會，在開幕式中，文崇一理事長領著所有與會的社員，爲兩位先後謝世的中國社會學界老前輩默哀一分鐘。這兩位老前輩是龍冠海教授和郝繼隆教授（Albert R. O'Hara）。

稱龍冠 海和郝繼隆兩 位教授爲臺灣社會學界的第一代是有道理的。龍、郝兩位都是在臺灣光復後的那幾年內就開始擔負起重建社會學教學的工作。龍教授在民國三十八年隨政府遷臺，隨即在臺灣大學、中興大學、政治大學和師範大學教授社會學。郝繼隆教授則於民國四十三年來臺，執教於臺灣大學和師範大學。在四十年代，社會學在臺灣只能算是草創時期，人少力薄，實在還不成學術氣候。雖有他們兩位擁有博士學位的教授與當時共同爲社會學的開創而努力的其他前輩如芮逸夫、衞惠林、張鏡予、謝徵孚等教授一道奮鬪，可想像得到，在當時那一定是件很吃力的事。

到了民國四十七年，楊懋春教授也應聘回國，加入臺灣大學社會學的師資陣容，根據楊教授的回憶認爲是件有趣而「古怪」的事，即當時擔任有關社會學課程的四位教授，由於沒有社會學系，因此都得分散在別系，寄人籬下，他們就是龍、郝兩位加上陳紹馨教授，以及楊教授本人。龍、郝、陳在考古人類學系，楊則在農經系。在考古系尙有芮逸夫和衞惠林，他們雖是以人類學爲主，但却對臺大的社會學教學也出了不少力。

草創臺大社會系

就這樣，鑑於社會學的正規化發展，在他們六位前輩向臺大當局的陳情和推動，加上得到當時亞洲協會（Asia Foundation）的財力支援下，臺大於民國四十九年七月正式成立了社會學系。龍冠海教授出任系主任。郝繼隆教授和陳紹馨兩位教授爲專任教授。總算，從那時候開始，社會學在臺大有了個屬於自己的歸宿，到現在爲止，社會學系成立也有了二十三年的歷史，也出了不少接棒的後輩社會學者，可是，這三位創系的第一代却作古了。

龍、郝兩位教授不只是對臺大的社會學有建系創業之功，對整個臺灣的社會學界也更有開拓提携之勞。現役的臺灣社會學者大概全都曾直接或間接受業於他們兩位。尤其是郝教授，他是美國人，却跟中國有整整五十年的緣份，早在民國二十二年，他拿到碩士學位後，就到上海學中文，並且教化學和物理，後來又回美國在華盛頓的天主教大學攻讀社會學，在民國三十三年得博士學位，並於三十五年應孫本文教授之邀聘，到南京的中央大學任教，直到三十八年時勢亂的時候才離開中國，到菲律賓住了三年，他在那裏擔任 Ateneo de Manila 大學的社會學系主任，四十年到四十三年間，他在香港從事天主教傳播新聞工作。

「傳」社會學的「教」

從四十三年到七十二年，郝教授一直在臺灣「傳」社會學的「教」。說他傳教，是事實；因爲他從二十歲開始就入了耶穌會。郝神父不只一心一意在臺灣替社會學這門學問打下基礎，培育和推廣社會學，也更爲臺灣的社會及文化建設做了不少的服務工作，尤其值得一提的是他在五十一年創立了「中國互助合作社」，五十三年擔任美國「亞洲社會經濟生活發展計畫」駐臺代表，五十五年創辦了《中國學刋》等。

大概上過郝教授課的都會記得他上課那種寓「教學」於「表演」的風格。由於這種風格讓社會學這門學問在許多一般的大學生中也種下了印象，直到現在，跟一些比我早或同輩非社會學這行的朋友一談起來，他們總會說：「我的社會學是郝神父教的！」可見，郝神父眞是個播植社會學種子的園丁。在郝教授退休前，他一直是位非常樂觀可親的師長。對同學的照顧是廣博而從不拒人。直到民國六十九年他才完全辭掉教書的工作。離開教書的工作對他來說是一件精神上打擊很大的事，加上身體愈來愈不行，這三年多來，他的心情一直也就很低沉，幾乎是換了一個人。

跟郝教授比起來，龍教授的晚年似乎有著更不幸的遭遇，他從民國六十一年開始，身體就不行，中風日益嚴重。由於他的性格也比郝神父來得內向和嚴肅，他的內心在去世前的十年，想必是更痛苦。

對發展看法的差異

龍教授對發展社會學的看法，跟郝教授有著相當程度的差異。郝是拼命推廣，一直往橫面的擴張，龍則是小心謹慎，對社會學向社會的推廣工作較收斂，他似乎較注意「縱」的深植，那就是以臺大社會系為基礎，做紮一個根算一個根。一個外向、一個內向，對早期社會學的發展，則都具有莫大的重要性。

對我個人而言，龍教授教過我的「社會思想史」和「當代社會學說」，郝教授則教過我的「知識社會學」和「社會變遷」，算是他們的直接受業門生。從整個社會學在臺灣的發展史來說，我是屬於第三代的社會學者，第一代和第二代都相當的影響我們這一代。在我們之後的第四代，甚而第五代，大概在他們的印象中，第一代的老前輩，已經是只有靠讀他們的文章，而很少甚而沒有直接受業的機會了。

中國社會學社在去年的年會中頒給了龍冠海教授一項「特殊成就獎」（楊懋春教授也同年獲獎），今年他走了。中國社會學社還沒來得及給郝教授表示對前輩的敬意，他却也先走了。

中國社會學社全體社員對他們兩位前輩辭世的一分鐘默哀，是非常短的追思，那一分鐘，無論如何是無法表達出我的思念，也無法充份表達後輩的對龍教授和郝教授四十年來對臺灣社會學獻身和貢獻的懷念和感激。

72. 7. 17.《時報雜誌》189期

輯二

理解發展的辯證

對「變遷」、「現代化」和「發展」的理解

隱　喻

我對「變遷」、「現代化」和「發展」這三個相關概念的理解，基本上是把它們當做隱喻來看。爲什麼呢？因爲我們事實上並沒有辦法眞正看到所謂變遷、現代化和發展這三樣「東西」。它們是人類在經驗社會生活的過程中製造出來的隱喻。依字典的定義，隱喻是字中有字，該字含有與字面意義不盡相同的事物，而且用已知來表現未知，經常它是具有「暗示的知識」，把複雜的社會現象，用淺顯的字句表達出來。說實在的，如果沒有隱喻，人類的語言還眞可能不夠用來傳遞人類的社會、感情生活、甚而若干歷史現象。譬如我們說「文明的生長、凋落和死亡」，聽起來很傳神、很動聽，但我們人們却從來沒看過這些像動、植物界的現象。用了隱喻，倒也眞可以把一些理論生動的鋪陳出來，至少是在認知的層次上面，更有意思的例子就是 Freud 所謂的「戀母弒父情結」(Oedipus Complex) 隱喻。社會學家尼茲白 (Nisbet) 說得對，有了隱喻之後，我們對社會文化心理各方面領域的了解可以推進一步。

同樣的，「變遷」、「現代化」和「發展」也是人類對過去、現在和未來社會生活的隱喩。既然是隱喩，對經驗的認知、解釋和評價也就必然包含在其中，也正因爲隱喩是天下之公器，大家都可以做不同的內涵解釋。解釋的來源却是個人社會生活經驗的反應，對這點的處理也一向是社會學家最感頭痛的地方。重要的是不要誤以隱喩就是現實，或是一種必然的經驗結果，它們只不過是社會生活的反映，而透過解釋的工夫而已。如果解釋得好，那麼這些隱喩也就比較拉近到有關的社會現實（social reality）。否則，隱喩就會變成「孤品」。

我沒有意思把變遷、現代化、和發展上隱喩當成孤品，所以願意嘗試做一些主觀上對它們的理解和領悟。也更希望藉此跟其他想這些問題的朋友建立一個可以溝通的基礎。

變　遷

第一，變遷是每個人類生活的常態，並且大致上也都可以經驗得到，體察得出來。

第二，任何個人或羣體都曾經有過或正在經驗某些變遷，只是有時多些，有時少些。

第三，我們可以把「社會」變遷看做是一種集體性社會生活的改變，它表現在人的規範、價值、甚或若干比較劇烈的改變，譬如政治、經濟。

第四，一般說來，「社會變遷」可以不牽涉到任何價值判斷或道德上的好惡，雖然仍然由「人」去體察，但它的自然發生不涉及「人」的選擇。

第五，如果變遷透過事先計畫，那麼就不能否認其中必然牽涉到價值、道德，或其他主觀判斷的問題，因爲這是由一個人（或一羣人）來企圖改變另一個人（或一羣人）的社會生活內容和步調；這種計畫性變遷可以是局部的改革，也可以是大幅度的革命。

現代化

第六，「現代化」，事實上是老現象的新名詞；它是社會變遷的當代隱喻；它是從傳統到現代，從以前到現在的過程，那是變遷，是每一時代都會出現的變遷。

第七，現在所謂的「現代化」，可以說是指某一特定歷史期間內很多社會生活變遷的總稱呼；那一特定的期間是從十七世紀到十九世紀的西歐、北美，然後披及其他歐洲各地，並且在二十世紀大規模的影響到全球各個角落，造成一連串大大小小，或自願或勉强的變遷。

第八，生活在西歐早期歷史的人，當然經驗到那些所謂「現代化」的變遷，但是他們並不叫那些社會經驗是「現代化」，他們就叫它做「變遷」。

第九，經過三個世紀以後，接受那些變遷結果的「當代人」(你，我，他），尤其是在西方那些被稱爲社會科學家的知識份子，才開始給了它一個「現代化」的隱喻。

第十，社會科學家更紛紛對這歷史變遷做主觀的解釋和理解，大多是根據他們對那變遷過程的了解及感受而產生的，「現代化理論」於茲大量締造。

第十一，爲什麼那套西方的變遷史能夠在世界上變成那麼有影響力的「新傳統」呢？原因在於那段西方人社會生活的經驗透過了殖民、傳教，甚而暴力，盛氣凌人的形成一個「大傳統」，而被迫接受各個角落的文化就相對的變成了「小傳統」，這一大一小之間就出現優劣、高低的價值判斷；於是乎不但是大傳統裏的社會科學家談論「現代化」，就連小傳統的知識份子們更高論「現代化」；「現代化」隱喻幾乎要變成了「現代化事實」。

第十二，這顯示說，社會生活的經驗在不同時間，不同地方的架構裏，有著不同的詮釋。上面這個或許只是其中的一個，但我比較「相信」。

發　展

第十三，「發展」則是用來比喻對現代化挑戰的那些反應。

第十四，透過有意識和集體的行動，「當代的人」花費不少力量，要不是去保存、固守，就是去對付那些「現代化」帶來的後果。

第十五，對那些仍然在南方推廣，推銷「現代化」成果的人來說，他們所付出的力量，爲的是去持續那些後果，他們就叫它做「發展」；這就是爲什麼近來有不少美國人稱美國也是「發展中的社會」他們所想要發展的，不外是現代化的持續。

第十六，對那些現代化的後來者（被推銷的），依他們對「現代化」的認知和註釋，可有幾種不同的反應，於是乎他們付出的力量也就不同。

第十七，有些人（一般說來是羣體和國家）有意做效那在歷史上出現的「現代化」模式，他們的反應不外就是想一心一意去嘗到那種「現代化」的滋味，那些在思想上政策上的反應也叫做「發展」，即所謂「西化運動」和一般「資本主義」，其背後的情緒多少是對「現代化」隱喩的「愛」。

第十八，有些人（羣體和國家）有意摒棄或拒絕那些在歷史上出現過的「現代化」模式，他們的反應不外是想得到另一種「變遷的模式」（不必硬叫做是現代化的），那些呈現在政策上，意識形態上的做法及反應，也叫做「發展」，譬如 1971 年的俄共革命，二次大戰後，一些第三世界國家找尋社會主義的種種嘗試；其背後的情緒多少是對「現代化」隱喻的「恨」。

第十九，顯然，「發展」不外是對那股現代化衝擊所採取的不同策略性（有時難免是意理性和情感性）的反應，它可以脫離現代化的框框，但也可以依樣畫葫蘆，這得看「現代人」（指當代人）要如何去評價他們心目中的現代社會生活。無論如何，在非西方的「發展」照說是多方面、多路子的，大可不必跟那在西方歷史上出現過的那個「現代化」混在一起，視為一個東西。

第二十，這又顯示說，這社會生活的世界裏，由不同羣體的人去經驗，又會有不同的詮釋，而且還牽涉不同感情的反應。

第二十一，不同人（羣體）對某一歷史過程的認知及反應雖然不一樣，但是「他們」在「這個時候」却都偏好用另一個隱喻：「發展」。

理　解

第二十二，我不是想在這裏將「變遷」、「現代化」和「發展」這人類近代社會生活的三大隱喻，再度理論化。我認為「理論」已經太多了，少的反而是「理解」。

第二十三，我只是想找一個比較可以能理解的架構，用我的話來說說他們這三個隱喻可能涵有的社會現實。

第二十四，「變遷」、「現代化」和「發展」，總歸起來，不過是「我們」（過去的和現在的）經驗中的社會生活整體裏，抽出幾部份出來，而由「我們」來加以理解和詮釋而已。

69.9.22.《民生報》

「現代化」、「發展」答客問

問: 請您爲現代化下個定義?

答: 「現代化」是社會變遷的一種，所謂社會變遷，社會學家通常將之定義爲一種社會結構或功能上有意義的轉變或調整。這些變遷同時必須表現在社會人口之態度、價值、規範、制度，甚而一些不易爲個人直接感覺到的結構層次的內涵，即人類生活的各個層面上，會有顯著意義的改變或不同。這些變化，對人類社會的歷史來說，是常態的。

而現代化，只不過是在人類歷史上的一段時間中，發生在西方文藝復興至工業革命以後的一段劇烈的轉變，它是針對西方的歷史與經驗所製造出來的名稱。「現代」一詞，原來是文學上的名詞，是指一種新的文學或文藝體裁，被引用進社會科學界後，便成爲一種學術性的名詞，甚至成爲一種意識型態，而從十七、十八世紀的西歐，到十九世紀的美洲（北美洲）及德國，到二十世紀的日本，由於世界經濟政治的轉變，原本相當受時空制約的所謂「現代化」，其力量便逐漸增大，而成爲一種影響衝擊的過程。通常也稱這種影響過程爲「現代化」。何以原來只是歷史性的、有時空制約的一段社會變遷，會成爲世界性、全球性的社會變遷，而且爲我們所承認？其原因是在十六世紀以後，亦卽在西歐的農業的產業形態革命之後，人類社會逐漸整合爲一個單一的體系——世界單一的「分工體系」。在這個體系中，由於經濟力、分工而有權力結構的分配，產生了階級，分爲：1.核心國家——具有影響力，可以影響其他國家。2.邊陲國家——主要在提供資源、人力。以及3.半邊陲國家，介於兩者之間。處在邊陲國家地位的政府，它們所訂的決策往往受整個世界體系所左右。

近三世紀以來這個結構在本質上並沒有什麼改變。大部份的邊陲或半邊陲國家，它們的現代化，都只是把核心國家的那一套搬過來，這自然會有問題產生。因此我以爲我們要「我們的現代化」，這個講法很奇怪，所以我想與其談現代化，不如談「發展」。

「發展」就是面臨西方現代化的衝擊下，把我們的意志（Will）加進去，所做的種種有意識的改變或活動的過程。談發展比較含有策略的意味，是用來應付現代化的。

問：發展是否有方向？

答：開發中國家或第三世界談發展有兩大主流，主要在針對如何去應付西方的「現代化」：

1.西化的模式：資本主義的「發展」模式。

2.反西化的模式：社會主義的「發展」模式。

但亦有些國家企圖尋求第三條，也就是在理想上是要能打破西方現代化的限制，找出適合自己的模式。至於要如何去找，則牽涉到該國在整個世界體系中的位置，是否有能力去做它想做的事，這是外在的處境。其次牽涉到其內在的意志：國內的領導階層是不是有人去想這個問題？內在與外在必須配合。就外在環境而言，若我們承認世界體系的存在，則邊陲和半邊陲國家是處於較不利的情境。因爲他們受到核心國家的影響極大。至於是否能由內在意志突破外在的不利，則

又須考慮兩點:

1.發展是爲誰? ——爲全民。

2.發展是爲什麼? ——爲提高及增進全民的生活內涵、生活條件及提高其素質，並進而企圖維護國家的獨立。同時，發展強調的是目標，目標的訂定須經全民參與，由全民認可，其結果爲全民所享有。而發展的方向是由全民參與討論，不只是投票，而是要在大大小小的活動中有參與感。

至於臺灣現在發展的方向，基本上是走資本主義的路線，但也混合了社會主義（指民生主義所强調的社會主義，即國家資本等等）。

問: 西方現在進行的後工業社會（Post-industrial Society）與今天臺灣的發展有何不同?

答: 西方的後工業社會基本上是在延續二百年來的現代化、工業化的結果並企圖保持它，現階段他們特別注重的是社會文化的調整。由於只是承襲，因此問題較小。而我們則不同，尙有外在的壓力要應付。在西方這個調整的過程中，他們所做的是人類與社會的重新調整，人類尊嚴的肯定，社會秩序的重新界定。也就是在求解決過去工業化所產生的問題，而所走的路線與過去有些不同——强調社會文化的不同而不僅是經濟技術的不同。目前的臺灣，則似乎仍然著重在經濟制度與技術的層面，對社會文化則還沒覺醒，不過很快的這種覺醒就會廣泛掀起。事實上近年若干鄉土運動的崛起多少也是這種社會文化覺醒的前奏。

問: 知識份子發展中所扮演的角色是什麼?

答: 第一是「回饋」，要返回了解社會眞象、社會問題，尤其要代表中下階級的人來參與，他應該是一種橋樑，以縮減大衆與政府決策圈的距離。其次是要提醒政府，甚至監督政府的決策，尤其是標榜有關「發展」的一些策略。

問：今天臺灣在發展上的困難有那些？

答：第一，是發展目標的肯定，第二，上下的參與，亦即社會參與，尤其是下層階級的需求能否充分公平的表達。這些是較抽象的，至於較實際的，如：所得的分配均等，政府決策背後精英份子對「發展」的觀念、態度、價值。尤其是後者尤爲重要，唯有他們能認清應走的方向，然後才能擬定和執行政策。

問：韋伯（Max Weber）認爲儒家思想阻礙了中國的現代化，您的看法如何？

答：儒家的思想內容到底是什麼，恐怕很難有人眞正弄得很清楚，事實上「儒家」已成爲一種意識型態，而造成一種社會的歷史的影響力。因此要討論這個問題，必須更深入的探討到底是儒家的什麼東西影響了中國人，又影響了那些中國人的那些行爲？而這些行爲是否眞的能影響中國的現代化？尤其應注意的是，韋伯可能主要在硏究清代。但清帝國可能就是因爲受到世界體系的影響，一旦成爲世界體系的邊陲地位，就變得無力。而革命黨適時起而向淸帝國的政權挑戰（亦即革命黨的興起），正是國內爲了解決中國在世界體系中的軟弱地位，而產生的另一勢力。爲的是想改變中國在世界體系的地位。我們可以說革命黨間接的是世界體系在中國促成的結果。總之，淸代的崩潰，很難說是因爲用了儒家思想。

問：「現代化」應該是手段或是目的？

答：「現代化」促使我們產生反省而去求變，是影響我們去變的工具，是手段，而「發展」則是變的目的。

70. 8. 25.《中國論壇》

發展—爲何？爲誰？

未來十年是我們國家發展的關鍵時期。但「發展」的定義，不僅意味著麵包，更包括人的尊嚴。

每當一個國家要跨入一個新的年度的時候，執政者總免不了要羅曼蒂克的緬懷過去一年，然後又充滿信心的計畫未來一年，強調眼前的一年將是最具成敗關鍵的時期，所以全國上下必須依照政府的既定計畫和政策，努力、努力、再努力。每個政府在每年年初都會發佈國情咨文或告全國人民書之類的宣告，一則聯繫上下對未來的認同感，二則確定執政者當政的象徵意義。背後的意識型態相當一致，那就是政府認爲是重要的對人民也一定重要，對政府好的一定對人民也好。

正確的發展方向

六十九年過去了，接著來的是七〇年代。政府也說，這未來的十年是我們國家發展的關鍵時期，我們發展的目標將是在這十年中邁向已經開發的「現代化國家」，進而作爲別的開發中國家的楷模。問題是，政府雖說現代化國家是國家發展的十年目標，却沒說出現代化國家到底是什麼樣子，是那一種現代化國家。不過，相當明顯的是，發展是爲了變成現代化國家，而且是爲了「國家」。然而，從比較批判的眼光來看，我們難免要再多問幾個問題：「現代化國家」眞的是那麼值得去追求嗎？是不是「現代化國家」的好與壞都要全盤學到？是不是影射現代化國家一定都是可取的？那麼，高犯罪率、高失業率、高通貨膨脹、高罷工率、多學潮、多暴動，是不是也是發展的目標？變成現代化國家之後，到底是誰得到好處呢？只是爲了在國際統計比較上因爲有高GNP成長率，而臉上有光彩嗎？誰的臉呢？執政的人，還是一般人？即使達到了目標，又會使誰滿意呢？是計畫決策者目睹計畫成功後的滿意，還是一般人眞的在生活品質上提高的滿意呢？

就近年來對政府政策重點的觀察，十年後我們想達到的所謂「已開發的現代化國家」的模樣，基本上是這樣子的：

高經濟成長率，私人企業鼎盛，大財團聯營，外貿旺盛，訂單不停，而我們的工業，尤其是出口外銷工業能升段到資本技術密集的程度……。所謂開發、現代化，莫此爲甚。而發展就是國家（明白一點就是政府）爲了拉近跟「已開發」的「現代化國家」的距離而做的種種有意識的反應。如果政府看到的「現代化」是那樣子，那麼制定出來的政策就是朝那方向去做。而問題可能就出在這裏，因爲政府裏的決策者所看、所想、所要不一定就眞的與一般人民大衆所看、所想和所要的吻合，如果「發展」眞是能帶來更多福祉，那麼政府和人民之間的差距要降低到最小。

如果發展眞是一種對現代化衝擊而產生的有意識反應，那麼就得先瞭解這個羣體怎麼去集體「認識」現代化以及它帶來的衝擊；它必然要透過一種集體的經驗累積，也是一種集體的創作。這麼說來，如何去綜合協調不同個人、羣體、階級的人對現代化的體認、詮釋，然後再讓所有參與其中的羣體，都有同樣的發言權去決定他們想「發展」的目的和方式，就成爲「發展」本身的一個價值。不能因爲某些人或某個羣體的權力小，就任憑他們對現代化的認知、對發展的希求被抹煞、被犧牲。換言之，如果藉「發展」之名，而犧牲某些人（羣體），就根本不能叫做「發展」，眞正的發展首先要有「認知的參考」這個內涵做爲基礎。

人文的發展觀

至於其他發展的實質內涵有那些呢？或者說，我們怎麼去測量一個國家社會在發展水平上的進步或退步呢？基本上，發展是爲了生活在那個國家社會裏的全民，而不僅僅是爲了執政者或決策單位的年終功績和表現。如果人民的各項生活內容得到好處，他們對生活品質感到滿意，那就是「發展」。至於鋼鐵產量是不是增加？外銷是不是增加？總經濟成長率是不是驚人？都不是最重要的，因爲那些都不是「發展」的本身。如果一定要找出發展的定義，它應該是比較具有人文色彩的定義，因爲它不僅意味著麵包，更包括人的尊嚴。基於此，人文的發展觀應包括：

1.發展以適度的經濟成長爲基礎，增加全民的所得；

2.發展強調經濟成長的公平分享；

3.發展必須以免於貧窮及失業的不安爲前提；

4.發展應提供全民更多上進的機會，並在結構上做調整；

5.發展應絕對尊重個人的尊嚴和價值（人權）；

6.發展的終極目標是要讓活在這個社會裏的人更快樂一點；

7.發展的獲取不以破壞生態環境和資源爲手段；

8.發展要能全面提高社區意識及共識的水平；

9.發展要顧及社會本身的能力（包括人才、資源）及其極限，以擬出較合理的策略，不得强求；

10.發展要是這個社會獨立決定的，而不是由別的社會（國家）來主宰。

既然發展有以上所述的那麼多價值、目標，甚而倫理上的涵義，在做法上就不能不牽涉到全盤社會計畫的問題，而計畫的目的是希望能帶來一個更美好、更人性的社會。就這角度看來，發展又不外乎是：

發展＝（經濟）成長＋（社會文化）變遷＋（全民參與）計畫

至於如何去成長、變遷和計畫，這可能就得取決於所有參與者的共識而由政府來主其事，表現在公共政策上。譬如說，經濟計畫、教育方案、社會福利計畫、土地改革、都市更新、賦稅改革、國際貿易等等，都只能說是政府秉承全民對發展方向的共識，擬出來的措施，希望能將眞正的發展帶同給全民。它們不應該本末倒置地變成發展的目的，人民反而變成政策的手段。我們應時時記牢，政策爲人民服務，不是人民爲政策服務；發展是爲了人民，不是只爲了決策者。

70.2.《綜合月刊》

七十年前中國的發展困境

七十年前的中國是一個相當典型的新興低度發展國家。七十年後，在臺灣的自由中國則是一個自許爲隨時能跨入「發展國家」之林的「新興工業國家」。今年年初，政府充滿信心的預期在七十年代結束的時候，我國一定要是個「現代化國家」，瞻望未來的十年國家發展，必然有許多困難要去克服；在設計未來發展的同時，應該回顧一下開國之初的發展困境，也許可以從中得到一些啓發。

國家發展不是一個單一層次的問題，發展的困難來自國際、政治、社會、經濟、文化，甚至社會心理的阻礙。中山先生提出三民主義，其目的是爲了建國之後做爲國家發展的診斷書和藍本，其中民生主義尤其是一部具體的國家發展大綱。

中山先生把「民生」定義成「人民的生活，社會的生存，國民的生計，羣衆的生命」，「民生二字，實已包括一切經濟主義」，同時也在不同場合爲民生主義做許許多多的闡釋，它是以「養民爲目的」，「民生主義就是用國家的大力量去開礦，好像南洋礦商，把礦產開出來之後，大家都可以發財一樣。此外還有開闢交通，振興工業，並發展商業，提倡農業，把中華民國變成一個黃金世界。達到這個目的之後，大家便可以享人生的眞幸福，子子孫孫便不怕窮。」而且又是「

一方案，使物產之供給得按公理而互利益」，是對「大富人打不平等的，是對於貧富爭平等的」，「弄到人人生計上經濟上平等」。

這樣看來，民生主義中對國家經濟與人民生計的目標不外是：第一、富國養民，第二、經濟平等，第三則是經濟自主。前兩者是要求國內的「富」與「均」，最後一項則是要求在國際經濟中的獨立自主。

任何發展策略都必須從現實產生，中山先生是一個講究實踐的革命家和計畫家，他的發展策略也必然導源於中國發展的種種實際問題。對民生主義國家發展目標與內涵有所了解之後，我們應該進一步看看中山先生如何診斷當時的中國發展問題。

中國淪為次殖民地

在中山先生的認知當中，清末民初的中國發展問題，最主要的有下面幾項：

第一、是面臨列強經濟與政治的壓迫，以致獨立的國家發展目標遭受迫害。種種不平等條約（如領事裁判權、關稅、租界等），束縛國家的自主決策權，影響中國政治經濟的發展。因此，中山先生當時已深深體會到二十世紀時強國對弱國，以及帝國主義對中國的影響。這種影響在中國所表現出來的性質，他認為跟當時一般的殖民地不同，不是受到一個帝國列強在政治上、領土上的侵略，而是十幾個的迫害。他說凡是一個殖民地的人民，只做一國的奴隸，對於母國總可以享多少權利。所以他在民權主義第一講裏便沉痛指出我們現在做十幾個國家的奴隸，沒有一點權利可言，也就是他所謂的「次殖民地」並且特別是經濟方面，這種（列强）帝國主義所加諸的迫害，對中國的發展尤其深遠，並且還影響到中國的社會經濟結構。

邊陲國家的發展失去自主權

所謂帝國勢力的「經濟壓迫」，即是資本主義的世界體系一旦整合了邊陲國家之後所產生的結果。可以從民族主義中整理出的一共有六項：一是洋貨的侵入；二是外國銀行的紙幣侵入市場，滙兌折扣、存款的轉借；三是進出口貨物的運費；四是租界與割地的賦稅，地租和地價；五是特權營業（如南滿鐵路）；六是投機事業和其他種種剝奪。「這六項的經濟壓迫，令我們中國所受的損失，每年總共不下十二萬萬圓。」值得注意的是這種種「壓迫」直接與有形的不平等條約密切相關。顯然又是出於政治力的干預所造成。其深深的烙印了中國之爲國際分工中邊陲階級的地位，一種「不公平的交換」（unequal exchange）於茲顯現。細細讀過這些觀點當可以與前述「世界體系」的分析連接起來。即謂一旦整合入世界資本主義體系之後，邊陲國家就往往失去獨立自主的發展權力，核心國家可以運用政治和經濟的雙重力量來左右與牽制邊陲國家。而不幸的是，清朝政府根本無法招架核心國家這一連串滲透和壓迫，這才激起民國的革命，想以另一個「政府」的力量來解決這困境。根據「世界體系」及「依賴理論」（dependence theory）的角度來看，這是一種束縛，是「結構」所造成的。雖然不能說所有資本主義的力量都會造成同樣結果，但世界體系的力量却能經由世界分工「扭曲」和「轉交」邊陲國家的發展優先順序，讓核心國家先得到好處，並同時助長了整個世界資本主義的持續與壯大。當時中國的處境正是如此。二次大戰以後的第三世界，其遭遇也有很多的相似地方，國家雖獨立但經濟及政治決策却始終受制於核心國家，尤其是透過多國公司、國際金融組織等的力量來運作結構的依賴關係。

窮國與窮民

第二個問題雖然也和第一個有關，但却可以獨立來說明，就是整個國家經濟的貧窮和缺乏資本。所謂「患貧」的問題，在民生主義第二講中曾有說明：「中國大家都是貧，並沒有大富的特殊階級，祇有一般普通的貧，中國人所謂貧富不均，不過在貧的階級之中，分出大貧與小貧，」這是一般社會人民的「貧」，對國家經濟力的「貧」，中山先生在「中國存亡之問題」中也有說明。他說：「經濟上之發達，自然力、人力、資本三者皆有巨效，而今日謀中國之發達，不患自然力之不充，人力之不足，所缺者資本而已。」所謂發達，應該就是「發展」的意思。從某方面看來，國家窮與人民窮雖不一定是同一件事，但在當時的中國則是不可分的兩面。一是對外而言，和其他先進國家比，中國是窮（缺乏資本）；一是對內而言，中國人也普遍的窮。要談國家發展，碰上窮，自然就困難重重，很容易就推動不開來。這個「窮」的問題與第一個問題的「獨立自主」有關，而且兩者往往互為因果。因為貧和國力衰弱，所以才淪為次殖民地；也正因為是在帝國主義一連串的經濟壓迫之下，經濟發展才受到扼殺和扭曲，乃造成一種國家人民都貧窮的惡性循環。

統一的國家和大有為的政府

第三個問題雖然在民生主義中沒有非常明顯的發揮。但在討論國家發展時不能不提，即是國家統一和政府能力的問題。中山先生在民生主義第二講裏提到「我們的國家四分五裂」，國家無法統一，自然也就無法用政府力量推動任何具體有力的發展策略及計畫。中山先生更在「中國內亂之因」的演講裏，將中國之無法統一歸因於軍閥和帝國主義，而且他還突出帝國主義勾結軍閥，造成更大的反革命惡勢力。中山先生對這些觀察說得很清楚：「我們中國革命十三年，每每被反革命的力量所阻止，所以不能進行，做到徹底成功。這種反革命的力量就是軍閥。為什麼軍閥有這樣大的力量呢！因為軍閥階級有帝國主義扶助。」他這觀點非常有意義，因為帝國主義能夠滲透到中國社會的階級結構裏去分化和加大原有的階級衝突，國家一旦不能統一，那來國家發展？其次是政府的功能與能力，政府往往在發展中國家扮演推動國家發展的靈魂角色，這點中山先生也認識很清楚，這也是為什麼他那麼急切的認為民權主義裏的大有為的萬能政府是非常的重要，它不只是民主政治應有的目標，更對國家經濟發展而言，有其特殊的意義，一個政府有為與否也是國家發展的關鍵所在。但當時的中國既沒有統一，政府本身也面臨許多困境。事實上，國家統一和政府能力這兩個難題也成為戰後第三世界國家在發展過程中面臨的癥結。

70.10.《綜合月刊》

對突破邊陲地位的思考

四個世紀以來的人類歷史相當清楚的鈎劃出一種趨勢，那就是在十六世紀以西歐爲核心發展形成的歐洲世界經濟體系，經過十九和二十世紀的擴張之後，已披靡於全球，到現在爲止，幾乎世界上沒有一個顯著的「角落」能夠獨立或孤立在這個「全球化」的世界體系之外。換言之，我們是生活在一個單一分工體系的世界體系當中。

這個資本主義世界體系，基本上，雖然是以「經濟」（生產模式）爲最基礎的凝聚和擴大力量，可是它的統合力和滲透力却遠遠超過經濟的層面。在這個體系當中的國家、地區、政體、民族、甚而家庭、社區和個人都會直接或間接的跟它發生關連。從十九世紀末和二十世紀初以來，在社會科學領域裏所觀察到的許多人類社會的經濟、社會、政治和文化現象，尤其是有關變遷的種種探討，實際上都跟這種歐洲世界體系在這一百多年來的結集和擴大有密切的關係。換言之，近百年來在世界各地發生的社會變遷（廣義而言）都是與世界體系本身的運作邏輯，有著因果上的關係，我們無法將這些變遷現象孤立在世界體系之外而想做深入的瞭解。

更由於這個世界體系自形成以來就在其結構上產生「核心」、「半邊陲」和「邊陲」等三個分工地位，處在不同分工結構的國家、地區、政體……也就會因此而身不由己的在其「行爲」上，反映出它所處的結構地位和「規定」的角色。通常屬於經濟强勢的「核心」都有著政治的優勢，處於經濟弱勢的「邊陲」和「半邊陲」也有著政治的劣勢，更藉著政治經濟的優勢支配力量，在文化上也形成一種優劣高低的態勢，這些由於結構地位所影響下的邊陲地區和國家，也就在經濟上處處呈現出「依賴」的困境，一直扮演著提供原料給核心，也提供消費市場給核心的角色，而在自己的本土經濟結構裏始終沒有辦法建立完整而有貫聯活力的自主經濟體，癥結就出在於在這世界經濟的分工體系當中，邊陲的地位就是如此。在政治上的表現，邊陲的政體多半也就成爲核心的附庸和圍堵的工具，目的就是在於保障一個强有力的世界資本主義經濟體系。在文化上，邊陲更是逐漸的被迫自貶自己的本土文化與傳統，而成爲核心文化的擴張地和消費者。結果是，經濟的依賴，政治的附庸和文化的「貶本土化」就成了近百年來，任何地區和國家，一旦被納入世界體系，開始被「邊陲化」(Peripheralization) 後的命運。

尤其關鍵的是，這種「邊陲化」的力量一旦從「外在」（也就是世界體系透過核心國的擴張）强迫性的滲透進來之後，它能夠在邊陲的「內在」結構內產生一種（或多種）新生的力量和結構，然後由這新生力量和結構來持續永遠的邊陲化和上述經濟、政治和文化上的種種困境。

所指的新生結構和力量之所以會持續上述的「邊陲化」，是因爲利益上的互惠，有一部分則因爲在思考方式已逐漸習慣於甚而受制約於依賴性的結構，已經不把「邊陲化」和「依賴」，當作是問題來看待。前者發生在經濟階級較多，後者則發生在政治、文化和智識階級較多。

要突破這種邊陲化的依賴結構，並非容易的事。非常有可能的是，它還會隨著這個世界體系的存在而持續下去，原因在那裏？原因是因爲邊陲結構地位的改變，往往決定在世界體系的經濟需要，尤其是某一歷史時期內「體系」所需要的資源和技術，如果某一邊陲能夠把握時機，能夠掌握「體系」所迫切需要的某種資源或技術，那麼這個邊陲突破過去歷史所加諸的結構限制，就比較有可能。譬如說，戰後的日本，以及七十年代的石油輸出國組織（OPEC）就是比較突出的例子，前者是靠技術，後者是靠資源。此外，就是靠政治的意圖及變遷，對現存的內在和外在的依賴結構及限制，做比較痛苦的驟變，然後或許可以調整其在世界體系中的結構地位，但所付出的社會和政治代價都會相當的大。一百多年來的中國的近代史，從這個觀點看來，無疑的就是一段「邊陲化」的生涯過程，在這過程中是有工業化的徵兆，也的確有愈來愈「當代」的現象，但並不是像傳統現代化理論所說的那樣，那麼獨立自由在追求「現代化」。在這一百多年當中，我們也可目睹了幾次企求突破這結構困境的嘗試，或在政治上，或在文化上。今天如果我們認爲有必要做再一次的突破、擺脫邊陲的地位，我們首先就必須從頭檢討一百多年來中國是怎麼樣被「邊陲化」，被「低度發展化」的？又是什麼新生力量和結構，在持續這種依賴結構？而這種種的反省，都需要靠另一種思考的範型（Paradigm）來進行才行。

72.1.10.《中國論壇》175 期

發展意理的辯證與抉擇

二十年前，即1965年，當知名的美國社會學家霍羅維茲（Irving Louis Horowitz）寫他那本《發展的三個世界：國際階層化的理論與實際》(*Three Worlds of Development : The Theory and Practice of International Stratification*）時，他相當有感於「三個世界」在戰後二十年來的對立與矛盾，並認爲「第三世界」終究難逃要在「第一世界」的資本主義發展意理與「第二世界」的社會主義發展意理之間做選擇；不是走進以美國爲首的資本主義陣容，就是步上以蘇俄爲首的社會主義路線。這兩種意理的矛盾不僅只是發展模型的抽象示範，更表現於政經、軍事層面的具體鬪爭。第三世界如何能在這兩個發展意理的鬪爭夾縫中求生存，甚或殺出一條生路，指出完全屬於自已的發展意理和發展策略，雖是理想中的可欲，但却是實際上的不可及。

六〇年代流行的「輻輳理論」(Convergence Theory)，在他看來似乎也給了第三世界決策者一些烏托邦式的希望和何去何從的茫然。「希望」的是或許極端矛盾的壓力會減少，但「茫然」的却是分寸的把握反而更微妙、更困難。可是，霍羅維茲製造的矛盾仍然存在，他一方面察覺出第三世界面臨的困境很難突破，另一方面却急切的呼籲這種突破是有必要的。但是他沒有對兩種發展意理做深層的批判，也沒有分析「第三世界」在兩條路上掙扎的眞實狀況及所付出的代價。

十年後，另一位著名的社會學家彼得•柏格（Peter L. Berger）在1974年出版了《犧牲的金字塔：政治倫理與社會變遷》（*Pyramids of Sacrifice: Political Ethics and Social Change*），在這本書裏，柏格則毫不保留的掀開了資本主義和社會主義的意理眞面目——也就是他所謂的「迷思」。資本主義發展意理立基於「成長」的迷思，是用今日的飢餓來換取明日的富裕；而社會主義發展意理則是建築在「革命」的迷思，是用今日的恐怖去換取明日的人道秩序。第三世界如果要找出自己的發展模型和路線，首要之務就是要摒棄上述這兩種意理，因爲飢餓和恐怖的代價實在都不是任何人文主義的規範下所能接受的條件。柏格更進一步提出一個「好」的發展意理應經得起兩個考驗：一是減少人類的痛苦；一是增加人類的意義。在他當時看來，現存的兩個意理似乎都是失敗的模型。第三世界應該說「不」，不該盲目的追隨於資本主義或社會主義之後。柏格的人文主義關懷是非常有說服力的。

霍羅維茲認爲的第三世界抉擇的困境，經由柏格在人文主義及倫理的思索下，似乎就不存在了。不過，這畢竟是消極的「停下脚步」，不再向下陷而已。就算這是第一步，如何開啓另一路線，走下一步，柏格似乎不願意回答。在他的現象學和人文主義的批判思考脈絡裏，這是可以被理解的。這也是爲什麼他會說：「美國對世界其他國家的最大意義就在於其表現其本色。」換言之，第三世界應該怎麼走下一步，那是第三世界的事，美國不該插手，更不該強加其發展意理。美國唯一可以做的就是讓自己應付及面對現代化困境的實驗性改革，公諸於世，讓自己變成一個實驗室。

在六〇年代中期寫「發展的三個世界」的霍羅維茲，顯然受到六〇年代美國的憤怒思潮影響，對強有力又霸道的第一、第二兩個世界發展意理有著極度的不滿，但却又無奈。在七〇年代初期寫「犧牲的金字塔」的柏格，則顯然沾上美國思潮在七〇年代的「越戰後併發症」，深感美國該做的是清理自己的後院子，第三世界應該有決定自己命運的能力和自由。

然而，在1979年，霍羅維茲在第一篇題爲〈發展社會學和社會學的意理〉的文章裏，多少一改其六〇年代的無奈與憤怒，已認爲第三世界是可以運用「政策」，在資本主義或社會主義，在民主或極權之間做選擇的，而非是歷史的命定。因此，對策略和手段的思慮和抉擇就變成了第三世界本身最該重視的課題而非外來意理。

尤有進者，柏格在今（1984）年初於美利堅大學的講座裏，以「再訪低度發展」爲題，也相當程度的修正了他十年前的論調，他不但用「痛苦」與「意義」這兩個條件，更以持續的經濟成長、廣大羣衆生活水準的提高，以及人權的維護等三個新條件來衡量評估過去十年來第三世界的發展經驗。他發現在東亞產生的資本主義發展模型可說是最讓人羨慕和讚嘆的成就，可是社會主義却無法有相對的成就。東亞的資本主義發展似乎也提供了第三世界發展的一線曙光。柏格不否認十年後我們可能仍然對「發展」有著太多的「無知」，但我們應該比十年前知道得較多一些。基於此，他改變了十年前消極「說不」的態度，而轉爲積極的「說是」態度。因此他說，資本主義可能是比較保險的發展意理和策略……。

二十年過去了，從兩位社會學家對第三世界發展意理的辯證與抉擇思考過程裏，我們似乎也可以從其中體會出一些值得再深思的問題。

73.12.10.《中國論壇》221期

對「經濟國際化」的沈思

把臺灣的經濟、貿易和金融「國際化」，看來已是政府當前最感迫切的策略，也是最大的挑戰。這個發展方向對於突破經濟升級的瓶頸和促進結構的轉型，甚而保障臺灣的「外在」安全來說，也都是必要的作法之一。大概也沒有人會無端的反對它。

就以「金融國際化」而言，相信是有意使臺灣取代香港在九七大限之後的地位。要金融和貿易國際化，勢必要在許多對內對外的經濟、貿易和關稅等現行政策和措施上，做相當程度的修正和調整，也勢必要走向對外更開放，對內更自由的財經路線。進而推動下一步「自由貿易區」的構想。這些遠景和考慮的必要性，我們也都深深的瞭解和贊同。

但是如果只專注財經和金融，把它當作今後內閣唯一認真的政策，或在意識型態上還把它當作國家發展和人民福利的全部，那就未免太過於短視和偏見了。

事實上，臺灣過去卅餘年的經濟成長策略已經是相當「國際化」的，如今再力倡國際化，除非有更具體的內涵和作法，做創新的改革，否則國際化將只停留在口號，或只是持續過去多少是「倚賴發展」的模式。至於能否眞的將臺灣的經濟結構「升級」到脫胎換骨的地步，考量過去本國廠商和在臺的多國企業所進行的「技術轉移」成績，還是頗令人懷疑的。換言之，大幅度提高市場機能的自由化，和進一步加强僑外投資和對外投資的國際化，與突破經濟發展瓶頸，促進產業技術升級之間，並不一定是有必然的因果關係。政府與民間（企業）之間的默契，尤其是企業對國家發展前途的信心，政府對企業能力的信任，以及政府對開創未來發展遠景的承諾和執著等等，都將是關鍵性的因素。

同時，在「經營」國際化和自由化的策略上，對於它可能帶來的種種「副作用」則不能不事先考慮，以防範稍一不愼卽產生的不良後果。除了要避免只流於外資「租稅避風港」甚而「新租界」的惡果之外，它可能對國內已有的本土工業和企業（尤其是中小企業）造成衝擊；亦可能造成財富差距，以及袒護旣得利益或製造另一種新興特權階級等問題，也都得審愼注意。在總體國家發展而言，其可能導致的其他「倚賴」問題，更該詳加思慮和預防。否則臺灣的金融是更加國際化了，經濟也更加開放了，但社會平衡却萎縮了，期待中的自主發展可能性也降低了。

此外，一旦要設「自由貿易區」，臺灣的政治、社會和法律體制甚而科層（行政）體系勢將要面臨莫大的考驗。一旦經濟對外大幅度開放之後，其對內社會及政治上的衝擊一定也不小。它有兩種可能的結果，一是發揮「外溢作用」，因此促使國內政治的進一步開放和自由，也讓社會創造更多新財富，這是我們所樂見的。二是在原有社經均衡一旦受到動搖之際，保守勢力爲製造政治穩定的「假相」，也可能强加更多政治緊張和壓抑的藉口，這却是我們萬萬不願見到的後果。

類似這些兩面刀刃的可能衝擊，都應該是政府主事者在熱衷於高唱「國際化」和「自由化」的時候，也該加以三思的非經濟性課題。

73.9.25.《中國論壇》216期

學術發展所反映的「社會實驗」

在學術界的人對學術研究的發展，自然有一種特別關切的心境，但每一個人所關切的不外乎是各個學科內部的興衰和起伏。這原是無可厚非，只是這麼做，可能就容易忽略掉該學科與整個學術環境的關係，甚而學術環境與外在大社會結構現實的關係，也就視而不見。從知識社會學的角度來說，學術與知識體系的生命是與外在的社會政治體系息息相關的。更具體的說，前者多少是倚賴著後者而存在的，這並不是故意小看學術體系本身獨立發展的生涯，而是說知識本來就是社會的一種產物，它不可能超越甚或擺脫所處社會政治結構所賦予的影響。所以說，有什麼樣的社會，就有什麼樣的學術。基本上，這說法是對的。

比較社會與社會之間的變遷與發展，在過去，大多不是注意到「明顯」或可「量化」的層面，諸如政治權力的轉變和經濟成長；就是專門挑一些非常「細膩」的文化及心理特質做比較，諸如繼承制度、家庭關係，以及對某些社會事務的態度等。這些當然都有其意義，但是要掌握一個社會的精神和元氣，尤其是想深一層了解到不同社會未來的文化走向，認眞的把知識的生產和分配；亦卽學術發展的生涯當作比較社會發展的重要內涵，恐怕已是很要緊的。

臺灣和中國大陸在過去數十年來，的的確確經歷著兩種相當程度不同的發展命運。比較這兩個社會的變遷與發展，就如同比較兩個巨大的「社會實驗」一樣。在過去的幾年來，由於國際政治情勢的壓力以及國內對大陸政策在某一程度內有了比較「彈性」的調整，在臺灣的學術界也開始對中國大陸的社會變遷與發展進行較嚴肅而認眞的比較研究。然而拿來做爲比較的對象，一直還是環繞著上述的政治與經濟的領域，對於社會與文化的範疇就很少看到。事實上，從「社會實驗」的觀點來看海峽兩岸，社會與文化的變遷及發展，可能更能透視出這個社會在變遷歷程中所凸顯的基本差異。

從這一個關切來看《中國論壇》以「海峽兩岸學術研究的發展」做爲創刊十週年的專輯主題，就顯得特別有其不凡的意義。拿來做爲比較的人文與社會科學領域，一共包括哲學、歷史、文學、人類學、社會學、心理學、政治學（缺大陸方面）、經濟學、法學，和教育學，這些學科的學術研究發展也特別與大陸的社會現實有不可避免的「掛鈎」現象。深入比較它們的發展生涯，應該也不難同時找尋出兩岸在過去的「社會實驗」所呈現的軌跡和性格。

流覽這些文字，幾個很突出的印象隨卽浮現，也很能反映出兩岸社會政治現實的性格。

第一：臺灣的「社會實驗」遠較大陸來得穩定和持續。因此學術的傳承雖也歷經早期人力及學風「斷層」的生涯，但畢竟能在新環境裏再度草創，而逐漸成長與成熟。不管是那個學科，都可看出已有著「三代傳承」的歷史，這反映的正是「臺灣實驗」的持續性。相對的，「大陸實驗」就嚴重缺乏這種學術特別需要的穩定性，斷層問題至今存在。雖說自七〇年代後期「大陸實驗」有了大幅度的轉向，許多學術開始有了比較活潑的發展，但是這種新轉變的穩定性不但是個疑問，而且學術發展畢竟無法在幾年內能光憑政策助長就能有所改觀。

第二：臺灣的學術界在歷經數十年的加工成長之後，大多感到過去的發展有一種過於「崇外」的外在倚賴性格。因此，在過去幾年內，許多學科不約而同而有「本土化」的反省與檢討，一種新的學術生根落實運動正在醞釀之中。而海峽那一岸的大陸實驗一旦走向日益明顯的「走資路線」，開放或許有餘，內省却大爲不足。

第三：社會的多元開放與政治的民主自由對於學術發展的命運實在有著關鍵性的主宰力量，這在海峽兩岸的經驗都可得到充分的驗證；臺灣在學術競賽上成績在一般說來，是比大陸來得可觀，這是值得欣慰的地方，也是本應如此的結果。但爲了保持今後的優勢，臺灣的社會就得更多元、更開放；臺灣的政治就得更民主、更自由。過去的「歷史」可以回顧，但未必就是「未來」必然的保證。

74.10.25.《中國論壇》242期

面對與回應社會多元化的挑戰

從民國五〇年代中期開始，急速經濟成長所導致的種種社會變遷早已成爲臺灣社會生活的常態。透過工業化、都市化和商品化等趨勢的衝擊，中華民國在復興基地的社會結構也早已經歷了質與量的大轉變。

在七〇年代第四個年頭開始之際，我們回顧臺灣近廿年的大轉變，很可以用結構和價值的多元化來涵蓋。就業機會的增加、勞動力的擴大，以及經濟活動的轉型造就了大批新興的中產階級和勞工階級。此一大轉變使得臺灣的社會結構不但擺脫了階級兩極化的困境，更展現了一種成熟的現代經濟社會的新雛形。也因爲有上述結構上的變遷，社會上的需求和價值觀念也產生了前所未有的演變，農業經濟形態通行的那一套社會規範與價值已逐漸被另一種正在摸索成形中的工業經濟社會規範和價值系統所取代。

然而，在通往成熟現代的工業社會路上，我們也難免面臨了許許多多的困境和矛盾。在迎接多元社會的結構雛形之際，我們面臨了如何平衡經濟政治和社會利益的新問題；在目送傳統社會價值日益消逝的當頭，我們也面臨了如何塑造新的工業社會秩序和倫理的新課題。這些新問題、新課題，在過去的一年裏尤其突出顯著。我們預料在未來這一年中間， 社會變遷的挑戰仍將持續存在， 其力量甚而會更巨大。因此，我們期待朝野上下需要以更深的思慮和更高的智慧來體認這些挑戰，並且確實在政策上和制度上做積極回應的準備。

第一、我們要對變遷社會中所產生的種種社會問題有更深刻的認識。任何社會問題都不會是無中生有的，它都有其特定的歷史和社會脈絡可尋。變遷愈大、愈快，社會問題也愈多、愈複雜。根據社會學家的研究，我們的民衆對於社會問題的認知和敏感，也已經較以往來得强烈。因爲社會結構轉型所衍生的制度性新生問題，如治安、少年犯罪、色情、賄選、經濟犯罪和道德低落等，民衆都有特別的敏感和不安。同時，對於經濟變遷所帶來的失調和衝突，如經濟不景氣、人口過多、公害汚染、消費者問題、物價上漲和農民所得偏低等，也有相當的重視。這些已經引起民衆敏感的諸多社會問題，可以說大多數都是新生的，其嚴重性的質與量，亦絕非五〇、六〇年代所能比擬。因此，政府爲解決它們所可能承受的壓力也就特別大。

既然這麼多社會問題是過去的變遷和轉型所帶來的，我們因此深以爲，根本解決的途徑也就該著眼在如何因勢利導並且進一步去引導和計畫未來可能的變遷和轉型，以藉此舒解消除變遷失調的問題。也因此，政府首先需要有一個社會理想的目標，做爲全盤規劃社會變遷的藍圖。蔣總統在元旦祝詞所提到的「自由、民主、均富、安和」應該是今後政府建設復興基地臺灣社會的最高準則，以及擬訂整體社會發展計畫的綱領。

我們不只一次的呼籲， 如果要建設現代化的臺灣， 不能夠只計畫現代化的經濟形態，還更應該要有計畫去建設一個現代化的社會型態。雖然，從民國六〇年代後期開始，政府對社會計畫的注意已有了小規模的建樹，但總是失之片斷和枝節，始終未能掌握社會變遷的軌跡，做全盤而整體的設計。我們希望，在規劃社會與經濟均衡發展策略的努力上，民國七十四年會是創造契機的一年。

第二、我們要重視並珍惜社會多元化潮流所帶來的求新、求變和求改革的民間力量。在這幾年當中，社會上逐漸興起一股股由中產階級和知識份子帶頭和參與的民間社會運動，分別在許許多多改革層面上，做熱忱而理性的呼籲。最具典型而效果最彰顯的當是消費者運動，其餘在環境生態、勞工權益、人權、婦女地位、權力分配、社會福利上也都分別有了起步的徵兆。

中產階級積極從事社會改革運動及追求公共利益的興起，是光復以來臺灣社會變遷史上的轉捩點，也是多元化社會結構開花結果的預兆。上述民間團體自發性社會改革力量的持續健全發展，也將會是決定我們可否在穩定中求進步的一個可貴的條件。政府應該用健康樂觀的態度來對待這些民間勢力，不但不應該懷疑其動機、阻撓其成長，更應該扶植和培養這股具有國力中堅性的「社會力」。我們更有理由相信，經由政府和民間社會運動力量的相互良性競爭和合作，對上述許多社會問題的舒解和消除，應該都可以得到相當程度的成績。

我們也要同時沉痛的指出，目前在我們的社會裏，也出現了一些只求少數特權「私利」而不顧大多數民衆「公利」的利益團體，他們憑著錢勢和權勢，已開始在若干公共政策上企圖左右和影響政府的決定，以獲取不公平的旣得利益。這些利益團體的出現，本是社會多元化的必然結果之一，一時要作完全的消除，也恐怕是不可能的事。但爲了追求理性、公平的多元社會，執政黨和政府應該正視這種多元化的副產品，儘速設法規範、約束及限制這類「私利」性壓力團體的活動，並防範其力量的氾濫。

執政黨與政府在社會多元化的大轉變過程當中，實在有著關鍵性的導向作用。除了要體認並面對社會變遷的壓力和挑戰，做全盤性因勢利導的計畫變遷策略之外，還更要在重要的節骨眼上，發揮超越派系和階級的利害關係，爲著大多數人的「公利」，對多元化的一些負作用做必要的節制和修正。

74.1.3.《聯合報》

人一發展的中心

由臺灣大學社會學系暨研究所主辦的「人——發展的中心」爲主題的研討會，於八月中旬在臺灣大學視聽教育館擧行。

這是一項具有反省和前瞻意味的研討會，誠如李亦園教授所說的「這一次研討會，提出了以『人』爲中心的議題，提供了一個很正確檢討反省的方向，實在是很難得的機會。」

與會的社會學家、人類學家和社會福利專業者，共有近百人，會中宣讀了十一篇論文，大多精簡可讀，顯示主辦單位著重在於發揮學者對該主題的思考和看法，而較不講究資料的完整或是研究結果的發佈，這十一篇文章大致可以從四個小主題來分析:

第一個主題是在於闡釋人之爲發展中心的涵義，有朱秉欣教授的〈探討人類發展的目標〉，安健 (Kenneth Abbot) 教授的〈人民發展國家，國家發展人民〉兩篇文章。

第二個主題是從比較「鉅視」(Macro) 的觀點反省或倡議應該以「人」爲中心的去設計社會政策以提高社會公平，和規則文化發展。有文崇一教授的〈社會政策是爲人民而設計〉，許嘉猷教授的〈經濟發展與社會公平〉，以及李亦園教授的〈以『人』爲中心的文化發展〉等三篇文章。

第三個主題是從較「微視」(Micro) 的觀點，批評和檢討四項屬於社會發展的領域，卽農村發展、勞工福利、社區發展和社會福利（救助）。分別是蔡宏進教授的〈農村發展的關係人及人性因素〉，張曉春教授的〈工會與勞工福利〉，徐震教授的〈社區發展：重物乎？重人乎？〉，和林萬億先生的〈社會發展與社會福利案主〉等四篇文章。

第四主題是更爲具體的對高雄市老人福利措施和社會工作專業教育加以說明和檢討。分別有白秀雄局長的〈高雄市老人福利措施〉和廖榮利教授的〈專業人力與社會發展：社會工作專業教育面的探討〉兩篇文章。

筆者也參加了這次的研討會，在讀完論文和聽畢研討的內容之後，有幾點比較深刻的印象，值得寫出來，供所有的讀者分享和共同思考。

人是目的而非手段

一、由於是著重發揮個人的思想和觀點，有許多位提論文的學者們在文章中也的確提出了不少值得大家再三思索和品味的觀點和看法。幾乎所有文章都在强調在各種發展過程中，「人」的重要性不管是大到文化發展、經濟成長，或是小到社區發展和社會救濟，都應該以當事的人民（個人或羣體）做爲主體，如果人民不被視爲目的；如果人民不被納入各種發展的過程；如果人民不被尊重並分享所有發展的成果，那麼「發展」一定架空，或許有數字，有外表，但又有什麼意思呢？安健教授的文章就有一句很切題的話，他說：「所謂國家發展，不外乎就是要讓人民得以充分運用國內資源，誠心信任自己的文化價值， 擁有希望和期許， 並且能夠去推動和實現政治和社會的整合。」

貧富差距擴大還是縮短？

二、「社會批判」的色彩，表露在若干文章當中。執著於對「人」的重視，許多文章發出不少諍言。針對「人民」應爲社會政策的主角，文崇一教授對中國的君王歷史做了嚴厲的批判，他以農業政策爲例，提到「自漢以來，中國的皇帝也不止一次說過要『重農輕商』，然而，沒有政策效果，百分之九十以上的農民，生活條件從來沒有獲得改善。」癥結就是在於農業政策只重農「業」，並不重農「民」，重物不重人，受害的却是農民。李亦園教授也對中國文化中過份重視「自已人」而忽略「其他人」；只看「正常人」，不看殘傷、身體機能不全，以及精神異常的人，提出批判。許嘉猷教授更以臺灣的經濟成長爲例，質疑這成長的果實，是不是眞的爲大家來分享？他對經濟學界習用以「高低所得組的差距倍數」和「吉尼集中係數」做爲測量所得分配的水準，提出懷疑。並指出「事實上，臺灣地區高低所得組間的所得『差額』，不但沒有下降，反而上昇，只不過各組間的所得差額擴大的速度，還沒有超過平均國民所得增加的速度。因此，使高低所得的差距倍數和吉尼集中係數仍是下降。」更接著解釋爲什麼一般人都有貧富差距日益擴大的感覺，是因爲「臺灣地區各高低所得組間的絕對所得差額值一直在擴大」的緣故。這點質疑的提出很該讓那些一口咬定臺灣已經均富的人，冷靜思考一下。

縮短決策者與人民的心理差距

三、除了有概念上的確定，整體政策上的批判而外，更有一些文章針對一些具體的發展內容和相關的措施提出檢討和建議。蔡宏進教授語重心長的指出目前決策人士在做有關農業和農村的決策時，很少能設身處地的以農民的喜好及利益爲前提，甚至會嚴重傷及鄉村和農民的福祉。因此，他呼籲如何使決策者與農民的心理差距縮短，將是今後臺灣農村政策的關鍵。張曉春教授則在文中爲勞工的福利政策把脈，指出臺灣地區勞工的生活品質仍然面臨許多困難，諸如工資、工時、安全、保險等方面都與勞工福利的標準有一大段的差距。他並強調除了主管機構應確實重視勞工的人權（工作權與福利權）之外，更應體認如何培養健全的工會組織，也分別是勞工福利的目的和手段。徐震教授則對社區發展的概念做了相當好的釐清，他認爲社區發展若視爲一種工作過程或方式，除了重視「物」的建設之外，更應重視「人」的品質之提昇。偏「物」或偏「心」都不是正途，恐怕折衷才是出路。徐教授還特別强調應使社區發展與計畫的社會變遷（planned social change）相結合，在這角度上看來，人的因素則又就特別突顯出來了。林萬億先生也强調社會福利工作萬萬不要本末倒置，不要落入只爲做「福利工作」而做，而忘了「人」才是福利工作的對象的主體。廖榮利教授也呼籲社會工作教育者應該先培養以「人」爲中心的信念，灌輸給年輕的社會工作者，以期他們在未來的專業工作中能眞正去實踐。

實踐「人一發展的中心」

這項爲期一天的研討會，議程相當緊湊，上下午一共有三次的討論會，副總統謝東閔亦應邀在會中致詞，對幾年來國內社會學者的積極做社會參與，有令人耳目一新之感。在他的致詞中，提到數十年來臺灣的經濟、社會、政治，和文化都在進步和成長，但進步和成長的目的爲何？發展的結果又爲誰？是值得在今天提出來反省的問題。謝副總統說，應該都是爲了「人」，我們要經濟更成長，政治更民主，但更要讓所有的人分享成長和民主的果實。他的這一席話，替這個研討會的主旨做了一個很好的註脚和開頭。

謝副總統在會中對主題做了相當程度的肯定，內政部社會司長、省社會處長、臺北市和高雄市的社會局長也都在場。現在，會開完了，文章也宣讀了，大家也熱烈的討論完了，剩下來就是要如何去從各層政策上去實踐「人——發展的中心」了。

72. 8. 25.《時報雜誌》195期

「適當技術」的選擇標準

技術轉移如果沒有把握得當，就會變成「技術依賴」(Technology Dependency)，那麼「工業自主」和「工業升段」的目標也就落空。也許，所謂「適當技術」(Appropriate Technology, AT) 這個概念在技術轉移的討論中可以有點用處。AT 是目前注意第三世界科技發展的社會學家們相當重視的觀念和課題，「適當技術」，顧名思義，某種「技術」的引進或創新必要是「適當」於當地的條件及需要（資源、社會、經濟、文化、政治……）才能算是。

下面這一系列的標準是由 AT 專家 A. K. N. Reddy所擬訂出來的，用這些標準可以來衡量某一地區（社區、國家甚而一羣國家）所選擇的技術轉移是不是適當技術?

基本需要的滿足

1.這個技術是否能在目前或未來，直接或間接地幫助解決和滿足那個社區的基本需要，如糧食、衣服、居住、健康、教育等等?

2.這個技術是不是能夠提供物資或服務，特別去照顧那些基本需要最缺憾的某一羣人?

資源發展

1.是否充分能運用當地的資源因素，如人力、資本、自然資源，而又能透過下述這些方式：

（1）創造就業機會；

（2）製造節省資本；

（3）產生及節省自然資源，尤其包括能源。

（4）開拓技藝創新，並儲備研究與發展（R&D）的能力。

2.是否能提高社區技術能力水準的提高，而又能立基於一種持續的、累積的基礎上？

社會發展

1.能否藉著它減低「依賴性」而提高「自主性」，同時，能不能透過各層次（地方、國家、區域）的大衆和參與而讓社會照著它自己的途徑去追求發展的目標？

2.能否有了它之後，可以降低不同職業間、種族間、性別間、年齡間、城鄉間甚或國際間的不公平現象？

文化發展

1.是不是利用了或培育在既有的內在技術的傳統上？

2.是不是發揮了、採用了當地文化的精髓？

人本發展

1. 它是不是容易被運用、夠周全、夠彈性，而能夠促使絕大多數人的積極參與?

2. 它是不是能夠幫助人類從無聊、有損尊嚴，以及繁重的工作裏解放出來?

環境發展

1. 能不能儘量利用可更生資源，減低廢物的排出，或者廢物的再利用，配合生態循環等來減少汚染和資源的耗竭及環境的破壞。

2. 能不能提供一個較高水準的生態體系，或是複雜化或是多樣化，藉以減少其日益脆弱的危險，並改進人類、自然和人造環境。

(取材自 *U.N. Development Forum*, Jan-Feb. 1980)

69. 5. 《大時代》11期

陣痛與併發

行政院長俞國華在七十四年國建會開幕式的致詞中，表示戰後臺灣地區過去數十年來的發展經驗，雖已被國際上公認爲開發中國家成功的模式，但不容諱言，近幾年來，社會上許多「失衡」的現象，却也屢屢暴露出來。俞院長指出的「失衡」問題，包括有法治觀念的模糊，社會及經濟紀律的鬆弛，奢侈風氣的瀰漫。這些「失衡」現象，也往往都有相當大的不良後遺症，不但使得社會安定受到影響（包括社會各階層普遍存在的無力感和信心問題），甚而損害國家整體的利益（包括政府的公信力和公權力受到嚴重質疑）大致上，這些「失衡」症狀，已相當程度涵蓋了當前臺灣面臨的關鍵問題。

俞院長接著代表政府決策及行政部門，指出對上述種種「失衡」問題和困難的「診斷」，他認爲這些都是「轉型期的陣痛」，而不是「病態的併發」，因此他開出來的「藥方」當中除了政府要以不廻避、不掩飾的態度，深切檢討，不斷採行必要措施之外，也還要人民在這轉變過程中付出「代價」，忍受犧牲。基本上我願同意這道藥方的正確性，但是在處方上我却深深以爲前一個配方一定要比後一個配方下得重，才會「見效」，否則效果必然大打折扣。

如果深一層去檢討上述諸多社會失衡的現象和弊端，不難發現其

「表徵」或許是以「陣痛」的症狀表現出來，但其潛在「病態的本質」則不容過於等閒視之。如果一概只是樂觀的看成是轉型期必然的陣痛，一味的等候「過渡」的結束，和另一個美好階段必然的來臨，可能就會錯失俞院長所說「尋求病根」的果敢和對症下藥的良機，而使得看似陣痛的徵候演變成爲嚴重的病態併發。近來的一些不幸重大事件，如十信案件和江南案子，就很難輕易的歸因於「轉型期的陣痛」，這兩大案件所暴露的絕不只是「陣痛」而言；再以俞院長所坦承的「法治觀念的模糊」和「社會經濟秩序的鬆弛」來說，事實上也都潛伏了相當程度「病態」的因子在內。

我深深感到，當前爲政者除了要有樂觀的進取心態之外，更要有面對問題時，寧可先做最壞的打算的胸懷，唯有如此，一時的「陣痛」才不致惡化爲持久的「併發症」。

74.7.27.《中國時報》

勇於面對挑戰

終於送走了多災多難却又叫人沉悶無力的1985年，從今天開始，我們將步入新的 1986 年。有太多的理由讓我多麼希望這一年會是好年。所謂好年，並不是奢望這一年完全太平無事，或是企望轉眼之間黨內外建立競爭的規範、經濟快速復甦、犯罪急速減少、大公司不再倒、公車不再有舞弊、也不再有人賣餿水油……。這種「烏托邦」式的「好年」已是不實際的妄想。1986 年仍然令人目睹大大小小的經濟、政治、社會各類困難和問題，一時之間要全盤的化解所有難題是不可能的。

我所期待的「好年」，只是說在這一年裏，當有問題的時候，政府的決策者能夠「膽大」的承當應負的責任，「明快」的指示應對的方向，「心細」的研究出解決的方法。如果政府能做到膽大、明快和心細，民衆必然也會隨著跟進，爲種種問題的解決，貢獻各行各業的心力。畢竟，這塊土地還是大多數人願意長久待下去的地方，沒有人會故意不讓它更好。一年來引起爭論的「失序」、「無力」和「信心」問題，在我看來，不該視爲是大家冷漠、絕望的表徵，而是表映了這個社會上仍有很多人求好心切！當社會上有這麼多人，爲這個社會的前途在熱切焦急的時候，官方人士却在澆冷水，說這是庸人自擾，甚或危言聳聽，試想怎不叫人「無力」？這也正是我特別要呼籲政府應自我檢討的地方。

我們不必怕今年將有多少困難，怕的是我們又像去年一樣，缺乏面對挑戰的勇氣和擔當。

75.1.1.《中國時報》

對開放政策的幾點辨思

日前，讀了吳建國先生在聯合報寫的〈開放政策下的社會責任〉大作之後，有一些淺見想談談。該文一開始便說政府之所以目前在逐步執行種種開放政策，譬如解除戒嚴、開放組黨、開放報禁、開放人民團體結社限制，以及接二連三的經濟管制的自由化等，並不是「壓力」下的產物，而是政府順乎潮流的一種因應之道，又說現在開放了，並不表示過去的做法不正確。吳先生的大作並呼籲唯有建立這兩點共識，才能消除在開放政策下可能產生社會心理的疑慮和障礙。

我相信這兩點「共識」的提出，是吳文最基本的論點。我也想先從這裏談起。半年多來，政府的確步步在走上開放之路，我們當然樂見其成。但是一股腦的把所有的「功勞」全部歸於政府的「主導」力量，而無視於近十餘年民間社會力（尤其是知識分子苦口婆心的申言和建議）以及數十年來政治民主化運動（尤其是透過選舉結果所展現的新興反對勢力）所累積下來對政府產生的持續性「壓力」，才導致政府開明採取「因應」措施的事實。這無異是把政府的所有作爲孤立起來看待，這似乎是不合政治社會學的經驗法則。再說，既然「時代在變、潮流在變、環境也在變」，政府過去依循的觀念、做法和政策當然就得隨之改變。我們可以同意說，求變的壓力不是來自特定的少數人，但時代、潮流和環境變局所產生的「壓力」，却絕對不容一概抹殺。

八〇年代的臺灣社會已經不再是任憑「政治力」所能主宰的力場了，「社會力」才是新的主導力量。如果仍然相信，甚或為「政治力」的支配性格做辯論，也恐怕將無助於未來開放及自由政策的積極執行。許多過去政府的政策和作為，的確已不合時宜，如果還想因循下去，那就十分「不正確」了，如果能趁著回應壓力的時刻，趁早加速改革，又何嘗不是一件好事呢?

其次，吳先生在他的大作中警告「個人人權」不可過分擴張，否則「將為整個團體帶來很多紛爭，影響社會安定」。這也有可商榷之處。如果眞是「人權」，如吳文所擧例子中的「環境權」、「學生自由權」、「兒童人權」，當然就得充分的加以爭取和保障，而「政府責任」、「師長責任」和「父母責任」不正是要發揮出來幫助、培養和督促上述三種人權的伸張嗎? 吳文却把「環境權與政府」、「學生自由權與師長」、「兒童人權與父母」對立起來看待，把應有的「相生關係」看成必然的「相剋關係」，那才恐怕是會導致一些團體紛爭、社會不安定的「心結」根源。吳文更指責近年來的「環保自力救濟」是「當事人為了自己的利益，不循法律途徑解決爭端」，而就「打著維護人權的旗號，走上街頭，製造紛擾」，這種論斷，也是不符合事實的。法外自力救濟的癥結，正是法律和公權力的途徑已經無法發生作用之後受害民衆才不得不出此「下策」的。

以上幾點，是我拜讀這篇文章之後，深感有必要加以商榷和辨正的地方。

76.6.28.《民生報》

解嚴後的第一個光復節

今年的臺灣光復節有其特別的意義，因爲它是臺灣經歷三十八個「戒嚴」歲月以來第一個解嚴後的光復節。

從去年的光復節到今年的光復節這段日子裏，臺灣也確實經驗了前所未有的變化，從宣布開始，中間有七個多月的解嚴期待，終於在今年七月十五日實現了。看到解嚴的到來，我們的心情自然是興奮的，隨著戒嚴束縛的去除，我們有理由期待著一個嶄新社會活力的出現，我們更誠摯希望在散發社會活力的同時，一種新的社會秩序也能應運而生，因爲，我們很不忍心看到「解嚴」這樁大好的舉動，不幸變質成爲「解組」的前兆；我們更不願意讓保守勢力用解嚴後的「失序」現象，當作要求一進三退的藉口。這兩種結果都絕非解嚴社會的原意，也絕非整個臺灣社會之福。

我們一向無意將戒嚴的影響做無限制的延伸，但無可諱言，過去臺灣社會政治及文化的發展軌跡，確實受到「戒嚴體制」的扭曲，社會力得不到正常伸張的管道，政治力的民主化得不到健全的落實，文化力也得不到提昇爲更具包容和主導地位的助力。現在解嚴了，我們的目標應當朝著社會力伸長正義，政治力落實民主，文化力主導融和的路子前進；而且這條路標看似不同方向却一致的路，也是現代國家所必須走的「不歸路」，我們不但要走得快，更要走得穩。解嚴後的臺灣正是站在準備大步跨前的起跑點上，面對這條漫長的路，實不容猶豫，也不許失敗。

爲了讓整體臺灣的活力，在解嚴後不但能夠動員起來，而且集中統合用在走民主、正義和融和的路，我們有以下幾點呼籲，希望知識分子、政治人物，和社會大衆，能夠珍惜今天解嚴的歷史關鍵時刻，爲明天的國家發展遠景，共同做最大的貢獻。

一、我們要呼籲知識分子在今後發揮更大的智慧，爲走這條路的最快最穩的方法，提供建言。知識分子在過去幾十年的臺灣發展過程中，著實已扮演過很艱苦的角色，解嚴得以順利展開，知識分子的苦口婆心和忍辱負重一再諍言，可以說是功不可沒，解嚴不應該是知識分子就此停止建言的時刻，反而是知識分子繼續履行另一個歷史使命的開始。解嚴後的國家建設，更需要知識分子的積極參與，過去爲了打破戒嚴禁忌，「多言」是知識分子最珍貴的貢獻；現在解嚴已成事實，言論尺度也有了大幅度的開放，在人人可言的情況下，知識分子在「多言」之外，更要費心「多想」，在言已多口也雜的混亂局勢中，來釐清最可行的社會重建之路。

二、我們要呼籲政治人物，重視政治倫理和政治良心，放棄個人或個別政黨的爭權私心，而以整個臺灣社會的前途爲重，以負責任的態度和行使政治行動，以展開健全的問政工作。從黨外民主化運動衍生而成的民進黨，應該要在今後努力培養出做爲一個現代政黨的能力和風格，放棄過去那種在野「黨外」的心態，而重新建立在野政黨的「黨格」。黨外運動在過去固然有其推動民主化的功勞，但今天的民進黨也更必須體認穩健而成熟的民主化，不是單憑零散行動就能奏功，必須拿出較具體的政治藍圖和策略，一來爭取更多人民的認同，二來做爲往後與執政黨競爭的實力憑藉。而身爲執政黨的國民黨也應該用更大的氣度和誠意，面對來自在野黨的挑戰和衝擊，一方面調整過去的政治運作方式，另一方面也該用實際作爲來爭取民衆的向心力，不要把一時或有的挫折感，演變成爲反進步、反革新的藉口。以執政黨現有的資源和實力，大可不必太計較解嚴後政治勢力的消長會致命的影響今後的政黨力量，如何透過更大的改革決心，以獲得更多人民的認同，才是最應注意和用心的所在。對所有的社會人民而言，只有一個有理想、有擔當、有作爲的政黨，才是今後他們要支持、要選擇的政黨。

三、我們也要呼籲所有的社會大衆，要用體諒和冷靜的心情，來面對解嚴後臺灣下一階段的挑戰，而能否成功的回應這個挑戰，所有在臺灣的人都是有義務去分擔的，不要過於浮躁，以爲解嚴後一切責任都可以不管了，一切法令也都可以不遵守了。「匹夫有責」的認識，更是今天所有人民都該具備的積極心態，一方面固然不要縱容自己變成社會秩序不安的來源，另一方面更該發揮現代國民的責任，用合法的手段和管道，更加嚴格要求和監督政府，在社會及政治改革方案執行上的作爲。對執政黨和在野黨的所作所爲，也都該一律用「公平」的態度去判斷，去衡量其功過。

總之，解嚴後第一個臺灣光復節的深遠意義，就是在於知識分子、政府和政治人物以及所有民衆，都能珍惜從戒嚴非常態體制，過渡到解嚴後正常體制的歷史眞諦，用愛心、誠心、和耐心，共同努力將臺灣的發展經驗，帶領到更寬廣、更光明、更人性的坦途上。

76. 10. 25.《中國論壇》290 期

前瞻二十一世紀臺灣「新生事務」：

價值體系的轉變

由於社會結構和意識體系的轉變所產生的「新生事務」，將會影響整個社會的發展。

在未來的十三年後，臺灣社會如何告別二十世紀而迎向二十一世紀？社會的價值體系又有何轉變？

我在二年半以前，寫過〈對四十年來臺灣「新生事務」的觀察〉，發表在中國時報（七十四年十月二十五日的光復節特刊）。在那篇文章裏，我分析了四十年來在臺灣社會結構和意識體系的內涵裏所產生的「新生事務」。歸納起來，有下面這項明顯的新生事實：

支配未來發展的基線

第一是新生階段的出現，先是小農階級，然後它又大量的轉流到都市變勞工階級，且呈現兩代勞工階級之性格差異；最後出現的是爲數衆多獨立和領薪的「中產階級」。第二是「水平」和「垂直」社會流動的頻繁和增加；這不但使得都市化集中的趨勢日益凸顯，同時也刺激了民衆對「上升流動」期望的普通化。第三則是表現在社會意識的轉變上，一方面增加了對「社會」的體認和認同；另一方面也提昇了對「社會問題」的敏感，同時，對舊有的社會價值也產生了懷疑和求變的需求。這三個在過去四十年浮現的「新生事務」，一旦成形之後，便開始孕育出獨立的生命循環，不但改變了原有社會結構和意識體系，而且還逐漸變成支配未來發展的「基線」。

我在那篇文章裏，對於前兩個新生事務談得較多，對後面意識體系轉變問題的分析仍嫌不夠。因此，我想在這篇文章多談談。根據我近幾年來對民衆社會意識轉變的研究，我觀察到臺灣社會在八〇年代後半期，已經愈來愈凸顯的展現了幾種「新生價值」。

對環境之路的追求

第一個新生價值觀是「環境價值」：它與舊有的「成長價值」有品質上的明顯不同，後者是強調經濟成長，認為應該無限制的大量利用自然資源來從事生產事業，對於環境的態度也只重視為了這一代的享用和受惠。而前者則是強調環境保護重於經濟成長，並且深切考慮到保存自然生態的環境給下一代。我的經驗研究呈現了這兩種價值體系在臺灣，已在逐漸轉變之中；也就是說，這兩個價值體系有交替趨勢。未來的社會變遷導向也將無疑的會走上對「環境之路」的追求。

第二個新生價值是「民主參與價值」：它與舊有的「政府專斷價值」的不同在於後者重視「公權力」的專斷決策途徑，前者則強調民衆應有更大的參與權利和機會，同時對於關係民生和人民品質的政策和措施（諸如環境政策、消費者保護政策、社會福利政策等），政府應該要有更積極的回應和作為。依據研究結果，我的觀察是認為這種民主參與的價值觀已經在臺灣社會中逐漸形成共識，而原有專斷價值的支配性已在下降之中。我有理由相信，在未來的歲月裏，參與的意識會變成決策過程中不能或缺的關鍵元素，而「分權」也將變成二十一世紀臺灣社會及政治生活裏很重要的內涵。

第三個新生價值是「社會計畫的價值」：它與舊有的「放任價值」也有根本上的差異，它一方面强調不可為了製造和累積個人財富而對社會公益產生傷害，更要求政府在擬定發展政策時更應有關切到長遠後果的視野。對於放任、投機、只顧眼前利益的私利作為，要有制裁的工具，也不再迷信於完全任憑所謂市場供需的原則來主宰「公共財」的命運。我的研究透露出臺灣社會價值已有傾向於「社會計畫」的跡象，而且在日益明顯之中。

新的社會共識

總括說來，我對未來十三年臺灣新生事務的觀察是，不但社會結構日趨多元化，而且價值體系也將會有脫胎換骨的可能，而且「環境價值」、「參與價值」和「計畫價值」將會在二十一世紀的臺灣社會裏，也有可能演變成為新的社會共識。如何讓這三種「新生價值」能夠順利的成長，而不致中途受挫，或是受到扭曲，應是我們在今天該多加思考的課題。因為價值的轉變，不會是一夜之間就能成功的事，也不是「必然如此」的發展，價值的轉變往往需要「人為」的努力來催化。換句話說，上面這三種「新生價值」雖然在二十世紀八〇年代的臺灣已經冒出了新芽，但還只是很嬌嫩的新生命，它還可能因為受到舊價值以及依附在它上面的舊利益勢力無情而頑强的抗拒和摧殘，而失去生機。這也是爲什麼我特別重視未來這十三年的原因，在未來的十三年裏，我們的所作所爲，將必然會左右了臺灣社會如何告別二十世紀而迎向二十一世紀的命運。如果說，前面這三種新生價值能得到更多的社會共鳴和支持，而且在今後幾年裏，有良好生存機會和生長的環境，那麼它們的生命力便能滋長得更快，它成爲二十一世紀支配價值體系的可能，也才能實現。這其間，政府的開放態度，對環境的重視，對民意的尊重和對未來社會的遠見和規劃，將是很重要的影響因素， 而知識分子的執著， 輿論的呼籲更是一道不可或缺的催生劑。

我對臺灣社會的未來基本上是樂觀的，但在樂觀態度的背後，我還仍有著些許的不確定感。「未來」終歸是一個不太能在「現在」的預期裏，就完全可以掌握的事務，我們只有在「現在」多做一分「動腦」的努力，理想中的「未來」也才能多一分實現的可能。我看每一個有可能活在二十一世紀的人都推卸不了這個責任。

76.8.《動腦》122期

輯三

探索結構轉型、知識分子與中產階級

「二二八事件」的造因及其對臺灣社會文化的衝擊

社會學的剖析

本文將首先對二二八事件的發生的背景及幾個常爲人提及的論點作一剖析，然後再對「二二八事件」對臺灣的社會文化所造成的立即的以及長遠的影響兩方面作一論述。

最早，執政的國民黨認爲二二八事件是出自共產黨的「陰謀」，但從最近幾年來人們較多的了解，還有本次研討會上的幾位見證人的說法，我們相信當時的臺共實在沒有這個能耐。我個人也不同意把二二八說成是一個「革命」事件或將之美化爲「起義」。共產黨自己也說，當事發時，的確是幾個臺共幹部跟著羣衆走，是羣衆帶著共產黨，因此這是一個先由羣衆力量集結而產生的暴力事件而後衍生而爲「改革訴求」的和平運動。並不是因爲意識型態上的問題而衍發的革命事件，因此我們大可不必在言詞上將之當成是先人們的一項「起義」行動。

最近可能會出版的一本有關二二八事件的專書（按：係指賴澤涵、魏萼及馬若孟三人合著的專書）在分析此一歷史悲劇時，雖然指出臺共的勢力在當時是微不足道、不足以策動整個事件外，但却將二二八事件的責任完全歸到日本殖民政策的頭上，說是因爲日本人統治臺灣，皇民化「改變」了臺灣人的思想，也造成了臺灣可能與祖國之間認知的差距與誤會。該書認爲由於有這樣的歷史背景，因而即使不是陳儀來接收也不能避免二二八事件的發生。我並不完全同意這個推論，我認爲這一事件是可能避免的，在國民黨官僚來臺接收後的那一年十個月的種種「作爲」絕對是導致事變發生的重要因素，因爲那些官僚的作爲使得臺灣人尤其是都市知識階層原來累積的期望破滅，也使得原來可能已有的誤會更爲惡化。

臺灣人對於祖國來接收臺灣是抱有相當的期望。但這應該分爲兩層次來看比較淸楚。嚴格來說，都市的知識分子和士紳階級可能有較强烈的意願，表現也比較激烈和明顯，鄉村的農民階級恐怕就沒有那麼突出，至少在一般的文字資料上看不出農村的普遍反應。我們所能看到的資料是報紙的報導和文字，也都集中在都市的反應。更値得注意的是一些作家、詩人的表現，我們可以看到，這些知識分子在日據時代即已經藉文字表達了對祖國很强烈的期望與懷念，但也包含了相當程度的「埋怨」，尤其是埋怨祖國爲何將臺灣割讓給異族。這是一種極複雜的心情，我們只要讀巫永福的作品「祖國在海的那一邊」便可以體會得出當時知識分子對祖國是如何充滿了深情和期待，就像兒女一樣。雖然他們指責母親不該「戰敗了就送我們去寄養，要我們負起這罪惡」，但是却仍然「夢見的，在書上看見的祖國，流過幾千年在我的血液裏，住在胸脯裏的影子，在我心裏反響。呵，是祖國喚我呢？還是我喚祖國？」這樣的情懷，可以說是1945年以前臺灣知識分子的心靈結構（Mental Structure)，這段時期的臺灣人，尤其是知識分子，强烈地「遙望」祖國（呼喚著「祖國是卓越的」、「還給我們祖國」），但又充滿著因爲被放逐和被遺棄深深的「不滿」。

但是1945年到1947年間，臺灣知識分子對中國的看法有了相當大的轉變。大陸來臺的官僚和軍隊接收臺灣的作法讓知識分子和都市精英產生另一種「不滿」，這種不滿已不再像1945年以前那種抽象的情感反應，它不再是民族感情上的挫折，而是現實利益受到損害而產生的不滿。因為他們的經濟與政治上的利益受到了實質的損害（這種傷害在都市較鄉村更為敏感），因為前來接收的祖國官僚的作法與他們的期望大相逕庭，於是他們的期望破滅，不滿油然而生。這個時候臺灣人的這種對事實的不滿乃是透過前來接收的「外省人」官僚和軍隊而產生的，臺灣人因此便從以往基於文化認同而對祖國產生抽象而情感的不滿，落實成為對現實而具體在政治、經濟、社會層次上的不滿。這種不滿最後便投射到所有「外省人」的身上，所謂「省籍矛盾」便由此產生。臺灣人眼中的「中國」不再是想像中像母親一樣的「祖國」，而是那些活生生而不友善的外省接收官員。臺灣可能原來以為光復以後，臺灣政治、經濟、社會各種權利會從此經過祖國的手，交給臺灣人，沒想到却是給另一種外來的「外地人」拿走了。

從情感的矛盾到利益的衝突

臺灣人過去對「祖國」的期待是「抽象的」，但和「祖國」的接收人員接觸後所見到的則是極其「具體的」。本次研討會上出席作見證人的周合源先生所作的敍述中提到，大陸來臺的軍人拿水龍頭裝到牆上就想要轉出自來水以及拿著香煙就著電燈想要點煙，而且沒有見過火車等等，這些行為發生在大陸來臺的那些出身下層社會的抓伕軍人，而周合源所代表的是當時臺灣的知識分子；也就是說，臺灣知識分子所見到的只是大陸下層鄉村社會的現象。同樣的，（另一位出席作見證人的）錢歌川先生則代表當時自大陸（上海或北平等大都市）

來臺的知識分子，在他們眼裏，臺灣却只是一個沒有麵包、沒有電扇、生活清苦的落後社會。換句話說，他們兩人在當時所見到的大陸人與臺灣人的社會都是部分的、片面的。可是，很遺憾的，在當時由於雙方這種認知差距所產生的誤會和誤解却竟使省籍矛盾成爲動亂的潛在因素。

我認爲，二二八事件之所以發生，乃是由於整個接收政權的行政失誤所導致的，這包括種種不當的經濟措施。假如當時能避免這個行政上的錯誤，即使臺灣人與外省人族羣之間在文化認知上存在著差距和不了解，即使日據統治五十年所造成的隔離，使得臺灣與大陸兩個社會之間確實有著相互調適上的困難，也未必一定會導致像二二八事件這樣的社會暴力，也就是說二二八事件是人爲政策上可以避免的。

更不幸的是，當局對當天街頭羣衆事件的事後處理又是一個很重要的觸發因素，假如當時是立即採取合理的方式加以處理，我想二二八事件也不致於演變成爲那種一發不可收拾的暴動，也不必讓我們這些後代的子孫背負這一個四十年的歷史包袱。

所以，我認爲接收之後的政治、經濟諸行政措施上的失誤和大意，當負最大的責任，而當局對二二七、二二八兩天羣衆事件的處理不當，而竟然從大陸派兵來臺鎭壓的擧動，更是另一令人遺憾的主要因素。因此，1947 年以後，「本省人」跟「外省人」的關係，「臺灣」跟「中國」的關係就取代了臺灣回歸祖國時的那種文化情感上矛盾心態，成了實質上的利益衝突，關係也就更加惡化了。

因此，完全從雙方文化心理差距來解釋「二二八」事件的不可避免，而忽略政策失誤所導致的利益衝突和不滿，恐怕是有避重就輕的缺憾。前述三位學者企圖提出的「新解釋」也就未必那麼完整和可信了。近日，作者之一的賴澤涵敎授告訴我，他將會重新修正他的解釋架構，讓「史實」能更完整的出現，這是負責任的態度。

立卽的影響

國民政府接收臺灣，因二二八事件所產生的立卽的社會文化影響就是：

1. 本省籍與外省籍人士之間的關係惡化，疏離了臺灣同胞和外省籍同胞，更使地方與中央的疏離感大增，彼此的不信任感也越來越深，這種彼此不信任的態度隨之支配了往後二十多年的臺灣政治氣氛。

2. 戰後的社會文化發展呈現一種「眞空」狀態，一種政治化產生的「文化眞空」。這是由於不少臺籍知識分子被迫害和犧牲，不但實質上產生傳承的斷層，在臺籍知識分子的心靈上更烙下了很深的傷痕，這雙重的「眞空」是人爲的，是政治化的眞空狀態。在戰前，我們可以在那些「先行代」的臺灣作家粗糙但眞實活潑的文字之中看到許多可貴的「殖民經驗」與「祖國經驗」，但不幸的是，「二二八」却「腰斬了這個臺灣文學文化的傳承」（葉石濤語）。「二二八」之後，許多臺灣作家封筆或銷聲匿跡了，一二十年之間，臺灣好似沒有了文學（臺灣本地化的文學），一直到七十年代才開始有第三代的臺灣作家出現（卽臺灣鄉土文學）。所以，並不是客觀上沒有臺灣文學，而是政治情勢不鼓勵、不允許，甚至有意扭曲臺灣作家及文化界的存在及其活力。

前不久，臺北的「久大圖書公司」舉辦的一系列座談會中，有一項是探討 1949 年到 1961 年間的所謂暢銷書，主辦單位請柏楊先生主講，由我擔任講評。在那一階段的所謂暢銷書有：《未央歌》、《星星月亮太陽》、《藍與黑》、《西潮》、《張愛玲小說集》、《滾滾遼河》、《新人生觀》、《異域》等。我在評論中特別指出，這些書裏，沒有一本是以臺灣社會爲素材的，他們不是發生在重慶、上海，就是北平或東北，完全是像柏楊先生所謂「苦難的中國大陸」爲題材。我不禁要問，「苦難的臺灣」爲什麼沒有人寫呢？是沒有人寫嗎？是不能寫嗎？是寫了不能出版嗎？抑或出版了沒有人看？然而，不管如何，1950年代和1960年代臺灣文化的「斷層」、「眞空」與「貧瘠」完全是人爲結果，而不是必然的現象。「二二八」事件是其中相當大的因素。

「臺灣特性」被嚴重壓抑

另一個例證是，這一段時間裏，社會科學的發展也受到相當大的扭曲。由於「二二八」事件的陰影，使得「省籍」變成一個非常敏感的「政治問題」，變成一個不能從學術上加以剖析的問題。所以從光復以後，省籍是一個重要的社會議題，但是在社會科學界却沒有人去研究。因爲沒有人敢，也沒有人願意去碰，而使得本來可以藉這個機會研究此一特有的族羣關係、政府跟社會的關係、戰後的社會重建等問題都因爲有這個政治陰影而沒有人去研究。所以這二十年間的社會科學界也就變得相當貧乏。這當中當然還包括因爲大陸上不少社會科學研究者沒有跟著政府到臺灣來，而新一代的社會科學研究者又尙未在臺灣成爲氣候，「人才斷層」是一寫照。同時，本來可以成爲社會科學家和人文學者的那一批臺灣知識分子因爲二二八事件不是犧牲了，就是匿跡了。

也就是說，在二二八的陰影底下，任何有意研究凸顯「臺灣特性」的言論與觀念都會被抹上「省籍分離主義」色彩的危險。而在社會科學的理論結構中，「臺灣」乃被塑造成爲只是在大中國影子下一個模糊不清的形象。

長期的影響

至於「二二八事件」對臺灣所造成長期的社會文化影響則有下列幾項，（「二二八」或許不是唯一的原因，但却是其中重要的催化因素）：

1. 使得省籍問題愈形惡化，變成一個社會和政治的問題。如果沒有二二八事件的發生，臺灣的社會可能對省籍問題還不致於那麼敏感，原來只是停留在文化族羣的認知差距，事件之後變成政治權力的支配和被分配問題。十餘年來臺灣政治勢力有「臺灣化」的趨勢，但「省籍」敏感下，外省人總難免要問，爲什麼一定要由臺灣人當內政部長、當交通部長？而臺灣人則要反問，爲什麼臺灣人就不能當財政部長、經濟部長、國防部長？因此，政治權力的分配上，省籍仍有著它支配的影響力量。這不是說，沒有二二八事件，這種政治權力分配的問題就一定不會產生。但是如果沒有二二八，至少傷痕不會那麼深，也不會那麼情緒化。

雖然政治上迄今仍存在著省籍的問題（在公營企業裏，我們不能否認省籍與高階層晉陞之間仍有相當的關係），但不可否認的，在近四分之一個世紀中，臺灣的社會在省籍區分已逐漸的不明顯了，也就是說，經過通婚、交友、教育等的溝通，省籍問題的傷痕已經逐漸癒合，我認爲這一點是值得我們肯定的。這當中，經濟成長扮演了一個相當重要的角色，而成長的公平分配，更有助於加速這種療傷的過程。

2.扭曲了對臺灣史的認識。因爲有了「二二八」這一段歷史。大家不敢也不願去碰或去澄清，結果「臺灣史」變成了不可碰的研究範疇。於是在學術界，老一代的本省學者把它視爲禁忌，外省籍的學者則不願去碰；年輕一代的學者却是不知道應該如何去碰。而在一般的社會裏，年輕的一代對這一段臺灣的歷史變得普遍的「無知」。記得有一回演講，我提到「二二八」，結果會後有幾位大學生、研究生、高中生等二十歲上下的年輕學子跑來問我「什麼是二二八？」也許有人認爲年輕一代不懂二二八不是什麼大不了的事，有些人可能還要慶幸年輕的一代沒有這種歷史的負擔。但我認爲不了解臺灣史却是危險的。

3.使得「臺灣結」與「中國結」交纏不清，變得愈來愈難釐清。這個「結」在光復初期就因爲文化和認知上的差距，就有了種子，但「二二八事件」的發生使得這個結「政治化」，而難於解開。再加上臺灣與大陸在1949年後正式分離了將近四十年，更使得原來只是文化抽象上的結，變成具體而政治的結。

讓真相大白才能癒合傷痕

經過這四十年來，對二二八事件的歷史傷痕是應該淸一淸了，究竟應該如何淸，自然有很多的主張與說法，但我們不要忘了，這四十年來臺灣社會各階層的努力正是在設法癒合這個歷史的傷痕。在臺灣的所有人民正在作這樣的努力是毋庸置疑的。最後我們應該强調的是，讓政治的歸政治，讓文化的歸於文化，讓在臺灣的中國人建立對臺灣的信心，讓臺灣延續中國，讓中國展現在臺灣，四十年來臺灣所形成的新文化已是一個混合體。它是不同於傳統的中國文化，但是，大可不必無知的去推斷臺灣人是完全不同於中國人的「民族」。

我們也應該認清讓政治的歸政治，讓歷史的歸於歷史，不要再讓歷史上的那段不幸因爲政治的因素而再持續下去。更不要因爲政治的短視而扭曲、掩蓋了那一段歷史的眞相。因此要完全癒合那段傷痕歷史，第一步要做的便是讓眞相大白，只要眞相出現之後，才能避免任何政治色彩的渲染和利用。要讓歷史眞正歸於歷史，目前當政者的政治遠見和度量以及對歷史負責的態度須是關鍵性的決定因素。

76. 6. 8.《自立副刊》

臺灣社會結構轉型的再探索

一

十四年前出版的《臺灣社會力的分析》，作者們在前言裏這麼寫著：「我們嚐試對於臺灣的社會潛力以及社會結構做一番分析探討的工作，希望藉著這種分析能幫助大家更深入掌握臺灣社會的『力源』，擴大它、培育它，使我們社會的各種階層、各種潛力從根本上建立起鞏固而深厚的基礎，使我們不僅從此能袪除社會風暴的恐懼感，而且也不必懼怕外交逆境的動搖『國本』」（張景涵等，1971）。顯然，作者們所謂的「社會力」，就是指社會階層所產生的社會整合力量而言，也就是不同社會階層對社會「穩定」與「不穩定」所發揮的結構性影響力量。作者們則另外用了「心防」一詞來涵蓋這個「社會力」的現實意義。

在當時正值外交處境最艱難之際，可謂國際形勢波譎雲詭，外交面臨著遷臺二十多年來最大的挑戰，對外挫敗的命運也似乎緊逼著而來。在那種「存亡關鍵」之下，知識分子乃有捨扭轉「外交」逆流，而著眼於掌握「內政」的動向之呼籲，那也是相當可以了解的一種無奈之情。「臺灣社會力的分析」可以說是在那種無奈，却又焦急於化解當時臺灣危機的心理下的試圖之作。目的是爲了探索存在於社會結構之中的諸多問題和癥結。以期挖掘出來之後能做爲「改革」之重點。這個重點就是作者們所期待的——「認識社會眞正的問題，把握社會眞正的力量」。因爲「表面的繁華與虛浮的作爲，蒙蔽了這個社會裏的重重問題；這才是眞正的危機」。

對於發展了二十多年的臺灣社會結構，「社會力的分析」確實做了一些「質」的探索，也找尋出不少「各行業、各階層的力源性向」的癥結問題，這本書分別探討舊式地主、農民及其子弟、智識青年、財閥、企業幹部及中小企業者、勞工、公務人員等八類階層（行業、職業身分）在臺灣社會中所具有的特殊「社會性格」。因爲它是著重在以「非量化」的手法來凸顯不同階層之「社會性格」，用詞遣字確有失之嚴謹而過於感性之虞；而且由於作者並非專業的社會學家，對社會階層（結構）研究之理論及方法論訓練非常不夠，無法提出較完善之理論架構做爲分析的指引。這些缺點也都在十四年前出版之際就被一些社會科學家批評了，作者們也並不否認。然而，在「社會力的分析」出版的同時（1971年），臺灣的學院派社會學界竟然找不到一本以「社會階層」和「社會結構」爲主題的專書或一篇嚴謹的學術論著。這種社會學與社會現實「脫節」事實，却也著實令人遺憾。

現在再讀《社會力的分析》，當然可以找出許許多多理論上、方法論上，甚而單純的分類上的缺失，但是在當時社會科學發展的條件下， 能有這麼一本討論臺灣社會現實非專門性的書， 却是很有價値的。作者們對上述八類行業及職業身分的觀察；即便以現在的觀點看來，都仍有相當程度的意義。換言之，如果要了解光復二十年期間的社會結構轉變情勢，從這本書多少仍可以看出一個大概。

從「轉型」的觀點來看《社會力的分析》裏所呈現在1971年左右

臺灣社會結構特色，大致可體察到光復後二十多年臺灣的階層體系裏已經產生了若干明顯的新興階層成分，或是原有階層的蛻變結果，或是整個社會經濟結構變遷所引發的新元素。前者如書中所分析的「舊式地主」和「農民及其子弟」，後者如「財閥」、「企業幹部」、「中小企業者」及「勞工」等。同時也不難發現，這些階層的「新生」或「蛻變」，其背後都有著一股整體社會經濟變遷的力量在促使著階層的演變，這就是臺灣社會的「資本主義化」趨勢。作者們似乎在當時還不太能確定這股「資本主義化」的主導力量，因此在貫穿全書的基本分析架構的掌握上，就顯得零散而無力。這種缺憾，並不能完全責怪作者的「無知」，訓練背景的不同固然是一原因，他們本來也無意將這本書寫成爲一本理論性的研究報告，挖掘社會的問題才是他們的目的和用心所在。就這點而言，即使以今天的眼光來看待，四位作者們關懷的觀察力和敏銳的批判力，還是值得社會科學界予以肯定的。

事實上，「資本主義化」此一理論架構，在當時也未被社會學界引爲分析臺灣社會變遷的可行途徑。社會學界不僅普遍缺乏對社會的關切之情，可能更還欠缺對社會結構分析的理論能力。在探討社會問題的研究上，就明顯的暴露出缺少這種對臺灣社會結構本質的洞悉和透視。於是乎，在1970年代以前，社會問題的研究，大多無法將個別問題與社會結構的資本主義化之間做比較深入的分析，而導致有「非歷史」、「非結構」的嚴重缺陷。（蕭新煌 1985c: 13–21）。

二

在今天，如果以「資本主義化」此一分析觀點，再讀「社會力的分析」，而且再做若干理論性的「重組」，或許就會凸顯出若干歷史與結構的分析意義。譬如說，是由於戰後採資本主義路線的土地改革政策不但導致了「舊社會中堅」的地主階級在「政經舞臺上消聲匿跡」，同時却也製造了大批的私有制下的新興小農階級。在土改後十餘年中間，這批小農階級是臺灣社會中活躍的「新階級」，他們擁有私有的自耕地，保守的社會性格乃日形凸顯；不但在鄉村社會裏他們是穩定的主力，對整個臺灣社會結構而言，小農階級的存在也一直是五〇年代和六〇年代，保守而穩定的來源，然而，隨著工業資本主義化的加深，這批小農階級開始面臨經濟學家所謂「部門轉移」的歷史性遭遇，而開始經歷「相對性的剝削」的生涯，農業部門的資源被「壓擠」到工業部門，開始造就了五〇年代的「輸入替代的雛型工業」以及六〇年代「出口導向的工業成長」。結果是在臺灣社會結構上造成了原有的鄉村小農階級，於六〇年代明顯的式微和萎縮，以及都市勞工階級的急速萌生。

也隨著資本主義工業化的結果，民間工商企業在政府政策的計畫性催生下，也有了茁壯的情勢，「中小企業」如雨後春筍般的成長，「企業幹部」的數目也與日俱增。甚至於「財閥」的力量也漸漸形成，其中還不乏有暴發戶的存在。換言之，是這一連串資本主義化的「歷史」過程，造就了上述「結構」的轉變。

而那正是《社會力的分析》作者們在1971年底所「目睹」的結構「特性」。除了「知識青年」和「公務員」這兩「社會類屬」和「職業身分」其興起和特殊社會性格的形成比較不能完全從資本主義化來解釋之外，其餘六個社會階層（級）的消長、沈浮及其性格的塑造，都相當密切的與這個歷史過程有直接的關係。

在1971年，當那本書寫就之時，臺灣的社會結構也因爲勞工、中小企業家及其從業幹部（經理階級）和財閥的興起、地主的消失以及小農階級的興衰，「資本主義社會階級結構」的性格逐漸定型和凸顯。遺憾的是當時作者們，並沒有將這些觀察到的「現象」從歷史結構的分析角度去處理，否則本書將會更具說服力和解釋力。儘管如此，《臺灣社會力的分析》仍不失爲具有敏銳的社會分析和批判能力的一本書，尤其是在論述不同階級與臺灣前途問題的關係時，作者們確實掌握了各個階級的特有性格，從他們的社會性格來討論及「預測」其與臺灣社會穩定及整合傾向於相生相剋關係却是相當銳利和不流於膚淺。尤其是在他們處理「財閥」、「企業幹部」、「中小企業家」和勞工等新生階級對臺灣未來的「改革」和「進步」，可能投入的程度，以及「萬一現狀有所變化」所可能採取的不同「應變」手段時的分析，基本上，作者們的看法，到今天，仍然有相當程度的洞悉力，而且是敢言人所不敢言。也正因爲這本書「隱藏著」有這麼一點「預測」的內涵，其價值就格外顯得應該給予再評估、再肯定。也正因爲這點，本文所以願意以再訪這本書作爲探討「未來十年」臺灣社會結構動向的一個起頭的主要原因。

很值得注意的另外一個特色是在《社會力的分析》裏，所著重探索的階級現象，還是主要以中、低階級爲主。畢竟，在臺灣這麼一個社會裏，屬於「上層階級」的還只是少數，而且在一九七○年初期，能夠稱得上是上層階級的，絕大多數仍取決於政治權力的擁有，而且仍是來自於早期的「政治淵源」和權力中心的周邊勢力範圍。當然這一批「上層階級」事實上也很難加以具體的界定，尤其是在一九七○年代以前，這個階級幾乎可視爲神秘的「黑箱」。也因爲如此，作者們所觀察到的中、低社會階層實際上也正反映了當時的結構特性，卽使是作者們提及的「財閥階級」除了「大陸時期的企業家」之外，所謂「地主轉財閥」、「投機的財閥」在當時說來，都還只能算是中層階級而已，而且人數有限，所擁有之相對政治、經濟力量都並非那麼可觀和明顯。

如果再搭配以客觀的數據，從職業類別、行業類別和從業身分在就業人口結構中的變化來驗證，也更清楚的可以看出，到了1970年左右的時候，將近二十年的「資本主義化」確實在社會結構上產生了「質」與「量」的改變，其衝擊不可說是不大（蔡淑鈴，1984；文崇一，1985）。根據種種跡象來判斷，1970年左右更可以說是臺灣的經濟與社會結構開始展現工業資本主義性格雛型的重要分水嶺。

三

《臺灣社會力的分析》出版至今已有十四年，在過去這十四年裏，臺灣社會的資本主義化有增無減，而且繼續有加深與成熟的趨勢。此一趨勢必然使得自一九七〇年代以來的社會結構再次造成進一步的轉變。前面提到當《社會力的分析》在撰寫之時，客觀的臺灣社會結構雖然是已展現出資本主義的性格，但畢竟只是「雛型」而已，經濟轉變要在社會結構上產生明顯「質」的衝擊，總要待一段時期才能夠凸顯出來，尤其是在階級特性（尤其是階級意識）的形成上面。因此，值得進一步觀察的便是經歷了這十多年的資本主義化的加深與成熟過程之後，臺灣的社會結構到底又凸顯了那些新的性格。

說是說「轉型」，事實上，一九七〇年代，尤其是中期以後，臺灣的社會結構仍是承襲了以往的轉變軌跡，而在「量」與「質」上都做進一步的擴張和加深和分化而已。「擴張」的是都市階級，「縮小」的是鄉村階級，而「加深」和「分化」並行的則是與資本主義工業化有關的那些階層（級）。所謂「加深」是指這些階級與資本主義結構的互賴程度愈來愈鞏固，所謂「分化」則是指這些階級內部也逐漸在產生「部門化」的趨勢，同屬一個階級却可能會因分屬不同「部門」(Sector)，而形成差別的經濟利益及社會目標之追求。甚而會因而在日後演變成另一種新生的矛盾或衝突。當然，就目前來說，最明顯的應該是都市階級的「擴張」與「加深」，至於「分化」與可能的「矛盾」則是未來應加以注意的新趨向。

相對於都市階級的膨脹和加深，鄉村階級則日益衰微，以農業就業人口佔總就業人口的比例來看這個下降的趨勢當有代表性，1970年這比例尚維持在38%左右，1975年已降爲30%，1982年更下降成爲18%。同時，在1970年到1980年這十年之間「專業農戶」（理論上是最有可能凝聚成爲一個階級的農業從業人口）更是急速的下降了21%，由1970年的30%降到1980年的9%；而「兼業農」的比例却是提高了21%，由1970年的70%增到1980年的91%。同時，1975年以後「兼業爲主」的兼業農比例又超過了「以農爲主」的兼業農，在1980年，這兩者的比例分別變爲55%和35%（廖正宏，1984: 2–3）。專業農戶剩下不到八萬戶，「兼業爲主」的「兼業農」却居所有農戶之首，這現象毫無疑問暴露了農民階級在臺灣社會結構中的式微地位；它能夠利用的管道及資源以製造任何社會影響力，也就非常有限。換言之，農民的「階級力量」在一九八〇年代可以說是降到了很低的程度。原因很簡單，佔絕大多數的「兼業農」其農民性格與過去「終身務農」的農民是大不相同的，他們的階級利益已摻雜有「非農」的成分，「農」與「非農」的利益一旦有所衝突，「農」的成分往往居於劣勢，對他們而言，畢竟「務農」只是兼業而已。

也正由於小農階級的「異質化」，原來的社會性格也開始轉變了，不再是穩定的保守力量的來源與基礎。小農階級浮動與不安的性格則逐漸形成，這大概是在一九六〇年代後期就已醞釀形成。這說來是與「土改」後採「壓擠」的農業政策有關（Hsias, 1982）。十餘年來小農階級的經濟地位一直處在不利的劣勢，人口外流的趨勢自1960年中期之後就一直不斷，而外流的農民也就一再的被都市階級所吸引、所包容。而留鄉的小農階級亦只有極少數對自己的經濟地位表示滿意，但又因爲受限於條件而無法轉業，其「無奈」的性格也就甚爲明顯。再加上長時期農業「人力」品質的老化和下降，也勢必影響鄉村社會中堅力量的培養，以及其對整個社會的競爭與抗衡能力。農經學者估計這種「老化」趨勢將再持續二十多年（毛育剛、林啓淵，1978）；換言之，農業勞力（經濟力）的老化在這個世紀結束和下個世紀的開始，仍然會是支配臺灣鄉村社會結構動向的重要因素，同時，也可以確定的是，小農階級在未來臺灣社會中的權力分配位置，將會有降無升。而且，由於農業經營資本主義化加深的影響，今後鄉村階級也會有再度「分化」的可能，除了上述「專業」、「兼業」的劃分之外，更關鍵的影響力量可能來自商業化的外力，所謂「大農」與「小農」，或「富農」與「貧農」的差別將不是不可能的趨勢。而且，鄉村的新興鄉村階級當中，會有愈來愈多「脚踏兩條船」的「農企業者」，他們一方面想獲得農業的利益，另一方面又想爭取「非農」的權益。同時，隨著擴大耕地面積政策的實施，一旦在未來達成政策的目標，勢必對鄉村階級造成莫大的衝擊，到那時，大農也將會是富農而且不再只是「單純」的農民階級。而小農的處境將日益陷於困境，成本增加而利潤不增，加諸進口雜糧政策又不可能有突破性的改變，對小農的打擊必會有增無減。除非這些外在的政策因素有所基本的轉變，光憑只有主觀構想的「培養八萬農業大軍」或是「精緻農業」政策是挽救不了臺灣（專業）小農階級的命運。一旦小農式微之後，其出路不是再次移出鄉村，進入都市的勞力市場，就是停在鄉村「轉業」爲大（富）農的「農場勞工」。因此，很有可能在未來的臺灣又將再度出現「農場勞工」，爲臺灣農村「鄉土性格」的徹底消失而效勞。

在上述種種客觀情境之下，臺灣的小農階級在主觀反應上就時時呈現「無奈」和「悲觀」的態度。根據一項農民調查顯示，將近60%的農民認爲種田沒有前途，可是却不知道如何透過適當的途徑去改變他們的現狀，當他們對農業政策的內容不滿意的時候，有80%表示無能爲力，或是「沒辦法，認了」，或是只有抱怨，別無他法。對於政府推行「新」的農業政策，有五分之一的農民因失望而認爲「新」政策也沒有什麼用（廖正宏、黃俊傑、蕭新煌，1984: 187–189）。此外，小農階級對自己的社會地位的主觀標準也有「偏低」的取向，這多少又是導源於小農對務農的「自卑感」（蔡淑鈴、廖正宏、黃大洲，1985: 19–23）。

這些小農階級性格的特質，恐怕不能「再」只從文化解釋找尋答案及根源，政策的結構影響應是値得重視的探索對象。分析立委的農業質詢內容，就相當程度的突出這種政策性，譬如說立委對當前臺灣小農階級所塑造的形象重點不外乎是⑴貧苦、⑵遭受不公平待遇，和⑶人才缺乏、鄉村組織缺陷。而這三個特質也都不難找出與過去農業政策有「關連」的地方。省議員眼中的小農階級也凸顯出他們之爲「福利體系中被遺忘的國民」。其癥結也可以在農業策略中找到其成因所在。（廖正宏、黃俊傑、蕭新煌，1984）。

當然，如果培養「專業農」的政策能夠眞正落實，而且進口雜糧的政策也終於有了改張易弦的契機，那麼八萬戶的專業農戶便還有可能在鄉村結構中扮演較重要的角色。不管如何，在未來十年，農業發展策略一定要先有大幅度的轉變，以農民取向爲政策重心，如此才有可能「保住」所剩不多的專業小農階級。否則，憑著只提供三分之一家庭收入的農業來源，實在是沒有辦法給予小農階級足夠的經濟誘因，在工商業繁榮、社會急劇變遷趨勢下，除非有極大的誘因，否則，就不會有很多人願意從事農業，尤其是青年農民更不會願意留在鄉下務農。

四

在急速增加的「都市階級」當中，數量上的成長最驚人的要算是從事工業生產職業的工業「勞工階級」，一九六〇年代開始就可目睹此一階級的快速擴張，單以「生產作業、運輸設備操作人員及體力工人」爲一界定的範疇來看，1963 年有 848,000 人，1973 年增至1,848,000人，所佔就業人口比例也自 23.60%升到 34.67%；在1983年則共有 2,860,000人從事生產工作的職業，比例已高到 40.44%。如果加上「服務工作人員」的557,000人（7.88%），更可將「都市勞工階級」的總數提高到3,417,000,000之譜(48.32%)。如果再將「買賣工作人員」中佔三分之二的店員、售貨員也併入計算，臺灣在1983年時，勞工階級更可膨脹到 3,728,000的數目，比例也將高達 52.72%。當然這完全是從職業來劃分「勞工階級（層）」，容或有可爭議之處；但鑑於職業結構實可橫切經濟（財富）、社會（地位），及政治（權力）等三個階層結構的層面的判別標準，所以以「職業結構」來展現階層化的特色，並非不適當（文崇一，1985: 23-26；蔡淑鈴等，1985: 6；許嘉猷，1982: 274-276；瞿海源，1985）。不過，上述界定「勞工階級（層）範疇」的準確性如何，其上下誤差又如何，並不是此處最關切的問題。只要能藉此肯定此一新興階級在臺灣社會結構的相對位置及其變化的趨向，也就可以了。

毫無疑問，勞工階級已儼然成爲今天臺灣社會中的主導結構力量之一，其對今後所可能產生的影響及支配力量，就應該加以密切的注意。別的不說，單就「勞工階級」大量存在此一事實就足以反映臺灣社會結構的「造形」和「外貌」。

但是，更有意義的是去進一步了解當前勞工階級的性格以及其是否已形成任何階級意識；程度又多深。首先，得澄清的歷史背景是臺灣的資本主義工業化本身是帶有濃厚的政策干預性，亦即是在政治力量的干預下所進行的工業化；同時是透過外來資本主義的催化來將臺灣納入戰後資本主義世界體系，而成爲邊際資本主義的一環。因而，爲了持續鼓勵及吸引外資以發展「誘生」出來的資本主義，勢必需要用較低的工資及較溫和的勞資關係以創造「有利」的投資環境。結果是導致政府對工會力量的限制及干擾。再加上執政黨長期以來對工會就抱持著消極的干預主義，這種保守的歷史性格更無疑的，提供了上述現實目的的合法性傳統。換言之，「邊陲性」資本主義化和政黨干預主義乃構成了塑造臺灣勞工階級可能性格的歷史結構脈絡。其直接的後果便是工會力量乃受到相當程度的約束和干預，集體力量因而無從做有效的發揮。勞工的集體意識也就沒有管道可以有利的展現出來，階級意識模糊，對本身的「階級」也沒有強烈的認同感。除了上述結構的條件之外，下面這幾個勞工的社會特質也是造成臺灣勞工性格的重要原因（蕭新煌，1985a: 27）：

第一是，勞工的流動率高，阻礙了集體力量的持續性；

第二是，女工的參與率高，而多半其勞工生涯偏低，同時她們多視此種生涯爲「過渡」，因而削減了臺灣勞工集體意識的成長；

第三是，第一代勞工多半出身鄉村，亦即具有小農的家庭背景，因此將小農的「保守性格」，也從鄉村轉移到都市、工廠；

第四是，由於勞工的鄉村連帶仍很密切，也就是說第一代勞工大半仍然以鄉村做爲他們的「根」，一有工業經濟危機，鄉村也就自然的成爲他們的「後路」，這雖然可以解決了都市的失業問題，但却也阻礙了勞工階級意識的形成。

以上可以說是塑造在一九七〇年代中期以前臺灣第一代勞工保守性格的幾個關鍵性影響因素。可是到了一九七〇年代之後，上述幾個社會條件也逐漸改變，第二代都市勞工產生了，他們有不少是都市背景出身的，他們有較多的都市生活經驗，無爭的鄉村性格也較褪色而不明顯，代之而起的是計較好爭的「都市性格」，他們鄉村的根也已經變得脆弱，無法再提供「後路」給失業的勞工，一旦與鄉村的連帶變弱，第二代勞工就較容易與都市、工廠產生休戚與共的心理關係。相對的，他們的勞工意識也就逐漸擡頭。勞資關係的緊張就愈來愈不可掩蓋，而勞資糾紛本身的存在就構成了對資本家、政府及執政黨的「壓力」。

第二代勞工意識提升確實有其多重的內外在因素。1970年以來，臺灣政治結構的改變以及黨外及反對勢力的興起，也多少助長了勞工性格中「積極性」（Activism）的滋長。1973年以來勞資糾紛事件的增加，除了有經濟衰退的客觀環境之外，勞工意識的擴張和積極性格的塑成，也應該是不容忽視的原因。因此，就政府及執政黨而言，在1980年代初期「轉變」，過去對勞工立法的消極態度，而積極的以「公權力」干預到「勞動基準法」的研擬與立法過程，實有其特別的理由和背景。

這並不說，勞工階級的意識已轉化成爲有形的集體力量「迫使」

了執政黨和政府出面站在勞工這一邊，而與資本家（企業界）對抗。而是說政府終於認識到了勞工階級的潛在壓力，因此想透過勞基法的制定，一方面企圖疏導勞工的積極性格，以免轉化成爲激進行動，二方面可藉此爭取勞工日益「下降」的效忠；三方面也可以利用所謂「聯盟的替換」(Coalition Shift) 機能，利用公權力的强制性以制衡國內日益坐大的資本家，也有意的想再度向資本家顯示，執政黨「相對自主性」的存在。如果這樣子的推論可以成立的話，也就是說「勞基法」既然只是「聯盟替換」的技術行使，一旦達到了對資方「顯示力量」和安撫勞方的雙重作用，執政黨也可以利用「勞基法」的行使去「測度」資本家的反應强度以決定下一步對勞基法的堅持態度。從「工業總會」、「經革會」和經濟學界對勞基法「修法」的一再呼籲，以及政府已默許了「修法」的可行性，就十足的顯露了「勞基法」原來就具有的妥協性格和執政黨一開始就賦予它的特有任務。

換言之，勞基法從制定階段開始，政府的公權力就已同時介入企業界（以展現其制衡力量）和工會（以顯示其安撫力量），政府超然的「仲裁者」角色漸漸不明顯，而另一種積極的「當事人」色彩轉爲突出（黃越欽，1985: 21）。它讓企業界感到了執政黨的自主力量，也讓勞工感到了執政黨的「關切」和「注視」；即便是勞基法再做任何修改和妥協，對執政黨和政府而言，它的目的都已達到了。更明白的說，勞基法的制定，眞正的贏家還是執政黨和政府。

然而，任何新社會 事實的加入 總會對另 外一個社會事 實產生衝擊。興起的勞工意識既是執政黨已關切到的事實；勞基法也可以說是將此一事實加以合法化，但同時也勢必助長勞工意識的再提昇。尤其是勞基法立法、過程歷史長遠，而又引起激烈的爭議，這本身就具有「帶動」的示範作用，對一般勞工意識的凝結應有相當的影響，這是正面的作用。但另一方面却可能因爲勞基法的制定，國家公權力的高張而「取代」了工會原本應發揮的集體談判力量。從這個角度來分析，勞基法無疑的又再度使工會失去了一次「暖身」的機會。這可能是負面的影響。

總括說來，勞基法在1984年公布施行，並不是偶然的時機，而是歷史發展的必然結果。它反映了第二代勞工階級的積極性格對執政黨的關切層面產生了衝擊，勞基法便是國家用來疏導、緩和甚而有意藉此「爭取」勞工效忠的政策工具，同時它也被視爲可以對企業力量產生制衡的作用。公權力同時再度介入勞資雙方。一年來，資方透過各種管道（包括學術界及輿論）來「反應」其對公權力干預的不滿，並企圖將這種不滿合理化成爲對勞基法的「公正批評」。相對的，工會身爲勞工階級的集體代言人，却因爲前述政府干預作用的加深，反而屢屢「欲振乏力」，不但沒能充份把握「勞基法」的實施，擴大工會與資方的「制衡」能力；反而處處懾於國家公權力的支配，既不敢訴諸勞工的集體力量，也不能爲勞基法提出强有力的辯護。

結果，所謂「修法」與「護法」的爭議，反而演變成資方與部分學術界與勞工行政單位與部分學術界之間的爭議，眞正應該站在第一線的工會反而沒有什麼「表現」。究其原因，公權力的介入與深入，實爲其癥結。

工會原先的體質就差，勞基法的制定與實施更再度公開的暴露了此一事實。如果，此一公權力的干預主義不降低，要期望工會在今後發揮整合勞工意識的力量，恐怕是很難的事。同時一旦工會無法有凝聚勞工階級利益爲一集體發言，集體談判的合法而有力的管道，過去十年來已經成形的勞工意識及積極性格也就沒有辦法得到理性而成熟的疏導，在未來十年當中，其可能的結果就是：一、任憑勞工的積極性格及不滿做個體零散的發洩，而更阻礙了轉變成為集體積極性格的可能性；二、製造勞工階級普遍的挫折感，而導致勞資糾紛的增加，而升高社會不穩定的緊張情勢；三、工會威信將不可避免的下降，而產生「合法性」的危機；而一些「地下工會」將應運而生，同時為了其本身的生存和擴張其勢力，也將不可避免會與地方上的派系或外來的政治力量「掛鈎」，勞工階級的政治性格將因而愈來愈複雜。

面對上述三種未來的可能動向，說來都不是符合臺灣整體健全發展的理想，如何避免這種後果的產生，將是今天在探索未來十年臺灣社會結構動向時的應加以注意的另一個「規範性」目的。解鈴還須繫鈴人，執政黨的未來作為仍是關鍵所在。這就看執政黨「是不是有前瞻的眼光，容忍的態度，以及引導歷史的胸懷。如果有，那麼在面對勞工意識的壓力時，就該做大幅度調整其一貫的干預主義，而放手讓工會去發揮「體制內改革」的作用，這樣不但可以爭取勞工經濟權利，而且還可以培養較成熟的工業民主……一時之間，或許會承受不少壓力，甚而不便，但長期而言，却是為轉變勞工的不穩因素為穩定結構的『大工程』舖路……」（蕭新煌1985a: 28）。

五

與勞工階級，同為都市階級的另一個新生階級便是「中產階級」，也與勞工階級一樣，中產階級的孕育是臺灣資本主義化的結果，也是臺灣歷史上第一次大規模的出現。如果再按時間序列來觀察，更可劃分出這兩個都市階級，大量興起的先後時期和背景；勞工階級大概是在 1960 年代中期大量成長，在 1970 期開始穩定，而中產階級則是在 1970 年代才明顯的形成，而且在 70 年代後期和 1980 年代初期益發突出它的存在。對於此一階級的認識，也可從數量與性格兩個層面來著手。

中產階級之所以受到注意，首先當然是因爲它的「新興性格」而且在數量上也有竄起之趨勢，它雖比不上前述勞工階級佔那麼高的比例，但也頗爲可觀。這也是可感覺得出來的社會事實，但如何客觀的去界定臺灣的中產階級却不是容易的事。目前並沒有實徵性的研究可以用來做討論的基礎。不過，這一年來討論中產階級的研究與趣却是很高，對中產階級的界定標準及其性格也多有爭議。首先是客觀界定指標的問題 。有的學者以所得爲劃分標準，如每戶平均年所得50萬到1,000萬之間，這大概佔 10%左右，可視爲「中產階級」（見時報雜誌座談會紀錄中柴松林的發言）；或是月收入在二萬元以上，高中以上的教育程度，職業屬於白領工作或自營的中小企業（見時報雜誌座談會中楊國樞的發言）或是進一步界定那些從事「專業性技術性」和「行政主管」者，加上部份「監督佐理」及部份「買賣工作」者爲中產階級劃分的上限，如再參照高中以上教育程度的指標來界定，則可以得到大約在 21 %左右（1980）或是三分之一左右（1983），換言之，臺灣的中產階級大致說來應該在三分之一以下(瞿海源，1985)。這個推測與以從業身份來觀察也很類似，以「家庭收支及個人所得分配調查」（1979）中 11,671 抽樣戶的資料來推算，其中「非農的雇主」(3.3%)，「非農經理」(7.6%)，「非農自營」(15.2%）第三類當可視爲都市中產階級，其總數大概佔有26.1%，如果勉強再加小部的「非農受雇」，合計大約也在所有從業者的三分之一，（見前述座談會中蕭新煌的發言）但是也有學者就前述職業之劃分，却估計約有 40%左右的中產階級（文崇一，1985:26），綜合以上各種測量的方法，比較可以接受的估計是認爲中產階級約佔三分之一左右，上下可能有誤差，但絕不超過40%，也不會低於25%。

一般說來，臺灣的都市中產階級可以視爲是介於大財閥高權勢與小農、勞工階級之間，從事專業技術／企業經理／知識的一批新興階層。如果再細分，當又可分爲下述幾類：

1.新興的商場新貴：主要是一九六〇年代以來拜經濟政策之賜而竄起的企業者，這批人中間有出身地主後代，或是小農之家，或是從其他階層流動而來，往往是上升流動的結果；

2.國營企業的管理階層，這有大批是從大陸遷來的技術官僚，目前並注入不少的本省籍經理及技術階層；

3.民營企業的經理階層：這是一九六〇年代崛起的大企業受雇者。不少進出口的代理商及幹部都可歸屬於這一羣；

4.文官：指一般的中上級公務人員，融合了大陸及本地的官僚而形成的大批文官；

5.1960年後期興起的民意代表：尤其是那些從地方竄起的中央級民意代表，其中產階級特性在一九七〇年代特別突顯；

6.提供專業知識的中產階級，包括大學教授、作家、律師、醫師、工程師、建築師等。

以上這六類中產階級，其間各項標準也未必完全一致，所得、教育程度未必一樣，社會地位、經濟財富，甚而政治權力也不一定完全一樣。但是總括的來說，他們所共同擁有的「資源」與其他階級相較，階級內差別畢竟小於階級間的差異。尤其是在他們所共通具有的社會性格上，特別值得重視。

相對於勞工階級的「不穩定因素」特質，中產階級却是臺灣現有社會政治結構的「穩定」來源，可以說是取代了土改後十餘年內，「小農階級」所扮演的穩定及保守的角色。只要大的政治經濟架構不做大的變動，這種社會穩定的功能將會持續發揮，這應該是在今後十年可以相當肯定的一個趨勢。根本的原因還是來自結構的成因，中產階級基本上是與現有的資本主義體制是有利益相關的，更可說是他們也是資本主義化的結果和「受益者」。也由於這種利害關係的長遠建立，臺灣的中產階級乃具有下面這種特定的社會性格：

一、是「功利主義」和「溫和求變」：他們講究目標與手段，精於估算成本與效益，對於任何變革擧動，也都非常小心謹愼，唯恐打破目前的利益及機會結構，除非變後「有好處」，或是「求變」的力量具有相當的說服力，他們便不會輕易支持，即使是支持，也大半走「溫和的改革」路線。對於比較直接而屬於「反動運動」的求變擧動，他們則會更謹愼更不會輕易的站在第一線，永遠只是第二線的旁觀者，頂多是背後的支持者。換言之，功利主義的性格使得臺灣的中產階級趨於溫和而保守，但却也不是完全的固守一成不變，他們也有相當程度的求新求變態度，尤其是對現存過於不公平的權力分配及不合理的官僚主義（低效率及不負責任）更是感不滿。他們求變的方向，除了要溫和的改變目前不理想狀況之外，有時還會基於本身專業的知識及經濟能力，進一步鼓吹若干新的想法，因此近幾年來一些社會運動的實踐（如消費者運動、各類民間團體在福利事業上的參與）或啓蒙（如環境運動、婦女運動、人權）都跟部份中產階級的直接或間接的參與有關。値得注意的是，中產階級求變的訴求，都有相當的限制性，這又與他們的「功利性格」有關，對於較激進的政經結構變動，可能就超過中產階級的關切範疇了。因此說，中產階級對未來社會結構變遷的影響仍然是「穩定」的作用大於「不安」。（參閱時報雜誌二四三期〈1984年7月〉「崛起的中產階級座談會」及中央月刊〈1985年9月〉的「中產階層興起面面觀座談會」及魏鏞，1985）。

二、是「消費主義」及「膚淺的文化素養」：臺灣的中產階級除了努力於創造及累積財富之外，也非常善於大量消費，許許多多新興的消費形態幾乎全都是他們或爲他們引進來的；他們是創造時髦，接受時髦，也推動時髦的一批人。由於消費性格特別强，因此對於文化的追求，也往往只從「消費」的角度去做，因此，附庸風雅，參與文化活動的消費有之，但積極爲自己增加文化素養而進行「生產」的行動，却少之又少。結果是中產階級鼓動了文化的消費量及需求，但也暴露了臺灣社會中文化深度的膚淺。有量而無質，甚或一味追求「感官文化」及「腑臟文化」，這些說來，都與中產階級此一「中堅」的文化消費者性格有關（蕭新煌，1985b: 53）。

三、是「結社性格」很强：由於擁有較多的資源及較爲「有閒」，臺灣的中產階級講究結社，參與各類與本身地位身份相當的社團活動，藉此達到社交活動的目的，提升社會形象，更可透過結社互通事業上的信息，或甚而培植各自的「社會網絡」，以便在必要時能派上用場。關係的建立與運用在專業及企業界的中產階級裏是很講究的。

除了上面這些普遍的共同性格之外，下面這兩種特有的現象也是存在於臺灣的中產階級。

第一：「找後路」的心態在部份中產階級形成一種特色：這當然與前述的「功利主義」「保守主義」及「消費主義」有關。如前所述，他們會有溫和的求改革的意願，也願意替這個社會做點事、出點力，但是當他們體會到他們的「不滿」與「挫折」無法由他們本身來改變時，他們更會運用自己擁有的種種資源及流動的能力及機會，去找尋另外的「出路」，而求他去。這種情境的產生，在目前的臺灣更有其特別的原因。這就是「臺灣前途」的問題。這個問題（疑問）在許許多多中產階級的心中還是個抹不掉的陰影，在功利及保守性格交雜影響之下，最安全也最不激進的解決策略，就是「找尋後路」。最明白的說，「臺灣的政治情勢不完全穩定，對於中共的威脅一直存在著陰影，政治情勢造成此地的資產階級一心想著有第二個基地……如果此地並無共產黨的陰影，他們是不會跑的……」（余英時，1984: 64-65）。有時候，中產階級會同時追求「溫和求變」及「找尋後路」，一方面願意參與或支持若干改革行動，另一方面也可能同時為後路在舖路。這看似矛盾的行為，事實上對當前這部份的中產階級而言却未嘗不是很「實際」的一種面對「不確定情勢」時的「合理化」適應方式。也因為具有這種雙面的「社會性格」，這部份中產階級對未來臺灣社會結構的穩定及效忠作用，其虛實程度，就有待識者再加以斟酌。海峽兩岸情勢在未來幾年當中的任何關鍵性轉變都將會直接的影響到臺灣這批中產階級的動向。因此，客觀的外在情勢將會決定這部份中產階級未來性格的轉變。

第二：發揮「社會力」的積極性格，在另外一部份中產階級也同時展現無遺，這一部份的中產階級對臺灣的認同感比較深，對求新求變的訴求也較高，他們乃多方運用本身的資源在為臺灣內部的改革做「呼籲」和「辯護」的工作。他們大多以「社會公益」的推動做為凝聚本身中產階級力量的目的，而不只是停留原來社交性、功利性的結社行為。他們也企求突破本身中產階級的藩籬，而以較強烈的社會主題做為求變的對象，而且擺脫過去中產階級慈善的活動，而逐漸走向中產階級「社會運動」的方式（蕭新煌，1985b）。有的社會運動已有形化，它的社會功能有的則尚在醞釀，但潛在的成長力似乎已經在展現之中。對政府來說，可以靠持續的運動策略，提醒政府擴大其關切的面向，督促其改革的意願，更可提供專業的新知識、新方法，以協助政府；對社會來說，則可靠社會運動的方式提高社會知識的水準和擴大帶動民間的參與（蕭新煌，1985d）。

如果未來客觀情勢沒有太大的劇烈改變，中產階級中的這股社會力，在將來的十年當中，仍會繼續茁長下去。但如果政府應變的能力過於低或是速度過於遲緩，甚或態度上仍過於保守，那麼這股原本是理性而溫和的社會改革力量，爲了突破現況，而採取更積極甚而幾近激進的訴求，也就並非完全不可能。到那時，某個程度的社會衝突也就很難避免。換言之，這部份中產階級的所謂穩定及保守功能，就可能會有所改變。

針對前述中產階級兩種特性，爲了臺灣未來十年後社會結構的安定及成長，政府的態度及作法有必要做即時的調整。第一，爲了降低中產階級「找後路」的心理，政府有必要對臺灣前途問題做更公開更明顯的表示，並提出具體的對策以突破目前沉悶的僵局，那麼必可提升他們對臺灣前途的信心，也可以動員這部份的中產階級，讓他們將全部的心力放在臺灣的未來發展。第二，爲了疏導中產階級的可能激進化，並且充分善用這股社會力的建設性作用，政府的作風應該要更開放，並以樂觀其成的態度來對待「社會力」的展現，讓「社會力」來匡正「政治力」與「經濟力」結合後可能的腐敗和不良後果，也讓「社會力」來進一步促成臺灣社會及政治多元化、民主化的早日實現。

六

在未來的十年，臺灣的社會結構將不致有什麼特殊的「突變」，其轉型的方向也將延續過去十多年來的轉變軌跡。只要資本主義化持續下去，小農階級就將日益下降及式微；勞工階級和中產階級則也將愈來愈顯得重要；資本主義工業國家的社會結構形貌和本質也就會益發凸顯。也只要臺海兩岸的情勢沒有巨大的變化，勞工階級將繼續會是影響未來臺灣社會穩定的負面結構因素；而中產階級也將會是持續其穩定的正面結構作用。但是這也不是完全不可能有所改變，本文對各種可能的「變異」也都做了初步的探索，同時，也分別提出了比較可行的「對策」。歸結到最後，不難發現政府，或更明白的說，執政黨決策中心在今後幾年內的「作爲」，可能是最具關鍵的主宰作用尤其是它的策略方向更有可能左右勞工階級及中產階級與未來臺灣社會結構的關係。執政黨今後在若干策略上如果能有較高的人文取向，和較低「支配」性格，對式微的小農階級多給予關切和扶助；對性格浮動的勞工階級給予較多的容忍和自由；對有意在穩定中求進步的中產階級多給予改革的管道，和明確的發展方向。那麼，有理由可以推測這三個社會階級將可以在今後扮演著提供社會穩定、帶動社會多元化和促進社會進步的三項重要而有歷史性的角色。

75. 1. 25.《中國論壇》248期

參考書目：

文崇一

1985　〈臺灣的工 業化與社 會變遷〉，《臺灣 地區社會變遷 與文化發展》，中國論壇主編，頁1-40。

1985　〈中產階層興起面面觀〉，《中央月刊》九月號，頁32-42。

余英時

1984　〈歷史關鍵中的中產階級〉，《時報雜誌》，二四四期，頁64-67。

黃越欽

1985 〈勞動基準法與工會前途〉，《勞工世界》十三期，頁20-22。

陳秉璋

1984 《政治社會學》，三民。

陳寬政

1980 〈結構性社會流動影響機會分配的過程〉，中研院三民所專題選刊(34)。

1984 《時報雜誌》〈崛起的中產階級座談會〉，二四三期，七月二十五日出版，頁6-18。

高承恕

1985 〈臺灣四十年來社會結構初探〉、《邁向安定公平和福利社會之路》，臺灣省政府新聞處，頁1-15。

張景涵、張紹文、包青天、許仁眞

1971 《臺灣社會力的分析》，《大學叢刊》16，環宇出版社。

廖正宏

1984 〈臺灣農業人力資源之變遷〉，臺灣的社會文化變遷研討會論文，中央研究院民族所主辦，九月十三日至十五日。

廖正宏、黃俊傑、蕭新煌

1984 〈臺灣農業發展的歷史社會分析（民國三十四年至七十二年）〉（二年總報告），國科會補助計畫報告。

許嘉猷

1982 〈出身與成就：臺灣地區的實證研究〉，《社會科學整合論文集》，陳昭南等主編，中央研究院三民主義研究所。

1985 〈臺灣的社會階層初探〉，《中國論壇》二四〇期，頁41-46。

魏鏞

1985 〈我國中產階層的興起及其意義〉，中國時報。

蔡淑鈴

1984 〈職業地位結構：臺灣地區的變遷研究〉，臺灣社會文化變遷研討會論文，中央研究院民族學研究所主辦，九月十三日至十五日。

蔡淑鈴、廖正宏、黃大洲

1985 〈從社會階層化的觀點論農民階層〉，臺灣地區之現代化及其問題研討會論文，中央研究院三民主義研究所主辦，六月六日至八日。

蔡文輝

1985 《社會學》，三民。

瞿海源

1985 〈中產階級與起及其意義的認定〉，中國時報，十月二十五日。

蕭新煌

1984 〈從結構的轉型談臺灣未來的可能動向〉，《中國論壇》二一七期，頁20-22。

1985a 〈勞工、工會與知識分子〉，《中國論壇》二二七期，頁26-28。

1985b 〈從美國的『雅痞』看臺灣的『雅迷』：臺灣中產階級的風貌〉，《中國論壇》二三〇期，頁51-54。

1985c 〈臺灣社會問題研究的回顧與反省〉，蔡文輝、蕭新煌主編，《臺灣與美國社會問題》，東大，頁13-20。

1985d 〈對四十年來臺灣『新生事務』的觀察〉，中國時報十月二十五日。

當代知識分子的「鄉土意識」：
社會學的考察

一

在拙文〈解開當前意識型態紛爭的「結」〉（《中國論壇》二五三期，七十五年四月十日）裏，我曾經提出這麼一個看法：

「談到當前臺灣的意識型態，我們不妨從『中國意識』和『臺灣意識』的爭議下手。以更淺顯的話來說，即是『中國結』與『臺灣結』兩者。……就歷史而言，臺灣的確是『被分割』過。…爲什麼在光復後四十年的今天，『臺灣結』與『中國結』才被公開的來探討？我想這是因爲歷史發展到現在，在臺灣成長的這一批人，不論是光復前後在臺灣生的，或是光復後在孩提時候來的，到現在已經四十多歲了。他們不但在這裏土生土長，同時也開始情不自禁的會回顧過去的歷史。他們感到自己總是中國人，是一個中華文化的承續者；他們又與這塊土地有那麼深厚的關係，因此，『臺灣結』和『中國結』，在任何一個生長於臺灣的中國人心中都可能存在。」

寫完那篇文章之後，這個問題仍然環繞著我的思緒，也一直有著一股莫名的衝動想再做進一步探索。一方面固然是基於社會學研究的專業興趣，另一方面則因爲自己就是那麼一個在臺灣土生土長的中國人，上述所提及的這兩個「情結」或「意識」，也不時出現在我個人的社會認知的成熟過程裏，甚而學術生涯的追求歷程裏。坦白說，其間的矛盾不是沒有的。大概就因爲有這種主觀的因素，我就寫了「解結」那篇文章，也算是替自己做一番自我的剖析。「結」或許無法一時完全的「解開」，但內心却是得到不少的「解脫」。是不是也多少抹掉和我同屬一個「科夥」(cohort)的「臺灣人」心上難免積壓的疑惑和困境，那只能說是我的希望。

寫這篇短文也一樣有著「個人的」動機在裏面，在「解結」的上文裏我寫過:

「如果說，我們現在有很多價值上的混亂，便是因爲缺乏『落足點』，我們難免不知該立足於臺北、臺灣，或是中國大陸來看我們所處的世界。……『落足點』如果要確立，它必須放在臺灣。因爲四十年的經驗告訴我們: 這裏已是我們的『落足點』。……今後臺灣地區的發展問題，可以『眼高』，高到看到中國大陸，但手一定要『低』，要低到能接觸到臺灣這塊土地。……讓大家有一份感情，不但要建立對臺灣眞摯的感情，更要修正對臺灣那種〈邊陲〉文化的認識。……過去四十年的事實是，在臺灣生活的中國人都有在大陸那塊土地上的切身生活經驗，活生生的文化沒有土地是不營養的。……如果每個人都有這麼長久在臺灣生活的經驗，你尚且不認同它，那麼你要去認同什麼呢? 」

這段話多少是「論斷式」的陳述，强調的不外是說我們需要一種更深厚、更眞實，對臺灣產生認同的「鄉土意識」。說它是期許可能更貼切。當時，我並沒有對這種「鄉土意識」做較多的闡釋和發揮，更沒有將它視爲一個可分析的社會現象來處理。若干非常值得探討的問題仍然留著問號；「鄉土意識」在臺灣近代歷史上是不是曾經產生過？如果是，在怎麼樣的社會及歷史脈絡中產生的？又有過怎麼樣的質量演變歷程，是不是中斷過？爲什麼？它是一種普遍性、跨階級性的社會認知，或是拘限於某一階層的意識型態？這種意識型態需要有什麼樣的內在及外在條件才能孕育出來，是因應外來壓力而形成的特殊回應心態，還是內部自發衍生的新生思潮？它的未來又將會是怎麼樣？它與臺灣前途又有如何的關係？

以下便是我在過去幾個月來閱讀和思索的心得，更企圖對以上這些個疑問做試探性的解答。

二

至少是在社會學的領域裏，我很難找得到可以參考的「現成」學術研究文獻，如果說「有」，那恐怕也只是一種「反面教材」。在過去的社會學研究成果裏，對社會流行的意識型態做研究已極爲缺乏，針對臺灣的「鄉土意識」做直接剖析的，更是沒有，想求得任何經驗性的調查分析資料，實在完全不可能。現在回想起來，有幾個比較重要的原因。在外在的客觀條件方面，政治的敏感和禁忌想來是極爲關鍵的限制因素，在政府遷臺後的一、二十年裏，「政治力」主宰一切；在那期間，政治的意識型態爲固執的以「一個中國」爲唯一的官方認同對象，「臺灣」這個名詞只具有地理與人口的意義，而不允許它擴延到政治、社會及思想的意涵。因此，在那種情境下，即使當時的社會學家有心，也恐怕無力去探討是否有所謂的「鄉土意識」在當時的臺灣社會裏存在。換言之，有關「臺灣意識」的話題在過去有相當長的期間一直是政治的禁忌，既不能多談，何來公開的研究作品？

當然，沒有社會學的研究並不必然意謂在現實社會中不存在某種現象。在找尋其他社會科學的著作之後，我愈發傾向於承認，至少在早期社會科學的「現實建構」裏，「鄉土意識」此一社會實體也是不存在的。進一步思考，很有可能在臺灣光復後的二十年歲月裏，臺灣社會的確沒有產生所謂的「鄉土意識」。這樣的推想是基於對上述政治環境的瞭解；在與中共對峙的局勢下，爲了維護代表整個中國的「合法性」，政府乃獨尊「國家主義」和「民族主義」爲全民政治及文化認同之主體，任何涉及臺灣之社會或文化認同，都可能被貶之爲狹隘之「地域主義」。加上光復初期不幸的「二二八事件」所造成之陰影，更使得任何有意無意凸顯「臺灣特性」的言論或看法，都會被抹上有色之「省籍分離主義」色彩。因此，在社會一般民衆（包括本省和外省籍人士）的「現實建構」中，「臺灣」於是乎在政治社會化的過程裏，被塑造成只是在中國影子底下一個模糊不清的形象。這是在特殊的政治條件下所形成的歷史現實。我們或許可以淡化它，那只是爲了情感的因素，但要一概去否認此一事實，那就恐怕有違社會科學家「求是」的精神。

也就在那種客觀的外在情境之下，「臺灣社會」在社會學家的研究裏，它所出現的形象，也是模糊的，不具有特性的。它只有兩種可能，一是中國傳統社會的一個「移植歷史個案」，一是西方社會學範型裏的「異文化註脚」。這或許不是當時社會學家「有意識」的在研究裏塑造的臺灣社會形象，但却也說明了社會學研究無法自外於社會政治條件的另一事實。

關於西方社會學範型下的「異文化註脚」，我在討論社會學中國化的文章裏（蕭新煌 1982, 1984, ）已做了相當多的說明。關於中國傳統社會的「移植模糊個案」與本文探討主題較接近，有必要再做一些釐清。來臺的第一代的社會學家龍冠海教授在1963年（臺大成立社會學系是1960）說過要承繼「大陸社會學的傳統」，他同時也說「如果我們孤守在這個寶島上，我們大家一定是沒有什麼前途。這並非說社會學在臺灣沒有發展的餘地或沒有研究的機會。……但究竟是有限度的」（龍冠海，1963）這兩段話在某個程度上很有反映早期社會學家對臺灣社會還沒能深厚認同的矛盾心理。這種心態是可以瞭解的。也正因爲有這種不落實的「客居」心態，要承繼大陸社會學傳統也就無法做到。原因在於對社會建立「鄉土意識」即是當年大陸社會學中小社區研究傳統的最重要驅使力量，沒有了那股鄉土意識的熱忱，小社區研究傳統是沒有精神的，當然，當年是認同於「鄉土中國」。如果要承繼那種傳統，就必須也要有相對等認同於「鄉土臺灣」的那種社會意識。這種「鄉土意識」要一直到六〇年代後期才逐漸孕育出來。鄉村社會學家和文化人類學家對臺灣漢人鄉村社會，研究路線的展開，也多少反映了這種轉變（蕭新煌，1986）。1966年另一位社會學前輩陳紹馨教授在一篇以〈中國社會文化研究的實驗室——臺灣〉爲題的文章裏，則流露出與龍冠海教授對臺灣不盡相同的認同意識，他說：

「……一些社會科學家欲前往中國大陸做調查研究，由於目前未能進入『鐵幕』，故不得不以香港或臺灣爲『代用品』，來研究中國社會。臺灣社會雖是中國社會，但它能否代表中國？……大陸有高雅淵博的學藝思想，但臺灣則只有粗淺的民間文化而已。……誠然，與光輝燦爛的大陸比較，臺灣是微不足道的，所以由這個『代用品』來研究中國似乎難能達成其目的。……但『研究』應著重理論分析與解釋，而從此觀點就能有不同的看法……如研究得法，可從它導致寶貴的社會科學理論，……爲理論分析，單純的社會比複雜的社會，時常是更適宜的對象。臺灣雖不是燦爛描述的好對象，但可以成爲中國社會研究的好對象。……日據半世紀間，在臺灣的中國人成爲『封閉性人口』，在這種情形下，臺灣成爲一個『實驗室』，經此可觀察中國人口與社會的演變。這是社會科學研究上的寶庫，社會科學家不應不注意，且該把它善爲利用。……」（陳紹馨，1966: 9–12）

我可以想像，在當時，這一番話確實有令人耳目一新的感覺，對後來人類學及鄉村社會學界「新生代」進入漢人鄉村社會研究領域應有其一定的影響。在陳紹馨對臺灣社會的現實建構裏，臺灣的形象雖然仍然是一個中國傳統社會的「移植案例」，但不再那麼模糊，不只是在中國影子下存在的一個小點，而是具有令學術界珍惜，欣賞的特點。他這種看法的背後，實在有著一種生活體驗和社會意識融合而成的關懷與認同，也因爲有這種「對臺灣所抱持的極度濃厚關懷，以此激勵研究工作，故能對臺灣的社會和文化作明確的闡釋。……」（戴寶村，1984）在我看來，這就是一種知識分子的「鄉土意識」。然而，陳紹馨教授在五〇、六〇年代的社會科學界却只是「少數」「伏流」，在同輩社會科學者裏，他的成就却沒有受到應有之重視，他的「鄉土意識」在當時的政治環境下當然也沒有被欣賞。

也許這還只能算是有待驗證的假設，但我想也應該提出來討論。在光復後的前一、二十年，也就是大概在五〇、六〇年代，不論是一般民衆，或是以社會（科）學家爲代表的知識分子，所謂對臺灣的「鄉土意識」（或是主義？）是極端貧乏的意識型態，甚或是被扭曲的認同對象。要驗證，其實也不困難，只要有系統的整理與分析這段時期社會科學家的論著（學術及非學術）就可明瞭。就我初步的考察印象，我是傾向於持這種看法的。

如果再擴大知識分子的界定範疇，將所有擁有知識和傳遞知識的階層包括在內的「文化人」（如作家、詩人、藝術家……），情形則更爲凸顯。「鄉土意識」不但貧乏，而且是轉移式的扭曲。

三

因應臺灣光復後政治環境而產生的文學作品，在五〇年代最具特殊性格便是所謂的「反共文學」「懷鄉文學」（或稱回憶文學），以及「市民趣味文學」（尉天驄，1985；陳映眞1978）。反共敎條主義支配下的戰鬪文學作家，全都來自隨政府遷臺的大陸軍中作家，他們的作品「補白」了光復初期文學作品的空虛，但由於與臺灣原有的文學傳統毫無辦法產生有機的關係，因而「缺少生根的土壤」，甚而演變成爲一種「掃除赤色、黃色、黑色爲主的戰鬪文學」或是「敎條主義」（尉天驄，1985: 450）。這種幾乎是「由上而下」的政治性文學意理，就反映及認識臺灣社會的意義而言，幾乎是交了白卷。它對廣大的社會民衆所產生的影響，也恐怕是政治社會化的作用遠大於鄉土社會意識的培養；因爲在這類的文學作品裏，「臺灣社會」幾乎是不存在的。在作品裏它所展現的時間與空間也都是模糊的。

以軍中作家和年齡稍長的外省作家構成了「大陸懷鄉文學」的主體，他們的作品在空間上大多以中國大陸爲題材，在時間上也完全屬於「過去」。其特色是「充滿對於家國的懷念之情」。小說和散文直接就以回憶大陸爲主題。在詩方面，不是「直接咏嘆大陸的生活與人物」便是「以大陸爲背景的孺慕、文化的鄉愁」，而有著「深厚的思念和强烈的悲劇感」（余光中，1972: 7），由於外省作家都得依賴對大陸的回憶來創作，加上本身對臺灣社會尙無法產生認同，而且總有著過渡的過客心態，因而其題材實有難以爲繼的缺憾。在這些作品裏所展現的社會意識是極爲有限的，而且與臺灣社會有著相當程度的疏離，也就是余光中所曾坦承的「有遠離現實的感覺」(余光中，1972: 6)。

五〇年代也孕發出另一種所謂「新銳的小市民趣味文學」(尉天驄，1985: 452)。這類文學作品雖然跳開反共文學和懷鄉文學的範疇，而在題材選擇幅度上也較大一些，人間世的現實也都包括在裏面，它的特色是迎合在都市裏的讀者階層，大多有著「缺乏深度的，略帶浪漫氣息的，其中的感傷、夢幻的成份也多多少少填補了一般青年的空虛」(尉天驄，1985: 453)。剖析這些流行的文學作品，個人意識的表現，尤其是個人感情生活的自白，或是人間感傷、情節複雜的傳奇故事，遠遠多於社會意識的宣揚。値得注意的是，在時間上、空間上，雖有不少已是此時此地的「現實」，但却是偏頗的；交代甚不清楚，所製造出來的臺灣社會形象更是一種扭曲的和轉移的結果。其感傷意識也遠勝過有任何社會批判的意識，它雖有反映當時社會現實的作用，但與臺灣社會的整體脈動却還有著太深的隔閡。

以上這三類支配當時文學趨勢的主流，全都是來自大陸的文人或軍人。相對於外省作家的懷鄉徬徨，臺灣作家的命運却是更爲「多厄」。光復之初，許多在日據時代活躍過，但一度短暫養晦的「先行代」臺灣文學家紛紛再走出來準備好好發揮他們的文學理想。他們甚至踏出羞怯的中文創作脚步，他們也不因爲時代的變動而歇退，反而因臺灣之回歸祖國而狂喜，而願嘗試在祖國的自主條件下大大表現一番。這的確是光復之際，臺灣作家的一般心理。在1945到1947二年之間，確實這批「先行代」臺灣作家以及文化界的知識分子全心的投入重建臺灣的事業。龍瑛宗、楊逵、吳濁流、呂赫若、葉石濤等臺灣作家，有的以日文發表，有的則以中文發表，其中以楊逵最爲活躍。這期間的作品，多半以臺灣社會與人民的日本「殖民經驗」爲主要題材，最具代表的是吳濁流的《亞細亞的孤兒》《陳大人》，楊逵的《送報伕》、賴和的《獄中日記》、呂赫若的《戰爭的故事》等。也逐漸加入了戰後的「祖國經驗」，如呂赫若的《多夜》和吳濁流的《波茨坦科長》。這些臺灣作家的作品，數量的確有限，而且文字又不甚流暢，人物及情節也都有欠精細的經營，但却很能夠反映臺灣在光復前後，社會民情的現實，也讓我們體會出當時臺灣社會在時代的變局中所呈現的活生生經驗。（葉芸芸，1985: 12–13）。他們透過粗糙的文字，表達出豐富的鄉土認同與强烈的社會意識，也流露出臺灣在日據結束，重回中國之初的一些性格。龍琮英的一篇散文〈臺北的表情〉（1947）很能傳神的表露當時臺灣社會的氣氛：

「……日本的表情已經逐漸從臺北消散了其姿態，然而祖國的表情濃厚的來 代替這些表情，但是日本表情是 還沒有完全失掉，我感著，日本的表情還留下在著有簾的光景，日本格樣的房子，這都是暫時不能從臺北撤銷的，但是，現在的臺北的表情怎樣，到底是憂鬱的還是歡呼的？」

這批「先行代」臺灣作家在戰後作品中十足展現的寫實風格，確實表達了當時臺灣知識份子尋求心靈歸宿的苦悶，取材命題充滿了對社會的關懷，緊扣著時代脈搏的跳動。當時臺灣的新聞界，文化界也呈現極爲活潑的情況，知識份子活躍於文化事業之開拓，充分表露他們對歷史與社會的使命感。「何況，當時臺灣急切地要掙脫日本殖民者的文化體系，重新入承中國文化之脈絡，而建立新的，自主的臺灣文化，這也是知識份子『捨我其誰』的歷史任務」（葉芸芸，1985，5）。

但是，非常令人痛心的1947年事件，却腰斬了這個臺灣文學的鄉土意識傳承。許多文化界活躍的知識份子和作家，在事件中遇害、被捕和逃亡海外，更有不少從此封筆，突然銷聲匿跡。彭瑞金談到此一事實，指出「語言的隔閡絕不是主要的。1947年發生的，至今仍未澄清的一場政治變故，才是使這些先行代作家噤若寒蟬的重要原因。身歷其境的葉石濤說：『我當然能感受他們那種絕望的心境。……我回憶當時的自己，忍著內心的抑鬱、苦悶、驚慌，終日惶惶不已，應是那個寂靜而荒涼的文學世代最逼眞的寫照。造成了臺灣文學十年的中空和斷絕。……血淚積成的日據下臺灣新文學碩果，在戰爭中戰火燒不掉，却被時代災難的烈焰化成灰燼了。……而讓臺灣文學重新陷入一片混沌迷惘之中，讓第一代作家重新從荆棘遍地的荒原中摸索，試圖了二十年』（彭瑞金，1983: 43–44）。擴展到一般生涯和識知份子的知識的累積，也遭到同樣的挫敗。

事件之後，若干臺灣作家又在痛定思痛之餘，做有限度的再出發，他們再度嘗試如何在那樣子的社會政治氣氛下，重新表現具有臺灣人作家特質的文學。然而由於前面所談到的三大文學主流，尤其是反共文學在事變之後也日益壯大，而在五〇年代成爲支配之主力。因此，才造成了後來有這樣的評語：「因爲戰爭而與世界文學活動斬斷了臍帶的本地作家，大致只能限定在農村事務的描寫上，馳聘文學抱負；他們素材的寫事風格，對當時的文學主流是一種聲音微弱的頡抗光復後的文學發展，最早所謂的『鄉土文學』就是指的這一類以臺灣鄉村事務爲對象，而素樸的寫實主義創作的文學，除了極少數作品外，這種所謂正統『鄉土文學』由於和反帝反資的日據時代主流文學已因社會的改變而脫離。同時，整個社會也缺乏批判事務的能力，因而遺失了對社會作正確描述和批判的能力」（南方朔，1979: 196）。就分析結構原因方面來說，南方朔的批評是正確的，但就臺灣作家在五〇年代所寫的作品是否只是素樸的「鄉村事務」，而毫無批判能力，則值得商榷。五〇年代的所謂「第一代」臺灣作家，曾努力的在迷惘中掙扎與探索「具備臺灣人特質特色的中國文學」。這就是有一些以臺灣移民開荒拓墾的刻苦精神以及日據五十年帶給臺灣人的災難和傷痕的主題作品，這也是承繼日據時代「先行代」臺灣作家的傳統的再出發。彭瑞金做了這麼樣的評論，他說，「第一代作家在迷惘中拘謹地以臺灣的事務反映臺灣特色的寫作著眼點，經過逐步地探索後，終於又繼先行代作家之後再一次地衝擊了臺灣的心」。這種屬於少數而微弱聲音的臺灣「鄉土意識」之表現，應該會跟那些「先行代」作家的强烈社會意識一般，對後來在七〇年代的臺灣現實作品有著其一定可追溯的影響。（參考葉石濤，1985）

換言之，以第一代臺灣作家爲代表所展現的「鄉土意識」是微弱的、被壓抑的，更是謹愼的。但對社會的認同和關切却絕非當時「反共文學」「懷鄉文學」或「趣味文學」所能比擬的。

我也應該在這裏特別强調，我在追溯鄉土意識的源頭時，發現戰後那幾年的確是臺灣知識份子在政治社會新舊交替之際，帶有著多少的憧憬去嘗試塑造回歸祖國愛臺灣的新社會，也可以說是一段早期臺灣知識、文化及社會發展歷程裏相當値得紀念的黃金時代。但是令我們悲痛和惋惜的是，正當知識份子在找尋一個理性而又可安身立命的鄉土認同之際，一場原可避免的政治風暴無情的摧殘了它，而竟然在事後扭曲了這股對鄉土社會認同的意識與情感，說來眞是令人悲哀的歷史性悲劇。

要重提這段故事，絕不是爲了揭開歷史的傷痕，而只是想重新爲在那段時期裏臺灣知識份子所做的努力，加以妥善的「定位」。好讓我們眞正記取教訓，而不再讓悲劇重演。

四

在六〇年代以後，臺灣的知識份子相當程度的受到西方民主思潮和自由主義的影響，這可從承襲《自由中國》的《文星》以及其後繼的《大學雜誌》在初期所標榜的宗旨看得出來。他們所訴求的主要是「民主、科學、自由」的理想，策略則是發動文化及思想啓蒙的工作，進而跨入問政及改革現實政治的「諍言」路線。韋政通（1985）在檢討《自由中國》《文星》《大學雜誌》的知識份子爭取自由民主的歷程之後，曾感慨的認爲，「它們的結局，都令人沮喪」，由於「知識份子在闡揚自由民主的理念之外，即使涉及現實，也多半是屬於高層次的問題」。他所謂的「高層次」，也很能用來說明這一階段知識份子的訴求一時之間尚無法突破若干意識型態的框框，也尚未能與臺灣社會的變動脈絡做有機的連結。就某個層次而言，這是不是也反映了他們當時對臺灣的認同，依然停留在政治、思想及高層文化的層次，而對於「社會」「人民」及「鄉土」的關懷仍然不夠深入的事實？

這也就是說在六〇年代知識份子的言論訴求運動裏，直接訴求於臺灣社會整體發展及檢討其結構及歷史脈絡的呼籲非常的貧乏。普遍說來，這無疑也是對臺灣社會的一種「不求甚解」的結果。企求對西方民主思想及自由主義做「橫」的移植，固然是當時知識份子的理想，也絕對是我們値得加以尊重和珍惜的情操。但缺乏對臺灣社會在過去近百年來的發展所塑形而成的一些「獨特性格」之深入了解和體會，以及對光復初期臺灣社會及民衆所遭到的「政治震驚和創傷」做有意而「善意」的忽視；這恐怕又是另一種單純的視臺灣社會爲中國傳統社會的「移植」之心態。因此，六○年代中國知識份子在臺灣的民主自由運動也就走上孤獨而無法獲得臺灣社會民衆共鳴的命運。

這或許是一種「後見之明」，我不否認。但是，翻翻六○年代知識份子的言論，不難發現對「臺灣社會」的認同是貧乏的；以及其所塑造之臺灣形象也是模糊的，臺灣鄉土意識也就無法得到進一步的孕育和成長。就這點而言在臺灣土生土長的知識份子之尙未成爲氣候，恐怕也是其中一個重要的結構因素。此外，政治的封閉氣氛而一味追求經濟的成長意理而不顧社會文化之發展，更是致命的限制性條件。

如果將焦點轉移到另一批知識份子，亦卽當時的文學界，更加暴露了當時作品裏「鄉土意識的欠缺和扭曲」。

主宰當時文壇的文學範型是「現代主義」，是一種全盤接納二十世紀西歐文學的動向爲其主流，《現代文學》是此一範型的先驅，認眞而大量的介紹現代主義的文學理論及思潮，並且把學自西方文學的東西，用中文來表現。五四新文學的「傳承」被摒棄了，却認眞的在西洋文學裏找「傳統」，一味模仿西方文學的內容和形式，甚而在文學精神上也都「現代主義化」，吸收了虛無主義，存在主義，意識流等流派，對之前的反共文學、懷鄉文學及趣味通俗作品，的確展現了一時新鮮的衝擊力量。尉天驄對此期的現代主義文學有如下的評語：

「爲了短暫和平下的心態相適應，出現以藝術至上爲號召，實際却是掩飾逃避心態的文學藝術理論。……他們與中國、乃至世界的歷史脫了節，而自己又游離於現實之上，雖然說是「不想提倡爲藝術而藝術，結果便因爲一天天沉迷於自己所塑造的意象世界之中而成了藝術至上的實際執行者。……」（尉天驄，1985: 459）。

陳映眞更進一步批判在臺灣的現代主義，直指「在臺灣的現代主義，在性格上是亞流的。……此間的現代主義缺乏了某種具有眞實的東西。……不但是西方現代主義的末流，而且是這末流的第二次元的亞流。從時間上說，臺灣的現代主義晚了將近半個世紀，從實質上說，……缺乏與它的西方母體之間的臍帶關係，即眞正反映了現代西方人精神狀態的文學底、音樂底、繪畫底作品。結果，臺灣的現代主義文藝，像所有西方的文化在一切後進地區，一切殖民地區那樣式一般，只看見它那末期的，腐敗的，歪扭了的亞流化的惡影響。……總之，我們的現代主義，變成了一種和實際生活、實際問題完全脫了線的把戲。」（陳映眞，1976: 76–77）。這在現代詩的作品裏，尤其凸顯。詩人瘂弦曾强調過，「現代主義一開始便不承認這肉眼的世界，……他們認爲他們所覺識的這個世界才是更眞實更豐富的。」（引自尉天驄，1985: 460）。

現代主義文學範型的流行，當然有其外在社會經濟及政治的背景，這與臺灣在六〇年代開始放開脚步，毫不保留的「工業資本主義化」有關係。多少一種「依賴發展」的型態已在臺灣社會經濟結構中展現，這也不可避免的表現在文化及思潮上，上面我提到社會科學的「依賴性格」和「移植性格」便是其中一個明顯的例子。而現代主義正是臺灣文學所移植過來的「邊陲範型」（peripheral paradigm）。同時臺灣社會的都市化也造就了愈來愈多的都市人口，和都市「文字人口」，他們也渴望在反共／回憶文學之外找尋在心靈可寄託的休閒文學作品，因此，除開上述在學院流行的現代主義文學之外，也在「文學市場」上造就了另一種新的「逃避文學」，這包括武俠小說，以及以瓊瑤爲典型的「流行小說」。綜觀這一時期的文學作品，有著反寫實和逃避現實的雙重性格，這結果是連帶的導致唐文標所批評的那種「作者的逃避連鎖反應到讀者集體的逃避」（唐文標，1976: 86)

另一個值得注意的特點是這一時期「現代主義」文學的逃避現實

性格，在主力小說作家籍貫上，並沒有外省人與本省人的分別。他們同屬在光復後在臺灣成長的一代，但他們也都接受西方文學的範型，「連袂的打開了通往失去現實的無國籍文學」(松永正義，1986: 284)。這就是在這種範型的支配之下，當時文學界主流派在心態及意識型態上最傳神的寫照。

在這時期的文學作品裏，「臺灣社會」的意象，依然極爲模糊，或是扭曲。現代詩裏，絲毫沒有「臺灣」的影子。小說的題材，雖也有以「臺灣」爲空間架構，但主題却與廣大社會的現實脫離。比較典型的便是白先勇、和王文興描寫中原大陸權貴遷臺後的「臺北經驗」；有的甚至於在作品的空間範疇是遠離臺灣以外的北美洲，像是於梨華、張系國、聶華芩等人，主角都是所謂「無根的一代」的寫照。總之，在這一期間，對臺灣社會的認同和關懷不但是不明顯的，而且還有一種有意的「逃避」與「扭曲」。

不過，在現代主義「反現實」的籠罩下，就像在前題封閉政治氣氛下一樣，依然在文學界潛伏著一股寫實意向的本土化「旁流」。值得特別提到的有：1964由吳濁流創刊的《臺灣文藝》，提供了紮根於臺灣土地的文學園地，1965年鍾肇政所編的《本省籍作家作品選集》（十册）整理了二十年來臺灣作家的作品；以及1966年由尉天驄、陳映眞、黃春明、王禎和、七等生、施叔青等創刊的《文學季刊》，企圖離開現代主義，而有開始走向寫實臺灣社會現實的意向。以及臺灣第一代作家葉石濤在同時間內不斷的以文學評論的作品，發掘日據時代的臺灣文學資源，「去撫慰不幸受傷的心靈，在重燃戰後第一代、第二代的文學美夢，使他們明白他們是繼往開來的香火傳遞者，並非孤立於歷史之外的探險者」，這在當時也有著「反主流」的意圖。

這股「旁流」有著較明顯的社會意識，臺灣的意象也逐漸在作品裏凸顯，這批作家的主觀「鄉土意識」，在當時或許不甚成形，但在七〇年代却因爲另一階段臺灣外在處境的轉變而獲得進一步成熟和展現的客觀條件。

五

如果說在六〇年代的臺灣知識份子所最關切的是政治的民主和思想的啓蒙；那麼在七〇年代他們已將關懷的層面擴及現實的外交、社會和經濟問題。這可以從《大學雜誌》的立論重點從進入一九七〇年代後的改變多少看出一些端倪，諸如〈臺灣社會力的分析〉〈國事諍言〉、與〈國是九論〉等都表現出知識份子已突破前此只專注政治參與民主化的關切，也不再只把臺灣的諸多問題濃縮到只出現在「政治體制」上，還包括「社會體制、經濟體制」等的問題。同時，立論的基礎也能夠關照到臺灣社會裏的其他階級，如農民、勞工、學生等的社會及經濟福祉，而不僅僅只從知識份子本身的政治參與及言論「權益」出發。這就是說，「臺灣社會」此一實體逐漸在當時知識份子心目中開始有了它獨立實體的地位，不再只是政治的一種反映而已。如今回顧，當時國家的處境正面臨最艱難的時刻，「釣魚臺事件」與「退出聯合國」給了當時知識份子極大的衝擊，也開始深深體會到救亡圖存的關鍵就在此刻；而改革的途徑除了政治民主之外，還應該有社會及經濟的全面改革。其所發表的「關心我們自己的社會」在刺激年輕大學生的社會意識上，有著很大的作用。

臺大學生組成的「社會服務團」做爲響應，在農村問題、都市貧民、警民關係、勞動問題、地方選舉這五方面著手社會調查，企圖向社會開刀解剖，並展開服務，這就是轟動一時的「一百萬小時奉獻運動」，在調查、服務的過程裏，大學生對社會也有了深一層的認識，對整個臺灣的社會經濟結構也有較貼切的見地，對它的批評也隨之而來。1972年在臺大舉行的「民族主義座談會」更掀起了「反帝國主義」的激烈民族主義爭論。這種民族主義的主張，最終目標是「中國統一」，可是對「臺灣」的實體也給予相當的重視，在一份退出聯合國的青年聲明裏，也可以看出這種「臺灣／中國」的雙重性格之民族主義（陳正醍，1982: 26）。換言之，七〇年代一開始，臺灣就遭到一連串來自外力的衝擊，因此激起了知識份子的民族主義，其中也孕育出相當眞實的社會關懷。總括說來就是一種對臺灣處境的「危機意識」；有理由可以這麼說，當時知識份子這種對臺灣的危機意識的確摻雜著「臺灣意識」與「中國意識」在內，旣爲臺灣的生存，也爲中國的前途，或者更明顯的意涵是說爲了中國未來的前途，就得先要確實的關懷臺灣現在的生存問題，在知識份子眼中，這兩者並沒有太多的矛盾及衝突，而是相輔相成的。在我看來，這無疑就是一種以認同臺灣爲基礎的「鄉土意識」，或涵稱「臺灣意識」。

也由於它是以「中國意識」爲其張本，所以在那個大原則之下，「臺灣意識」也獲得了知識份子普遍的認可。如果要說「臺灣意識」之能夠得到滋長，而且被接受；外力衝擊下而產生的「民族主義」當是一個很關鍵的媒介。從此，知識份子的覺醒與對現實的關切，就導致了對臺灣社會有較明顯的建構。臺灣不再是模糊不清的意象，也不再只是抽象中國意象下的影子；所以我以爲對臺灣的鄉土意識在七〇年代的知識界開始有了公開而「合法」的地位，從此擺脫了前此那種曖昧不清的生涯。這種鄉土意識一直延續到整個七〇年代和八〇年代。

在學院內的知識份子，尤其是社會科學裏的社會學者、心理學者和人類學者，也在七〇年代後期，展開了有系統的反省和檢討，而於1980年底召開的「社會及行爲科學研究的中國化研討會」，就是這麼一個集體的反應。當時的反省精神是針對流行社會科學範型的不滿，而企圖求變，要求「中國化」「本土化」，並更想進入自我創新的研究階段。我曾在會中的論文裏提過，「社會學中國化」的內涵，必須具備有：一、在建構理論，或進行研究時要從本國、本地的社會經驗中提煉出來，而不是移植核心國家的經驗；二、社會學的資料基礎，要跟本國有歷史上的意義；三、建立一個能立基於本國獨特對「社會科學」採取的觀點，社會學要在那架子下有根、有生命（蕭新煌，1982）。現在回想起來，那不也是一種「既是中國，也是臺灣」的社會學在知識論上之認同觀點嗎？如果我沒有誤解，從七〇年代以來的臺灣學術界，尤其是必須落實社會本土的幾個社會科學學門，確實存在著這一類型「鄉土意識」的共識。而認眞做本土的研究，發掘本土的社會現實，從而建構適合本土的理論，就是在這種共識下，所想到的策略。

同一時期的文學藝術界也出現了跟以上政論及學院知識分子相類似的反省和覺醒，一股鄉土意識的熱流也在文藝圈激盪著。七〇年代的文藝大事，是與鄉土意識的覺醒分不開的，下面就是非常值得我們再三欣賞的幾個發展趨勢：

一、1972 到 1973 年之間的「現代詩論戰」：首先由關傑明開其端，他批評「當代的中國詩壇，除了極少數的一些例子之外，過去的一切很少被人探討，現在的一切也被弄得非驢非馬，創出一個只有這些過份西化的中國作家自己才能覺得有關連的現在」(關傑明，1976: 137-142），接著是唐文標更長篇、更銳利的批判，他的那兩篇〈詩的沒落〉和〈甚麼時代甚麼地方甚麼人〉(1976: 46-118) 評論清楚而有力的向現代詩界那種「逃避現實」的性格，做無情的挑戰。他並且向年輕一代呼籲「去建立一個活生生的、關連著社會、國家和同時代有生命力的新文學、新藝術吧！」，在「龍族評論專說」(1973年7月)中，高上秦也批評當時現代詩壇那種「少數貴族階級的享樂，它不應也不能與社會大衆結合」的「反社會」心態，並肯定詩也應有其社會的「歸屬性」，他說「我們覺察到一個較大的趨勢是，讀者、作者都共同要求現代詩的『歸屬性』。就時間而言，期待著它與傳統的適當結合，就空間，則寄望於它和現實的眞切呼應。」(高上秦，1976: 166)

二、七〇年代中期的「鄉土文學論戰」則是小說界的大反省，大檢討，在七〇年代中期，在六〇年代後期已開始嘗試走向社會寫實的小說「旁流」，在面臨臺灣所處局勢之刺激下，更加肯定其「寫實」的意向以及「反現代主義範型」的意識形態。黃春明、陳映眞、王拓、王禎和、楊青矗、宋澤等等，這些屬於臺灣第二、三代、四代的臺灣作家在這期間更加豐富的在「社會寫實」主義下創作出許多以臺灣社會的具體生活爲內容，檢視西方支配性影響在臺灣所造成的人的困境，他們是在「現實生活中找題材，找典型的人物，在現實的生活語言中，調取文學語言豐富的來源。」對「西化的反動和現實主義是這一個時期文學的特點」(參考陳映眞所寫文學來自社會，反映社會)。他們的作品也分別反映了臺灣資本主義不同階段的發展歷程中，不同社會階級（小農、勞工、中產階級）所處的社會情境，對他們性格的描寫與刻畫，也都相當有深度。坦白說臺灣社會的意象已經很生動的浮現在這些作品裏，其深入性恐怕比同時期的社會調查報告還高些。

王拓對「鄉土文學」做了歷史的分析，強調鄉土文學不應被誤解爲只限於對鄉村人物和鄉村社會的描寫做爲題材的作品，也不能太過份感情地擁抱這些鄉村社會和人物，以致忽略了歷史和社會發展的客觀事實，而陷入一種懷舊感傷的「鄉愁文學」。因此他認爲，七〇年代興起的社會寫實文學新趨勢是「現實主義文學，不是鄉土文學」。他更引用第一代臺灣作家鍾肇政對「鄉土文學」的看法，認爲鄉土，所指的應該就是臺灣這個廣大的社會環境和這個環境下的人的生活現實，它包括了鄉村，同時不排斥都市。他也相信「臺灣社會自1970年來，由於客觀環境的刺激和教育下普遍覺醒的民族意識，和普遍提高的社會意識的要求所期待的，正是這種文學」（王拓，1978: 100–119）。

葉石濤則將「鄉土文學」的淵源追溯到日據時代，在帝國主義下臺灣生活的現實意識所產生「以臺灣人爲中心所寫的文學」。他更認爲這類文學應該要有根深蒂固的「臺灣意識」——「亦卽居住在臺灣的中國人的共通經驗，一種『反帝，反封建』的共通經驗以及篳路藍縷以啓山林，跟大自然搏鬪的共通紀錄，而絕不是站在統治者意識上所寫出來的，背叛廣大人民意願的任何作品」（葉石濤，1978: 69–92），陳映眞雖然批評葉石濤對「抵抗時代的臺灣文學之中國的特點」著筆不力，而且認爲「除非强調臺灣抵抗時期文學之中國的特點，文中所提的『臺灣立場』的問題，就顯得很曖昧而不易理解」（陳映眞，1978: 93–99）。但是他也肯定日據時代臺灣文學題材的社會性、民族性和現實性的傳統。

雖然葉、陳兩人之論點，亦卽「臺灣意識」及「中國意識」，在臺灣的鄉土文學(或寫實文學)中應如何貼切定位的問題，變成了八〇年代另一場所謂「臺灣本土文學論」與「第三世界文學論」（或所謂南、北兩派）的論辯(宋多陽，1984: 11–40；吳德山，1984: 36–57)。但是很明顯的事實却是，從七〇年以來，臺灣的文學已經歷了一段「範型的革命」，一種新的「範型雛型」且在成形之中。就這點而言，臺灣文學界的範型轉變似乎就要比學院社會科學界來得徹底和有力。

有關七〇年代中期的那場「鄉土文學論戰」還有很多値得社會學下工夫做進步研究的地方，但由於本文的主旨不在這裏，只有留待以後討論。我只想，强調這場論戰所帶來的意識衝擊，是可觀而豐收的。它公開的確定了「臺灣文學」的正名，也明確標示在往後臺灣文學中的「社會意識」成份，是一不可分割而必要的養分，同時也認定了作家對臺灣本土的强烈認同。這也正是著實於臺灣現實的「鄉土意識」在文學範疇的具體展現。

另一個有意義的現象，也該在此一提，那就是在七〇年代追尋文學的社會性、歸屬性時，正式喚起了對戰前臺灣文學的重視，於是一股尋根的熱潮，充斥在七〇年代的臺灣文學界，一次次有關日據時代臺灣文學的討論會被召開；一套套「先行代」臺灣作家的作品在有系統的整理後出版。由於這批「先行代」臺灣作家的陸續「出土」，將七〇年代臺灣文學的歷史傳承的斷層困境，做了不少的彌補工夫，也將七〇年代臺灣文學的精神往前推溯，同時做了歷史性的連繫（呂昱，1984）。因而，不少有關臺灣新文學運動史的撰述工作也在七〇年代中後期展開（陳少廷，1977）。

最後，從這次「鄉土文學論戰」的歷程以及參與者的背景來探討，我又發現另一個有意義的現象。那就是如同六〇年代現代主義文學範型一樣，省籍並不是關鍵的劃分因素，對文學及對社會的意識型態及認同，才是最重要的社會學變項。在論戰中，就有不少外省籍的作家和民族主義陣容裏的政論家投入這場論戰，而站在原來是以本省作家爲主體的鄉土寫實文學支持者這一邊講話。也因爲有這一層的關係，鄉土文學論戰中所凸顯的鄉土意識無疑的又是一種「臺灣意識」（社會意識）與「中國意識」（民族主義）的融會。

三、七〇年代在臺灣的表演藝術上也有不少「鄉土意識」的提昇，這包括從「校園歌曲」轉變而成的「民歌運動」(蕭新煌，1982: 10-16)和標榜「中國人跳中國人的舞」的「雲門舞集」的成立等。這些也都是摻雜著民族主義和社會意識的一種藝術表現。在美術圈，也有著明顯「鄉土意識抬頭」的趨勢，何懷碩也認爲這種兼具地域與寫實風格的藝術鄉土意識「是政治的與社會的意識的反映」（何懷碩，1985: 507-510）。此外，在地方戲曲及民俗技藝的保存與復振上在這段時期也看出了一些「有意識」的努力。（李亦園，1985: 315, 326-329）。

六

總括說來，從七〇年代以來的臺灣，我們看到具濃厚社會與民族色彩的「鄉土意識」，由於受到外在客觀條件的激盪，而有了成長的滋養，這在政論、學術、文學、藝術各個領域裏的知識分子都有可觀的表現。更可喜的是，這股鄉土意識的社會認同並沒有落入狹隘排他的地域主義或省籍主義，雖然仍然有些在情結上的交錯或糾葛，有待進一步的釐清，這包括在「鄉土意識」此一廣泛的概念下，「中國意識」與「臺灣意識」該如何做更貼切的定位與互補等。但是毫無疑問的，當代臺灣的知識分子已經踏實的跨出了早期「孤兒意識」的情結，這一步是艱辛的，更是可貴的。他們也正準備穩健的去提昇「鄉土意識」的成熟度和包容性，以期爲整個臺灣社會的發展展現下一步的再衝刺力量。

在這篇文章的最後，容我引用第一代的臺灣作家葉石濤的兩段話做爲結尾，因爲它多少替我說出我在寫完這篇文章後所想再說的一些話。

「臺灣歷史本來就是整個中國和人類歷史的一部分，必須從巨視性的立場來看待臺灣歷史，才會使臺灣文學堅強的本土性性格不至於走火入魔。」《七十年代臺灣文學的回顧》

「臺灣的知識分子一向代表了臺灣居民的良知，同時扮演了指導者的角色。他們的抵抗精神却代代相傳，永無消失的一天。這構成了臺灣知識分子的傳統精神，這種抵抗精神在古代往往是情緒性的抗拒異民族侵略的民族主義，但是近代却是世界性的，跟第三世界的廣大窮苦人民聯合在一起的，較理性的民族主義。」《沒有土地，哪有文學》

75. 10. 10.《中國論壇》248期

參考書目：

王拓

1979 〈是「現實文學」，不是「鄉土文學」〉，《鄉土文學討論集》尉天驄編，遠景，頁100-119。

呂昱

1984 〈寬容與創造：觀察臺灣文學中的臺灣意識〉自立副刊，十一月十三日～十四日。

李喬

1984 〈臺灣文學正解〉，《臺灣文藝》八十三期，頁6。

李亦園

1985 〈文化建設工作的若干檢討〉，《臺灣地區社會變遷與文化發展》中國論壇叢書，頁305-336。

尹章義

1984 〈臺灣意識與臺灣文學〉，《文季》十期，頁9-31。

向陽

1981 〈走出堂堂大道：七十年的民族文學〉，《時報雜誌》五十八期，十一月一日，頁18-19。

林梵

1983 〈從迷惘到自主——第一代到第四代的文學旅程〉，《臺灣文藝》八十三期，頁49-55。

宋冬陽

1984 〈現階段臺灣文學本土化的問題〉，《臺灣文藝》八十六期，頁10-14。

何懷碩

1985 〈社會變遷與現代中國美術〉，《臺灣地區社會變遷與文化發展》頁495-526。

吳德山

1984 〈走出「臺灣意識」的陰影〉，《夏潮》革新版三月號，頁36-57。

彭瑞金

1983 〈追尋，迷惘與再生：戰後的吳濁流到鍾肇政〉，《臺灣文藝》八十三期，頁42-46。

南方朔

1979 〈到處都是鐘聲〉，〈中國自由主義的最後堡壘〉，《四季》頁191-198。

松永正義

1986 〈臺灣文學的歷史與個性〉葉石濤譯，〈彩鳳的心願〉《臺灣現代小說選Ⅰ》名流，頁117-150。

陳少廷

1978 《臺灣新文學運動簡史》聯經。

陳正醍

1982 〈臺灣的鄉土文學論戰〉路人譯，≪暖流≫八～九期。

陳紹馨

1966 〈中國社會文化研究的實驗室——臺灣〉，≪中央研究院民族學研究所集刊≫二十二期，頁9-14。

陳映眞

1976 〈現代主義底再開發〉，≪知識人的偏執≫遠行，頁71-80。

1978 〈文學來自社會，反映社會〉，≪鄉土文學 討論集≫ 尉天驄主編，遠行，頁53-68。

1979 〈鄉土文學的盲點〉，≪鄉土文學討論集≫頁93-99。

1984 〈中國文學和 第三世界文 學之比較〉，≪孤兒的歷史 歷史的孤兒≫遠景，頁377-397。

余光中

1972 〈總序〉，≪中國現代文學大系≫巨人出版社，頁1-11。

朱西寧

1972 〈序〉，≪中國現代文學大系小說≫巨人出版社，頁1-21。

韋政通

1985 〈三十多年來知識份子追求自由民主的歷程〉，≪臺灣地區社會變遷與文化發展≫中國論壇社。

高天生

1985 ≪臺灣小說與小說家≫前衞。

唐文標

1976 〈詩的沒落——臺港新詩的歷史批判〉，≪現代文學的考察≫趙知悌編，頁46-94。

葉芸芸

1985 〈試論戰後初期的臺灣智識分子及其文學活動，1945～1949年〉≪文季≫十一期，頁1-18。

葉石濤

1979 《臺灣鄉土作論集》遠景。

1981 《作家的條件》遠景。

1983 《文學回憶錄》遠景。

1985 《沒有土地哪有文學》遠景。

尉天驄

1979 〈鄉土文學與民族精神〉，《鄉土文學討論集》遠景。

1979 《鄉土文學討論集》遠景。

1985 〈三十年來臺灣社會的轉變與文學的發展〉，《臺灣地區社會變遷與文化發展》中國論壇社。

龍冠海

1963 〈社會學在中國的地位與職務〉，《臺大社會學刊》一期，頁1-19。

蕭新煌

1982a 〈社會學中國化的結構問題：世界體系中的範型分工初探〉，《社會及行爲科學研究的中國化》楊國樞，文崇一編，頁69-90。

1982b 〈民歌運動的社會學分析〉，《時報雜誌》十月，頁10-16。

1984 〈再論社會學中國化的結構問題：臺灣社會學家如是說〉，《臺大社會學刊》十六期，頁15-39。

1986a 〈三十年來社會學在臺灣的發展：從傳統的失落到重建〉，《社會學中國化》蔡勇美、蕭新煌編，巨流。

1986b 〈解開當前意識型態紛爭的「結」〉，《中國論壇》二五三期，頁27-29。

蔣勳

1977 〈臺灣寫實文學中新起的道德力量：序〉，《望君早歸》王拓著，遠景，頁1-13。

1984 〈臺灣傑出的社會學家——陳紹馨〉，《民衆日報》副刊十一月十二日。

1976 〈探索與回顧：寫在龍族評論專號〉，《現代文學的考察》二五三期，趙知悌編，遠景，頁162-171。

1976 〈中國現代詩人的困境〉，《現代文學的考察》趙知悌編，遠景，頁137-142。

從一個小市民到兩個中國人：

知識分子認知典範的轉變

何懷碩教授針對丁邦新教授〈一個中國人的想法〉一文，寫了〈另一個中國人的想法〉。在文章的開頭，何教授做了一個很有趣的觀察，他說：「第一個飛過腦際的感想是：這篇文章是民國六十一年「孤影」者所撰〈一個小市民的心聲〉的七十六年新版本」。孤影的〈一個小市民的心聲〉發表在中央日報，時間是民國六十一年四月九日；丁邦新的〈一個中國人的想法〉發表在聯合報，時間則是民國七十六年的四月九日，相隔十五年；何懷碩的〈另一個中國人的想法〉發表在中國時報，是丁文刊出後的十一天今年的四月二十日。十五年前孤文後來由中央日報印成小册，廣爲發行，今年丁文也由聯合報，重新排版，以雙頁特刊方式，發行二百萬份。何文雖沒有享受到同樣的待遇，但在教育文化圈流傳也頗爲廣泛。

丁、何兩文分別所引發的回響和爭議，並沒有像十五年前孤文所掀起的反應那麼熱烈，規模也沒有那麼大。同時，由於當年的孤影是筆名，用「小市民」口吻說來，更增加了幾層的「神秘感」，而今年的丁、何兩位都是用本名發表，又都是大學教授，所以「猜測他們是誰？」的好奇心理，也就無從發揮。儘管如此，「兩個」中國人在今年所道出的不同「想法」，和十五年前「一個」小市民發抒的「心聲」，却也讓我聯想到一些值得進一步思索的問題。

這三篇文章都是出自「知識分子」的心聲或想法，但是三篇文章所針對「當前」的重大社會現象和問題，却道出了他們三種不同的體認和診斷，著重的現象或問題也各有偏重，對它們的解釋更甚有差異。這是不是他們對「事實建構」的基礎和立場有根本的差異？或是他們各自所「看到」的社會現象有層次和內涵上的差別？如果是建構基礎有異那又是爲什麼？如果所著眼的對象有層次和內涵的不同，那又是爲什麼？這些都是很引起我興趣和注意的地方。

我基本上認定他們三位代表著近十五年臺灣社會中知識分子的不同聲音。因此，我就想先從孤影、丁邦新、何懷碩三人如何自我認定爲知識分子，又如何評價其他知識分子來開始分析。

首先，十五年前的孤影在文章的末了，自認是「半個知識分子」。雖然全文都是以「小市民」的第一人稱來訴說他的種種看法和觀點，然而在四萬字的整篇文章裏頭，却是針對另一位他筆下是「高級知識分子」的一位大學教授對「學生運動」主張所做的嚴厲批判。細讀之後，我發現被孤影詰問和指責的，不只是那位教授，而是孤影豎起的一個「稻草人」，他代表當年一羣「自由主義」色彩較濃的知識分子和學者。更明白的說，被孤文批判的是當時有心推動國內政治民主化和自由化的那一股正在形成中的「前進力量」。我也相信，孤影所代表的也不只是他這一個「小市民」而已。孤文的「攻擊性」極强，對當時才剛茁長的自由主義知識分子力量，顯然有很大的不滿，孤文最重的一段話是藉著對「自由世界」知識分子的批判，他認爲「許多高級知識分子，似乎跟大多數小老百姓發生嚴重脫節的現象。甚至嚴重到高級知識分子自以爲代表民意民怨，一般小老百姓反而把高級知識分子視爲造成社會動亂的禍首，認爲他們給搗亂分子撐腰，給搗亂分子提供「理論基礎」。事實上這也正是貫穿孤文的立論基礎，基本上，他否定自由派知識分子的民意基礎，而且從心裏頭就認爲高級知識分子「不合於我們小老百姓的希望和期求」。因此，他雖然不肯承認他是在「鼓吹反知識分子」的思想，但再讀孤文，我却深深以爲孤影的那篇文章在十五年前的臺灣社會裏，毫無疑問的是代表著另一股極端的保守主義在「反制」當年一些知識分子所鼓吹的「自由主義」。而那股極端保守主義的支持者，也未必是孤影所自居的「小市民」而已，更是另一批「半個知識分子」或「知識分子」偏安式的集體力量。

十五年前的臺灣跟十五年後的臺灣，在政治和社會結構各方面的確已有在本質上很大的差別。用今天的眼光和目前已構成的改革共識和自由主義水平去評斷十五年前孤文所凸顯的保守主義，或許是不公允也是不必要的，但此一背景却相當關鍵，不能不提。

與孤影的「一個小市民」比較，十五年後丁邦新教授代表的「一個中國人」就顯得不那麼具有「攻擊性」，而且可說是一種「防禦性」的訴求而已。丁教授不是「半個知識分子」，對知識分子「體認」和「同情」，也較孤影爲深。綜觀丁文，他批評的對象並不是知識分子的整體形象。他唯一提到知識分子的地方，也只說到「高級知識分子還難免有愚昧的時候」。丁文批判最主要還是在於他所謂的「民意」和「國病」，借用孤影的話，那就是所謂的「小市民」或是「小老百姓」。

如果再進一步剖析，丁文涉及知識分子的地方，是若干特定的主張，如「方言與國語定位之爭」，「臺灣前途之爭」，「大學生的校園民主請願之爭」，以及「訓政與民主之爭」。對這些爭議，丁邦新教授也陳述了他個人的看法。讀完丁文，可以看得出來，他是在替「重國語，輕方言」的當前語言政策辯護，在為「校園安定」的政策辯護；也在為「訓政思想」辯護，也似乎在替「中國大一統的意識型態」辯護，但這些都屬於觀念和政策層次的具體爭議，本來就值得知識分子之間加以關懷和辯論的當前重要問題。丁自許是知識分子，當然有權利表達他不同的想法。他的看法，綜合起來，加以分析，的確是保守主義的色彩很濃。但是，他的「保守主義」畢竟是防禦性的，不像十五年前的孤影那樣，是一種攻擊性的保守主義。丁文並沒有批判當前知識分子的自由主義，更沒有「反知識分子」的意圖和心態。這點是丁文與孤文最大的分野。十五年來，臺灣政治和社會的變化，也反映在這種從攻擊性保守主義終於過渡到防禦性保守主義的主張，也表現在對自由主義知識分子的態度轉變上。十五年前是一元化的否定和抗拒，現在雖不能完全接受，但也表現出容忍和尊重。如果說孤影所代表的是過去，極端的保守主義和反自由主義知識分子的立場，那麼丁邦新教授所代表的則是當前溫和保守主義和有意要與自由主義知識分子「對話」的立場。

與丁文再做比較，何懷碩教授的「另一個中國人的想法」則相當程度是在為當前的自由主義知識分子做強烈的回應，對丁邦新所提到上述幾個問題，也都做了很「自由主義」典範的「再解釋」。當然，何也對丁所持的保守主義給予頗嚴厲的批判。何文更進一步對「知識分子」應有的角色加以發揮，他認為知識分子應該要能把「個人恩怨與對國家的忠愛釐清界線」，而且更要能對「執政黨」、「國家」與「政府」三者之間有正確的區別，也要能對國家社會面臨的種種嚴重問題做嚴格的批評；更不能將「史實倒果為因」，甚或「故意掩飾」。從這裏可以看得出來，何文的立論基礎也不只是「一個中國人」的想法而已，而是目前自由主義知識分子那股批判意識的流露，而且是頗有攻擊性的一種批判。

具體的說，何文對丁文所提出的幾個具體爭議性問題所做的批判，更表現出他那種攻擊性自由主義的色彩。分析起來，何懷碩基本上是認爲歧視方言的語文政策是錯誤的，丁邦新爲語文政策的辯護，應加以批判。丁對學生請願問題並沒深究，及所謂五種國病等現象的討論，也只是及於表面，對於產生本質的原因，何認爲不能歸於人民或大學生的「愚昧」或「自私」，更不該一味責怪「民意」而袒護政府及政策的不是，何更直指「政府及政府的官員要負最大責任」。

何教授的自由主義更對丁教授「訓政」意理大大的加以指責，認爲那是令人吃驚的「專政思想」。何教授也認爲丁教授的「臺獨不可行論」，並沒有提出任何理念性的強有力依據；不要臺獨只是怕國土太小，或是怕中共來犯，這些都是「大小寬窄」的命題。

我更發現丁對臺灣前途應走那條路，也沒有提出任何「想法」。他贊成「統一」，但如何統一却隻字未說，我的看法是，丁基本上還是受到他背後保守主義心態的牽制始終無法突破思路或政治上的窠臼和框框，也才沒有辦法找出超越現有「統獨」之爭的另外一個更富想像力的「出路」。何在文中，也沒提出對這個重大關鍵問題的「想法」，這些是不是也都反映了當前知識分子對「未來」普遍有的另一種無奈及無力呢?

孤文基本上是從反對「學生運動」的立場，再導引出他對若干社會問題和政治問題的看法，他的極端保守主義和偏安心態，使得他的論點很明顯的出現「反改革」的意識形態。他認爲學生運動發動起來，最後難免向暴亂發展；大刀闊斧的政治改革也有動搖國本之虞。所以，人民最好是接受政府的一切作爲，不該跟政府「對抗」，因爲那會把政府的力量削弱，結果更不好。丁文並沒有把學生運動當作洪水猛獸，也不像孤影那樣那麼不信任大學生的判斷，但丁教授要大學生多讀書，要將熱情和理性作調和，這就是他溫和保守主義的地方。對於其他的社會改革和政治改革，丁似乎是認為要慢慢來，而且也要求人民多過於要求政府。但不是說政府完全不必負責任，但孤影則似乎是更不信任人民有任何「求改革」的能力。丁似乎比較不怕改革，孤影則對改革充滿著恐懼感和排斥心理，孤影主張的是一種「逆來順受」的「人民無力」觀，我認為丁文並沒有這麼樣子極端的「反民主」想法。

我也相信丁教授現在如果再去讀孤文，也會認為那些論調，實在是太保守了。

反覆讀完孤影、丁邦新和何懷碩三位的文章，也一再回想這過去十五年來臺灣社會所經歷的種種變革，我不禁感到慶幸。時代眞的變了，臺灣的知識分子所抱持的意識型態和認知典範也變了。十五年前的「一個小市民的心聲」是一種極端的保守主義典範，反對社會批判和政治批判，而它攻擊的是當時正在形成中的自由主義典範。十五年後的「一個中國人的想法」是一種沒有攻擊性的溫和保守主義，只是對社會批判和政治批判仍有質疑和不同意見而已，那是在日漸壯大的自由主義主宰典範下，為保守主義做了防禦性的表態。

但是它却隨卽引起「另一個中國人的想法」頗具攻擊性自由主義的反彈，它也很明顯的凸顯出當前這股崇尚社會批判和政治批判的典範，確實在日益壯大的趨勢。

短短十五年來，臺灣社會竟然有這種知識分子認知典範上相當明顯的轉移，從攻擊性保守主義，轉移到防禦性保守主義能與自由主義的並存，且甚而出現攻擊性自由主義的雛形這也可以說是臺灣發展經驗的另一軌跡。對這一軌跡的探索和思索，也可以說是我重讀這三篇爭議性文章的心得。

76. 6. 26.《自立晚報》副刊

「中產階級」平議

戰後三十多年，在第三世界所面臨的諸多國家發展難題當中，除了「經營」外在的倚賴結構，建立獨立國家的形象之外，對內而言，經濟的成長和政治的穩定可能 就是最關鍵的課題。 要想有成長 和穩定，社會結構當中社會階層的轉變，是一必要的條件。其中，能不能有一批爲數衆多的中產階級可能是最要緊的結構因素。許多第三世界國家不能在成長和穩定兩個發展目標上兼顧，達到比較令人滿意的地步，大多跟這些國家無法 「即時」 培養和製造一個介於傳統地主世家、官僚及新興「政治資本家」等上層階級和佃農、小農及都市勞工等下層階級之間的中產階級有不可分的關係。

「中產」一詞中文的意涵特別有意思，顯然它是用來指涉中介「有產」和「無產」之間的那一批旣不是完全「無」又不是「有」到嚇人的商、工、金融、公教等部門的社會經濟類屬。中產階級一旦存在，其對於任何社會階層而言，都同時帶有「持續成長」和「維護穩定」的雙重作用。如果缺少這一「中產階級」，或其數量和社經力量不成氣候，「有產」和「無產」之間的矛盾和衝突，就會愈形惡化和尖銳，從結構的穩定性而言，中產階級的確是有「保守」的性格。尤其當這一批新興中產階級是由經濟政策（先是保護政策，後是擴大外貿，吸引外資等）所「催生」出來的，其保守的特性，特別突出。所謂「保守」主要是導源於中產階級普遍具有的「功利主義」心態，其長於精打細算，固然一方面會不滿於種種官僚、特權和專斷的「不民主」，也會支持求變、求革新的一些政治及社會運動，但一方面却往往傾向於「背後」的支持爲多，頂多是一些比較溫和但却象徵性高的抗議擧動。同時對傳統「革命」的訴求，並不會輕易接受。換言之，中產階級求變的動機不是沒有，而且往往很強，但必須在變後「有更多好處」的前提下，才會倡導或投身於變革，而且通常不會放眼在根本的財產或權力結構的「變動」。

臺灣在六〇年代後期和七〇年代所產生的大批「中產階級」大致上也都帶有上面所描述的政治和社會性格。其局部的求變、求新性格，的確開啓了向國內政治經濟權力要求做較合理分配的「風氣」，若干政治運動（如黨外勢力）和社會運動（如消費者保護、婦女運動、社會福利）的實踐或啓蒙，都跟中產階級的直接和間接參與有關。但一旦涉及比較嚴重和結構的變動，中產階級的變遷取向則往往會受到其本身社會性格的拘限，也往往不太能「超越」本身階級的一時利害關係，而做持續、有組織、有遠見的「求變」運動，尤其對於屬於勞動階層的羣衆，中產階級又多少仍帶有中國士大夫和「終於熬出頭，一心想擺脫」的雙重心態，也始終無法將原先局部求變的力量整合成爲「跨階級」的革新運動。加上保守力量運用「有產」者的偏安心理和一些「無產」者想向上爬的流動期許，乃適時產生了對中產階級求變力量的阻力，甚而製造了對求變的猜忌與懷疑。中產階級本身的求變的局限性，又無法與其他潛在合作階層的疏離性，乃「化解」了原來帶有的一些「反對」勢力。

唯有對中產階級的保守和變遷的雙重矛盾性格，有了如此比較持平的體認之後，才不致於過分苛責中產階級的保守性而一概抹殺其對「求變」的啓蒙歷史角色。也更不致於不實際的去期待中產階級做出驚天動地的革命擧動，而全然忘却其對社會政治穩定的重大貢獻。

值得深思的是，如果要期望中產階級持續的去做進步變遷和發展的先導力量，恐怕不只是今天的中產階級本身單獨力量所能做到，較根本的政治結構轉變因素可能更是關鍵。

73. 8. 10.《中國論壇》213 期

再議中產階級的多樣性格

在過去的兩年多裏，有陸續不少的文章討論臺灣中產階級的問題，我也分別在〈中產階級平議〉、〈從結構轉型談臺灣未來的可能動向〉、〈從美國的『雅痞』看臺灣的『雅迷』：臺灣中產階級的風貌〉、〈對四十年來臺灣『新生事務』的觀察〉和〈臺灣社會結構轉型的再探索〉等一些拙文中，嘗試對臺灣正興起中的中產階級做一連串的剖析工作。

最近，我又再三思考這問題，如果仔細歸結起來，應著重下面這幾點歷史結構的特性：

第一：戰後資本主義化的經濟政策，尤其是出口導向的工業化策略應該被視爲一九七〇年代臺灣中產階級興起的重要歷史脈絡；更進一步說，後者是前者所「製造」出來的社會產物。因此，中產階級的社會性格與這個脈絡乃有密切的關係。

第二：中產階級無疑的是過去社會經濟變遷過程中，相當重要的一個「新生」結構，也是過去變遷軌跡中，展現「富裕化」、「平均化」和「多元化」的一個關鍵性因素。然而，中產階級一旦形成，它不但是過去變遷趨勢的後果，也更會是影響未來變遷方向的一個主導力量。

第三：由於中產階級「製造」的過程是在快速而短促的時間內完成的，它是隨著經濟成長和轉型，和透過職業結構的擴張和新增，而因應出來的一個新生階級雛形。因此，至今中產階級與「職業」的關聯仍然是非常的密切，職業的分化所產生的差異性便也充分的表現在中產階級的內部「變異性」和「部門化」，甚而有不少矛盾和衝突產生。換言之，中產階級在臺灣，仍然是一個「未完成」的階級建構體質，它包容著許許多多來源不同的新生「中間」成分，但是它還沒有足夠的時間和條件去建構出來一個「有機的」階級，足以產生一套有意義堪爲各不同成員所共享的政治、社會及文化生活價值和團體目標。它對社會政治的影響也就往往出現「局部化」的狹隘性。

我們固然不能忽略中產階級內部是正在逐漸形成的若干共同性格，以及其對現在和未來臺灣社會變遷的作用，但也不該完全抹煞其中存在的差異和缺陷。

第四：如果認眞探索中產階級的內部結構，不難發現是存在著許多令研究者困擾的矛盾和缺陷。這又與現階段中產階級表現出來的雙重性格有關。它一方面是保守的，另一方面却是批判的；它有時是本位的自利追求者，有時却又是追求利他主義的社會改革者；它對若干社會及政治事件表現得很冷漠，但對其他却又很熱衷，它對自己的私生活和隱私性很看重，但也同時很講究和在意別人的評頭論足，也更喜歡參與各種「結社」活動，從中獲得社會網絡的支持。總括說來中產階級的性格還在孕育當中，不同的職業構成成分也有著不同的性格特徵，有的較成熟，有的就較幼稚。但不管怎麼說，現階段的中產階級畢竟只是「第一代」。而且每一個構成分子的中產階級生活體驗都還很短，大多數的都市中產階級其中半段的生活體驗是屬於其他階級的，有的是來自臺灣的小農、勞工及大陸遷臺的經由向上流動而來，有的則是來自臺灣或大陸地主以及若干官室之家透過向下流動而來。

換言之，過去的階級生活經驗仍然有著相當大的影響。這恐怕需要等「第二代」中產階級形成之後，才會有比較穩定而成熟的社會性格。

此外我也同時注意到，臺灣的「中產階級」也面臨一些誤解。誤解的來源是對上述歷史與結構的特性沒有深切的體認。在時下黨內與黨外對立的意識型態下，中產階級存在的事實却遭到雙方「錯誤的估計」。有的只看到中產階級的保守性格，並且天眞的視絕大多數中產階級爲其必然的擁護者，而疏忽了其改革性格的一面，因此對部分中產階級的改革社會力竟抱持「不信任」的態度。另一方面有的也只注意到中產階級「功利」、「消費」、「結社」、「自利」的一面從而批判中產階級庸俗的性格，而竟然忘了過去十餘年的民主運動在相當程度內就是建立在都市中產階級的社會基礎上的。今後要努力的就是如何以穩健有力的求變的號召做爲訴求，再次爭取更多中產階級的支持。

中產階級存在的客觀事實，經由黨內和黨外意識形態的主觀闡釋却有不同的政治估算結果。遺憾的是，這兩股政治力都沒有正確而深入的體認到中產階級社會力的「可塑性格」，只憑表相的去盤算中產階級「應該如何」，或是埋怨其「不該如何」，在我看來都不是有意爲政的領導人物，應具備的「小格局」氣度。

75.5.10.《中國論壇》255期

從美國的「雅痞」看臺灣的「雅迷」：

臺灣中產階級的風貌

「雅痞」是八〇年代美國社會的新產物，他們是一羣年齡約在二十五至四十五歲之間，住在大都市內或近郊的都市專業青年（Young Urban Professionals）。「雅痞」的英文爲 Yuppie 或 Yuppy，是繼六〇年代嬉痞熱潮後的「熱門」新名詞。

八〇年代美國社會的新貴

雅痞們大都受過良好的教育，也都學有專長。也因爲如此，他們是爲追求榮耀、聲譽、名利、權勢、社會地位而活的。忙碌是「雅痞」們生活中最大的特色，週末時早午餐（brunch）一併解決，既是忙的結果，更是忙裏偷閒的一種生活情趣。他們下班後仍不忘運動和健身。「雅痞」的確具有極高的消費能力，酷愛名牌轎車、服飾、用品，生活也力圖享受，經常花的比賺的錢多，也非常勤於使用「信用卡」。不過「雅痞」對工作近乎狂熱，工作效率也極高。他們是典型的「個人主義者」，先追求一切有利於己的事，却漠視他人，對國家、社會事務極少關心。卽使關切到一些政策的事務也是先從自己的利害考慮起。對於社會福利、勞工、大衆敎育等傳統的「自由主義」論調和主張，也往往不再熱心過問，代之的是「一切成敗自己負責」的個人主義意理，社會意識就相對降低許多。

「嬉痞」沒落「雅痞」生

說起「雅痞」崛起的原因，該追溯至六〇年代的「嬉痞」，這羣反傳統、反正規敎育、主張回歸自然的理想主義者，在離開了學校，踏入了社會後，便隨著時間而逐漸流逝，越戰結束了，約翰藍儂被刺死亡，「嬉痞文化」也不再具有它的動人意義，被視爲只是流於空泛的頹廢理想主義。他們却必須在眞實殘酷的現實中繼續生存下去，在看盡了人生百態，經歷了種種磨難後，轉而由疏離冷漠出世的「嬉痞文化」變爲積極認同的「雅痞文化」。並且刻意的去尋求金錢、生活及物質上之享受。因此可說，「雅痞」正是「嬉痞」經過二十多年沉鍊洗禮後「蛻變」的新生代！

今日的「雅痞」不再具有激進的前進思想，而傾向保守的個人主義。他們生活的中心是全心全意的工作，興高采烈的賺錢，滿意今日的一切，尤其是事業上的成就。他們已完全從早一代青年頹廢不羈、放浪形骸的嬉痞文化中跳離，而成爲對社會、對國家的穩定具有「積極」意義的社會中堅，並且在工商界扮演著舉足輕重的角色，成爲美國社會中的新貴，也不再是一羣令人頭疼的「披頭散髮的瘋子」了！

積極•時髦•浪漫

以積極、時髦、浪漫的新生代來形容「雅痞」，可說最恰當不過了。他們是絕不服輸的一羣，各方面都要求表現出色、超越一般人。他們勤奮工作、賺取金錢，以追求享受、滿足虛榮，甚至讓人們覺得這羣人天生卽具有工作的狂熱。爲了在各方面的表現不落人後，擺場面、愛面子，也成了「雅痞」的特色之一。

根據陳衞平翻譯的「雅痞」一書所描述的「雅痞」們，很講究生活品味，個個練就一雙格調極高的「慧眼」。住的是新型大厦，內部除了高雅的裝潢外，更設有錄影機、電視、音響、唱片等，向人們訴說他們的浪漫情懷。轎車、服飾以及形影相隨的隨身聽，當然更是能襯托他們身分、地位的名牌貨品。爲了不影響辦事效率，早、午餐一向簡單，但晚間應酬交際，可千萬馬虎不得。因爲只有在高雅昂貴頗富盛名的餐館，才能結交更多的「雅痞」，更能確立他們不凡形象。除了外表及生活上的享受外，雅痞也極注重身材的健美和保養，勻稱的身材，不僅能使他們在人羣中更爲帥氣、耀眼、充滿活力，他們講究服飾的流行，更講究質料和風格，目前也創造了一股「雅痞」的穿著時髦式樣。更重要的是，這已是他們努力工作、提昇社會階層的最大本錢。他們個人這種忙碌積極的工作態度，一方面來說，的確爲眼前社會貢獻了許多立竿見影的績效，但另一方面，也令人們不得不對他們發出一種見識短淺、附庸風雅、缺少深度文化素養的感慨。

八〇年代積極、進取、工作效率極高的「雅痞」取代了六〇年代頹廢、反傳統、反制度的嬉痞。可以這麼說，雅痞是對嬉痞反動的一個產物。雅痞時代的來臨，只可說是一種社會結構改變的結果。面對這一新生社會現象和「時代潮流」，我們固然無須太過擔心，但對雅痞輩們對社會可能產生的影響却不是毫不注意。

美國的「雅痞」是完全的個人主義、功利主義，標榜自我、漠視他人、極不關心社會、國家的事務。起跑、衝刺、奪標，雅痞的人生是一連串的奮鬪，然而在從小到大的不斷競爭中，他們却無暇思考一些重要的人生課題。忙碌是他們最大的特性，在匆促的步調中，鮮少反省人我之間的關係，無形中也因而流失了高瞻遠矚的智慧。

六〇年代孕育出臺灣「雅迷」

國內目前尙無上述典型美國版的「雅痞」存在，只有一部分中產階級在生活方式上也開始有類似雅痞的趨勢。我暫時將這羣人稱爲「雅迷」(Young Urban Middle Class, Yummy 或Yummies)。不同於雅痞的最大特性是，「雅迷」相當程度重視社會改革與社會公正。「雅迷」的成長是臺灣經濟起飛下的成果，因此他們在物質方面追求極高的享受，在文化方面却不免仍流於空泛！

而「雅痞」畢竟是美國文化的間接產物。臺灣目前正在成長浮現中的「雅迷」，因爲產生環境和背景的不同，我們可淸楚的覺察「雅痞」和「雅迷」之間，除了某些共通的特性外，在心態、特性方面可說是截然不同。

伴隨經濟起飛的一羣

臺灣的「雅迷」嚴格說來應是六十年代以後，隨著經濟高度成長而漸趨形成的一個新階級。「雅迷」和「雅痞」最大的一個共同特性在於超乎一般人的高消費力，不管是「雅痞」或「雅迷」，他們的形成與經濟的成長有相當密切的關係，兩者皆屬於中上所得者。因此，消費能力很强。臺灣的「雅迷」們尤其關心進口貨物關稅，因爲他們普遍的喜愛「名牌」，對於舶來品的需求比一般人都來得大，最近進口貨品關稅降低，看來一向對舶來品消費力高的「雅迷」們受益匪淺了?!

「雅迷」的社會性格是講究結社，同一階層組成社團，藉著此種社交活動，彼此交換資訊，同時，在彼此也會以參加民間社團的多寡來衡量社交地位和個人的份量。

「雅迷」對政治一向興趣並不濃厚，他們的政治表現是比較保守的，主張穩定中求改革，「雅迷」們寧可在第二線支持社會性甚或政治性的改革活動，但絕不自己明目張膽，拋頭露面地大聲疾呼！

對於文化的追求，「雅迷」們也甚爲重視，但其本身的文化素養並不見得深厚，往往只略懂皮毛，甚或一竅不通，只爲附庸風雅，將文化藝術當消費品看待。或爲收藏，或只爲「保值」。

國內的「雅迷」是民國六十年以後，國家經濟政策走外貿趨向路線，經濟成長逐漸加快後的產物。一直到近幾年來漸成氣候，但是他們這種特性的形成却是不自知的。「雅迷」追求高格調生活享受、重視生活情趣，而且他們與雅痞最大不同之處是「雅迷」重視社會改革，也頗講求社會公正和强調社會服務。大部分的「雅迷」都喜歡結社以產生歸屬感和中產階級意識。這些不同種類的社團也確實有服務社會、回饋社會的功能，近年來「雅迷」在這方面的貢獻是不容抹煞的。尤其重要的是他們在自己的工作單位上勤奮努力，高效率的工作成果，確是數十年來促成臺灣經濟起飛的功臣之一！

文化調適隱憂須注意

「雅迷」對子女的教育方式，却是值得我們擔憂的！「雅迷」是愛「知」的，但是他們不是眞正熱愛和尊重知識的本身，求知不再是精神層次的提昇，或是負有先天下之憂而憂的抱負。相反的，他們只是將知識當成一種工具，一種謀生和進階高水準生活的工具。受教育是爲了求生存，使得自己或下一代在競爭激烈的社會中不致遭到淘汰。在這種競爭的壓力下，小孩從會說話起開始學習數種語言、樂器、電腦、音樂、舞蹈……等各種啓發教育，這些「密集式的訓練」很多說來並不是爲了培養孩子的生活情趣及素養，而是爲了獲得一種競爭和生存的工具。小孩在這種教育方式下，難免形成個人主義、功利主義。也多少會漠視人我關係，產生對人羣、國家的疏離感，這對重視倫理、道德的中國人，的確有值得注意的隱憂，同時這對兒童、青少年的身心發展也有它一定的負面影響。

努力的成就不容抹煞

過去的中國社會，一直是以知識分子、官僚及廣大的農民爲主幹，然而近二十年來，臺灣社會却出現了中國歷史上首次以中產階級爲主流的趨勢。他們是社會中的主要分子，他們的成功與否，關係著整個社會和國家的前途。「雅迷」是否能在未來在生活品味上的追求，和日後的提昇，代表我們的社會將是否能逐漸擺脫庸俗暴發戶的心態。儘管「雅迷」在追求精緻文化的起步上，有時仍不免流於炫耀與膚淺，將藝術當成一種消費品，但基本上他們已有努力的成績是不容抹煞的。除了名牌轎車、服飾之外，我們更希望「雅迷」們也能開拓出一片屬於自己高層次的文化格調！就像歐洲的中產階級文化一樣那麼淳厚和成熟。

雅迷文化好的一面是勤奮而講效率，壞的一面則爲愛慕虛榮，華而不實。成功的「雅迷」當然會是社會上的風雲人物；而失敗的「雅迷」也許將走上經濟犯罪的道路，能不審愼乎?!

74. 4. 25.《中國論壇》230期

從臺灣的國際經濟地位談
國內「管理人」的角色

現在我們所處的世界體系是一個相當牢固的資本主義分工體系，其中有核心邊陲和半邊陲國家的區分，核心國家指一些已發展的先進國家包括美蘇等，邊陲國家則包括大部分第三世界中的發展中國家，半邊陲事實上也是在第三世界當中，只是其在世界體系中的階級地位，要比邊陲國家有利一些而已。

只要求對母公司效忠

邊陲國家與核心國家存有一種「依賴」關係，這表現在技術、科學、工業、資本、政治、學術各領域，而邊陲國家的內在社會結構往往也會與核心國家發生關聯，尤其是核心國家中的精英階級（工商、知識與官僚）往往可透過國際分工，培育他們在邊陲國家裏的「相伴」或「依附」的階級，他們的利益大致上是一致的。這個體系所以能存在，而且歷經數百年而不衰乃是其能藉著市場依賴（可以由政治力量去干預的市場）的關係將邊陲和半邊陲的剩餘資源，轉移到核心國家。

一九五〇至六〇年代以後形成的多國公司，是世界體系力量和最新形式，如IBM、Nestle、Xerox、RCA、ITT、Pfzer ……等。他們的子公司散佈在世界各地，因此他們必須在各子公司所在國培養管理人才。這些管理人才主要任務是效忠這個企業，在這裏面沒有國界之分，唯一的界限便是這個公司，母公司所在國爲何並不重要，他並不要求你效忠母公司的所在國，管理人只要效忠這個廠、這個企業卽可。

臺灣在1960年以後，發展形態上還是個邊陲國家，且因擁有充足勞工，政治、經濟、社會環境又穩定，政府在基本上尊重資本主義，也無被國家化的餘慮，於是在這些條件的配合下，臺灣命定有多國公司的產生。在臺灣的多國公司，其管理人才中層及基層多爲中國人，而高階的管理人才往往是母公司派來，這是必然的。西方的多國公司較不強調本土化，日本的多國公司較希望本土化，而願意在當地培養高階管理人才。在這其中本土的管理人會面臨角色上的衝突，既要效忠抽象的母公司，又要管理本土的員工，而母公司政策的精神往往與本土的社會環境有所衝突，難免會有「辦洋務」的感覺，這是管理人所面臨邊際人（Marginal Man）的困擾。且多國公司吸引了大批臺灣本土培養的管理人才，這常是因爲有較高的薪水、較舒適的工作環境，而這些管理人才原也都接受西式的管理教育。多國公司的管理制度、措施對他們而言，遠較本土企業熟悉，教科書所提的電腦系統、報表的編制這裏都有，很快的一拍卽合。而本土的民族工業，總是草創期，要上軌道很費力與所學又有距離且陌生，又缺乏足以表徵自己的社會地位的工作環境，因此多國公司吸引大批可爲民族工業所用的管理人才。這些都是發展中國家的通病，當然這也不是不好，如果我們樂觀點想，這樣也能幫我們培養管理人才，有一天這些人才還是會回流到本土的工業來。

另一方面多國企業的管理人才自認合乎現代化，而視本土的管理作風不合章法，本土的又多少認為多國公司作風過於重視門面而無本土的深刻，這樣價值觀上的衝突在日後面臨整合時會有問題的。

認清臺灣的邊陲角色

我們由這些現象的瞭解可進一步來探討管理人該有的素養。臺灣的管理人才必須認清臺灣所處的邊陲角色，我們的企業是在邊陲國家的邊陲企業，在邊陲地帶上對世界經濟環境變動的瞭解，必須比任何國家都要來得敏感。

在現有獲取資訊的環境不理想時，要想辦法去充實自己，去搜集資料，才能更進一步去掌握世界經濟的脈動。政府也必須放棄做大國的想法，泱泱大國的想法是很好，但在現實的環境中却是錯的。我們必須有自己是小國弱國的自覺，政府只能以小本苦心經營。臺灣在世界體系的影響下，經營環境相當不穩定，核心國家一變動臺灣就跟著變動，他們的一小波動很可能就造成臺灣的大變動。所以管理人經營企業必須有彈性。而且要心胸開闊放眼於世界，但要達到這樣涵養亦是不易，我們可以看到臺灣許多產業的管理人有五日京兆的想法，這對我們的社會是一項很大的損失。我們的社會無法培養長期獻身於某種產業的管理人才，這也是發展中國家的通病，無法培養一個 Committed Manager，臺灣的管理人又缺乏經理人（Manager）的觀念，把 Manager, Boss 與 Owner 的角色和價值混淆。事實上，一個 Manager 有其獨立的價值和尊嚴，這樣的形象似乎迫切地須在社會上確立，我們只有商賈的觀念，而把管理人看成以前戲劇中員外身旁的管家。

從臺灣三十年來發展的歷史來看，工商業扮演很重要的角色，表面上看來這些似乎是業者自己闖出來的，但實則不然，這是在許多因素配合下，社會整體的產物。農業在經濟發展過程中幫了工商業很大的忙，現在工商業是領先部門，也該是反哺農業的時候。工商業的使命不只在製造些有錢階級，企業界必須學習放眼於整個臺灣社會的發展。我們以往經濟過份重視成長，重視量的增加而忽視發展和品質的改善。所以雖然企業一直膨脹，GNP 也增加很快，大家玩數字的遊戲玩得不亦樂乎，但却忘記了這數字背後代表的意義，是不是平均得更好？是不是生活品質提高？是不是大家對未來更有信心？是不是社會各部門都均衡地受到照顧？沒有人去考慮這些問題。

企業界缺乏社會責任感

從社會學的角度，是希望在經濟發展過程中社會能更人道更有正義，這些都有賴管理階層配合國家政策來共同達成。管理人的使命與 Owner 有別，管理人應加强對勞工的認同。應更進一步去照顧勞工，從工業民主去提昇工作生活品質，而從實際的工作環境和工時制度來改善。這次勞動基準法的公佈，企業界的反應太令人失望，企業界被寵壞，變得無法因應國家發展趨勢，而這次公佈的基準法與以前所提出的比較無新意，企業界的表現却是這麼惶恐。事實上這並不危及企業界的利益，立意上不是如此。我們企業界太缺乏社會責任感了。對勞工的尊重是人道精神的踐履，這是不容推託，不能歸咎於經營環境不完善。除了對勞工外，管理階層還須對環境、消費者和近年來盛行經濟犯罪負社會責任。

臺灣的「管理文化」並不很成形，還沒有形成一個副文化，我們很難看到管理文化對外在社會文化的影響。一個文化形態的產生有形的方面必須透過自己的語言、溝通方式等媒介把這文化傳播出去。

知識分子有其文化，他可透過文章、教學、學術期刊等來傳播，管理階層的傳播管道很不明顯，所以很難討論，但是還是可從幾個方面去觀察。管理人的消費模式對整個社會影響很大，管理人的所得遠較其他知識分子爲豐，在物質享受的需求也大，消費模式較高。如此的消費模式在社會上形成了示範作用，却往往帶動了被扭曲的消費模式，讓我們的社會負荷了遠超於他所能負荷的消費水準，這可從管理人常領先大衆擁有時髦的奢侈消費品看出。在社會改革上，管理階層要求的是穩定，因爲一切的不穩定都可以化約爲金錢的損失，而這違反了追求利潤的原則。

期望有人文精神的素養

在過去十年中，臺灣的政治改革運動中，我並不排除可能有管理階層的支持，但很少是第一線，可能連第二線都排不上，而且常透過個別、私下，以交情爲選擇性的支持，知識分子願意支持社會改革運動，常是社會觀較強，管理階層的社會觀似乎弱了些。管理人也經過大學的知識教育，甚至研究所的訓練，應可稱得上是知識分子，但在現實環境中很難把知識份子的角色搬出來，雖然應有這方面的必要。但廠商要求他們沉默，與政府又要保持親密的關係，管理人要批判什麼？知識分子的特色即是要關懷社會、要勇於批判、敢於說話，管理人很難有批判的著力點，連知識分子的立足點都要喪失了。

在這麼多的行業中，管理人面臨知識份子的角色和世俗性角色（

商人）的衝突是最大，遠勝律師、醫師，這是管理人所面臨的另一邊際——角色的邊際，而前面所提的邊際是文化上或是政治經濟上的邊際。這種邊際很難突破，似乎要讓管理人在訓練過程中瞭解日後會面臨這種衝突，而讓他們自己去抉擇。管理人選擇不同的角色，也選擇了不同的服務對象。當管理人面臨負擔社會責任的抉擇，就很能考驗他對這二種角色的選擇，當選擇爲廠商效忠時，他是商人；當選擇爲社會大衆效忠時，他是知識分子。我們期望管理人能普遍有人文精神的素養，而在面臨這種抉擇時，能更趨於知識分子的作爲。

71.8.8.《時報雜誌》140期

從「白吃午餐」到「社會成本」：

企業社會責任的反省

大概沒有人會否認，在資本主義的社會裏，企業對社會所負的基本責任，仍然要以創造持續的成長和追求合理的利潤爲第一步，成長和利潤是提供企業的外在經濟體系和股東羣體一股穩定的原動力。具體的說，企業首先對自己的「體質」，力求健全化，以期能在競爭的條件下健康的生存下去；不製造經濟犯罪，如逃稅、取巧、惡性倒閉、捲款逃亡等；不製造員工的失業問題；也不製造經濟和金融秩序的混亂和不安；說來却是任何企業對「社會」應承諾的「消極」責任。

這些原本屬於企業生存的起碼條件，爲什麼今天我們却還拿來這麼強調呢？是不是過於「低調」了些？其實不然。在過去三十多年資本主義化的快速成長過程中，臺灣社會中「經濟體」的量，雖然有了極爲可觀的擴張，也製造了大量的企業和令人羨慕的「企業家」頭銜；可是無可諱言的，也同時產生了重量不重質的後遺症，企業體質可說是極爲良莠不齊。社會對企業也一時找不出有效的品質管制方法和管道，只有任憑其做無限制的成長。在整體經濟還算好的時候，企業的「虛肥」和「病症」都被掩蓋了。好的企業和壞的企業，都能夠生存，也就都不致製造社會經濟問題。可是一旦碰到經濟不景氣，競爭一激烈，那些原本有病的企業就一個個原形畢露。結果，大大小小的經濟犯罪層出不窮，也引發一連串的社會問題，過去社會對企業的「縱容」，却也爲它付出了相當大的代價。

拜金主義出現

這跟一般經濟學家的看法或許稍有不同，他們認爲政治與行政，甚而法律，一向對企業有著過多而不良的干預和限制，結果反而導致企業的病態。這應該只是事實和眞相的一部分。更值得我們檢討的恐怕是另一種社會層面的反省。經濟成長無形中所創造的「拜金主義」，使得社會對企業活動原有的規範制裁防線，因此而崩潰了。社會的價值崇尙物質的累積和名利的升降，這股力量間接扭曲了社會與企業之間應有的制衡關係。無視商業道德者有之；玩弄政治掛鈎者有之；漠視消費者權益者固然大有人在，踐踏勞工權利者更是比比都是。這在在暴露了社會過去「縱容」企業的惡性後果。究其原因，癥結恐怕都與只看表相的企業成長，而不重企業內在體質是否健全的社會價值有關。縱使有「嚴格」的行政官僚體系和量重的法令「限制」，如果社會嚴重缺乏制裁的規範，來匡正企業行爲。行政效率和法令品質的不良，也就被視爲是企業之所以淪爲「劣商」的藉口，而忘了對「劣商」製造出來的社會問題，加以應有的批判。更忘了要對其中牽涉的「社會成本」加以嚴肅的估算。

基於以上的體認和分析，「不製造社會問題」恐怕便是今天我們對企業的第一個要求。企業不應該再以爲了本身的成長，爲了自我的利潤，而強迫社會付出無法求償的「成本」。這能說它是「低調」

嗎? 維持企業與社會的良性關係, 是所有企業在考慮「能給社會什麼? 」之前, 應首先做到的, 那就是「不白吃社會的午餐」。

社會力的展現

一項可喜的新生事物, 在近年的臺灣社會逐漸成形了, 它對社會的未來發展不但有重新導向的作用, 也對企業與社會的關係有了重新調整的功能。這就是透過三個社會運動而展現的「社會力」。這三個日益興起的社會運動分別是消費者運動、環境運動, 和勞工運動。而背後的三股社會意識的轉變, 則來自消費者權益、環境權, 以及勞工權利的「覺醒」。雖然都是「遲來」的覺醒, 但都或多或少是針對以往企業活動的「社會成本」, 所做的「反動」。說得更直接點, 就是要替社會把關, 不再讓企業白吃午餐。

這三個社會運動不外乎是要求企業在追求利潤時, 要同時顧及消費者、環境和勞工這三項過去不被認眞估算的「成本」。在過去消費者權益受損, 環境受到污染和破壞, 以及勞工福利未被重視, 也都有其一定的代價; 但由於企業沒有及時負擔, 結果它們轉換成爲多重社會問題, 而由社會的整體發展品質承擔了下來。雖然沒有具體的損益計算表可以估算出來, 但毫無疑問的, 這其中牽涉的成本該是非常驚人的。

消費者運動的宗旨是, 想拉平消費者與企業生產者之間的「不平等」關係, 環境運動中的「反污染行動」, 則旨在提昇企業對社區及環境品質的承諾; 而勞工運動更是在於平衡勞動者與企業主之間的經濟權力關係。上面所用的動詞, 如「拉平」「提昇」和「平衡」等, 無非是想藉此凸顯這三個社會運動並不是要平白「拿走」企業私有的財貨，反而是希望企業不要再平白從社會拿走屬於社會共有的「財貨」，如合理的「生產——消費」秩序；合乎健康標準的環境品質和和諧、理性的「管理——勞動」關係。

重視社會人權

當然有不少因素促使著這三個社會運動的生長，很值得重視的要算是社會結構的多元化，以及多元化後所引發對「社會人權」的重視。消費、勞動和環境在今天現代化社會中，無一不是人權的新內涵。從歷史的視野來看，人權概念是人文主義的產物，也是資本主義成熟到某一程度後，愈來愈被重視的新社會關切；對人權的關切給予制度化的關心和推動，更是藉著現代社會運動的興起而有了進一步的演變。臺灣是現代資本主義的「後進」，對人權的關切也是近年的事，相伴的社會運動更只是不出十年內的發展。而過去十年來也正是臺灣企業面臨轉型和脫胎換骨的關鍵時期。這當然不是歷史的偶然，而是社會發展成熟過程中必然遭遇的階段。

企業在過去，可以說是在「社會約束和規範」的眞空裏，放任的經歷其成長的生涯；唯一讓企業感到「不便」的，恐怕只是來自政府的管制和法令，社會幾乎是「籠罩著」企業的成長。現在的情勢不同了，社會人權的意識提昇了，社會運動的浪潮興起了，社會力開始要在涉及人權的範疇內，規範企業的活動和作爲；換言之，社會不再縱容企業，也不容許企業絲毫不顧及「社會成本」的因素。

在這種來自內外的新生衝擊之下，企業的確會感到不習慣，有形無形的壓力可說是與日俱增，難免讓不少企業有「生意難做」之嘆，關鍵就在這種「生意」與「企業」的分野。做生意大凡不負擔社會成本，「生意人」也鮮有社會責任的體認，但是經營企業就得負擔合理的社會成本，「企業家」更不能擺脫社會責任的承諾。上述這三個社會運動，正好有健康檢查和驗明正身的作用，看看臺灣的企業體質夠不夠格躋身「企業家」的條件。

就這觀點來反省企業的社會責任，應該是不低調，也不高調，而是符合社會變遷實際的需求。對企業而言，履行社會責任，不必視爲在爲社會多做什麼額外的「服務」或「奉獻」，而是爲了本身健康的生存與發展，該做的「份內事」。

理性面對挑戰

有好一段時間，企業界一直流行著一句話：「取諸社會，用諸社會」。但從社會取到什麼，又該拿什麼償還社會？好像一直很模糊不清；於是乎一時之間，樂捐慈善事業，設立基金會，鼓勵文化藝術活動，便被視爲企業回報社會，履行社會責任的唯一「様板」。結果，「様板」活動做是做了，但對於基礎的「企業——社會」關係，却依然不刻意去改善，於是乎，我們看到了企業右手拿錢辦慈善事業，舉行熱鬧一時的藝術活動，但左手却大玩特權手腕，累積不義之財；這無異於有些人做了六天壞事，第七天就到教堂贖罪一様，在求心理的平衡，而對社會仍然是有不良的影響。

我們今天需要的，顯然不是這様子表面的社會責任，而是能夠眞正體認「企業從社會得到過什麼，又該還給社會什麼」之後，確確實實的調整企業經營目標和方針，並且理性樂觀的面對消費者運動、環境運動和勞工運動的挑戰，同時，將這些運動的挑戰，轉換成爲企業經營策略的一部分。這様去履行社會責任，才是社會與企業都能各蒙其利的企業家作爲。

在這三個社會運動正在萌芽的今天，能夠掌握此一時期，而作必要調整的企業，就將是明天出色的企業。如果一心仍想再白吃午餐而不負擔社會成本，就難逃被社會運動淘汰的命運。面對這樣的抉擇，企業界是到該認眞思考的時候了。

75.8.《統領雜誌》

輯四

剖析大衆文化與婦女處境

春節、傳統、感

感一

在所有中國人習慣過的大大小小節日裏，春節是最隆重，也是最老的一個傳統。但現在，這個傳統又逐漸變成了另一個「新傳統」，就是說經過現代化的歷練之後，這個老傳統愈來愈堅强，彷彿有了另一種「現代的」、新的形象和姿態。擧幾個例來說，一般說來最能代表「現代化」的制度是政治和商業，可是這兩個制度則愈來愈依附「春節」傳統而生存，甚而藉著這個傳統，來强化它的現代化功能。譬如說，由中央政府（行政院）明定春節放假日期，地方政府和機構也統一了團拜的活動，國家軍隊則利用春節擧行「演習」，警察也更加動員警力，民間的工商界也配合春節調整物價，調整薪水，甚而進行人事營運方面的新計畫。這些都是「現代」跟「傳統」妥協，現代與傳統共生的一些明顯例子。記得以前政府想把春節和元旦合二而一，看樣子，是愈來愈困難了。因爲「現代」的本身已經融到「傳統」裏頭去了。這也可見傳統的靱性有多强。

感二

跟一位在現代化工商業做事的朋友聊到春節的傳統，他告訴我，我們爲了「過」春節，不知道喪失了多少訂單，多少機會。我起先不懂，後來經他解釋，才知道原來是因爲「春節」都是在西曆的二月左右，過了二月才算是「新年」開始，而外國都早在一月一日就開始了新的一年，他們動了兩個月，我們却仍在「辭歲」，他們的新年計畫，年度活動都已展開，我們的心態却才開始在準備當中。他們充滿幹勁的時候，我們却仍在恢復過年的餘慶。這種差別可能也會產生在國際上的政治外交，甚而軍事的交往和互動上，不協調、不一致的結果，可能吃虧又是我們，這些很可能都是暗虧。但，這能歸咎於中國人春節的老傳統嗎?

感三

春節裏，大衆傳播媒介所能傳遞的訊息非常貧乏，大多是一些不著邊際，好話說盡，壞話不說的辭令。好像不只是臺灣，整個世界都在過年，什麼國內外大事，什麼重要問題，都得留到過了年再說，讓我們分別來看看報紙和電視在春節期間所建構出來的社會事實(social reality）。

先看報紙:

——新聞大幅度減少，社會的活動似乎停擺；社論篇幅也減少一半。

——社論充滿祝福和期望的意味，不是「南枝向暖北枝寒」就是

「既已富裕當求優美」，再不就是「春節傳統的再出發」。讓人馬上聯想到剛剛過完的元旦慶賀之辭，也許是賀辭說得多，就容易會變成事實。

——政府也利用春節佳期，散布一些溫暖和希望的氣氛，湊湊熱鬧，譬如說頒布農業科技現代化的五年計畫（大概是爲了配合「農」曆過年），再次聲明決心要辦的勞工保險和勞工福利制度（大概想告訴工人們明年的春節，他們可以少一些後顧之憂），或是提出在省府成立環境保護局的計畫（大概是認清了只有環境長青，人才能過平安年）。

再看電視：

——本來新聞節目就是臺灣的電視中最弱的一環，一過年，就更差了。不但減少，而且更乏味，毫不深入。如像除了大小官員到處勞軍、拜年，就沒別的事發生似的。

——綜藝節目疲勞轟炸，增加的時間多得不成比例，如果節目內容精彩，那也無妨，但三臺頻道轉來轉去，竟然出現同一首歌，同一支舞（眞擔心同一個歌星也會同時出現）。眞是十八羅漢，總是那些歌星、演員，尤其是所謂國內的諧星更是如此。這在平時或許不明顯，一碰上像「春節特別節目」的時候，電視文化眞可謂是沙漠一大片，綠洲不可覓。

——讓人看了想起我們和美國的小城市的地方電視臺，只是色彩多一些，歌曲多一些，沒有創造力的缺點，竟然沒兩樣。

——是不是電視公司剛趕完元旦的特別節目，還來不及恢復精力設計更好的特別節目？我們如果要提升電視文化，這是不能不注意的。

感四

如果每年的春節假期文化就是紅包、酒肉、恭喜和爆竹聲；看的又是八股、貧乏品質的報紙和電視訊息；這樣子的春節生活品質，是不是太低了一些？是不是也該來構想一下如何移風易俗，改良改良我們的「春節新傳統」？

70. 2. 9.《民生報》

從文化指標看當前臺灣的文化生活品質

從社會學家的眼光看三十年來臺灣的社會文化變遷，以及其中所引起的一些文化問題，當然應找一些指標來看，今天我從三個方向來談。

1. 到底能否有一套文化指標來衡量當前的文化生活品質？我特別強調文化生活品質是想用最寬廣的定義來界定文化。換言之生活的文化面有無辦法可以擬定？如可擬定應往那幾個方向擬定？對此問題，我提出一些粗淺的建議。

2. 目前應從事何種實際建議？從文化指標的設定中，可以提供一些建議，政府可以做什麼？民間可以做什麼？那些政府可以做？那些政府可能想做也不能做？或是政府如果做會有什麼限制？該如何去做？

臺灣三十年來的進步，經濟是一個很重要的指標。早期衡量進步成就都以經濟指標或經建會作指標，如 GNP 等的各種工、農業指標。到民國六十年代以後，單純的經濟指標已不夠用來衡量整體的社會生活，因此開始有社會指標的提出。經建會做了社會福利指標的報告，包含了社會變遷與生活變遷的內涵，如社會參與、環境等，可說是光復廿多年來的一大突破。

然而近二、三年來，國內又有新呼籲，認爲有了社會指標還不夠，尙須有文化指標。因爲社會指標多少是由負面的觀點來看經濟生活。文化指標不僅由負面觀點看，也由正面衡量，因此開始有這種呼籲。我想在國內呼籲文化指標的創立，與整個全球的發展趨勢是相當能配合的。設立文化指標的原因，就是使之由負面提升到正面，使人類生活更加豐富。然而我們不能僅由社會學的觀點看，不妨也由文化面來看具有那些正面，也許這些指標中也會反映出負面。

談到如何建立文化指標，過去政府的社會指標報告中從未特別標出文化指標，甚至沒有完全地使用社會指標，其原因是與機構本身的本位主義有關。例如經建會所做的社會福利指標，由於經濟與福利有關。主計處第三局所編的「社會指標統計」，其所以要加統計兩字，因爲主計處是負責全國統計的。這些機構不大願意用文化指標。在社會福利指標、或社會指標統計中，都只列入文化休閒。因此文化指標被限定在休閒範圍內。若從理論上看，這當然是不夠的。文化應包括工作、職業、及廿四小時的韻律在內，辦公室有其獨特的文化、家庭亦有其文化，不該說只有家庭以外的休閒，或是文化中心才是文化。

建立文化指標的第一步是澄淸文化指標的定義。李亦園教授曾指出文化生活的三內涵：1.精緻文化——音樂、藝術等。2.生活方式——現代化、又合理的生活方式。3.教養——人的教養。我曾把李先生提出的內容加以指標化，變成精緻文化、生活方式及教養指標。後發現不易找到資料，乃略加修改提出三個指標：

1.文化活動指標——包含靜態文化資料，但較注重量，同時也包括質的評估。它是比較集體的，可由圖書館、文化中心、書報雜誌等集體資料表現出量。但其中亦包括質，例如多少人得益？多少人接受它？接受後的評價如何？好壞及喜惡等。

2.文化認同指標——經過三十年中國文化臺灣化後，臺灣的生態、環境，給予它更生動的互動，因此需要有文化認同指標。它基本上是屬於質的方面。中國文化經過三十年來的轉變，更加豐富化、地方化，如何使中國文化落實到臺灣文化的脈絡中。臺灣經過這三十年，不再是單純的福建、閩南文化，更不是早期移民的邊疆文化，而是把整個中國文化從大陸搬到臺灣來，再經過三十年整個世界衝擊成的一個新東西。我覺得它並不是完全受西方的影響，是一種調整的結果。我調查臺灣南部和北部多少有點差距。另外國語文化和臺語文化多少有些差別。這種差別僅是一種事實的陳述，而沒有好壞之分。我覺得這種差別不必要把它變成一樣，但至少要使之協調，要讓它在人的社會心理中沒有好或壞之分。因此應創造一個新的主導文化，而不是一定要臺灣化或是中國化，應該既要中國化也要臺灣化，或是籠統的講，使它本土化。

3.文化素養指標——是一種比較個人的、質的指標，而前兩種比較集體，可以用量表現出來。文化素養著重在個人的修養，如禮貌等等。或可說是個人的格調，整個人品質的提高。

目前最值得考慮的是如何去做第二種與第三種。但並無任何建議該用什麼指標來測量，因爲其中牽涉太多有關價值的東西。因此今天所談的重點就是上面的三個指標。

首先以第一點評估三十年來社會變遷之後，可觀察的文化指標可看出什麼結果？或反應出何種特徵或性格？根據政府的資料顯示，在文化活動量方面，有長足的進步，換言之呈現在人民面前的文化素材、文化資料愈來愈多。例如報紙每百戶份數，民國五十三年是 16.27，現在則爲 62.91；每百戶雜誌份數民國五十三年爲 4.72，現在爲

13.63，多了三倍有餘。在娛樂休閒方面，影劇院的數目從民國五十年的四百七十四家，至目前的七百零四家。座位以千位爲單位，民國五十一年是廿五萬一千位，現已增至五百多萬。然而在休閒空地與文化環境上總面積降低。每萬人口面積數從42.24降至現在的26.27。

此外政府機構做很多調查。經建會民國七十二年出版的「臺灣地區國民福祉與實質環境調查研究」；樣本有五千四百戶，分區域和生活圈來做。其中有關文教設施的滿意程度方面，對於家人上學是否方便？一般而言都不算滿意。43.8%滿意，29%可；但是對於文化活動方面，如圖書館的文教設施、社區活動中心的設置、使用，以及舉辦文化、藝術活動方面，各區域包括北、中、南、東、整個臺灣地區都呈現相當不滿意的狀況。如圖書館的文教設備，70%不滿意，中南部地區特別不滿意，高於平均數。對社區活動中心的設置，59.7%表示不滿意，南部地區特別不滿，高於平均數。這些多少表示出質的反應。民衆對活動設備的接受性及評價是值得我們多加努力的。然文化活動與設備多少有階層性及不均衡，北多南少、城多鄉少，有錢人多享受，沒錢的人無法享受，這種結果應加以改進。

關於此三個指標如何建立，相信其建立過程不會很容易，文建會也許應努力提出一評估我們文化生活的文化指標，可多做第一種及第二種方面。在第一種文化活動指標方面，不只是建立它，而且要用來自我評估。在第二種文化認同方面也可以有比較具體的指標。例如可使南北的文化活動差異和諧、融和，但不要故意增減什麼，而是使它很自然的合在一起。第一、二種指標是集體的，可以由政府辦理。但是關於第三種文化素養方面就很難由政府來做，而且必須要在第一種指標及第二種指標全面提升之後才能達到。政府可由文化活動方面著手，使南北更均衡化，在文化認同方面可以讓臺灣和大陸文化建立出一個新的主導文化，而且使所有的人都能認同且給予其意義。這兩個指標，我相信政府可以多做一些，而且也能夠做到的。

文化指標的確值得嚐試，大家可再思考此問題，文化認同並非是誰認同誰，而是大家來創造一種新的文化互相認同。

最後，我想以不久前我就「發展社會學」班上大學生所做的一項小調查，來看看大學生心目中的臺灣文化生活品質到底是有什麼樣的「意象」。

下面就是他們勾勒出來的當前文化生活品質七大特徵：

1.臺灣的文化品質受外來影響過高，尤其是受美、日、香港文化的影響，而且缺乏一個主導文化的指示。

2.文化已商品化和優質化。

3.過份著重腑臟文化（吃的文化）及以官能取向的文化。

4.精緻文化已變成少數人文化，很多新東西都是花錢的，有錢人可儘量享受新的文化活動，相當奢侈浮華，一般人無法享受。

5.文化脫節，文化本身的內涵，無法跟上經濟成長的步調。

6.中央所強調的核心文化，和地方文化無法做比較和諧的整合。這就是剛才提到的文化認同問題，文化認同指標。

7.目前的文化型態，尤其是精緻文化，幾乎都被大衆傳播在控制、扭曲。例如電影幾乎都是被副刊記者所扭曲。電影製作人具生意眼，就會買通副刊記者，在報上大作文章宣傳。

綜合看來，臺灣文化生活品質在這些大學生眼中，呈現出「商品化」、「感官化」、「腑臟化」和「舶來化」等四個性格。這四個性格也同時暴露了許多待思索的文化問題。

74.9.《臺灣社會的變遷與發展研討會會議實錄》，臺灣大學出版。

電視文化裏的「封建」色彩

在所有大衆傳播媒介裏頭，電視要算是最有影響力的一個，它不但可以左右觀衆的眼睛，還可以控制觀衆的腦袋，並且限制觀衆的行動，因爲你不能離開它太遠。電視的訊息就很可能會點點滴滴的堆積在觀衆腦子裏，變成了自己的思想，而還不自知。

我一向喜歡看電視，先從國內看到國外，再從國外看回國內，我發現這一年來的三家電視節目特別下工夫在連續劇上，尤其是古裝的國語連續劇更是一部接一部。更有趣的是在劇情上也流行著一種特定的模式，那就是一連串的把代表「封建」色彩的皇帝、王妃、小王爺，全都請到銀幕上，帶給千千萬萬坐在電視機前一再企首期待民主自治的現代國民。不知道是編劇們技窮，搞不出新內容，還是觀衆的自覺性不高，有什麼看什麼，旣然收視率不低，就更讓編劇一再安排這類的古裝劇了。不管是那種說法，這對民主憲政和自治的推動總是一個諷刺。下面是我從這類電視劇裏面內容做一總括性的抽釐後，得到的幾個印象。

第一，這些劇情的內容，基本上逃避對封建君權做根本的否定。如果只演宮闈裏頭男女恩怨，長次嗣爭權的故事也就罷了。可是一而再，再而三，皇帝和王爺却被描寫成是聖明君主，他們不只在宮中作樂，也下下江南，偶爾也會跟庶民小女發生感情，表現一下打破皇庶階級界限的自由戀愛。這時候卑微平女只有表現一副可遇不可求的神態，卽使只是一夜春宵也是龍恩寵召。

第二，封建體制下也容許革新，但必須是從內部做起，革命不見得會更好。改革的人物，或者是皇子、王爺，或者是忠臣良將，他總是王室的內圈人物，換句話說，改革可以，但得由信得過的自己人來改革，外邊人不能來插一脚。譬如說，「江南遊」的小王爺，竟然可以說服一羣原有長期計畫的革命志士打消推翻滿淸的意志，而聽由小王爺回京登基，由他去帶動革新。殊不知，下一個這種肯革新的小王爺要等到什麼時候才會再出現？

第三，卽使君權有問題，有貪官汚吏，也有包靑天，和鐵面太守這些淸廉剛正的好官來制衡。老百姓還是有希望的，要是有寃獄，有苦情，他們一來總可以查出水落石出。問題是，這機會到底有多大？萬一沒碰上，怎麼辦？是不是就不管了呢？包靑天只有一個，點綴著封建君權的腐敗與不合理，到底有什麼意義呢？

第四，官吏出現在鏡頭的次數太多、太氾濫，只要一出現「官」，小到捕頭、縣老爺，小老百姓就得下跪服拜，而在現實裏，我們一再灌輸官員是公僕、人民才是主人的觀念。再說，我國國民當主人的經驗才短短七〇年，新的角色訓練都還怕來不及，惟恐整個的客觀環境不能促成這種在職訓練的調應，而電視上却反覆出現國家主人要跪在公僕前的鏡頭。看了眞不是滋味！

第五，武林中的高手也分成黑道白道，黑道人物幫壞官，白道人物則協助好官。通常是官吏先有好有壞，在上層政治結構上產生衝突分裂，然後黑白道人物分別投靠効勞雙方。換句話說，在電視劇裏的封建社會是由上而下的種下了社會結構中分化鬪爭的種子。可憐的是在最下面的老百姓，他們常常無奈的夾在官僚和江湖鬪爭的當中忍氣吞聲，因爲在劇情的安排下，他們沒有權勢又沒有武功，只有吃虧的份。於是，通常出現在螢幕的老百姓，幾乎就只剩下那些在客棧裏怕事的掌櫃和店小二了，或是在茶肆裏沒有表情的客官，要不然就是經常在街頭巷尾走動看似無所事事的路人了。這又是怎麼樣的國民形象呢?

第六，電視劇裏社會階級的劃分非常明顯，劃分的標準不是財產就是地位，至於階級影響到人的行爲，那就更廣泛了，高低階級之間權力、影響力、嗜好、衣著、修養甚而說話的措詞和表情也有很大的差別。這尤其固定的出現在員外和家奴。比較上，這倒是吻合一般對傳統封建社會的意象。

可是大多數的劇情是著重在不同階級之間的互動，譬如說惡勢力欺壓小民，或是員外善心施捨窮人，到頭來總是惡有惡報、善有善報。下層階級的人只有出了男丁，赴京趕考，或是攀附權勢，才有可能改變門風，換換「階級」的滋味嘗嘗，基本上對社會流動的描述是非常保守和消極的。

上面這些古裝電視劇表現的封建社會點滴，雖不見得是編導們有意要强調的意象，可能是取材方便，演過一次，戲譜稍加小小修改，整個道具服裝就可以再用，省錢省事。不像時代劇，取材受到現實的限制更多，就有不少忌諱，反映的現象有的是不便表現的，所以逼得電視臺走向古裝戲。可是雖演的是古裝戲，看的却是現代人，這樣偷懶不講究劇情依樣畫葫蘆，它可能帶來壞影響，是有欠考慮的。

顯然我們要的是比較適合現代社會需要的電視文化，即使是古裝劇也要有先去掉那些封建思想才好。否則，一再灌輸那些封建色彩的形象總是要不得的。

69.10.27.《民生報》

民歌運動的社會學分析

社會學有一個領域，叫做藝術社會學 (The Sociology of Arts)，藝術社會學把藝術分成三類——

第一種叫做純藝術(Fine Art)：包括音樂、文藝、視聽藝術。第二種叫做綜合藝術(Combine Art)：包括舞蹈、戲劇、歌劇與電影。第三種叫做應用藝術(Applied Art)：包括手工藝、雕刻、設計等等。

當社會學家研究這三類藝術時，他們並不是去研究這項藝術的本身，對於陶瓷，他們並不想瞭解怎麼去做陶瓷，也不想知道製作的技巧怎麼樣，對於純美學上的問題，他們也沒有興趣，社會學家的主要角度，是在於藝術團體，以及之所以會產生某種藝術品的因素，及其所表現的藝術風格。以一個社會學家的觀點來看，任何藝術品都不可能產生在文化與生活的眞空中，它必定是既有文化、社會、政治或經濟脈絡的產物。同樣的，我們也可以知道，過去六年來，民歌是在什麼樣的社會脈絡裏孕育而出的。

一般所謂的「民歌」，有人把它稱作「中國現代民歌」，也有人喜歡稱它爲「民謠」，個人認爲，「中國現代民歌」的叫法可能比較好一點，定義也比較確定一些。現代民歌是年輕人對社會變遷的一個反應。

新生代尋找本位文化

在這段期間，整個世界的局勢，都處在一種轉型期中，臺灣的發展亦不例外，在政治方面，我們的社會開始了一些具體的行動，在文化上，政府開始着手文化建設，尋找屬於自己的根。而三十年來，臺灣的新生一代也開始嶄露頭角。在這些種種因素的配合下，尋找自己「本位文化」根苗的行動開始展開。過去，臺灣的青年所唱的都是西洋歌曲，從貓王一直到鄉村歌曲，三十年來都是如此。民歌的出現，可說是臺灣流行歌謠的一個轉捩點，它代表青年人的覺悟，青年人開始尋找屬於自己文化的根。

臺灣是不是中國的一塊疆土？當然是，而且政府也正在大力建設臺灣。但在臺灣本身沒有深厚文化的現實基礎上，我們究竟是要向臺灣，還是向大陸認同？在衝突與矛盾的深思冥索中，一些人開始覺悟到，我們必須從自己生於斯，長於斯的臺灣社會、文化開展，再加上當時我們退出聯合國，和釣魚臺兩股事件的影響，一股找尋「根」的運動從此展開。

熱愛中國文化的心聲

青年人永遠是社會變遷最直接的反應者，六〇年代美國的反越戰如此，黑人的民權運動亦復如是。年輕人永遠是站在社會變遷的第一線，他們可能不是最成熟的，但他們却是最直接、最敏銳的。如果以李雙澤在淡江演唱民歌開始作爲分水嶺，臺灣的歌謠從此產生了鉅大的轉變。民歌運動從此在校園蓬勃展開。而由李雙澤代表風氣之領導者，我認爲具有特殊的意義。他是留學西班牙的非律賓華僑，由於他身受數種文化的洗禮，因此對文化的感受力極強，對中國文化更抱有濃郁的情感。所以當他回到國內，聽到大家唱的還是西洋歌，感觸是可想而知的，因此他起而倡導本土音樂。李雙澤的表現，正代表了當時一些青年人熱愛中國文化的心聲。民歌的內涵，肇始於對臺灣土地的深厚感情，因此它的鄉土味道很重很濃。這種歌謠，在過去大家都不太喜歡，總覺得怪怪的，但是在唱出來以後，還都相當能呼應，因爲它眞的唱出了對民族、國家與鄉土的熱愛。

年輕人的副文化

拋開音樂本身的內涵和條件來講，早期民歌所要表達的民族精神或民族感情，和流行一時的「愛國歌曲」沒有太大的差別。但爲什麼以民族感情出發的民歌，却能受到這麼大的歡迎，而「愛國歌曲」却不能延續下來呢？不可諱言，我們敎育制度，過去是有些八股僵化的東西，因此造成大家對執行敎育的官僚單位產生反感。但如果是由年輕人自己說——我們可以這樣唱，大家的反應自然就大大不同了。這也證明了，只要有適當的管道，我們的年輕人是會唱屬於民族純眞的愛國歌曲。這也代表年輕人是有知覺的，這是年輕人一種很有意義的覺醒。

當然當時也有人否定李雙澤，他們仍然要唱西洋歌，不過經過一段時間的事實表現後，後來他們也回過頭來，唱起了自己的歌。用「我們的歌」，我覺得非常有意思，「我們的歌」是什麼呢？從音樂本身來講，從它的詞來講，沒有什麼了不起，但由年輕人自己來創作，那就很不一樣了。

簡單的說，現代中國民歌，就是七十年代在臺灣社會與國內外環境衝擊下，所醞釀出來的歌謠，它屬於一種年輕人的「副文化」。我們常常講，「民」就是民衆的意思，我想，「民歌」裏的這個「民」我們應該特定指那一羣年輕人，用 Folk Song 當然也可以，只是這個「Folk」要特定到「年輕人」，尤其屬於高中以上的年輕人。

唱出我們自己的歌

民歌的形成，和當時的社會、文化、經濟背景有關，因此這是一種反應，也是對過去文化趨勢的一個反動，其目的是相當有意義的，只是要唱出屬於我們自己的歌。動機相當單純，我想這最能代表當時這個運動的意義。如果把民歌的興起當作一個社會運動來看，它有它的羣衆、目標與手段，開始的時候，它是一個相當封閉、規模亦不大的校園運動，但後來的發展却大不一樣，商業色彩愈顯濃厚。從剛開始的校園歌曲，到現在由歌星來唱，我認爲，那實在是一種必然的演變，我們也無所謂好壞，因爲在國外也是這樣發展的，這是兩廂情願，也是彼此互利的事。

就字面上來說，「流行」是一種時髦、時尙，因爲大家都做，所以我也跟著做，它往往是沒有什麼特殊目的，它是盲目的，而且是短暫的，流行歌曲就是這種性質，時裝的更換卽是一個最明顯的例子。這和當時臺灣「民歌運動」的目的就不一樣，民歌運動是基於一種激情、一種感受來倡導的，它確實是一種運動。在開始時，它不見得就希望變成一種時尙，民歌演唱者也沒有想過將來要灌唱片、要上電視。以民歌發展的過程來講，現在的民歌已經具有「流行」的性格了，因爲它已經摻入相當的商業氣息。

剛開始時，只要有心人都能感受到年輕人的自省，同時也反映出，不是所有的年輕人都是失落的、盲目的，至少這羣年輕人就是很好的典型。他們是一個能自我反省、自我批判的典型，他們能從小的地方來批判我們的音樂、我們的樂壇。從社會學的眼光來看，這確是很有意思的。

對社會文化的批判

至於它所賦予的社會意義是什麼呢？第一、它是社會造成的，第二、它帶來了一羣年輕人的反省，對過去一、二十年社會文化的批判，從小的方面來講，它爲過去的流行音樂帶來了新血。我們可以這樣分析，在民歌興起以前的流行歌曲，屬於趙曉君、楊小萍、姚蘇容她們這羣，我們也很難以靡靡之音來形容，因爲「靡靡」就是有一點軟性的批評意味，而民歌的興起可以說替我們的音樂圈提供一個新的風格，尤其參與到商業界以後，更明顯的說明它已爲臺灣的音樂界提供了新的素材。

還有一點是我們不能忽略的，就是當時同時產生的鄉土文學問題。以社會學的眼光來看，這十年來的社會運動中，民歌運動和鄉土文學運動應該可以相提並論的。鄉土文學運動代表我們對過去鴛鴦蝴蝶派的一個反應，民歌運動則代表我們對「靡靡之音」和過去流行的外國歌曲的一個反應。我想，這兩個運動的影響都是正面的，如果不發生在六、七年前，也會發生在現在，因爲我們整個的社會經濟文化的發展，必然會導致現在的結果。而且從支持民歌的都是鄉土文學者就更能確定。我同意民歌運動是一種鄉土運動。但「鄉土」不一定非要鄉村不可，鄉土事實上就是自己的本土，如果把它說成「本土運動」我是相當能接受的。這是對臺灣在外來影響下的文學界和音樂界的一種反應。

民歌運動帶有激情

這段激情，我們應該經歷痛苦去了解它，因爲民歌具有這種本土意識，使得現在的年輕人比較具有批評及反省的能力，我想這也是民歌運動的一個結果。如果有人說給予他們太多的鄉土意識，以至於激起他們太多不必要的激情，那我倒要反問，難道說我們過去二十年給了他們足夠的鄉土意識和本位文化嗎？而這些都是他們需要的，現在已經算是晚來的了。也許這應該發生在六〇年代，那時候就該培養我們自己的本土文化，一種眞正中國文化的感覺。這已經是遲到的鄉土意識了。鄉土意識的發生，是值得我們去注意、去反省的，我們不必怕被誤導，任何一個文化運動，都有「被誤導」的可能，而且我們民歌發展至今並沒有被誤導，有的話，就是被「誤導」到商業的管道去了，這與當時的原意不一樣，這算是一種誤導。

同樣的道理，某一個團體或羣體有特定的目的時，它也可以用音樂作爲達成目的的工具。最近幾年的民意代表選舉，已經有人讓音樂派上用場，這是很有意義的發展，社會學家也會想研究，那一個候選人用那一支歌曲表達他的內心，來表達他要訴諸於他的選民的。譬如幾年前墨西哥和哥倫比亞總統大選時，美國的一羣音樂家，分別跑去幫兩個候選人助選，而且色彩完全不同。當然我們很難說，這是不是和民歌運動有關。民歌是從臺上走到臺下去的，它是流動性的，競選則是要到處走動，所以民歌之所以注入競選中，與民歌所具有的特殊風格有關。這次選舉，不管黨內黨外都用音樂助勢，我覺得這是很好的方法，因爲不管你說再多的話，不如放一首你自己所認同的歌要好，因爲那就像是一種符號，一個象徵。我相信以後音樂參與政治的會更多，一方面也會刺激音樂從業者的多元化，因爲音樂是社會的產物，它也要回饋到社會去，它不僅是一個單純的創作，它可以有它的社會功能。基本上，我認爲民歌確實爲大衆音樂文化帶來相當好的影響。

讓民歌手自己來

最近幾年，民歌有沒落的趨勢。從比較嚴肅的角度來看，我認爲那是因爲沒有人推動它，沒有人像當年一樣，把它當作運動一樣來推動，因此變成了流行而已。「流行」的推動只有靠商業機構，而不是原來「自己要唱自己的歌」的那羣年輕人了。另外，這一兩年民歌本身的藝術性與實質內容都無法再進一步突破，所以參與羣就自然縮小了。民歌沒落的原因在於，第一，它本身商業化了，第二，它本身已經定型，只談些瑣瑣碎碎的事情，而沒有更能觸人深情的地方，民歌已越來越像流行歌曲了。最重要的，現在民歌已缺乏「社會主題」，缺乏推動它向前的力量。

如何接下來跑下一棒？我想，還是應該民歌手自己來作。如果傳統民謠能夠融合在現代民歌裏面而且民歌作曲者能更敏銳的去體會社會的百態，相信民歌會再興起，流傳得更深更廣。

71.10.10.《時報雜誌》149期

臺灣歌謠及其社會背景：
從「癸亥」說起

自癸亥以降（西元1923年，民國十二年）迄今恰一甲子，六十年來，本土人民的音樂生活面有戲曲（南北管）、歌仔戲（河洛、客家）、原始民謠（河洛、客家、山地），還有創作性的時代歌謠（河洛、日本）。其媒體傳衍除了舞臺戲劇團的方式外，亦隨著科技的進步而有所遞革（如民國二十年，臺灣成立了二家唱片公司），而值得重視的是日本帝國主義統治臺灣長達五十年，五十年間各種殖民措施在在使臺灣居民萌生反抗意識，而反抗行為遂成為不可避免的方式。然不論是武裝抗暴，或是如同「文化協會」般謀求根本改革，表現在本土音樂者又幾希？數年來諸多評論對日據時期之音樂常有著某些設定與期待，姑不論此種研究方式有否偏頗，應該肯定的是這些音樂歌謠的確能夠反應當時的社會情狀。

如果說臺灣光復為一分水嶺，光復前之歌謠與光復後創作之樂曲依仍有著息息相關的連鎖性，而為了更瞭解此環結連鎖之根脈，俾確實探詢光復後臺灣社會之種種變遷，茲將癸亥年做為起點，搜羅此一甲子曾風行過之歌謠（惟歌謠之樣本因礙於篇幅，勢難週全），竊求管測以微知臺島之社會生活沿革。

農耕生活型態的歌謠

早期臺島之經濟生活型態以農作爲主，農民從事之生產除却稻作之外，果農、菜農、茶農亦伴隨著稻作應運而生，前二者與稻作之作息有關（譬如收割後爲免農地荒廢而栽植果、蔬），後者則與傳統習慣有關（中國人嗜茶）；然不論是何種農作，農村經濟生活之秩序性（有固定農息）、單純性（經濟結構單一，故農民生活型態亦代代相衍）與民風之赤醇、保守均關係著人文社會活動之層面，歌謠之創作亦與此緊密相連。

根於傳統之農耕生活，民謠傳唱之抒情無論是表達相思者，或相褒逗趣者，或孩稚之童謠咸有著純樸農風，其直接表白，不注重意內言外之眞趣，頗堪玩味。

與時令節氣有關

病 子 歌

正月算來囉桃花開，娘今病子無人知，
君今問娘囉愛食什麼？愛食山東香水梨，
愛食我來去買，你買乎我食，
噯唷奄某啊喂。
二月算來囉田草青，娘今病子面青青，
君今問娘囉愛食什麼？愛食枝尾桃仔青，
愛食我來去買，你買乎我食，
噯唷奄某啊喂。

病子歌爲車鼓戲曲，爲丑旦二角對唱之曲調。病子歌共分十段，描寫婦人懷孕要求吃新奇食物，依正月至十月配合著節氣，將十個月內之農產陳述出之，如六月的荔枝，七月的鳳梨，八月的文旦等，與當時之農作生產相互應和；除此之外，亦把十月內農家生活情景道出，如三月播田，五月扒船（端陽之龍舟競賽），八月中秋等，十足表現出農作時令之各種活動。

桃花過渡

三月是清明，風流查某假正經，

阿伯宛然楊宗保，桃花可比穆桂英。

十二月是年終，精滋做粿拜祖公，

有尪有婿人得爽，啊伯你著詠冬風。

桃花過渡亦爲車鼓戲曲，屬對唱型式；此首也是配合著節氣撰詞，如二月春分、八月白露等，歌詞中亦提及民間傳說二位家喩戶曉的寃家情侶——楊宗保與穆桂英，得知民謠之取材與傳說須臾不分，而傳說又可追溯到平話、彈詞、鼓詞，民謠風尙之習染，的確有不容忽視的傳統文化色彩。此外，歌詞內訴及的農產有九月之紅柿等，民謠就地取材之特色亦可見一斑。

童　　謠

童謠大多爲朗誦，加上強弱長短音調，事實上已自然賦予了口語音樂的特色，如：

火金姑來食茶，茶燒燒配弓焦，

弓焦冷冷愛食龍眼，龍眼黑黑愛食林仔佛。

一放鷄二放鴨，三分開四相疊，

五搭胸六拍手，七圍牆八摸鼻，

九咬耳十拾起。

一般說來童謠在韻調上的諧和性强於其詞句的意義性，而童謠之作用除表達童稚天眞浪漫的情感外，學習語言文字，訓練孩童咬字淸楚均爲相生的效能之一。如一首兒歌，兒童口誦之後可習得一、二、三、四等數字觀念（如前述），可習得某些名詞（茶、弓焦、龍眼），可幫助孩子咬合文字，瞭解音調（茶、焦、眼叶韻），這些都蘊含著訓練、教導的色彩。當然若適時地放入父母親的某些期待也不無可能，如：

搖啊搖，搖到內山去挽茄，

挽外多？挽夠一飯籬，

也通食，也通賣，也通乎嬰仔作度晬。

「度晬」卽爲嬰孩度週歲之義，於民間風俗，週歲之時，家中長者會準備一些物品，物品包括文房四寶、針線、吃食……等，然後讓嬰孩伸手抓，而嬰孩所抓的物品將說明未來他的運途（如，若抓到文房四寶，很可能意味他較喜歡讀書，長大會做官等）。這首「挽茄乎嬰仔做度晬」的「茄」就隱有這個含義，「茄」色紫，圓潤豐形，其形肖「笏」（古時爲官之人朝覲時手持之玉版），而「紫」色喻貴（皇族命婦之色）；「搖到內山去挽茄」卽父母希望盡心地教育子女，期待他一朝爲官，光耀門楣。十分地表現出父母親的盼望。

然而在小傳統上，中國的父母對幼兒的管教勿寧說是非常放縱的，如：

點仔點水缸，誰人放屁爛脚倉，
點仔點茶古，誰人放屁爛脚肚。

基本上父母親對孩童口語中的「脚倉、脚肚」等沒有什麼忌諱，因爲童言無忌，這些話是被接納的；中國人訓練小孩「早期」和「後期」差異十分大，早期放縱，後期嚴苛，孩童每至「冠禮」就有了相當多的社會期待，與西方教育孩童之方式大異其趣。

除却學習語言、預期之社會化、溺愛孩童外，童謠有時却是成人內心的寫照。如，

人挿花伊挿草，人抱嬰伊抱狗，
人坐轎伊坐畚斗，人睏金眠床伊睏屎學仔口。

這首童謠係譏笑日本人寒酸無知，與狗相似；對孩童來說，仇恨日人之心態當不强烈（孩童無識無知），這首童謠應當說是成人鄙視日人的心態，只不過藉兒童之口說唱出來罷了。

中國人另一特質便是崇尙自然，善於疏解緊張情緒，使原本緊張之事件轉換得合於情理，如

烏面祖師公，白目眉，
無人加你請加己來，一個面固笑咳咳，

笑甲一個嘴仔離西西，到底為啥代，
舉椅頭仔看目眉，椅頭仔無好撲落來，
撲一吓有嘴齒無吓頦，真厲害，
大聲小聲哀，無講無人知。

烏面師公撲落原是非常窘的事，可是却來個「有嘴齒無吓頦」的逗趣情景，然後又嘲謔性的說「眞厲害」，此種疏緩緊張情狀的處事風貌，於日常生活中俯拾皆是，如，不愼打破杯盤隨卽會反應出「歲歲平安」的吉祥話，這些都是中國民俗特有之屬性。

乞食調

詞云：

有量頭家來痛疼，痛疼著阮歹命人，
好心阿嬸來助贊，助贊著阮袂討趁。
街頭巷尾四界趖，倚站門邊講好話，
求恁一碗冷滰粥，乎人看輕無問題無問題。
一身襤褸不成樣，父母生阮著破相，
欲站世間愛忍受，命中註定免憂愁免憂愁。

乞食調爲乞丐乞討時吟唱者，有固定曲調，常配以響板、月琴，亦有人稱爲「捧鼓調」。

中國社會乞丐乞食有其特殊背景，自唐宋而後，乞丐便以幫派、組織之方式出現，卽令沒有參加組織，「行亦有行規」，那就是不能違反「行規」乞討，如乞食時吟唱之歌有固定的格式（身抱月琴，彈乞丐調），與西方社會那種賣唱式之乞討不同（所唱的歌不固定），因此乞丐調遂成爲固定的乞討交換模式。

乞食調的詞可隨著情境之不同而更易，詞中常加入對施捨者的祝福，如希望施捨者將來大富大貴有好子孫等等，希望施捨者能因施捨而有好的報應；這種做好事有好報的因果觀念，與民間篤信道、佛有關，十足說明了儒法社會的良善，連乞食之人亦不忘口諾之祝頌。也使得乞食與施捨之行爲建立在互惠的條件上。

相思、閨怨——移民社會之男女情感

臺島居民多爲晚近移民，移民初期常爲男人孤獨來臺，而將家屬親眷留在內地，移民社會所演化之男女情感有頗多値得探尋之處。如：

思想起

思想起，桃花含唇有胭脂，
李花獻白無香味，舊情再來思想起，
甘蔗好食雙頭甜。
思想起，綠竹開花綠竹青，
大某袂生娶細姨，細姨娶來人人愛，
放捨大某可憐代。

此首民謠或爲丈夫自況自警要求不忘家鄉糟糠之妻而吟唱，或爲妻子自陳自訴希望丈夫勿捨恩情，期待「甘蔗雙頭甜」（有始有終，情愛愈久彌堅）之情意，這些均是移民社會下相隨而來的情況，其相思之色彩有若唐宋時之「閨怨」詩格；唯閨怨多爲婦人思念遠征良人

（或遠遊浪子），其悲悽之氣氛較濃，而相思之情則淡然恬適，所牽引之情愫已十分之不同，不過相思幽情發展至遠後，亦會產生另一分直接之尋覓。如：

六月茉莉

六月茉莉真正香，單身娘仔守空房，
好花也著有人挽，無人知影氣死人。
六月茉莉香透天，單身娘仔無了時，
好花也著合人意，何時郎君在身邊。

歌詞中更加直接地表白思春思念相思之情，如詞中並不掩飾「守空房、厚眠夢、在身旁」，這些都與床有關，於男女雙方纏綿繾綣之情點得非常巧妙，既不俗又恰如其分，只不過幽情較深，怨嘆較濃；這種情感或已是移民後期（第二代的子女）之表顯。

隨著相思，必可論及婚姻關係，在中國婚姻情況並不避諱「老少配」，老少配對是被允許和認可的。如：

草螟弄鷄公

人生六十像古樹，無疑食老愈健丢，
看著小娘面肉幼，害我學人老風流，
草螟弄鷄翁，鷄翁披博跳。
老人食老性要守，不通變相老不修，
你若愛我做朋友，可惜你是長嘴鬚，
草螟弄鷄翁，鷄翁披博跳。

這是男（老）、女（少）對唱的方式，男女互相嬉弄，而男方要求女方成雙對的理由多爲「少年梟雄無尾溜」(做事有頭無尾)、「少年落水命會休」（中看不中用），認爲食老愈穩重、愈可靠，其理由較爲「內化」也較有力；女方反駁的理由則爲「可惜你是長嘴鬚」、「配著老兄眞憂愁」，理由較「外顯」，較無說服力；充分表示出老少配的可能性；而老少配堪稱爲中國社會一獨特有趣的現象，且不論是「老夫少妻」或「老妻少夫」（中國北方小丈夫的情形不少），在在說明傳統社會除却肯定郎才女貌的婚姻外，對於其他婚約也有著彈性的包容。

客家民謠

客家民謠亦與閩語（河洛）民謠相似有著各種不同類型之範疇，然客家人有其獨出之民族特性，如客家人勤勉儉樸，無論男女其獨立性、自足性均强，且非常注重團體利益，有著極强的親族相連之屬性；又客家人移民時間較閩南人晚，其移民多爲親眷同來，故歌謠中相思之情迥異於閩語民謠；加之客家人非常重視子女的教育，塑造成典型之耕讀社會，這種種因素咸爲客家民謠樹立一特出的風格。如:

山歌仔

高山頂上起學堂，兩邊開窗好透凉，
阿哥讀書望高中，阿妹讀書望聯郎。

送郎歌

送郎送到茶亭下，茶擹放捨來食茶，
忘記食茶先盪碗，唔，好食！

人家口爛渣。

送郎送到伯公亭，洗淨手脚拜神明，

一來保佑家中事，二來吓！

保佑大家人。

朝朝起床時

初一朝初二朝，朝朝起床就找哥來攬腰，

噯唷郎噹三，朝朝起床就找哥來攬腰。

此三首歌謠，第一首說明客家人對教育的重視不分男女，一視同仁；第二首送別之情亦淋漓暢快，幽怨之情幾乎不存；第三首表白男女直接無僞之情感，赤樸天眞無所矯飾，適足以探知客家人豪邁不拘之個性。

客家民謠一般說均較短，這與其歌謠傳唱之場合有關，原因是客家民謠大都是工作時吟唱的，不論是婦女採茶也好，男人田作也好，爲配合工作情境，歌謠必不會太長（事實上二者互爲因果），於是愈容易朗朗上口的歌謠，愈容易流傳，連帶地也幫助了它們（短的歌謠）繼續生存的樣態。

不過歌謠發展至後期，細緻的特色必應運而生，唯其細緻，歌詞長短之演變亦夾伴而至，客家歌謠當然不免其演化繁衍的窠臼。如「茶山相褒」便是一特例。

相褒意卽互相嘲諷、褒貶，「茶山相褒」以對唱方式將男女二人相識的情景道出，歌詞不僅較長，也有一些詞句已接近現在所使用的語彙，如「靑仔欉、好迌迌、瘋豬哥、頭發燒」等。

農耕生活型態之歌謠其共同特色，卽題材大都和「吃」有關，無論是童謠、相思、乞食，都有這個趨向。

「吃」在中國社會中原扮演著非常重要的角色，所謂「民以食爲天」、「衣食足」而知榮辱，加上農業經濟生活型態原與「吃」息息相關，不論是春作、秋收，咸然如此；除此之外，日據時期百姓生活貧苦亦爲原因之一，人們旣無法在現實生活中求得滿足，自然轉而傾向精神的抒發。

綜言之，農耕生活型態之民謠與節氣時令緊密相連，取材均較單一直接，男女情感之表達也很淸澈，閨怨相思之情多爲女方，童謠針對的對象多屬男孩，與整體之社會結構有些許差距（如小傳統與大傳統之間期待之不同）。這種種現象交組成一幅可見的農耕生活景象，藉著歌謠已能窺知其一、二了。

工業生活型態的歌謠

隨著經濟結構之變更，都市也帶來了不同生活的樣態，生產結構的變遷連結著新的科技，迅及影響了民衆的生活，歌謠方面旣有唱片問世，電影音樂的流行亦成爲另一股風潮，今日大家耳熟能詳的望春風（李臨秋詞、鄧雨賢曲）便是電影「望春風」的主題曲。

此時的歌謠是透過錄音（科技）製成唱片（科技）再發售給聽衆（商業行爲），與傳統歌謠的方式已大不相同，過往無論是在農作、在採茶，傳唱的人常有直接互動的可能，可是加上科技與商業行爲後，歌謠本身的變化已成爲不可避免之事實；如，配合唱片，歌詞必須較長（早期的唱片一面只能唱一首歌），且必須豐富其音律上的變化（聽歌的人無法直接看他們唱，爲求吸引聽者，音律節奏的細緻勢不可免），而旣然灌製成唱片，固定的歌者遂相機產生，浸漸以降，流行歌謠之雛形便鑄模了。

失戀歌謠型態產生

悲戀的酒杯　陳達儒詞　姚讚福曲

別人捧杯爽快得合歡，
阮捧酒杯悽慘又失戀，
世間幾個親像阮這欵，
噯唷噯唷愛是目屎甲憔煩。
帶著酒氣每日定定紅，
目的不是貪著酒燒香，
看破世情一切像眠夢，
噯唷噯唷第一悽慘失戀人。

都市的生活開展了男女自由交往的風尚，若情愛無法得償，失戀的哀情自然產生；有趣的是過往媒妁之言撮合婚姻，舊社會所給予男性的肯定造成女性在情感上以依附男性爲主，因此農耕時期之相思、閨怨，其主體均爲女方，男性有思念妻子者（如思想起），却未曾有情感受挫的經驗，而這首「悲戀的酒杯」却是男性失戀借酒消愁的例子，男性在情感方面也不再是主宰者，男、女地位的調整已在新社會中表現出來了。

隨著失戀的情結，自由戀愛遂成爲值得探究的社會「新象」，歌謠的表現又如何呢?

「流行」曲調應運而生

戀愛列車　　陳君玉詞　姚讚福曲

帥哥哥站在戀愛嶺，
小妹妹站在相思城，
路頭算來相隔壁，
欲講情話著搭戀愛車。
心肝內暗恨這班車，
日未落驚驚不敢行，
苦袜將日趕落嶺，
通好來去尋阮搭心兄。

戀愛之意象以列車相喻，取材上已有很大的變化，車子這個近代的交通工具也做爲歌謠之題材，十足表示出社會之變遷，已由一靜態的社會型態轉型爲動態的社會型態，而變遷的範圍亦不限於本地，臺島與大陸水域或其他地區的溝通亦可由「河邊春夢」（周添旺詞曲）這首歌表現出（歌詞從略），得知此時的生活型態已迥異於往常了。

緊接著民國三十四年臺灣光復，臺灣創作歌謠再度復甦，此時著名之歌謠有：補破網（李臨秋詞，王雲峰曲）、黃昏再會（林天津詞，楊三郎曲）、南都之夜（鄭志峯詞，許石曲）、白牡丹（陳達儒詞，陳秋霖曲）、望你早歸（那卡諾詞，楊三郎曲）、苦戀歌（那卡諾詞，楊三郎曲）、杯底不通飼金魚（呂泉生詞、曲）、送出帆（陳達儒詞，林禮涵曲）、港邊惜別（陳達儒詞，吳成家曲）、阮不知啦（陳達儒詞，吳成家曲）、姊妹愛（陳君玉詞，姚讚福曲）、港都夜雨（呂傳梓詞，楊三郎曲）、安平追想曲（陳達儒詞，許石曲）、一個紅蛋（郭博容詞，邱再福曲）、黃昏城（姚讚福詞、曲）、燒肉粽（張邱多松詞、曲）、暗淡的月（葉俊麟詞，吳晉淮曲）、三聲無奈（林金波詞，黃國隆曲）、相思海（李臨秋詞，林二曲）等等（唯篇幅有限無法全數列舉）。

這些歌曲大體看來以哀傷氣氛較多，屬輕快者爲數較少（如南都之夜、杯底不通飼金魚）；而這或許和光復後之社會情境有關（如當時臺省和外省人之强大衝突，使臺省同胞有被壓榨及不被諒解的感覺），雖說作詞作曲未必以此種心態創作，可是在社會的大情境下不知不覺也習染上這份悲悽的情懷。

然而歌曲本身的演變也是非常之大，其曲樂亦酷肖東洋音樂，愈來愈有流行曲調的風味，詞句內也加入一些較世俗的東西，不再如民謠般那麼眞醇，其意義彷若形成爲「歌唱」而「歌唱」，除此之外人事變化之複雜，人我社會關係之交流，已非昔日可況，在歌曲中亦能窺視人在日趨複雜之社會關係中的調適過程；這個新興的社會處處顯示著與過往不同的變異。

前述列舉之歌曲中，以「暗淡的月」、「三聲無奈」、「相思海」之創成時間較晚，茲舉「暗淡的月」爲例：

無論你怎樣妖嬌美麗，
我已經不再對你痴迷，
你的形影你的一切，
總是引起我心內的怨切，
不管春風怎樣吹，
也是吹袂失我！

我！我滿腹的恨火，

啊！今夜又是出了暗淡的月。

在人的各種繁複之情緒中，「恨」意亦愀然而至，事實上人之情緒原本愛、恨交織，可是過往社會禮數的制約男性殊無生「恨」的機會（女性的相思、怨情也都歸結於宿命，故無由生恨），然而時況的改易使男性之角色地位有了調整與轉換，此際，男性不僅會「失戀」，也將親嚐被「放捨」而憤然生「恨」了。

歌曲的脚步亦步亦趨地跟隨社會實況之演化，自癸亥迄今，一甲子的歲月不可謂不長，六十年間臺省同胞經歷了數度變革，其間又有世界潮流之侵襲（如新的價值觀）、傳播媒體之側入（如電視）及娛樂新興事業之崛起（如歌星），在在構成多面而繁複的變動因素，這些都能夠影響及歌謠創作之動機；而更重要的是有關當局之政策（如新聞傳播網之公約等），更能因一髮動而全身異，這許多龐雜的因素，堪爲今日創作情境迥異於往昔之處。

同一種現象或事物在不同的時空中將會有不同的風貌，兼之人類社會文明的進步日新月異，迫使歌謠的創作不得不配合著社會的脚步行進，有時亦不得不放棄舊有的觀念而承認眼前呈顯的事實；因此就整個人類經驗或社會經驗來看，歌謠的創作既附屬於社會文化的因然結果，也是反映社會情境的清透影子；子不曾云：鄭聲淫，由其「淫」便能觀察出當地的風俗禮化？然若我們的歌謠充滿著「復仇的怒火」、「可愛的二十萬」，見微知著之餘當可明瞭民風澆薄與社會暴戾之情狀了。

「歌是人與所處的環境之間一種互動關係的產物」，它是動態的一種現象，而非靜止的一件事物，因此在研究上，應注重其彼此的互動作用，而不應將它視爲某種固定性的狀態來討論（註）。既然整個歌曲的塑成與時、地、人、小傳統、大傳統緊緊相鎖，若只想就一單一因素來探究所以，實以管窺天，以蠡測海，所見之小已能知之。因此「歌謠」本身的確不能拋却歷史性、承接性與羣衆選擇性的各種環結，而當我們扣緊了這些環結深入思索現階段流行於世面上的曲樂後，有識之士與決策當局應該重視這繁密結構後所隱伏的「問題」，而能抽絲剝繭地針對弊端痛下鍼砭，否則暴戾的「現象」一而再，再而三的發生後（如洪榮宏、邱晨被殺案），原不只是黑道涉入的些微徵兆，這反而是嚴重地對社會不衡常之現象提出一個非常肅警的危險訊號；若今日能夠認眞反省深思，消除此類病癥尙不算晚，倘意存姑息或一味掩過飾非，未來的狀況當在可料想的蛻變中了。

72. 4.《益世》31期

（本文的歌謠資料由黃國隆提供，本人分析並口述，由平子撰文）

附：殖民地的哀思

民國二十八年中、日關係惡化，爾後日本侵略中國大陸，臺灣同胞被日本强迫徵召作「軍夫」往戰場送而音訊杳然，臺灣婦孺亦從此過著心酸酸的日子。

心　酸　酸　　陳達儒詞　姚讚福曲

我君離開千里遠，

放阮孤單守家門，

袜食袜睏脚手軟，

暝日思君心酸酸。
無疑一去無倒返，
辜負青春暝日長，
連寫批信煞來斷，
乎阮等無心酸酸。

「心酸酸」這首歌十足說明了殖民地人民生活的苦況，臺灣同胞在日本人的威迫下無端成爲送命的礮灰，致使家破人亡、流離失所，此種慘況至今思之猶覺愀然。時局的動亂同時也加强了離鄉背井的可能性，有時雖倖免於充當礮灰，可是依舊無法避免被日本政府派往他鄉工作的厄運，這首「思鄉」便是在此情形下產生的。

思　　鄉　　姚讚福詞曲

離開故鄉三年外，
精神苦痛身拖磨，
有路通行無厝通好住，
何時會得確快活。
故鄉光景今啥款，
思念親友心正戀，
父母為子不時得憔煩，
何時會得確心寬。

思鄉之情洋溢於外，也唯被掠奪的心靈能夠產生此種眞摯至情。

社會下階層唱下階層社會

大約在三、四年前，我開始注意到有新的臺語歌流行這個現象，因爲，距此之前十至十五年之間，臺灣社會幾乎沒有新的臺語歌手出現。大略看來，臺語歌曲的內容由早期的描述愛情，繼之爲勸世（如「安童哥」即爲一例），到現在偏重社會寫實，已經變成一種新風格。

最近流行的臺語歌，內容著重社會寫實，屬於標準社會低階層的歌曲，無論是歌者或聽衆大多本就是身在社會下階層唱下階層社會的實況，國語民歌則是屬於中產階級的歌曲，二者體驗廻異，表現出來的東西自然也不同。

臺語歌如此流行跟社會結構改變有關。臺灣社會三十年來製造了不少中產階級，同時也製造了更多的勞動階級；城鄉人口的變遷，社會流動性增加，這些現象都在臺語歌歌詞中表露無遺。

事實上，無論是臺語歌或國語的民歌，它們的流行都代表社會及市場有此種需要，方得應勢而生。而此二者的分別流行，根本上並非互斥性質，而是共生的，它們各自滿足了社會不同階層人們的需要。

我認爲目前喜歡聽臺語歌者，並不只限於本省人，外省聽衆應該也不在少數。依語言學家分析，臺語的結構唱起來比國語來得好，而從注重「美」的觀點來看，老實說，國語並不適合唱。換句話說，臺語內涵比較豐富，適合由語言轉變爲歌曲，相對地，國語就缺乏此項優點。我們姑且可稱臺語爲一種柔性語言，臺語歌的曲調一般多較悲淒，常給人一種似乎是受壓抑的感覺，很可能打動人心，它的流行固因同屬柔性，而曾受日本歌曲影響，另外，早期本省與外省同胞間適應矛盾可能亦是一個原因。再從客觀環境探究，由於政治力影響以致𨑨語在官方語言政策上被視爲方言並加以限制，臺語不得登大雅之堂，使人在潛意識中希望用自己熟悉且親切的語言與之抗衡，亦有可能爲其導因，但這毋寧是潛意識裏所做的取捨，未必是有意識的反抗。

在濁水溪以南的社會，臺語不僅是大多數居民的母語，甚至是第一語言。臺語被普遍應用在各種場合，無論是否官式，因此，居民愛聽或愛唱臺語歌是一種很自然的行爲，聽國語歌曲似乎就可能是種刻意的行爲；而在北部社會，臺語歌流行也許就可視爲一種刻意行爲，可能多少含有反抗意識。

73.9.2.《新潮流》

從社會文化角度看電影

我對於電影沒有什麼研究，只能從一個消費者的立場來談這問題。這幾天我是臨陣磨槍，先做了一些家庭作業，收集有關電影方面的文章，並且做了些整理。從社會學的觀點來看國片發展，我發現幾個有趣的現象。我想先說出來，就教於各位，大概五〇至六〇年代的電影，是以「排遣」的功能爲主，尤其古裝片特多，譬如說六三年的「梁山伯與祝英台」，六四年的「秦香蓮」、「七仙女」等片子都很具代表性，此類的電影，娛樂性的功能比較高，而且是以古裝來反映「鄉愁」，這一點可能跟六〇年代臺灣經濟開始穩定有關，也因此，有色彩鮮豔大部頭的電影出現。

到六〇年代後期，我們看到另外一種趨勢，鴛鴦蝴蝶派像瓊瑤小說改編的「瓊瑤電影」興起，直演變到七〇年代末期，又再有李小龍式「武打片」的出現。在七〇年的中、後期，國片又走向於感官刺激發洩和物質主義的電影。雖也有社會寫實的口號在那時出現，但自內容本身來看，則却是乏善可陳。這種現象，從社會功能來看，便是屬於一種刺激性電影。有很多人認爲當年「鴦鴛蝴蝶派」電影與李小龍的功夫片，兩者有互動的作用，這兩類片子，實際上跟現實社會都相當脫節，也無法從電影的內容本身去抽釐社會的縮影。因此，在六〇至七〇年代出現知識分子「拒絕」看國片的情勢。回想當年我在讀高中、大學期間，也是拒看國片的一分子，只是在金門服兵役時候，看過一次李小龍的電影，印象很深，記得在1973年。1974年到美國以後，也就更沒有機會再看國片。直到1979年我回臺灣，國片的發展則走到另一個階段。

八〇年代一開始，我看到一股新鮮的清流式「學生電影」的出現，約維持了兩年，到八二年八四年有所謂「新電影」，情況又完全轉變。在大專院校校園內有國片座談會的舉辦，大家對國片有了極濃的興趣，也開始關心國片的發展，如果就「新電影」的趨向來看，有所謂「鄉土小說」或社會性寫實小說改編的電影，它的主題與意理色彩跟六〇年代不同，也跟七〇年代不同。

如果說六〇年代的電影是著重娛樂排遣，七〇年代的電影是感官刺激和物質主義，那麼八〇年代的電影，就近兩三年的影響看來，似乎是在有意識的反映社會。這跟七〇年代後期那一段所謂「寫實電影」有相當象徵意義上的差別。我認爲七〇年代電影中的社會寫實成分是間接的，雖然那些片子也在某些程度上反映了當時社會，譬如物慾主義、黑社會、暴力的存在……，但却不是導演與編劇們在有意的「反映」這個社會，更沒有任何「批判」的企圖。至於八〇年代新電影的導演，在編劇、拍片過程中則有意識的想直接反映甚而批判社會現狀。無疑，七〇年代無意識的間接反映是一種逃避社會的作法。進一步由主題來看，五〇至六〇年代都缺乏任何的「社會主題」意識；七〇年代間接反映的結果是呈現一逃避主題的無奈；八〇年代的時間尙短，今後發展如何尙難預測，但是我總覺得它有相當强烈的社會主題意識。

對於當前新電影發展情況，我又懷有一分擔心，它會不會像民歌在過去十多年的生命史。剛開始的時候，民歌曲調歌詞，也是非常清新純美，學生電影出現也給人類似感受，不強調戲劇化，早期民歌也是在有意擺脫繁複的語言及音調。但是，慢慢地染於商業化之後，民歌的聲譽就步步下降。早期的國語歌曲主題，大多是愛、恨、愁，到了民歌時代轉變成爲親情、朋友、山、水、河流，「外婆的澎湖灣」之類，什麼也都可以唱。這一時成爲風尙，味道新鮮。但是慢慢的你可以發現，這樣的主題也漸漸唱完了，聽起來或許淸新有餘，而內容却流於空洞、膚淺，音樂的藝術深度也有欠豐富性。再加上商業的濃厚汙染下，什麼也都可變成民歌，「民歌」也只有走向死亡。

從社會文化的觀點來看，八四年後的電影，難免讓人也有這樣的猜測。如果它的藝術及主題豐富性不能持續或突破，只是所有電影都會以「鄉土電影」或「新電影」來標榜，結果則會像民歌的生命史一樣短暫。

74. 2. 25.《中國論壇》226期

大衆文化的新口味：
從「電影秀」的賣座談起

「電影秀」瘋狂賣座的情形蠻合乎我們社會學的說法，那就是大衆文化的取向，趨於商業化、庸俗化，我們很難去批判它，也必須重視及承認「賣座」這個事實，喜不喜歡這個事實存在是另一回事，因爲觀衆接受了它。假若影評人不去談它、漠視它，這就暴露出一個問題：影評人不與被評人溝通，雙方脫節的現象，會愈來愈深。以社會學觀點來看，我以爲影評人要負很大的責任，因爲，不把觀衆看在眼裏，把自己高估成帶領社會變遷的人物，忘了自己也是變遷中的一部分。

「電影秀」與「那一夜我們說相聲」

「脫口秀」的興起、受歡迎，我個人認爲它顯示了大衆文化新口味的產生，也表示了我們現在需要一些新型態的娛樂，除了動作、戲劇以外，也需要所謂的「說秀」。「脫口秀」那麼的流行，連正式的金鐘獎頒獎典禮都有，從社會學的眼光來看，有趣的是「在臺灣的現代人會喜歡『脫口秀』」是不是一種新的趨勢，表示他願意去聽、去看「講話」，而不是只要打打殺殺、流血暴力、色情等直接訴諸於感官刺激的東西，而開始喜歡比較含蓄、樂而不淫、沒有暴露的東西。我覺得它變好的。事實上「電影秀」與「那一夜，我們說相聲」由南到北，場場客滿，雖然觀衆不盡相同，但這個新趨勢是個很好的市場轉變，大家應把兩者同受歡迎的現象合併來看，都是 talk show，我想這樣比較有意思。一味的說相聲好，肯定它，看「電影秀」就不好，否定它，那是不公平的。兩者都是有娛樂價值、好玩、中聽、充滿喜感、戲劇化。

我倒覺得是否能夠把素材擴大，以生活上、社會上存在的現象，加上一點反諷，在陳述中又有批判，我想知識分子會非常喜歡。報紙有很多可以成爲脫口秀的素材，運用之妙，存乎一心。以華視現在的「新聞題外」爲例，雖然達到了效果，增加收視率，但是我以爲很累贅，當做新聞處理過分輕浮，放在綜藝節目會比較合適。因爲觀衆弄不清楚到底是新聞還是說笑，也不端莊，對新聞從業員是一種不尊重，對社會大衆產生誤導作用。

電影是最普通的娛樂之一

三十多年來，我們並沒有以很嚴肅的態度來看國片，從事電影工作的人，不被尊重爲「電影業」。這兩、三年來，有一些新電影被知識分子注意，而且也以較嚴肅的態度去談它，但又是一窩蜂地去談，對國片的將來，會有什麼導向，我不知道。這幾年來戲院的成長與觀衆人口成反比，能夠像「電影秀」吸引這麼多觀衆的非常少見，好片子的叫好不叫座，反映出大衆文化完全商業化，講的是趣味、輕鬆、好玩，與影評人所要求的完全不同，也反映出社會上一般人看電影的心態：娛樂而已。說它膚淺、粗俗都可以，但是表示的確有這個需要，要他思考，可能是過分的要求。這產生一個問題：拍電影是要能夠滿足什麼階級的人？

我們多數人口，都是勞動階級、中產階級，我想看「電影秀」的人，大概多是中低所得，而低所得可能更多一點，也就是一般勞動階級，商行的雇員、中產階級以及包括一部分已退休的老人。知識分子去看，多半是好奇與探討，大家看完了就算了，其實也不必認爲看了它就庸俗了，問題是看完了之後的感覺。假如電影界所强調的知識性電影，知識分子不去看，反而被拉去看「電影秀」，這才是問題；但是這種心態的可能性很小。

我們的社會，到底是一個「年輕型」的社會，人口多，從青年到中年一代的特別多，他們生產力旺盛，相對的消費力也强，更何況我們可以消費的年齡已經向下降，很多青少年都有能力消費，因爲他們的父母都還有點錢，整個臺灣是一個消費力非常旺盛的社會；雖然我們的儲蓄率也很高，表示這個社會是一個「有錢的社會」，人們除了基本的生活需求以外，也需要娛樂、文化。電影是最普遍的娛樂之一，各種型態的娛樂相繼出現，一個旅遊的地方被開發就完了，表示人實在太多。大衆文化的需求高，但選擇小，好的又太貴，娛樂設備不公平。以色情而言，有錢人可以更「高級」的去玩色情，中下階級就得冒著被抓的危險。現在有所謂「粗俗」的電影出來，知識分子批判它沒有水準。問題是，你有沒有其他所謂有水準的東西給社會？並不多！如果高的無法接受，低的批評它，我認爲這供需之間有斷層。

臺灣目前只有第一代的中產階級

臺灣是一個非常複雜的社會，由早期的邊疆社會、移民社會，到日本人統治的殖民社會；光復後，世界的經濟力量進來，四十年來，人口結構、經濟、教育的提昇，社會的結構改變，勞動階級、中產階級相繼而興。中產階級的特性是他的彈性很大，可塑性高，尤其是在娛樂上，可以很高級，也可以很粗俗。基本上，對文化的看法比較趨向於通俗化，會去逛逛書展、畫廊，甚至買大套書、收藏畫，但本身並沒有什麼鑑賞能力。參與文化活動，不見得表示他有文化素質，之所以如此，只是表示他是中產階級，必須去附會風雅。事實上臺灣社會變遷也才三十多年，眞正建設也只不過三十多年，若以1960年爲分野的話，也才不過二十年，我們如何要求一個剛轉變二十年的社會，馬上變成一個像西方經過蛻變二百年的社會呢？況且由一個窮社會到一個有錢的社會，很多問題因爲變的太快，顯得青黃不接，我們本身的文化還沒有產生一個主導的新文化出來。各種文化互相衝突當中，所謂南部文化、北部文化都出現了。

以中產階級而言，一、二十年前可能只是一個鄉下孩子，突然之間成爲中產階級，他沒有辦法適應，因爲文化很難改，「附會風雅」是第一代中產階級的結果；而臺灣中產階級的特有文化，還沒有產生，這是我們特有的現象。因此會產生比較通俗，從衆的大衆文化。我並不那麼悲觀，仍然是很有希望的，這是時間問題。中產階級已經存在了，再來是其他相關因素配合的問題。

基本上，大衆文化値得批評，問題是：你給他多少東西？有多少選擇？娛樂製作，可能沒有辦法讓所有的人都喜歡。無論如何，大衆口味的東西，是比較討好的。我以爲藝術最基本是溝通，當然有不同層次的溝通，是不是把胃口分一下，有大衆的，也有精緻的，都可以存在。電影應是一種多元化的藝術。還有一種可能是表現方式的問題，我也期待電影界能夠更細密、更小心的掌握觀衆的品味與流向，去製作有大衆化口味，加上一些思考性的東西，一次不要灌輸太多理念，不露痕跡的表達了你所要表達的東西， 我想， 應該有它的可能性。我們的社會已經有足夠的金錢要求娛樂了，但大衆却顯示出我們的「饑不擇食」，臺灣的娛樂業是非常有潛力的。我想，在臺灣，錢本身不是問題，問題是在觀念沒有變之前，錢是最大的問題。

現在是關鍵時刻

文化是要慢慢來，急不得的，至於「藝術電影」的存在，我並不樂觀。臺灣中產階級的興起，不過二十年，恐怕還沒有辦法接受，是不是會有遠見、有魄力的人或者電影界的人回饋電影藝術，或者是由一個基金會來支持，我認爲這也是需要的。電影跟任何藝術一樣，可以反映社會變遷的結果。但理想愈高，難免失落，因爲你必須看到社會，但羣衆與藝術基本上是「鷄生蛋、蛋生鷄」，你也很可以再往前帶動一步，引導若干社會變遷，這是相互影響的過程。

我覺得現在是個關鍵時刻， 十年前恐怕就沒辦法， 現在推動一下，有可能把它變成「成熟」的時刻，雖然大家對藝術的接受，是如前所提的「附會風雅」，但是沒有關係，慢慢從行爲上改變，觀念會跟著改變。現在很多心理學家都認爲行爲先改，好惡轉變，觀念才會改，文化事業也可以是如此，這就是引導社會變遷的理論。

目前很多第三世界的國家，以家庭計畫爲例，都是先做，讓人發現少生孩子不錯，對生活有所改善，開始喜歡，以後就眞正了解家庭計畫的道理了。我想先從行爲著手，可能更好一點。一、二十年後，這一代的中產階級更成熟，我們將有兩代的中產階級存在，我對第二代中產階級的未來，還是比較樂觀一點。 74. 5.《400擊雜誌》

一年來滴水集「滴」了些什麼？

水滴石「濕」？

從去（六十九）年四月底本版開闢「滴水集」到現在爲止，一共有六十多篇短文出現在這個專欄裏。一個專欄，尤其是由幾個人共同筆耕的專欄，能維持一年多，算是不錯的成績。也該是結束告一段落的時候，所謂適可而止，大概可以說明「滴水集」從明天起將停止與讀者見面的原因。

「滴水集」的「寫在前面」記得是這麼說的，「一滴滴的水，可以滴穿堅硬的石頭，這句話比喻耐心的力量」。六十多篇短文可說成是六十多滴水，憑六十多滴水，當然不可能穿石，更不可能穿過堅硬的石頭。如果把這塊堅硬的石頭比喻成社會與生活的進步與反省，也是當時滴水集所期望的，顯然，這目的並不容易達到。不過，水既然滴了，總希望這個堅硬的石頭至少會多少被打濕不再是又乾又硬。如果能那樣，水滴得也就多少有些意義了。

現實的，人文的，社會的

如果要說這六十多篇短文有什麼共同具備的特色，那大概就是作者，也就是「濁水」的人都是在社會科學領域裏從事研究教學的工作者；所想所思和所寫也就難免有較濃厚的人文性和社會性；談的問題也不外是社會的和生活的範疇，而且很明顯的大都是現實的現象，很少是安樂椅上的遐思。從文章的題目，就大概能夠看出一點端倪；譬如說：「不但知『多少』，更要知『多好』」，「志窮人窮？」「教育優於社會需要」，「考試不能保證公平」，「官大學問大？」「政府檔案保管與使用」，「高山族的文化保存」，「人文社會科學水準的反省」，「小學教科書裏的傳統」，「誰是現代人？」……

批　評　的

除了「現實性」之外另一個相當有意思的特徵是「批評性」，在六十多篇文章裏都頗明顯的是在做不同程度的社會批評，總括說來，下面這幾項是較突出的：

1.對目前經濟掛帥下教育目標和教育政策的批評；

2.對國內學術界研究、出版、資格才能、主管、升遷，還有研究生論文的批評；

3.對時下多不自覺或是不易覺察的若干社會行爲，甚或文化格局的批評。如小學教科書裏的傳統色彩；吳鳳「故事」的眞實性程度；電視劇中的封建思想；迷信於單純行爲參與的民主；天眞的西化「現代人」性格；政府行政力量對宗教的干涉；強調羣己的第六倫與五倫衝突的問題等等；

4.對「精緻文化」必優於「通俗文化」的批評；

5.對人口問題及人口政策，立法的批評；

6.對資訊時代壓力下重量不重質的批評；

7. 對政府處理公共安全問題應負責任的批評；

8. 對臺灣社會性格中名與實、眞與假的批評；

9. 從對山地文化的尊重進而對山地文化改革的批評；

10. 對政府過份相信經濟指標的批評；

容 忍 的

第三個特色，姑且可以稱之爲「永遠相信有另外一種解釋和看法」的性格，在這些文章中，有不少就是在嘗試對似乎已經「成熟」的看法提出挑戰，並提出另外一種觀點，譬如說個人成就動機的解釋限度；爲教育而教育抑是爲經濟而教育？宗教與娛樂的分與合，社會研究和社會批判的相連性；對變遷，現代化與發展的新理解；家庭定義的理論與現實。尤其更有數篇嘗試評介結構主義對人類社會生活的詮釋；這些或許表面看來有些「書生之見」，往深處想，則提示一種找尋不同見解，容忍不同意見的精神。學術觀點應是如此，社會政治的意見更是應該如此。

辯 護 的

最後一個共通的滙集點，大概可以說是這些文章的背後都似乎在爲某些價值或旨趣在做辯護——或倡導。這些旨趣不外乎環繞著追求社會的眞實、公平、合理、平等、求變和改革的核心。用比較通俗的說法，不外是在摸索與找尋社會與文化之眞、善、美的可能性。文章範疇有的很窄，譬如只涉及學術圈裏的「改造」，或是對小學教科書的審視，或是對「藝術歸鄉」活動的期許；有的却相當廣，譬如說談文化異類時，事實是在對人類各個文化的肯定與欣賞；對中央民意代表政見的討論即是對均富社會理想的倡導；對現代化與發展的再理解，則在要求今後國家發展的策略，必須以建立人民的共識爲基礎；對人口問題及人口品質的檢討，也是在暗示社會經濟結構修正的必要性，即使是在討論吳鳳故事和電視劇內容時，也仍然可說成是在警告社會不要一味迷信於權威和教條。這些又何嘗不是跟前述的幾個特色：「事實的」、「批評的」、「容忍的」息息相關，甚而是不可分割的呢？

「滴水穿石」是大家的事

滴了六十多點水，頑石可能仍然無動於衷，但肯去滴，敢去滴，是參予滴水集的朋友的起碼認識；再說這些滴水人也從來不認爲「以天下爲己任」是自己的專利，滴水集只是開了頭而已，相信有了這六十多滴水，以後還會有更大的水滴會再陸續滴下來。也總有一天，這塊又硬又堅的頑石會被穿出洞來。那時，也就是我們的社會、文化與你我生活能夠較理性、較美好的時候了。

70. 6. 29.《民生報》

婦女應該爭什麼？

——聯合國「婦女十年」的目標

前　　言

1975到1985年是聯合國策劃推動的「婦女十年」，它的目標是希望藉著世界性的社會運動，透過各個國家種種有計畫的社會和文化變遷，讓婦女到1985年時能在教育、就業和健康三方面的生活品質都能提高到合理的程度。下面是這一系列的目標和優先改革的方向。

教　　育

- 對所有的女性提供平等的教育及訓練機會。
- 提出根除文盲的革新計畫，並且提供有關僱傭、營養消費者教育等方面的資訊，以提高婦女的社會功能。
- 透過教育和訓練，讓婦女參與科學性和技術性工作。
- 擴展教育支援，由私人和基金會資助婦女的教育、訓練所需經費。

優先需要的改革

• 確實讓教育方針逐漸改變傳統中對婦女不公平的角色規範和要求。

• 增加婦女參與科學、數學工作領域，並且在各種職業中，提供平等的各種層次專業訓練。

• 建立並擴充爲婦女專設的教育機構及設備。

• 從課程內容及工具上，根除對女性的性別歧視與偏見。

• 多方提供婦女非正式的教育機會。

就　　業

• 使婦女有充分及平等的工作機會，確保婦女有平等的待遇、教育和接受訓練的機會。

• 透過各國的努力以增進婦女的就業機會，以促使國際間的經濟秩序更加合理、公平。

• 改進第三世界中、下階層婦女勞工的工作環境，減少職業的流動性。

• 確保農村婦女（不管是在農業，或是非農業上）都有平等的權力與機會去獲取工作；從事農業的婦女也應該受到「勞工法」與「社會保險法」的保障。

鼓勵工廠爲女工提供孕婦保障、白天托兒所、育嬰指導及維護健康的指導。

各國應該儘速批准，並且實行國際勞工組織在歷次會議中，一再强調的婦女工作平等權力。

●重新界定「勞工」的定義，以使「不支薪」的婦女勞工（如家庭主婦），也能在國家生產總額上占一席之地。

●儘速發展鄉村地區與都市貧民區迫切需要的設備——如合適的住家、安全可靠的用水、托兒所（或育嬰中心、幼稚園等），以減輕婦女的雙重工作負擔。

●提議勞工保護法，並確保婦女有同樣的方便和權利，接受貸款、財務支援及管理技能上的訓練。

健　　康

●保障女性（尤其是懷孕婦女）的健康，加强保健性工作。

●使婦女和男人一樣有參與改進全民健康的機會。尤其是在擬訂健康及衞生政策上，更需要有婦女的投入。

●從受益人和關係人的立場來看，都特別要鼓勵婦女參予全部的健康活動的過程。

優先需要的改革

●對於發展中國家的鄉村地區及城市暗角，改進基本的保健工作，並且要配合婦女的特殊需要。

●讓婦女參與健康衞生維護政策的計畫和實施。

●發展家庭計畫。

●社區保健工作者（如傳統醫療執行者和接生婆）繼續提供保健服務；大力培養專業性保健人員，讓他們能完完全全的負責推動婦女的保健。

●以婦女需求為立基點，策劃和推展食物和營養計畫。

●改進環境衛生、衛生設備，以及飲用水水管和一般壕溝。

●發展適合婦女的技術及工作環境以減輕婦女負擔。（參考1980年6月出版的《發展論壇》*Development Forum*）

70. 3. 8.《民生報》

誰叫你生來是女人？

——聯合國「婦女十年」的奮鬪

1975年全世界的女性幾近有二十億人，其中有三分之二以上的女性是分佈在發展中國家，她們的平均壽命只有五十五歲，而已發展國家女性的平均壽命則是七十五歲。同時，發展中國家裏，十五到四十九歲的女性當中，有六分之一的懷孕婦女，已發展國家介於這個年齡的婦女羣，却只有十七分之一的懷孕人口。

幾個世紀以來，或許是無意，也或許是人爲因素，幾乎在每個社會裏，婦女總是扮演男人的附屬品。這種社會產物下的婦女，其地位是依附著另一性而定。這些現象正是哥本哈根於1980年 7 月召開的會議中，所加以討論的內容之一。

國際婦女會議

1980年 7 月14日聯合國在哥本哈根召開的「聯合國婦女十年」會議，每個國家都是受邀請的對象，每個代表都是正式的官方代表。至於國際性組織或是一些國家境內的革命組織，也都由聯合國大會邀請派遣觀察員出席。此外，一些跟經濟、社會理事會有關的非官方性機構，也都在邀請之列。

會中的主題是回顧過去五年來，各國和國際間所曾做過的努力，以作爲未來五年的行動方針參考，以期這整個「婦女十年」的活動，在1985年結束時，會有圓滿的成果。另外，還討論到全世界女性難民的處境、如何資助南非婦女的計畫，以及巴勒斯坦婦女的社會、經濟需求等。

本文所敍述的，主要是第三世界國家婦女的遭遇。

生下來就不公平

據這次會議的資料，全世界十五歲以下的女孩占有七億之多，至少有四分之三是在第三世界。

女孩受初等教育的統計，大致上可以做爲測量「傳統勢力」阻礙婦女接受教育的大小(雖然這其中或多或少會有些偏失)。拿幾個第三世界國家爲例，在已屆入學年齡的女孩中，只有不到總數的十分之一入學，在另外二十一個國家裏，女學生人數仍然少於全部學生人數之一半；相反的，在美國五歲到十四歲的學生人數中，男女比數則相當。

除了受教育的機會之外，還有很多其他因素也足以反應出兒童所受到的不同待遇和條件。在很多社會裏，男人始終有較高的殊榮，這種性別的歧視，在新生兒身上便已經產生了；很明顯的一點是，在很多社會裏過去對於剛剛生下來的男嬰，往往會有音樂、歌頌以及慶生宴會，對女嬰則往往伴隨點點沉鬱和懊惱。

近年，隨著基本的衞生服務有了改善，也逐漸施惠於新生嬰兒及產婦；更多的嬰孩誕生於診所及醫院，於是慶生活動隨而緩和下來，嬰兒的誕生漸漸失去了一些民俗的性別色彩，在無菌嬰兒室裏，男嬰和女嬰才受到了同等的待遇。

為什麼男人吃香？

到底是什麼原因，使得男人得到較多的重視呢？首先，一個家庭的「姓」，可隨著男性傳承下去，一個家庭的威望也可因著男子而發展；再來就是經濟因素，一個兒子因著他强健的體能而有裨益於家庭，更重要的是他會永遠屬於他的家庭。女兒就大不相同，她會離開她原來的家庭而歸屬夫家，而且每個家庭都還得爲保護女兒的「貞操」大費心力。

但無論如何，對新生嬰兒性別的失望，並不會導致母親對自己子女產生歧視態度，倒是對於後來的生長過程中，會因性別而有不同的待遇。

三種不同的家庭

實際上，在大多數的發展中國家，女孩子所受到的待遇是深深地跟她的家庭結構相關係著；如果是一個傳統的家庭，年輕的女孩往往受制於所有習慣上的禁忌與偏見。在傳統的想法上，女孩子絕對不可以有蹦蹦跳跳的「粗魯」行爲，所有的行爲都須先經過所謂「內心衡量」之後，才可以表現出來。由於習俗的壓力及恐懼改變的心理，就維繫了一種女孩子特有的「傳統心態」。

另外一種型態，則是一些家庭會隨著社會前進的脚步而改變，在這種環境下，女孩子會受現代社會自由放任的生活型態影響，透過她生活圈子裏的朋友、學校教育及一切媒體，她可以眞眞實實地接觸到每件事物的相關訊息。

另外一種是屬於一種處在傳統和現代中間尷尬狀況的家庭。這類家庭乃面臨現代化的衝擊，女孩子雖然可以多多少少地從傳統的舊式家庭解放出來，但是她們在態度上，却仍然會不知不覺地維持舊有的傳統家庭模式。年輕女孩往往會特別的感覺到處境的混淆，而產生文化的衝突。面對外在新觀念的刺激，她却只能採取傳統體制的方法回應。因為身旁隨時有父親的獨裁，母親的警告，以及兄長不時的監督，這些都可能阻止她企圖甩脫傳統的想法。在她的周遭，也時時環繞著不信任與監視的眼神，不准她有任何「反傳統」的行爲和態度。

從上述三種家庭型態的定義，我們可以感覺到：每一種型態的家庭，在食物、衣服、娛樂、行動、親子關係、小孩的教養（尤其是女孩）、文化、教育、選擇職業、小孩與妻子的工作、社會關係、道德和宗教法則等很多範圍內，對兩性都是分別採行不同的立場和作法。

女兒的地位，無可置疑地將會隨著家庭的改變而有所不同。從父權轉移爲夫妻平權的家庭結構之後，女兒將是變遷後的最大受益者。在這樣的家庭，女兒越是與她的父親親近，她從中得到的利益就越多，因爲她會較了解他，而他也不再是個高高在上，不可侵犯的權威者。

女兒需要開明的父親

事實上，愈是採取平權、自由的家庭，對女兒來說，「父親」的存在就愈有實質的意義，而女兒就愈得到好處。女孩子從此可以擺脫「男性主宰」的陰影，她就愈得以培養和蘊育屬於自已的人格和個性。

一般而言，第三世界的女孩通常在六、七歲左右，便已負責了很多的家務事，像在鄉下地方，挑水和撿柴，往往就是婦女的二項重要雜務，而女孩子們就必須幫忙這類雜務，男孩子則可以「免役」。另外在清晨時刻，女孩子還得負責照顧火種、敲打並磨碎穀子，照顧家中年幼的小孩，在他們的觀念裏，「工作」和家務事是全然的兩回事。

但對於城市中的女孩而言，則採取較自由放任的立場，而視「工作」爲學校教育的目的；根據較現代化的女孩工作性質看來，是很能夠促進女孩子自我認同的發展。一旦女孩子獲得了一份薪水（即使她的工作並不見得眞正能有助於她個人生活上的改善），她便能從別人的眼中衡量出自己是有地位的。

教育、入學和就業是女人三大籌碼

除了工廠的裝配工人外，一般勞力市場提供給女人的工作機會，相當有限。再加上缺乏適當的訓練，女孩子在工作方面所遭受的痛苦，遠甚於男孩。這就牽涉到第三世界中，年輕女人的職業訓練和僱傭的問題。實際上，「教育」、「入學」和「就業」也正是女人三個有力的籌碼，靠著這些籌碼，將有助於女性行爲模式的變遷，進而改善女人的社會地位。

但也有些例外，有些女人在結婚後，有了丈夫就得到安全感，一旦丈夫的收入相當穩定時，她就退出了工作陣容。

其實，單是女人就業，並不見得就會產生長遠的改變，只有在女人受了教育，在家中得到平等的待遇，並且還能免於無計畫的連續生產，她才能完完全全地改變「傳統的女性行爲」。

「入學」對明日女性，是個關係重大的因素，同時也是最爲人關心，最符合當今需求的要素。

受教育的直接和間接效果，並不能單由入學率的統計數字上顯示出來，教育的內涵也是應該加以分析的，因爲學校(尤其是高中教育)可以讓女孩子學習到有關於自己本身、男人、愛和家的新形象；這些觀念往往和女人在熟稔的環境下所習得一代傳一代的觀念大爲不同。

在一般的課程中，教育是發展的出發點，而對於較多數的女孩子而言，她們從學校教育中所獲得的好處，是遠勝於男孩子所得到的啓發。一個女孩子，除開家以外，很少能對等地從父親身上得到深切的了解（而母親却能給予兒子這種關懷與了解），因此，她只有在學校的行爲模式中尋求彌補，因而變得較男孩子來得更主動且易爲人接受。如果幸運的話，她還能夠繼續求學至高中階段，那麼她將會得到更充分的教育機會，而且還會促進基於平等與智力解放的教育原則。

因此，如果學校教育的內容是根據現代的想法，它將會灌輸給女學生新的思想模式，並且儲備她們未來在社會工作的能力。這些都會構成女性未來發展的最基本條件，也將是「好的開始」。

但是，女孩子從學校學習到的實際知識，却不容易與原有的家庭得到協調；家庭的環境依舊，母親也不改變原有的烹飪習慣與穿著。這種情形，我們往往可從學校的營養教育看得出來。這一切，只有等到這些女孩子爲人婦後，她才能自由自在地應用在學校所學到的那一套。

婚姻！婚姻！

並不是所有的國家都依著同樣的文化、社會和宗教法則來實行婚姻。這其中有著截然不同的情境，從絕對地自由放任到需要嚴格遵守嚴謹的宗教儀式，這些不同點就已開始在左右著女性的婚姻命運。

早婚似乎是第三世界常見的事，女人的婚前青春期很短，她們被迫地一關闖過一關，很快地由少女而爲人妻、爲人母。

有二十七個國家符合了聯合國建立的女性最低適婚年齡：十五歲。現仍有十一個國家中，女孩子在十二歲就可成婚，甚而有的國度，竟將這麼年輕的女孩許配給年邁的老頭。

從家庭改革做起

爲了改進女孩子的處境，首先要先認清：一個女孩子並不爲社會所隔離，她的命運並不只是她個人的遭遇，而是和社會各個分子有不可分的密切關係。就如同她的兄弟姊妹般，皆是家庭成員中的一分子，所以家庭必須能確實滿足她的基本生活和社會需求，透過家庭才能將社會上的文化、道德及精神價值，藉由她而一代代的傳遞下去。因此，在過去十年當中，任何企圖改進女孩子命運的政策，都得跟其他想改進家庭福祉的政策相提並論。

那麼，父親又是扮演怎樣的角色呢？一般說來，在今日的第三世界裏，對女兒來說，父親的角色仍舊是不容輕易侵犯，而女兒學習的典範通常還是來自母親及其他女人。

然而，父親的角色仍然可以有相當決定性的力量，以影響女兒的未來及她們自我改進的可能性。（取材自 1980 年 6 月《發展論壇》*Development Forum*）

70.9.《大地生活》

從「生理教育」到「性教育」

沒多久前，看到一則新聞，說是花蓮師範附小最近實施了一種創新的衞生教育，用文情並茂而生動的漫畫小册子，配合錄影的教材，以及老師現場的講解，向小學五、六年級的「小女生」推廣正確的生理衞生和健康教育。結果非常好，引得那些正値發育初期的女娃娃們又喜又懼的討論從書裏學到有關自己生理的性知識，包括對「生理期」的認識，和面對生理週期應有的知識和態度。她們的反應很讓老師和校長驚喜，家長的熱烈響應，更鼓勵了花師附小此一進步的作法。

讓我感到特別有意義的是花師附小此擧，著實開了東部風氣之先，讓在較保守的東部成長的小女生們也能夠獲得比較健全的生理教育。這點，站在教育立場上，我們實在應該向該校致意，尤其是對該校兒童輔導室兼主任林鳳蘭老師願花心思主動向西、北部的一些小學打聽觀摩他們的生理教育作法，並成功的「移植」到東部，更是讓我個人感動。

這看起來好像是一件小事，但是對目前國內仍然普遍視「生理衞生教育」爲一尷尬課目的現況來說，却有深遠的意義，尤其是民風更爲保守的東部，更是如此。

這又讓我聯想到比生理衞生敎育更爲「敏感」和「神祕」的「性敎育」，對「二五」年華的五、六年級的小女生講生理敎育固然是非常必要的，對「二八」年華的初、高中大女生講「性敎育」，則是更爲迫切的生活敎育要項。性敎育不止告訴女生們有關她們自己的生理祕密，也要讓她們知道另一性的生理祕密，尤其兩性之間的「性」與「愛」，更是性敎育的核心。因此不應止於「性生理」，「性心理」可能更是目前這個社會裏青少年男女所特別急需的。

性敎育絕對不怕早敎，只怕來得太遲。也絕對不怕在敎室、在輔導室公開的敎，只怕是讓這些大小男生女生胡亂摸索，以訛傳訛眞假莫辨的疑忌，或訴諸一些坊間的色情圖片和小說，以求得一絲「性知識」的好奇滿足。國內許多敎育觀念都開放了不少，也進步了很多，但是唯獨性敎育的進步脚步卻總是慢得太多。我承認是有許多人生的祕密只可意會不可言傳，但我絕對不認爲「性」是其中的一項。性與愛是可以敎育的，而且應該大大方方的公開討論。這不是故作開放的一招，而是生活敎育的必要內容。

我期待著有一個初中、高中甚或大專能夠設計出一套像花師附小那樣有創新性的「性敎育」!!

74. 2. 8.《民生報》

哈佛教授談女人的「未來」

「後工業期社會依賴的將是腦力而非體力，因此我們社會所需的技術，也就不再全然有利於男人。」這是哈佛大學社會學家兼總統顧問的貝爾教授（**Daniel Bell**）的預言。

經濟的轉變，將會如何影響到女性？

所謂「後工業期社會」的基本特徵之一，乃是從一個生產貨品或製造業爲主的社會，轉變成以服務業爲主的社會，而其中最主要的成分就是强調對人和專業的服務。

目前，幾乎有百分之七十的勞工是投身在服務業，只有百分之三十的勞工是從事製造業，卽使是在從事製造業的人口數中，也僅有百分之十七是直接參加生產工作的人，其他的則主要是白領勞工、工程師、銷售員和管理人員等。

這些主要的轉變强調了社會上婦女所扮演的新角色。

服務業比例的提高，將會爲女性帶來更多的工作機會。

到底那些是女性的新職業範疇呢？

須具備分析能力的電腦工作和以人爲中心的服務工作等，都是服務業的主要新範疇。環繞著「人」的服務行業，則包括醫師、實驗室技師、教書、專業福利服務等。

在這同時也會首次發現到女性從事的這些工作，是能提供紮實的經濟基礎，而使得女性成爲社會勞動力的主力。對這些新興的服務業類型工作，女人是較男人來得適宜擔任，而典型爲男性從事的粗重、工業化或半技術工的工作，則會開始大爲減少。

有沒有什麼婦女勞動力的新模式出現？

數年前，十九到二十四歲年齡的女性人口中，有極大的比例是從業人口，可是一旦她們結了婚，工作人口數就隨之驟減；但現在的情形大爲改觀，下降的曲線成了U字型的弧度，不再是直線下降。

一九五〇年代中期，很明顯地就可以看出，一旦生育結束了，家庭秩序上了軌道後，婦女便又回到工作線上；到了現在，卽使這U字型曲線的底盤部分，也逐漸有拉平的趨勢，婦女們再也不因結婚而放棄工作機會，卽使有放棄的情形，也僅是短暫的數年罷了。

同時，很明顯的也增加了一種工作的新類型——兼差。這些兼差工作，有很多是屬於傳統性質的推銷員、抄寫員等工作，但也有新工作領域的擴展，尤其是在後工業期社會的就業情形，尤有這種趨勢。

為應付新環境而有所成功，婦女應具有那些技能？

事實上，她們並不是眞需要有那麼多的技能，對一個女性而言，所需要的技能實在是在於概念化的訓練、解說表達的能力、對問題能作再思考的能力以及對情境的應變能力。

依循歷史的脈絡中，到西元兩千年時，職業婦女的新形象將會是何等面貌？

過去我們有過婦女參政運動、婦女權力運動。在一百年前的人類文明和社會就出現有婦女解放的觀念，在五十年前，英、美也有了這種觀念。可是要婦女能夠獨立（亦卽婦女能夠自己謀生），才能眞正建立婦女權力的實質基礎；這也只有在最近的三十年，當經濟逐漸從工業期結構發展到後工業期的職業後，才算是有可能眞正達到。

至少在西方社會裏，這仍然是一項主要的發展趨勢——這種趨向白領就業機會的轉變，將會爲未來的婦女大開方便之門，增加她們有所作爲的機會。

貝爾的昨日、今日、明日觀

經濟成長三階段是——前工業期、工業期、後工業期，隨著這三個過程的演變，生產方式、主要的活動、使用的能源種類、所需要的技能形態和技術層次都隨之改變。在尋求訊息的方法、對時間和結構的態度和社會運作法則等知性方面也同様會有不少的轉變。雖然美國已進入後工業期世紀，但無可否認的，這世界上大部分國家仍是維持著經濟演變過程中較早期的形態。

（譯自 *Working Woman*, April 1980）

69. 11.《巨橋》6 期

「風塵女」的背後

資本主義化的結果，使得物質條件提高，各行各業的唯一指標變成以「金錢」做爲「成功」的依歸，而若把價値放在金錢上，想像不到的危機就出現了。

爲了金錢，各種可能有的手段都出來了，在男性方面，較猛烈的賭博、詐欺、偷竊、犯罪，一樣是以金錢爲出發點，且其牟取錢財的方式更加的猛烈、急切，因此若用賺取金錢來衡量，在這樣資本主義化的社會中，是沒有二性區別的。

只不過女性爲何還固守著這個肉體營生的「角落」呢？我認爲這也是「男女不平等」的結果。

在我們這個社會中，女性被規範的行動中，鮮少有「自我創業」等的事蹟，女性在職業地位上的不平等，使得女性被迫以某種較委屈的姿態謀生，在正常工作上的不公平，多少也影響到了女性就業的心態。

而特種行業的女性無論是酒女、吧女、舞女、妓女，雖然表面上有著專業似的差異性，但實際上不免入墜以「性」做爲賺錢的本質，在那一個多金的環境裏，女孩們就很容易把自己的行爲「合理化」而愈陷愈深。

也許在金錢的背後，女孩們有著不願意爲旁人道的內在原因，例如受過情感的挫折，又脫免不了金錢的誘惑力，或者是整個物質環境的大刺激，這堆陳的因素致使女孩們（無論是專職、兼差），願意在這舞廳的場所中，找到自己用最快速方法得來的利益。

不過問題可怕的不在舞廳本身，而在舞廳背後的社會。

伴隨著舞廳不健康的社會，舞女們或因著某種心理的不滿足、或期待塡補除却金錢以外的空虛心靈，她們很容易養成不良的習慣、與舞客（或常是流氓）同居，爾後使自己人財兩空、備極心酸。

這是她們很難逃避的惡性循環模式，也是爲錢走險的悲哀，當然也反應了舞廳這個小社會結構的可怕陰影，舞女是很難避免這黑魔掌壓榨的。

在今日物質提升、消費能力提昇、消費限制下降、消費年齡下降的諸多情況之下，特種行業的女孩假設會愈來愈多，那就更有整個社會趨金的風尙了，這是個沈痛的問題，有沒有解決的答案以及方案，就不是於數言中得以盡訴的。

74.8.《家庭與婦女》38期

輯五

打開學術的象牙塔

小學教科書裏的「傳統」

常常聽到政府有關單位一直在强調要想整個社會的現代化，一定要先從國民的心理做起，舉凡屬於現代化的個人態度，性格特徵，都在大力提倡鼓吹，希望所有的人民都能朝這些方向去自我反省，自我鍛鍊。這些現代化的態度、價值和行爲包括有民主精神、獨立判斷、自由科學、理性思考、效率、容忍異見、不迷信權威等等。這些價值都是值得提倡的，卽使不見得能促進多少社會的現代化，多些眞正具有或相信這種價值的人也應該沒什麼壞處才對。

政府能做的途徑大可以從施政措施的改變來帶頭示範，朝上面那些價值去變，另外就是透過社會敎育和大衆傳播媒介，去逐漸影響國民的所思，所爲。這兩種大致上都只著眼在成年國民的心理改變上，而對於下一代國民的心理建設，恐怕這麼做還不能達到目的。政府企圖改變或更正確說是塑造下一代的國家主人翁，大概得利用家庭，同輩團體還有學校這三種社會學上所謂的社會化。也就是透過家庭，同輩團體和學校去灌輸新的一套套信念，價值和預期的行爲模式，給孩童們，讓他們耳濡目染地接受這些現代化觀念，進而長大後變成符合那個政府和社會需要的國民。

這三者之中，學校本身又是一個最能夠讓政府運用的社會化工具，以進行下一代國民的心理建設。學校的教師、教科書和校園活動和氣氛就是三個有效而直接的媒介。三者當中，又以教科書爲最能夠統一化的社會化工具。尤其我國的小學教科書又是由政府統一編著，審查出版，於是乎從教科書的內容大致可以看得出政府實際預期的下一代國民應該具備的信念、態度、價值和行爲是什麼。反過來，更可以來檢討這些預期的信念、態度、作法和行爲，跟政府在政策宣導上所呼籲的那些現代化心理特徵是不是吻合，是不是能相互配合？

根據個人談到過的經驗性研究發現，目前臺灣國民小學的國語教科書，在內容上有其特色，而且它也牽涉到的一些根本上的問題。簡單的說，教科書所傳遞的社會化內容並不太能支持政府想倡導的國民現代化運動，反而多少有走回傳統的意味。

第一：過分重視無條件的「孝道」：教科書出現很多「孝子」，認爲孝道是個人最重要的修養品格，歷史人物的選擇標準就大都以孝爲首要考慮。模範人物也都必須先是孝子，像老萊子，二十四孝裏的孝子們，而且孝還跟愛國、勤學連在一起，前者如岳飛，後者如歐陽修。這種對傳統孝道的强調，更藉著五年級課本中的一位現代校長的講演裏毫不保留的表達出來，大大渲染了行孝與好學生、好公民的必然關係。在所有孝的故事裏，從來沒有對「孝」的時空限制，提出任何檢討或批判。聽話就是孝，而不問合理不合理，有沒有必要？這種把孝當做絕對的「善」，顯然跟近年來政府一再强調的「求眞」科學，「獨立」、「民主」等現代化價值目標是會有所衝突的。

第二：跟孝有關的就是固持保守的家庭關係：家庭當做一個社會單位出現在教科書的次數非常高，根據統計在一百二十八個故事裏就有四十九次（即38.3%）是發生在家庭裏。家庭往往被描繪成溫暖、安全、道德的暖房，在其中，父母永遠是對的，子女也永遠是服從的。家庭被視爲社會的全部，它跟外在社會整合的辯證關係却不曾被提過。

第三：崇拜權威人物：在人際關係的網路之中，充滿著階梯式的權威關係，這些權威人物多半是根據其既定地位和角色，譬如說老師、父母、長輩、政治性人物等。這表現在故事裏的老師接受鞠躬以表敬意，校長再三強調尊老，年輕人寄給老師長輩的賀年卡要用敬語書寫等等。值得注意的是這些「權威人物」是建立在一種所謂「規定地位」(ascriptive status) 而不考慮另外一種由個人努力所獲得的地位 (achieved status) 似乎只要當上老師，活得老一些，就有「權威」，而不計較這權威的來源。這似乎又跟時尙強調的「成就動機」「不迷信權威」等價值不一致。

第四：傳統那種重勞心輕勞力的封建觀念依然呈現在教科書裏，苦讀求取功名仍然是可貴的一條路子。雖然也有一個故事提到農人的辛苦應該受社會的尊重外，幾乎沒有把農人、工人或其他勞力的職業當做可爲楷模的例子。而都市流行的職業表現在孩童面前的却都是値得嚮往可取的，如老師、軍人、主管、公職人員、消防隊員、工程師等，這一點對吸收未來科技發展所需要的技工，農業發展所需要的人力，似乎是已種下抗拒排擠的種子。再說，這跟一再強調的職業平等觀念也大相違背。

第五：理想人物的塑造在孩童的初期社會化中一直是非常重要的，這可以引導這一羣孩童在小小心靈立下「將來要做什麼人」的志願，在我們的教科書裏出現的理想人物儘是一些傳統或歷史上推崇的大學問家、將軍，或是一些政治家，必然都是成人，而且大都是男的，現代的人物很少，女性更是少到幾乎不可見。這點對「性別角色」的社會化又會造成怎麼樣的影響呢？是不是要讓代代相傳下來的

「男性中心主義」再度傳下去，而根本忽略了女性在社會上的貢獻？這公平嗎？政府一再呼籲我國是男女平等的社會，但在教科書裏所灌輸的却是不公平的意識形態，這是否矛盾？

過去，我們只重視教育與國家發展，在「量」上的關係，認爲只要識字率愈高，學童就學率愈高，教育投資愈多，就好了，而忽略了它們在「質」上的關係。也就是說，我們今後要注意的可能要先問我們需要什麼樣的「發展」（包括個人和羣體的現代化）然後問要什麼樣的教育內涵來配合。這兩者之間不應該相違背，相衝突才對。國家發展過程中最珍貴的還是「人」，而教育能影響人最根本、最深的還是它的內容及品質。於是乎，如我們眞要發展，眞要現代化，那就得從根做起，也就是從小學教育的內容做起。

也許這正是讓我們來檢討小學教科書的內容以及它跟國家發展目標、策略關係的時候。

69. 8. 25.《民生報》

現階段學術風氣的反省

學術的隆衰，關係一國的前途，所以高度發展的國家，政府與民間都很重視學術研究。

政府從大陸撤退來臺後的一、二十年，由於國內外的局勢及軍事上的需要，經費花在教育及發展學術方面的比例不大，這與目前學術研究略顯貧乏的問題多少有關。

近一、二十年來，由於社會進步、經濟發展，大專院校紛紛設立，形成過度膨脹的現象。在「量」的方面，有相當的普及，但在「質」的方面，却很難令人滿意，主要原因是過去漫無標準的設校，大量的招生、師資和設備的供應失調。

近年雖欲整頓，但形勢已造成，一時很難破除「劣幣」驅逐「良幣」的現象。

近來國內各方面都有顯著的進步，惟獨教育品質的進步似嫌緩慢，尤其學術研究的水準和風氣尚待提升。本文擬就此問題加以檢討。

學術研究猶如其他社會制度一樣，均有其「內在」和「外在」兩方面的問題。本文亦擬從這兩個角度來分析。

學術界的「內在」問題

與學術研究有密切關連的莫如師資與設備，目前學術研究最嚴重的可能是師資。據最近教育部的統計，我國大專教授以學士級所佔的比例最高。本來一個升到教授級的學者，應具有相當的學術水準，可是由於我國升等制度不夠健全，致使教授的水準良莠不齊，其中還有不少人的升等是透過人事關係，或請人捉刀，甚或抄襲他人。另外一部分人則雖有相當的學術著作，但因缺人事問題而被壓下來的。某些資深且「不學有術」的人，一旦當了系、所主任之後，幾乎操縱一切生殺大權，甚至有不少是因爲受到年輕學者的挑戰，而事事防備和排擠他們。

這種現象在理、工方面可能較好，但人文及社會學科方面却相當嚴重，結果導致一系無法引進學有專長的新血輪，學術的研究發展無法開展。此外，學術界過分看重「資深」的現象，也往往妨害正常的學術發展。譬如有些資深又不求上進的教授，堅持開必修課，因爲他們知道若開選修，等於自砸飯碗，一旦必修課由他們長期霸佔，新進學者只好到處打游擊（在外系開課）湊鐘點。這種過分重資深的現象，對教學研究都造成相當大的影響。

師資有待提高

最嚴重的莫過於人文學科研究所的師資。很多這方面的教授靠長期熬磨出身，做學問的方法却了無新意，雖有著作，但大多東抄西綴或述而不作。由於他們未受過嚴格的現代治學訓練，因此也無新法指導研究生。所以有很多人文科的研究生「熬」了數年，但所得除了記誦之學外，眞不足爲外人道也。一般說來，這批學者訓練出來的學生分析和解釋問題，都相當的缺乏。如果把我國近二、三十年來各校所授的博、碩士論文拿來分析，就可發現其中有不少論文仍然是在炒冷飯，有的題目則並不値得做，至於論文寫作的基本格式也都有欠講究。

許多名教授指導的論文，亦難令人滿意，這主要是他們忙於應酬「作秀」，因此無法靜下心來指導論文。名教授因「作秀」太多，妨礙了研究，因此，對學術的貢獻不可能很大，相反的可能帶給學生許多不良的影響。

學術界因爲待遇「公平」，也無法促進教授致力於研究。我國的教授待遇一直是走「齊頭路線」，待遇卽使有差別，只是因爲眷口數不同。因此，努力作研究與不作研究之間根本沒有區別，這就頗難激勵教授致力於學術研究。

「人事」問題也困擾我國學術的發展。學術的研究本來只談學術的造詣，而不該被人事運作牽制。可是，我國學術界很少有主動挖角，徵求毫無人事關係者的現象。至有一、二機構已建立的「人才庫」，恐怕也沒有什麼實質的意義或作用，例如我們眞不知有多少大專院校師資來自「人才庫」提供而不經由人事關係的？我們不希望「人才庫」的功用只是在擺樣子或給人參觀，而不能發揮破除人事關係而唯才是用的功能。

應重視人文及社會科學

最近教育部、經建會、研考會等機構，一再表示今後社會科學大學招生人數要減少，其所根據的理由在這些學科學生未來就業問題的嚴重。教育是一種投資，是否要以就業的出路來做衡量投資的標準，恐怕還是一個大疑問。不過，我們贊同有計畫的設系、所。至於人文及社會科學因在經建上所發生的影響力不若科技那麼明顯，以致使教界主管認爲應該減少或裁併，事實上這是不太「健康」的看法。科技在國家社會的建設自然很重要，但人文及社會科學也不致於沒有貢獻。目前人文及社會科學發生所學非所用的問題，但這責任不在學生，而在這些系、所的訓練師資以及課程內容大有問題。因此，教育主管澈底且全盤性的檢討這些科系，然後再決定他們的命運。我們認爲社會過度重視科技是一種不健康的心態，這種心態將來會導致整個社會走向功利、求速效的路上，到時要挽回恐怕要付出更多的代價。

此外，教育既然是投資，是否要斤斤計算它的立卽功能，也頗值得我們的思考。一個好的人文及社會學科者訓練相當不易，且所花的時間相當的長久，且不是一投入立卽發生功效。如果我們平時不潛心培養，再過數十年，也許我們會再感嘆人文及社會科學的人才難求了。

學術研究要有計畫，但不能要求速效，立竿見影，如果純以經濟功利的眼光來辦教育或發展學術，可能遺害深遠。眼光必須放遠，發展計畫必須完整，切戒頭痛醫頭脚痛醫脚的辦學態度。

學術界的外在問題

不管學術界再怎麼樣自許是「獨立自主」和「超然」，三十年來臺灣特有的社會政治和經濟環境，仍然相當程度的反映在學術上面，事實上，學術和其他社會活動一樣，與所處社會經濟制度脫離不了關係。學術內部的組織、活動、成果、展示，甚至範型趨勢也都會受到外在大環境的左右和影響。「外在」環境可能只是某一時期政府的教育政策或研究經費支持的多寡，也可能是經濟成長的程度和政治的民主化水平，也更可能是當時社會上對學術的角色期望等等。不過，除此以外，有一個非常重要的環境及結構因素，也深深的制約著臺灣的學術發展，尤其是社會科學。這就是臺灣在戰後所處的國際地位。這一點可能較不為人所注意，正因為如此，它所產生的影響力量也一直在累積，反而內化到臺灣社會科學界裏去，進而轉變成其內部社會結構的一部分。

現代世界體系內的「學術分工」

目前的世界體系是一個相當牢固的資本主義分工體系，其中有核心、邊陲和半邊陲國家的區分，彼此的關係是維持在「不公平交換」的條件上。這個體系所以能存在，而且歷經數百年而不衰，乃是其能藉著「市場」（可以由政治力量去干預的市場）將邊陲和半邊陲的剩餘資源，轉移到核心國家。核心國家是指一些已發展的先進國家，包括美國、蘇俄等；邊陲國家則包括大部分的第三世界的國家，半邊陲事實上也是在第三世界當中，只是其在世界體系中的階級地位，要比前述邊陲國家要有利一些而已。

核心與邊陲國家間的學術關係

如果把「學術」看做一種資源，那麼在世界體系中，「核心——邊陲」的結構關係，也自然會影響到邊陲國家的學術發展。這時候，核心國家的學術範型也就會飄洋過海，或遙控或親臨支配著邊陲國家學術的思潮、組織、內涵和發展的優先順序。

下面是幾點進一步的說明：

1.邊陲國家與核心國家存有一種「依賴」關係，這不但表現在技術、科學、工業、資本、政治、外交上面，也會呈現在學術活動上面。

2.邊陲國家的內在社會結構往往會與核心國家發生關聯，尤其是核心國家中的精英階級（工商、知識與官僚）往往可以透過國際分工，培育他們在邊陲國家裏的「相伴」「依附」階級，他們的利益大致上是一致的。對學術領域來說，就是核心國家的優勢科學範型和主流便能因此在邊陲國家裏找到他們的擁護者，以壯大其力量。

3.在學術研究的「生產——消費」關係上，核心國家的學術界是生產者，而邊陲國家的學術界則是純粹的消費者，兩者的權力關係始終是不平衡的。前者可以支配後者學術發展的趨勢，這可以透過核心國家的學術刋物，出版網絡、目錄，甚而所謂的「交換計畫」、「教育援助」等方式進行。

4.邊陲國家往往還發生「人才外流」的現象，這基本上也是國際分工的運作結果，這對邊陲的學術發展再次產生打擊的作用。初期的「養成投資」是由邊陲國家付出，而成熟可用之後却投入核心國家的學術界或科技界，爲其效命。這也就是爲什麼在核心國家，譬如美國，會常有那麼多第三世界出身的學者在爲美國的學術界賣命和貢獻；而美國的社會大衆却說是他們在幫助第三世界的人才有安身立命之所。

5.「外銷」到邊陲國家的學術範型，其生命往往不是來自邊陲國家的本土，而仍然靠著它跟核心的關連，維持其成長和發展。簡單的說，第三世界的學術生命就是在整個國際的學術分工體系當中，扮演一種被動的依賴角色，它一方面接受核心的支助、培育，一方面則在替核心國家既存的學術範型做「移植」的工作。因此，核心國家的學術生命循環，便能直接左右到邊陲國家的學術波動和「潮流」（亦即常常聽到的「當代學術的潮流」)。邊陲的學術界除了具有前述的依附心態之外，更是一種敏感的「消費者」情結，唯恐「落伍」與「脫節」，至於是不是本國學術發展眞正所需要的，反而變成了其次的關心。

臺灣學術界的兩個性格：依賴・功利

戰後的臺灣，一直是處在現代世界體系中的邊陲地位，而且與美國的關係特別突出，政治、經濟其間存在的依賴結構，很難矢口否認。正因爲這種外在結構的制約，臺灣過去三十年來的學術發展也就形成某些個特有的性格。第一是對美國的學術範型的依賴過重。這只要翻翻國內各個學術期刊和學報，看看所載論文所引文獻的來源，就可看出端倪。各大學教學所用的教科書和參考書也大多是英文，在美國出版的「原文書」，至於用中文寫的教科書，夠水準的還非常少。而且所開課程如「××學」，內涵事實上却主要是「美國××學」，這種現象在社會科學領域中。尤其明顯。這種依賴性格所造成的結果，一方面是我們始終是附驥其後，唯美國學術的動向馬首是瞻。那邊有什麼動靜，幾年後我們也跟著變，而不覺察這種變該不該，有沒有必要。幾年前的數學界、化學界、物理學界就有這種現象，弄得中學生在學習過程中相當頭痛。問題不是怕不怕改變，學術當然要求變，但問題是這種依附性改變值不值得？

社會科學界雖不致於產生大幅度修訂中學生課程教科書的問題，可是在大學裏頭，由於新教授們學成回國，帶回來一套「新」思路，「新」範型，批判所有過去的學說，學生羣起崇拜，攻擊或摒棄其他研究的可能途徑；造成一些學習上的浪費和偏見，這可能又是自然科學界中所比較少見的。批判過去並無不可，但應該批判的是過去理論和研究方法，尤其要秉持容忍學術多元化的氣度，否則只是另一種「依賴」的形式。目前臺灣學術界受西方或美國學術制約的性格，依然存在。這點可能是「世界體系」下的臺灣做為一個邊陲學術區域最突出的困境。如何突破這種「依賴」的藩籬，也該是今後國內學術界自省到行動最具關鍵的工作。依目前的外在結構來看，這工作的達成將要一段漫長而艱鉅的歲月。

臺灣學術風氣的第二種性格是「立即式」的功利主義過於濃厚。一方面這是前面依賴性格的結果，應用美國學術核心範型，在臺灣重覆做或收集「臺灣個案」或「臺灣特例」，相當廣泛。不是「印證」就只是提出一個「註脚」而已。國內學術界工作者，在世界體系分工體制的控制下，將會畢其生命，拼命為外國範型做「立即式」的推廣，而往往忽略了基礎研究和理論建構的重要。

這是一種對外的「功利主義」。對內的功利則是牽涉到研究的主題和內涵。在大學及研究所中，研究計畫，也大半是實用性的多於理論性的。這種實用的壓力一方面是政府和主管學術發展的官署，過分強調研究與經建的關係。於是，研究者自會花費不少時間投入解決當前問題的「研究」及「對策」，而無法投身到比較理論性的鑽研。不是說實用的研究不重要，在國家發展過程中，實用研究（自然科學與社會科學，都是如此）有其立即的貢獻。可是，就長期學術水平來說，對實用的過分熱衷，往往就會有偏廢。而且，功利主義式的研究，往往是為政府部門單位效命，而偏棄了對「學術」本身的反饋和效勞。

上面這兩個性格，不但嚴重妨礙臺灣學術的生產、活動；累積和創新，更會影響到學術界內部的社會結構，譬如規範，權力分配，升遷，人事，甚至學術界在整個臺灣社會中的地位。

結　　語

學術是一個社會知識活動的結晶，其高低良窳反映並決定了一個社會的知識的水平。三十年來的臺灣學術研究，不能說沒有進步，可是比起其他方面的成長和發展，可批評之處就顯得特別多。本文試圖從內在和外在兩方面，找尋其中的問題。

雖然劃分內在與外在問題有分析上的幫助，可是臺灣的學術界的內外在問題卻是不可分割的。就某一程度來說，外在問題有時還扮演著主宰內在問題的力量。因此，除了我們該重視學術界的人才培養，寬裕研究經費，建立健全人事制度及升遷標準，並且眞正體認人文及社會科學對未來國家發展的重要性之外，更要沉痛反省臺灣學術在整個世界體系中的範型地位和處境，掃除「依賴」和「功利」性格。唯有如此，臺灣的學術才可能眞正的突破和健康的發展。（本文與賴澤涵合著）

70. 9. 28.《聯合報》

學術研究風氣

教育部長李煥自去年六月就任以來，即多次强調國內大學學術研究風氣有待提升的問題。據悉，教育部日前已擬妥一項「加强大專院校學術研究風氣實施計畫」草案，預定自七十五年度到七十九年度，分五年逐步達成該計畫的目標。學術研究風氣的諸多問題近年來一直備受批評和關切，教育部能夠拿出魄力來面對這個關係國家發展前途的軟體工程，訂出具體的五年發展計畫，我們當然表示歡迎。

在該草案中，比較重大的具體方案包括有：一、充實大專院校師資：除已決定自七十五年度增加理工醫農類研究所教師員額之外，在陸續幾年內更明訂對人文、社會類研究所師資員額給予擴大的計畫。二、輔導國內研究所訓練出來的博士至大專院校任教：自七十六年度起四年內，每年編列兩千四百萬元提供做爲類似獎勵海外學人歸國任教的辦法，讓國內大學博士在任教的頭兩年也能獲得額外的研究費，以資鼓勵。三、打破「平頭主義」：逐步揚棄過去教授學術研究費一律「平等」的做法，改以按照學術研究表現，如以發表的論文篇數作爲彈性核給的標準。四、推動國際學術交流與合作：五年內，編列近一億元經費作爲籌辦國際性學術研討會之用；並在研討範圍上自科技類擴大到人文與社會類。同時，在五年中分年編列一億八千萬元，提供各大專院校推動與國外大學的合作計畫，該項經費將由大專院校校長支配。另外，每年也將編列兩千九百五十萬元經費資助教師出國進修，健全教師進修體制，資助對象也由科技類擴及其他類科。

再就其顯示改革的精神來看，我們也不難覺察出有下面幾項重點，一是科技與人文社會並重；二是從「平頭主義」轉移到「績效主義」；三是國內博士與歸國博士並重；四是加强國際合作等。從上述四項具體作法和四個改革方向看來，我們覺得教育部提出的這項五年計畫已相當程度能夠關照到國內現有的一些學術研究問題，所提的措施也頗為具體可行，有想法，有經費，又有年度性重點，已不再像過去那樣光是原則性的口號。

鑑於對該五年計畫的殷切期望，並樂見其能在五年內按部就班實施，我們願就提高學術風氣的對策問題也提出若干看法，供教育部以及國內教育界參考。

第一，要想學術研究風氣的眞正提高，政府該扮演的角色，除了要有魄力和決心，撥經費，訂長短程方案之外，可能另一個非常重要的因素更不容忽視，那就是政府的決策系統一定要做到眞正誠摯的去尊重「知識」和「學術」的尊嚴，這包括對知識權力的重視和對知識分子的信任。要體認學術的絕對自主性格和知識分子的獨立尊嚴，不應以政治或行政的片面考慮干預或扭曲知識的創造和累積，甚或妨害知識分子的獨立思考。要知道，只有在民主自由的社會政治制度之下，我們才能期待一個有生氣、有品質的學術風氣。說實在話，目前許多行政機構對學術和知識的眞義，常有非常錯誤的認識，上焉者急於想從學術界得到立即的答案或萬靈丹，下焉者不是藉某些學術研究的結果，大行「本位主義」之實，就是排斥不同意見的學術觀點。這些扭曲知識的看法和作法，不論是在短期或是在長期，都對提高學術研究風氣的目標，有非常不利的後遺症。一旦學術及知識的尊嚴不受重視，知識分子的無力感和冷漠自難避免，自由、積極和活潑的學術風氣也就難以追求了。

第二，想要培養大學的學術品質和風氣，人才和經費固是要件，制度的健全和改革恐怕更是關鍵。我們認爲影響當前大學學術風氣的嚴重制度問題有下面數端。一是人事的升遷管道不暢，資深師資與年輕師資之間在教學內容分配以及研究發展機會上的不公平現象亦時有所聞。二是學術評審制度不健全，常有「外行」審「內行」，或是因個人好惡左右學術品質高低的評鑑問題。三是好的學術行政領導人才缺乏，想爭取行政職位的雖大有人在，但眞正對學術風氣推動有遠見有創新的學術主管人才仍是有不足之憾。再加上一些校內外的派系和利益干擾，更阻礙了優良人才的出頭，而無形中鼓勵保守與妥協的行政態度。因此，學術行政及制度的大力改革和整頓也是教育部在推動五年計畫的同時，要給予正視的重要課題。

75.4.29《聯合報》原名「提高學術研究風氣的基本認識和作法」

研究風氣的日壞，有非常不利的影響。一旦學術及知識的尊嚴不受重視，[illegible]自由、民主和法治的學術風氣也就無從建立了。

第三，要[illegible]大學的學術品質和風氣，人才和經費固然是要件，制度的健全和改革也相當重要。我們認為[illegible]大學學術風氣的[illegible]。一些大學的升遷管道不暢，[illegible]

[illegible]

75.4.29《中國論壇》[illegible]

「學術秀」一解

行政院政務委員李國鼎先生，日前以中研院評議會五年發展計畫人文評鑑小組召集人的身分，與其他三位評鑑委員到中央研究院的幾個人文及社會科學的研究所進行評鑑工作。他在歷史語言研究所聽取該所執行第一期五年發展計畫的情形時指出，在過去，學術研究工作從不作宣傳，以致外界無從了解；這種「不出門」的政策今後應該有所修正。他建議學術研究單位應該「打開大門」，舉辦些「學術秀」，這樣子，不但能讓外界對學術象牙塔能有較通俗淺顯的了解，也能培養對學術的興趣。

李先生「學術秀」之議，雖未必是針對中研院史語所而發，但相信是他在聽完該所研究成果之後，有感而發的。史語所是不是該接受李先生的建議，開始多做些「學術秀」，或是整個中央研究院是不是就都該多「打開象牙塔」，多做一些學術通俗化的工作，可能是見仁見智的問題，我不想做進一步的評論。不過，我倒覺得李先生「學術秀」此一話題，應該做若干澄淸的工夫。

顯然，在李先生的想法裏，學術研究單位舉辦「學術秀」是爲了達到推廣學術的社會功能，讓「外界」多了解學術界的成果。但是，不同的「外界」對象却可能會有很不同的效果。如果「外界」指的是與該研究機構的研究範疇有直接相關的行政機關或企業單位，成功的「學術秀」當可以建立進一步的學術與實務合作的關係，對實務界的發展和學術界的研究進展可能會有正面的幫助，這種「秀」是值得適機而做的。如果「外界」指的是該機構外的同行學術圈，透過「學術秀」，讓機構內外的研究同仁有相互切磋，交換成果的機會，並以提昇該學科的學術水平，這種「秀」當然應該多辦，身負帶動全國學術發展的中研院和各個研究所，更是責無旁貸。

不過，如果「外界」的對象是泛指一般社會大衆，是不是該由學術研究單位來主動辦「學術秀」就該斟酌了。在我看來，學術的通俗化工作以及努力培養民衆對學術的興趣，應該是個別學者的選擇性作爲，旣不必過分鼓勵，也不該阻止。如果要透過組織的力量，透過相關的學術性社團（如各學會）去做這種「秀」是比較適合的。專業學術研究機構的大門似乎沒有必要輕易開得那麼大。

我贊成學術界應多與社會接觸與溝通，該做的「秀」是可以做的。但做秀的對象要先確定，做秀的方式與主角也應該劃分清楚。否則，把「學術秀」搞得太庸俗了，對學術界反而是會有害處的。

75.2.21.《民生報》

教授治校

諸貝爾化學獎得主李遠哲博士在日前一項座談會中曾語重心長的一再強調「教授治校」的重要性，並且認爲能做到這點，才有可能使一所大學成爲一流大學的條件。他的這一番話乃再度掀起了國內學術界對「教授治校」理想與實際的關切。

李遠哲以美國一流大學爲例，說明「教授治校」的理想實行得很澈底，教授在學校的行政管理上都有很充分的參與管道，不但教授和系主任的聘用是由全系教授開會決定，校長一職也都由教授所組成之委員會對外徵求候選人與審核決定最適當人選。在課程安排和學生事務方面更是由教授委員會研擬後決定的。換言之，在大學體制下，教授的地位受到應有的尊重，在意見的表達與對校務的批評都有正當的管道可以運用，各種委員會的設立即是明證。

我們對「教授治校」的看法，深表贊同，此一理想對國內更具實際的意義。在目前的國內大多數大學校園中，行政干預的確過多，而各級行政主管却都有統攬一切決定的作風。因此，大多數的教授可說是很少有參與系務和校務的機會，除了幾個鐘頭的課之外，一般教授很難產生對「系」、「院」、「校」的認同和向心力，更不用說有能力去影響大學應興應革的事務，或是決定整體學術及教學的方向。雖然各校都有「系務會議」、「院務會議」和「校務會議」的設置，但在這種大學校園的「政治文化」之下，經常是流於形式；不是行政主管報告了事，就是「大事不討論，小事才討論」。結果，教授沒有多少發言的機會，即使有，但都也只有些微的邊際作用。長時期下來，教授參與的興趣日減，冷漠與疏離感日增，而學術行政主管的「官架」和「官勢」則愈來愈嚴重。原來是應該來支持、配合教授教學需要的學校行政體系，逐漸變質成爲一個小官僚體系，不但不能爲教授服務，反而牽制教授的學術自主性。難怪有的教授感嘆，現在的教授在學校裏只像個道具與附庸而已。這些弊端的產生，相當大的比例是源由於教授無法治校的癥結。

因此，「教授治校」的管理方式，在今天的臺灣，不只是另一個理想化制度的提倡與呼籲而已，更是解決眼前諸多大學行政問題具體而實際的改革措施。我們贊成此一改革的基本考慮，亦卽在此。

我們更以爲，「教授治校」的精神，最主要的就是讓眞正的內行人來領導校務、院務和系務，使學術得到眞正而健全的自由發展。一旦在校園裏的各項重大決策，教授們有了充分的發言權，學校行政的推展及效率無形中將可得到更普遍的支持；教授對學校的歸屬感和認同也可望提升。同樣的，學生與學校行政之間可能有的摩擦也將透過教授的積極中介角色，而獲得舒解和緩和，而避免產生「兩極化」的衝突緊張問題。

在推動「教授治校」的作法上，我們願提出幾點建議，供中央教育主管單位、各大學行政主管和關心此一改革的教授們參考。

一、教育部應對此一改革的呼籲，樂觀其成，並積極研擬推展「教授治校」的具體辦法。大學教授一向是社會中推動民主化的主力，而本身竟然在校園裏無法享受到充分民主的待遇，這不僅是一個極大的諷刺，更是日後我國社會多元化、政治民主化趨勢的隱憂。此外，經過四十年的發展，我們的大學教育的社會功能，也應該漸漸有所轉變，從傳統的「穩定與控制」消極功能，調整到「引導社會變遷」的積極功能，而身負未來「計畫變遷」媒介的大學教授，更應該有義務、也有權利在「大學社會」裏能合法而正當的去實驗他們的理想與抱負。主管全國教育的行政機構，確實應該去深深的體驗社會變遷的情勢，而正視幾年來已存在大學裏的諸多弊端。如果「大學法」的條文有不合時宜的地方，也該有魄力的去修改，以落實「教授治校」的理念，對於行政片面干預所產生的不良後果，更應設法從法令上、制度上、人事上去改革。

二、大學校長和院系主任要重新自我肯定學術獨立的尊嚴，尊重教授的自主權與參與權。「官大學問大」的時代總是要過去的，何況本身也是大學裏的教授，尊重其他教授就是尊重自己。蔡元培在民國十一年發表的「教育獨立議」，以及胡適和傅斯年對大學獨立所堅持的原則，誠為今天各大學學術主管值得去深思而力行的歷史借鏡。

三、大學教授對自己的權益，不應輕易放棄，更應發揮團結的力量，爭取「教授治校」的實現。教授既然具有較高的學識與眼光，在面對問題的時候，應該以理性的態度，求是的精神，從事主動的改革工作。收集及研究「教授治校」的具體方案，向校方及教育部提出建議，應為一可行的途徑。對現行之種種會議管道，也應設法提出興革意見，清華大學所實施「教授治校」的例子，便是各校該去研究參考的對象。而臺灣大學教授們努力籌組中的「教授聯誼會」則是另一個值得鼓勵和支持的嘗試。

75. 12. 27.《聯合報》

保障教師權益

日前，四位執政黨籍的省議員提出聯合質詢，要求政府尊重教師人權，並建議制訂教師法，同時准許教師組織工會，以提供更健全的教育環境。我們很重視此一質詢，並願在此提出我們對這問題的看法和呼籲。

我們認爲此一質詢的要求確實有其必要。今天社會已日趨多元化，教育的功能顯然將日益更具關鍵性，教師對學生的教導方式在今後也勢必作大幅度的調整，如何積極培養學生對多元社會的正確認識，不但要有健全的個性發展，更要有容忍異己的雅量。而這些職責都將落在負有「傳道、授業、解惑」重責的各級教師身上。如果教師本身的工作權益都尙無法獲得充分的保障，那又如何能安身立命，進而發揮上述社會角色呢？因此，教師權益是否有保障，不只牽涉到教師本身的工作人權問題，還更事關教育的社會功能能否發揮的問題。從最近兩個月來所發生的兩件教師工作權益糾紛的事件看來，我們深深以爲是到了有必要正視這個課題的時候了。

教師權益的內涵，或許尙無定論，但最根本的是「工作權」的維護，則應當毫無爭執餘地。然而，我國的教育組織所沿襲的聘任法規對此一工作權的保障，却有嚴重的缺失。盛行的「一年一聘」或是「

兩年一聘」，往往會受到外來或不理性因素的干擾，變成教育主管控制及管理教師的工具，這對教師的工作權確實有莫大的傷害與不敬。教育學者一再強調，只要在使教師有了工作安全感和職業自尊之後，才能有無後顧之憂，進而去努力追求教育的理想。現行的「發聘」制度顯然對此基本工作人權的保障，有負面的效果。環顧先進國家，諸如英、法、德、美、日等，他們對教師的聘任方式，就比我國要合理得多，或是終身聘用，或是分級做不同程度的保障；縱使是跟我國同樣採「永久短期任期制」的蘇俄，它的聘期也至少是一次五年。像我國這樣的不分等級，一律限期聘任的制度，可說是絕無僅有，深深讓我們要為全國的教師感到不平。基於此，我們呼籲教育部儘速檢討現行的教師聘任制度，重新訂出一套眞正能保障教師工作權的合理辦法。

我們更認為教師既然是代表社會教育及培養下一代，他們的「學術獨立權」是應受到完全的尊重。幾年來，許多的事例已讓我們擔憂，教師的獨立權也已受到相當的打擊，具體的是解聘糾紛的產生，較隱藏性的問題則發生在教師教學方法、內容和態度上的受干擾。而且這不只發生在大學，在中小學也都有這樣的癥結存在。教育是學術的延伸和具體作為，如果對教師的「學術自主性」都無以尊重，教育大業的尊嚴又怎能樹立呢？因此，我們深信教師「學術獨立權益」的保障將是繼「工作權益」之後，一項不可或缺的教育政策考慮重點。我們也願建議，要想讓教師充分而獨立的發揮他們的學術良知，為下一代的教育效命，唯一有效的良策，就是去除任何「非教育、非學術」的行政甚或政治干涉，這一點，我們要特別向各級教育行政和學術主管提醒。

要在行政上落實保障教師的「工作權」和「學術獨立權」，我們也同意四位省議員在質詢中所建議的兩項作法。一是制訂「教師法」，二是准許教師工會的設立。一項好的「教師法」，必須嚴格遵守重視教育及學術的絕對原則，明確的將前兩個教師權益列爲應保障的對象，並且要將維護及提昇「校園民主」視爲該法的目的之一，而千萬不能反而藉此片面的約束教師，這是我們對訂「教師法」的看法。其次，我們也贊成由教師組織類似工會的職業團體。在國外，這樣的「勞心型工會」也是很普遍的，教師有了自己的工會，對權利的爭取以及義務的恪守，相信也都會有正面積極的作用，也更能提供一個「制度化」的管道，好讓教師和學校行政之間的溝通有「正常化」的發展。我們希望在擬訂修改中的「人民團體組織法」也要能考慮到教師工會的必要性。

最後，我們要對今後的教育發展取向提出一點看法。時至今日，教育制度與社會發展之間的關係，已到了重新調整的時間，過去數十年，教育制度扮演著相當強「社會控制的規範」的保守功能，我們不否認這有它的階段必要性。但是展望未來的社會發展，我們認爲今後的教育制度恐怕不能再走老路了，而是要多發揮一點「引導社會變遷」的進步功能，如何適時調整這種教育社會功能應有的轉變，當是教育政策決策者今天就應加以深思的課題。

76. 6. 20.《聯合報》

修訂「大學法」的幾個大方向

執政黨蔣主席七月二十九日在黨中常會明確指示，由於社會潮流和大學校園形勢都有了新的發展，大學法也應該隨之做檢討和修正。蔣主席的指示正合時機，我們相信久受議論的「大學法」將會展開合理的修正。我們深深慶幸之餘，也希望我國的大學教育行政和高等教育品質能因為「大學法」的修訂而能有大幅度的改善和突破性的提昇。

無可諱言，臺灣四十年來的發展經驗當中，其中一直令人詬病的便是大學教育的品質一直落在其他各項建設之後，尤其是國家學術的深根和成熟，更是問題重重，難有突破的契機。當然，在臺灣，大學教育和學術之所以無法蓬勃發展，有許多原因是屬於先天條件的限制，諸如大陸淪陷而導致的「學術斷層」和身處國際學術分工體系的「邊陲」地位等。但是，除了這些歷史和外在的因素之外，數十年來的教育政策本身，更是一個關鍵性的內在因素，在阻礙著大學教育的進步。一言以蔽之，便是我們的教育政策過於著重行政管制和社會控制，而嚴重忽略了對教育自由和學術獨立應有的鼓勵和推動。這個癥結的存在，也使得「大學法」在過去雖也有過修訂，依然擺脫不掉這種國家「控制」的政策心態，大學也就跟中、小學一樣受到國家教育行政體系層層的束縛，而無法將大學教育分而治之，在這種結構的限制之下，學術自由和大學自治的應有理想，當然也就大打折扣了。因此，我們要在此呼籲，大學法不修便罷，要修就得從根本上修正這種控制的心態，透過修法將政府的行政干預程度降低，而使大學的自治地位提高，這是我們對修訂大學法的第一個基本的主張。我們也相信，唯有先確立這種修法的大方向和根本精神之後，具體法條的修正，才會有實質的意義。

爲了達成上述保障學術自由和大學自治理念的落實，我們願再進一步建議，在修法時，除了依據憲法第一百五十八條和一百六十二條對大學宗旨的界定和教育部的職權賦予之外，更應該充分根據憲法第十一條中對人民言論、講學自由權認定的精神，在大學法修訂時，明文規定保障學術的自由和維護大學的自治。

保障大學裏學術的自由，首先就得肯定大學行政體系的獨立和自主，而且其發展方向要能夠完全不受外來政治和其他力量的干預。要做到這點，目前大學法賦予教育部大而無當的主宰權力就得加以約束和降低，而讓大學本身有較大的彈性和自由去發展，也唯有如此，時下教育界所批評的「全國只有一所教育部大學，所有的大學都只是分校」的缺陷現象，才能有改善的可能。新任毛高文部長於就任之初，即表示將著手修訂「大學法」，日前並指出將來修法方向，將會在尊重學術自由前提下，授予大學彈性發展的空間，我們除了對毛部長這種開放的作風，表示歡迎之外，並要求教育部能眞正在修法過程中落實毛部長此一承諾。

根據數月前教育部高教司的內部研究發現，主持教務的大學校長是否有足夠的胸襟和雅量，接納來自各方不同的意見，是決定大學能否切實達成大學「教授治校」理想的關鍵因素。我們大致上同意這種分析，但是更要進一步指出，在現行教育行政體制下，公立大學校長完全都是「官派」，而私立大學校長的聘任也難免於政治考慮的干預，結果便是「派」出來的大學校長有時候便往往擔當不足，守成有餘，甚至還對學術獨立、大學自治的執著缺乏深刻的認識；對上便不敢突破教育行政的束縛，提昇大學的獨立性格，對下更是不能有胸襟和雅量大力推動「教授治校」的具體方案。如果說對教授都不能充分尊重，讓他們積極參與校務決策，那更不可能期待對學生有足夠的信任，而給予學生團體有自治之權利了。近年來，各大學中教授和學生在這方面的不滿情緒已經表面化，而且還有不少校園事件發生，因此，我們建議今後對大學校長的遴選不如開放，由各校教授組成委員會自行處理，政府原則上一概不加干涉；如果一時不能馬上廢除官派制度，也應充分徵求校內教授意見，以期派出一位有學術地位又有公意基礎的校長。那麼，「教授治校」的立即目標才有可能達到，「大學自治」的理念才能落實，而學術獨立和自由的境界也才能追求得到。

以上是我們對「大學法」修訂的幾個比較原則性的主張，其他諸如教授工作權、學術獨立權的保障、以及學生自治權的維護等，我們也認為在修法中應予明確認定。同時，在研議過程中，教育部更應該以公開公正的態度，廣為諮詢聽證，滙集衆智，讓這一次大學法的修訂能有眞正的意義，而發揮它應有的大學改革功效。

76. 8. 3.《聯合報》

教師與社會運動

中國傳統對教師的角色曾有這麼的界定，「師者，傳道，授業，解惑也！」幾千年來，中國人也一直這麼期待教師們，希望他們傳佈道理，講授學業，解除疑惑。一言以蔽之，就是教師要能開導「受業學生」。近世紀以來，隨著西方思潮的衝擊和民主觀念的引介，我們又將教師的角色認定與知識分子的形象期望結合在一起；做爲知識分子中堅的教師不只是教育及門弟子，更要啓廸整個社會。這種角色期許的轉變，到了民國時期更爲凸顯。教師不再只是在書齋裏，或教室裏的理論冥思者或傳授者，更該走到書房外、教室外的社會和羣衆裏面，將所知、所學、所想，傳遞給更廣泛的對象。

五四時期，倡導民主與科學的知識分子是以教師爲主，三〇、四〇年代引發諸多社會、政治新議題，對當時社會發出批評之聲，並且進行諸多改革運動的知識分子也是以教師爲多。

發抒對現實社會、政治、文化的關懷，同時實際參與相關的改革運動，在民國七〇年代後期以來的臺灣，又再度掀起知識界和學術界的熱忱；教師似乎又在其中扮演著值得注意的角色。

現在回顧過去幾年當中，臺灣的教師在新興社會運動中所扮演的角色，確實有一些值得澄淸和檢討的地方。

教師的定義

第一：關於教師的定義。過去，我們總是泛指知識分子在社會運動中的重要角色如何如何，如果仔細去看到底是那些知識份子積極參與運動，又不難發現這些知識分子大部分是有教職的人，而且很集中在大學裏頭。換句話說，還是以大學教授爲主力的學術界知識分子。雖然最新的另一股力量逐漸的是來自中學敎師，不過却又集中在「敎師人權運動」，此一單一社會改革上面。

近七年的十種社會運動

第二：有關社會運動的本質與性格。綜觀過去七年裏出現在臺灣的社會運動，比較可觀而且又較具社會衝擊力的大概以下面這十種爲主：㈠消費者保護運動，㈡環境保護運動，㈢污染受害人自力救濟運動，㈣婦女運動，㈤原住民人權運動，㈥勞工運動，㈦學生運動，㈧教師人權運動，㈨政治犯人權運動，㈩返鄉探親運動。在這十種社會運動當中，訴求目標和作法雖不盡相同，但都具有一個相同的本質，那就是「改革意識」在貫穿所有的運動，目的追求的是改革、而不是革命，是屬於漸進溫和的改良主義，而少有要求做大轉變的激進主義。同時，除了政治犯人權運動有較具明顯的政治意涵之外，其他九種社會運動，大多採取一種「壓低政治訴求層次」的策略，並無意過份昇高政治的敏感度。不過，十個社會運動都有其隱含而程度不一的政治及行政改革要求。因此，新興社會運動的性格是以「壓抑政治訴求」爲策略的運用，但不能貶之爲「政治冷漠」或「非政治」的本質。

運動發展階段未達高峰

第三：關於社會運動的發展階段。上述這十個社會運動到底已經發展到如何的階段？這也是有必要澄清和界定的問題。按照我對社會運動生命史的認識，有五個階段是任何社會運動都必定會歷經的循環，㈠發端（亦卽問題形成和萌芽的階段），㈡集結（亦卽有更多人力、注意力投入的階段），㈢制度化（亦卽公權力機構對運動的問題給予合法地位，並開始設置機構及制定必要因應法令），㈣削弱（亦卽運動原來的訴求已被公權力的措施取代，而開始呈現疲態），㈤消失（亦卽不只訴求的對象消失，整個運動也消沉匿跡）。在這五個階段中，高潮是在制度化這一特定時期，關鍵也在這一期。第五期的消失是指運動本身的消失，與運動初衷追求改革的問題是否眞正獲得改善的事實，未必有必然的關係。從這五個生命史歷程的觀點來評估上面臺灣這十個社會運動，我初步的看法是認爲所有的運動發展的趨勢頂多是在制度化階段徘徊，而且能夠眞正爬到制度化高峰的社會運動，事實上也還沒有。消費者運動和環境運動勉強可以說是在制度化的邊緣；前者仍有待「消費者保護法」的訂定和特定政府單位設置：接手專司消費者問題，後者雖見到環境保護局升格到環境保護署，但相關的基本法令却依然不完備。能夠推進到第二階段（集結）的社會運動有汚染受害社區自力救濟行動、勞工運動、學生運動，和返鄉探親運動。它們受到的社會注意力已到了甚爲普通的程度，其中汚染受害人的自力救濟和返鄉探親這兩個源於特定「受害人」（至少是自我認定如此）的運動，尤其爬升得特別快速。勞工運動和學生運動則以較平穩的步調在進展。其他的四個社會運動，卽婦女運動、教師人權運動、原住民人權運動，和政治犯人權運動，則又都尙停留在問題形成和發動的階段，其中教師人權運動又比較有潛力跨進集結的下一階段。因此，看臺灣的社會運動，不能過於籠統而概括的看，必須注意到個別運動進展的階段及其可能的潛力。

學術支援發揮正面功能

第四：關於學術界知識分子在社會運動中扮演的角色。要回答這個問題，也不能草率而流於概括，或是高估甚或低估學術界的實然角色。在我的分析裏，學術界在上面十個社會運動中所扮演的角色，有它共通的性格，也有不同的特質。不是所有的社會運動都是在一開始就有學術界的介入，譬如說像環境汚染受害人自力救濟、原住民人權運動、勞工運動、政治犯人權運動、和返鄉探親運動，這些運動的發軔是由當地的居民、山胞、勞工、出獄政治犯、及大陸籍老兵本人主其事，他們的特點都是「當事的受害人」和「自感不平者」。學術界在發端的最初期，並沒有明顯的介入。換言之，不是學術界在帶頭，到了發端進入較成熟的階段（仍然在發端階段）才開始有學術界知識分子的參與，但也不是扮演主導的角色，其中反汚染自力救濟、原住民人權運動、返鄉探親及勞工運動等，學術界的助力更還是到了「集結期」才開始有形化的。因此，上述這五種社會運動，學術界的角色主要是「給予合法化的見證」，敎授們提供的協助不在「發難」的力量，也不在「組織」的力量，而是在於「聲援」、「呵護」和「保障」的提供，學術界通常表現在文章、座談、講演中給予支持，或是答應具名擔任顧問，但終究是比較間接的參與層次。

但是在其他的五個社會運動裏，學術界倒是在一開始就有較直接的投入，從「發難」的提出，到「組織」的推動，都有學術界很具體可尋的參與軌跡，這五種社會運動是消費者運動、環保（尤其是側重生態保育）運動、婦女運動、學生運動（尤其著重校園民主改革）、教師人權運動等。其中消費者運動和環保運動更是基本上靠學術界爲主力推展出來的社會運動，從發端階段到制度化高峰階段都可以看到學術界鍥而不捨的參與，他們不只是聲援和呵護而已，而且還親自「下海」，投入在運動的實際運作。消費者文教基金會在過去七年來的經驗，很明顯的證實了學術界在其中的直接投入，是使得這個社會運動得以順利發展的重要條件之一。基金會下設的十個委員會發揮了知識的憑藉力量，而其成員就是以學術界爲主，同時，消基會的董事會成員亦有半數以上由學術界知識份子出任。在過去幾年裏，對若干重大而具爭議性的消費者問題的處理，學術界立即給予學術的支持，甚而出面作關鍵性的見證和判斷，更是凸顯了教授的正面功能。

所以，當我們評估學術界在社會運動中到底扮演什麼角色時，應注意到他們在不同運動和在不同階段中的「實然」功能，既不能高估，更不能低估或是有意扭曲。

維持教學品質應列優先

以上這四點是我認爲要特別澄清的議題。有了這以上的認識，我們就不難發現，臺灣的學術界（尤其是大學教授）在近幾年裏的確發揮了教師的現代角色，不再拘限在教室內的傳道、授業和解惑；而且更跨出來在大社會裏，與社會羣衆的需求和社會變遷的脈動做有機的回應和結合。這種期待角色的突破，不但明顯的表現在實際參與的教師行爲上，也逐漸在廣大的教師心目中建立共識和認同；漸漸的不再視社會運動的參與爲「旁務」或「不務正業」而能給予合理而應有的肯定。這個轉變說來是很有時代意義的。

我也要指出，對教師角色新共識的建立和新行爲的發揮，並不意謂學術界應該從此以投身社會運動爲唯一「可取」的角色。相反的，我個人深以爲學術界畢竟是學術界，原有的規範還是該尊爲首位，維持一定的教學和研究的品質仍應該視爲優先。可喜的是，目前積極於社會運動的學者、教授大多數也都在各專業中有其一定的地位。也唯有這樣以紮實的學術來領導社會運動，才能有長遠的貢獻。若只是爲了一時的熱心，或是爲了別的目的而投入熱門的運動行列，到頭來，對個人、對學術界，甚至於對運動本身可能都還會有負面的影響。

學術界參與社會運動一定要有這樣實際而謙虛的體認：目前學者教師非得參與，是時代的境遇和社會的需要，多少是環境所「逼」出來的。等到整個大環境「正常化」之後，社會運動還是應該由專業的社會運動者來做；到那時候，學術界要扮演的角色就應該退居次要，做知識貢獻於運動的工作就可以了。老是由教授這樣的「拋頭露面」，呼籲這，提倡那，批評這，指點那，實在是很辛苦的。可是在這一天眞正來到之前，我想學者還得再繼續扮演這「吃力不討好」的角色。也爲了讓這一天趕快來，學術界更應該一方面力促大環境的改革，一方面也要花心思培養年輕有爲的專業社會運動者，讓他們能在必要的時刻，隨時可以接棒，繼續跑漫長社會運動的馬拉松，而創造更廣闊的社會運動天地。

76.9.28.《聯合報》

李遠哲博士榮獲諾貝爾獎的啓示

1986年諾貝爾化學獎於日前公布，在臺灣長大、受完研究所教育的華裔美籍科學家李遠哲博士與其他兩位美、加教授共同榮獲該獎。瑞典皇家科學院說，他們獲獎是因對化學基本力學貢獻卓著，並爲化學研究打開了新的領域。

被另一位獲獎人譽稱爲「物理化學的莫札特」的李遠哲博士，是在臺灣新竹長大，並且在新竹中學、臺灣大學以及清華大學研究所完成一連串的「養成」教育之後，才到美國攻讀博士，因此，他是很道地在臺灣長大的一個中國人。他的得獎，讓我們所有的中國人都的確感到很光榮和驕傲。同時他也是中央研究院的院士，由於這層關係，我們也要向中央研究院慶賀，一如吳大猷院長在聞訊後所做的評語，李遠哲是先當院士，後獲大獎，這是特別具有意義的一點。

每當有華裔在海外揚名的時候，我們總免不了有「與有榮焉」的興奮，這是很自然的民族和同胞感情，原是無可厚非，但幾年來先後在諾貝爾獎得主、太空人、電腦大企業家、甚而白宮（年輕）學者都出現中國人的臉孔之後，我們似乎不能老是只在國內「分享」榮耀而已，我們也應該在熱忱慶賀中國人在國際上有名望之餘，冷靜的反省和檢討一個嚴肅的問題：爲什麼中國人不能在自己的國土上出現一個國際級的學者或企業家，而必須到了國外才能嶄露頭角?

就以李遠哲博士為例，他是在臺灣受到完整教育才出國的，顯然是在臺灣的教育泥土上培養出來的「素材」，但却經過美國學術的「養分」之後且留在美國任教做研究，才變成了一個擧世尊重的科學「人才」。我們不禁會想，如果李博士留完學就回來，就像國內現在的許許多多留學生一樣，他是不是同樣也有相等的成就呢? 一位曾經是他學生的國內化學教授說，李博士選擇留在美國，並且入籍美國，是一個「很痛苦的決定」，他是為了學術研究的方便，才不得不作的讓步。這番話不只是他個人的一個心聲，也更透露了國內教育及學術發展的癥結。

這個「癥結」就是我們的教育和學術發展只有量的普及，而缺乏質的提升，因此，我們有能力培養資質不差的「素材」，但却始終無法造就出類拔萃的「大家」。原因就在於我們國內的教育制度及學術發展依然專注在普遍化、平頭式的教育機會，而對於每個學問的高深發展却都沒辦法提供一個合理而健全的大環境，所以就無形中抹殺了許許多多可能突破的契機。我們差就差在這種精進學術的客觀條件。

我們過去的努力，在學術發展上做了不少「水平式」的普及，該有的新學門，我們大致上也都有，但却都還膚淺。我們要特別努力的應該是一種「垂直式」的發展路線，對已有的學問向下要紮根，向上要提升。在推動學術的經費上要肯眞正花錢，而且做長期性的策劃，不能只是在趕時髦而已。此外，對高級學術研究人才的栽培和養成也要有更大的魄力才行，不要急著看成就，要有長期投資人才的打算。這些都在在需要政府拿出一套具體可行，而又嚴謹的學術發展政策，因此，我們深深認為政府在今後對發展學術的角色應該要有更深一層的自我認定才行。

我們在前面所說的，不外是在強調唯有整體的學術水準提升而且達到某一程度之後，我們才能期待一個傑出的人才出現。就再以李遠哲的例子來說，那是在美國的學術水準，尤其是生化學術的客觀條件之下，才有可能造就一位像李院士的諾貝爾獎得主。如果我們今天想要在未來也有一位從國內產生的傑出科學家，那就得從改善整體的學術環境著手。

最後，我們也想呼籲國人建立一個對「成就」的合理觀念，不要只是憑空羨慕別人的成功，更要體會到每位成功者背後奮鬪的歷程，從而學習別人努力的方法。我們希望年輕學子要向李遠哲院士學的，應該是他那種一向對學術的執著以及熱忱，而不只是羨慕他得獎那一刻的榮譽而已。

75. 10. 17. 《聯合報》

國際學術會議何其多？

最近一年來，國內召開國際性學術會議的熱潮很高，讓人又喜又憂。喜的是我們的態度愈來愈開放，藉學術交流來做國際溝通的工作，總是好的。憂的則是，如果只有「國際」而沒有「學術」的話，我們花錢、費力、讓國內學者累了半死，却從所謂「國際」學者那裏得不到東西，那是很冤枉的，而且可能讓另一些眞正在學術上有成就有地位的國際學者裹足不前，認爲我們這裏沒有水準。

下面只是一個例子，或許不能代表全部，也不在挖苦任何機構，也不是在拉任何主辦單位的後腿。基本上我認爲能多辦國際學術會議是值得政府民間雙方鼓勵喝采和財力人力上的支持的。只是希望以後能愈辦愈理想。

這是上個月在臺北擧辦的一個有關社會福利國際區域會議（中日韓三國）。主辦單位非常賣力，動員了很多國內的學術界人士，大家也是興致冲冲地去參加，但就因爲太强調了「國際」成份而讓不少學者有些失望。

大會議程緊湊，參加者的情緒也很高昂，最後一天，日韓代表更是不少因臨別依依而動情；大家心頭上也都有很多情緒，這現象在一般的學術會議上是很少見的。平心而論這是一個相當成功的「會」，但要談到研討的學術成就，恐怕是還要有一段距離。光就「會友」「國民外交」兩點來說，這在三天中，目的是達到了。至少在第三天的惜別晚餐上，三國的每個代表的嘴上都掛著「my friend」這句話。

這個會議從結果看來是「社會性」的意義高於「學術性」。主持人和做了一次東道請客的內政部長也一再引用孔老夫子的那句「有朋自遠方來，不亦樂乎？」來提醒與會代表。旣是研討會就應有論文宣讀和討論，可是這次除了本國代表還認認眞眞地寫了八篇文章之外，日韓兩國代表團只有一位日本代表提了一篇稍微嚴謹的論文在會中做專題講演。韓國代表的專題演講，竟近乎是卽席之作。而本國代表辛苦所寫的八篇文章除了一篇當做專題演講外其餘却被當做「背景資料」被放在每個代表的資料袋裏，沒有機會在會中宣讀或討論。這是件非常遺憾的事。

日韓代表團有好些位自己承認是趁著到香港開「國際社會福利協會年會」之便，順道來臺灣開這個研討會的。言下之意就是說他們並不是完全有備而來，對研討主題的認識就無法深入，更遑論去花時間提交論文給大會了。另外，旣然主題是三國社會福利教育的「合作與發展」，各國目前社會福利教育現況的起碼資料，如師資、教材、課程安排、學生素質、研究成果，以及政府對社會福利教育的重視程度等，理應由各國代表團事先準備，或集議創作或個別整理，然後分發給各代表，那樣才可能進一步談到合作與發展的主題。像這次就浪費了不少時間在猜測和爭論各國的現況，而始終無法進入眞正的主題。

開會三天期間，日韓代表除了付象徵性的六十美元爲報到費之外，其他一切吃宿都由主辦單位包辦，條件不能說是不優厚。除早餐外，每頓都有各級政府單位首長書面請客作東。三天吃下來有些代表說，他們發胖了。請客原是中國人好客的作風，但把這種請客作風用到學術活動上，就值得考慮了。大吃一頓，隨即座談，坐了半天又再去大吃，總是不太健康。再說，由官大者如部長級親自出馬請客，多少算是國家宴會性質總讓那些日韓教授代表們受寵若驚，雖表現我國政府重視學術活動及親善外交，但是如果今後臺北大小國際會議愈來愈多，每頓都要由部長、市長、處長出面請客，連一些國外小學校的教授也要去周旋，這在國際外交禮節上又是不是「得體」呢？花錢事小，國家面子才是事大。

日韓兩國辦這類研討會，他們就沒辦法請部長來請客，我們有。這除了表示我們的主辦單位比較有辦法外，是不是還有其他的原因呢？

以上種種只不過是想強調學術性與國際性應並重，這樣子才不會太勞累了國內學者及冤枉了出錢主辦的政府單位。

69. 8. 25.《中國論壇》118 期

國科會應支持國際比較研究

在國內想做人文與社會科學的經驗性研究，能申請到的經費不外乎來自有限的那幾個來源，像國科會、研考會，最多再加個農發會。但是能得到支持的却只限於有關臺灣本地社會、文化、經濟、人口等研究題目。對於臺灣與其他國家間的比較研究，上述這些機構，尤其是跟社會學、人類學關係最深的國科會似乎不感興趣，甚至明言不予考慮。對於這點，我倒覺得有商榷的餘地。

據我了解， 國科會不支持國際性研究， 大概有下面幾個理由：第一，臺灣本地的實地研究做得還不夠，怕國際研究會分散學者的能力；第二，國際研究對我們的社會科學發展以及國計民生沒有裨益；第三，經費有限，能力做不到；還有第四，既然有些美國基金會可以資助國際研究，就讓他們來替我們學者出錢吧。下面讓我提出我不同的看法，來說明爲什麼國際研究應該被鼓勵、被支持的原因。

第一，要做好國內的社會科學研究，跟不鼓勵國際研究並沒有什麼先後次序必然的關係。何況，到什麼程度才算做好國內的實地研究呢？是不是國內研究水準提高了，就能保證第二步的國際研究也能做得像樣呢？我看這兩類研究大可齊頭並進。

第二，要說國際研究跟國內社會科學的發展無關，無異是抹煞跨

國與跨文化 (cross-national/cultural) 研究對社會學、人類學，及社會心理學許多理論建樹的貢獻。在我看來，鼓勵國內學者做國際比較研究，不但不會拖慢國內學術的進步，反而可以將社會科學往前拉前一步。從被動地引用外國理論或方法來國內重復做，變成主動地將我們的想法、理論帶到國外去求證、去推廣。另外，國際研究大可提供國內在外交、內政上的施政參考。譬如說， 如果十年前我們對「第三世界」的研究有些成就，也許我們今天的外交處境也就不致落到這種田地。美國在六十年代花鉅資透過公民營研究機構支持各種海外研究，顯然跟當時的外交策略有關。就以我們交往甚密的韓國來說，最近十年來，他們不但鼓勵國外學者及機構做有關韓國的研究，並且支持國內學者做國際性比較的研究，其目的，也不外乎交流學術，積極外交，以及施政參考。韓國的財力絕不比我們雄厚，他們能這麼做，爲什麼我們不能呢?

再譬如說，幾年來，國內不少去過韓國開會或視察的官員回來總會稱許他們的「新鄉村運動」，說值得做爲我們鄉村建設的借鏡云云。但一直就沒有什麼具體作法，原因在於這其中根本沒有任何實地研究做出來，眞正去看看韓國的新鄉村運動到底是怎麼一回事? 是不是眞有那些地方值得我們學習? 光憑幾個官員開會之餘的印象，是不足取信的。

第三，經費也不該是困難，因爲每年國科會都有很多研究經費用不出去。我看這大概又是那種「多一事，不如少一事」的態度所致，才不願支持國內學者做國際研究。

第四，目前是有少數國際性研究可以向美國機構要錢，沒錯。但這終究是不得已的辦法，說不好聽，這是在靠人施捨，看人眼色。這在題目、理論、方法，甚而解釋上就有一些限制和顧慮，說不一定許多很有潛力和意義的研究就因爲那些顧慮而不能做。這很可惜，而且慢慢會形成一種「學術依賴」，而無法獨立的現象。今天，我們不諱言，爲了謀生，我們有著「經濟的依賴」，難道說連今後的學術文化也要來依賴美國或其他所謂「已發展國家」嗎？在我看來，這不但是不體面，更會是有遺害的。

總之，今天我們要談社會科學研究的生根、及升段，第一步就得先獨立，能讓國內自己的學者放手各別去做本地及海外的研究。何必妄加限制，不予支持，而逼得學者爲了到外頭找錢而委曲求全呢？所以說從不給錢支持做國際研究所可能導致的後果，是很值得那些負責文教學術的人三思的。

68.12.10.《中國論壇》101 期

維護資訊社會裏的「個人」

李登輝副總統不久前在應邀到中國社會學社的年會上，以「資訊社會的人民生活」爲題，發表演講。他首先說在以資訊爲主導力量的社會裏，人們將面臨更快速的變化和更多元的選擇困境，會使得個人對其「個人」的角色定位，感到茫然。他擔心若干「傳統」的道德觀念，如忠誠、努力、節制等價値，也會因此遭到懷疑，甚而摒棄。因此，他呼籲家庭、學校和社會要擔負起協助個人適應這種「資訊社會」的責任，幫助個人在資訊化社會裏仍然可以找到個人的安身立命之所，並重新模塑可共享的一些新道德標準，如合羣、樂觀、禮貌等。

在演講裏，李副總統並且提到另一個「資訊社會」的個人危機，那就是平等的問題，他的看法是，由於「腦力勞動」將是資訊社會中的主要生產方式，因此，「腦力」的差別，也就完全決定個人對「資訊權力」的支配與控制。結果，成就大小的差異，也就要比過去爲大，這時候傳統「平等」的價値也勢必會面臨考驗。

我對於李先生能夠利用這個主題在國內社會學界聚會的場合裏，與社會學家們發抒他的看法，我要向他表示敬意。資訊社會裏的「個人」，的確是個很値得社會學家去深入思考和探討的社會問題。在愈來愈高度資訊化也愈來愈高度集體化的同時，能夠也顧慮到「個人」如何克服安身自處的危機，著實是未來一項重要的社會工程。

由李副總統的演講，倒引發我一些其他的想法。我並不那麼擔心在資訊化社會裏，傳統的「個人」道德（如忠誠），會被懷疑或摒棄。倒是一些資訊社會應有的「公共道德」能否即時建立，却是讓人焦急的。我所指的是守法、對契約的遵守、容忍異己、尊重別人和別的團體的權利、職業倫理、公平競爭、不打擊弱小、關懷貧困和殘障者、重視安份、平凡和踏實、不一味崇拜「出人頭地」及「功成名就」等。這些多少與社會風氣及崇尚有關，而政府及有影響力的領導階層是否能率先帶頭，更是關鍵性的一擧。

我也更關切在資訊社會裏，個人「自由人權」和「隱私權」會受到侵害的潛在危機，以及政府機構濫用「資訊處理」而淪於管制一元化，和集體監視的可能弊病。

當然，我也注意到個人的成就將會過於懸殊的可能問題。不過，與其擔心成就的平等，不如把注意力放在機會的平等上。資訊化社會裏的最大問題，將不是怕個人有不同的成就，而是怕個人在獲得成就的機會上，會過於不平等和不公平。因此，提供及保障機會的平等和公允，將是政府在資訊化過程中的另一重要任務。

73.10.15.《民生報》

現代生活態度的知與行

文復會與行政院文建會於日前舉辦了一項「現代生活態度研討會」，這是繼三年前文復會召開的「傳統文化與現代生活研討會」後，另一次有關傳統的「現代」化、文化的「生活」化的專題研討會。在前次的研討會裏，似乎旨在摸索與澄清其間的「適當」關係，這一次則明顯的是要進一步去找尋和建立若干現代生活應有的態度、規範和倫理。

細讀了在會中宣讀的七篇文章，不難推敲出撰稿的學者們所構思的現代生活態度所應包括的內涵是什麼。這七篇文章可以分爲兩類：一類是一般性的生活態度或倫理規範，另一類則涉及某些特定生活領域的態度或規範。

針對第一個主題的討論，李亦園教授主張中國文化旣以倫理爲主軸，只要把握這個主軸，爲適應現代社會變遷的需要，擴充舊有倫理內容或增添新倫理項目，絕不傷害中國「倫理文化」的基調，反而使它更豐富，更有意義。他同時提出另外四個應增添的新倫理，亦即「兩性倫理」、「教育倫理」、「生態倫理」和「消費者倫理」。黃堅厚教授也呼籲他所謂「低調」的道德標準——從「利己」的道德做起，繼而擴大到「利人」，大可不必排斥前者，或是故意把兩者視爲不可兼得的互斥道德規範。能夠做到讓「凡夫俗子」都可依循的道德，才是落實的道德，也才是現代生活需要的。朱岑樓教授則提倡用較理性的「制度化」來治療中國傳統中「泛人情主義」的舊生活態度，同時也應該對過去農業社會的「勤儉」美德加以調整，賦予新意義，才能面對現代工商社會的挑戰。

在第二主題的討論裏，政治、經濟、職業、孝道與宗教等特定生活態度是探討的重點。葉啓政教授強調「公平與公正」、「容忍異己」、「關懷與參與」、「守法」等四種理性的政治生活規範。文崇一教授鼓吹建立工業經濟社會中各個專業的「職業道德」，透過職業倫理的遵守，當可提昇一般的道德標準。楊國樞教授則闡釋「新孝道」與「舊孝道」的差異，認爲傳統的「泛孝主義」已不適用現代的生活方式，具有「平等」「瞭解與感情」、「自律」「互益」「多樣」等特性的「新孝道」才是値得提倡的。最後瞿海源教授就當前流行的「功利性」宗教行爲和態度加以剖析，並指出調整和修正其中帶有的「不理性成份」是非常有必要的。

不管是「一般性」的或是「特定的」生活態度，上面這些項目和內容都還頗爲具體，照說也不難被社會大衆所瞭解。剩下來的問題就是如何使這些新而有用的「知」推動到社會上，讓大家去「行」了。

74.10.10.《民生報》

家教的「新」與「舊」

這幾年來，犯罪統計的資料顯示了兩樁值得社會關切和注視的「現象」：一是新的，即犯罪年齡下降，其中國中生的可能犯罪率上升不少；二是舊的，即青少年犯罪的背後，總可以目睹到一個「有問題的家庭」。如果把這兩個事實合併起來看，又讓我們不禁思考到另外兩個「老」問題，那就是我們社會當中的「問題家庭」是不是愈來愈多，我們家教的社會功能是不是愈來愈弱？

這兩個「老」問題的確沒有什麼「新」答案，答案都是「肯定」的，而且尤其是數量上的變化更可以觀察出其間的趨勢。除了「量」的問題值得我們關切，「質」的問題更該給予嚴肅的審視。也就是說，「問題家庭」可能不能再用過去的定義來界定它，離婚、單親、破碎的家庭固然是比較明顯的「問題家庭」，但是「有問題的家庭」却遠超過這個範疇，不少「完整」的家庭却往往存在著令人驚訝的問題和癥結，這包括父母失和、父母沒能給子女足夠的關懷，父母子女代溝加深，父母財務的壓力等等，都是現代家庭問題中最容易導致製造出「問題子女」的不良條件，而且它經常潛伏在暗處，不太被察覺，但一旦爆發出來，却不可收拾。

「有問題」的家庭，其家教當然就註定有品質上的缺陷，再加上家庭外種種社會環境的壓力，這類家庭的家教功能就更難免崩潰的命運。一旦家教的防線被破壞了，從這種家教出來的子女，其品質管制就會有相當程度的瑕疵。談到這裏，我們又不免反省，我們在過去是不是太習慣於家庭的穩定與不變，而忽略了「家教」也有脆弱的一環？

在此時此地呼籲家庭和家教的重要性，或許會被誤會爲「新保守主義」的作風，但仔細想想却是今後建立一個進步而穩定社會秩序不可或缺的基礎。當然，單純天眞的强調還是無濟於事，「實踐」才是最重要，「實踐」要從每個有子女的家庭做起，並且從爲人父母者以身作則，隨時檢討自己與子女的關係，是不是有過於不負責任的縱容，或是過於不合理的要求與過高的期望？是不是老把子女變壞的行爲歸咎於社會而忘了自己的任務？是不是忽略了「身教」對塑造子女性格、行爲的重要性？是不是自己偷懶，也隨波逐流，以社會上流行的庸俗或不正確的價値爲價値而疏忽了要時時培養子女判斷是非的能力。

家教對中國人來說確實是「舊」話題，但在今天却有它特別的「新」意義，執行家庭教育的父母，不能沒有這層體認。

74. 12. 17.《民生報》

正視「學童外流」暴露的教育與社會問題

立法委員賴晚鐘前日於質詢中，提到近年來未滿十六歲的青少年以觀光、探親名義前往美國後滯留不歸的現象愈來愈嚴重。僅以加州洛杉磯爲例，就有五千多名我國學童滯留在該市。賴委員在最近考察美國之旅時，當地華僑紛紛告訴他，從臺灣去的青少年，由於無家人就近照顧，就讀的美國學校管理又比較鬆弛，以致一部份人淪爲幫會成員，打架、賭博、竊盜，已演變成爲當地華人社區很頭痛的社會問題。

內政部長吳伯雄在答覆時指出，根據入出境管理局自七十一年七月到七十二年四月的統計，十六歲以下男童有五千兩百零三人出國，滯留未歸的有兩千零六十一人，其中有九百七十四名男童的父母自行返國，却把小孩留在國外。吳伯雄並說明內政部曾經研究是否採取法律限制十六歲以下青少年出國觀光，結論認爲父母讓未成年子女滯留國外的心態固然值得檢討和譴責，但是治本之道還是在培養父母的愛國心和責任感。因此，內政部暫不考慮採取限制措施。

「學童外流問題」可以說是國內繼「人才外流」之後的外一章。它之所以構成爲一個值得重視的「問題」，是由於它一方面鑽現行護照條例規定的漏洞，隨父母出國觀光，但却滯留在美，父母回國後，他們却變成沒有身分文件的一羣，有的就以非法居留資格停留在外，有的是透過「安排」，父母拿錢在美投資事業，以便利申請綠卡，以做長期居留的打算。另一方面就是上面所提到的製造了華人社會的青少年犯罪問題，根據本報駐美西記者昨日的報導，不少這類的「小留學生」往往變成一羣特異的問題青少年。這羣孩子由於沒家人照料和管教，丟了中國的好東西，却學了美國的壞東西。再加上觀光護照逾期，升大學又沒有辦法，就業更是困難，最後只有淪爲非法移民的游民，結果乃造成個人、家庭和社會三重的嚴重問題。

我們同意內政部長的看法，不主張用限制措施來解決此項「學童外流」的問題。因爲一旦用消極的限制手段，不准學童隨父母出國，不但會破壞政府當年開放國民出國觀光的美意，對本問題的解決也未必有幫助，反而更會導致「有辦法」的父母，用「非法」的手段外流學童，後果將會牽連得更複雜，也更不易收拾。

我們認爲根本的防止之道，還是要從這問題的造因著手。學童外流基本是由於兩個制度因素所造成的，一是國內教育制度的缺陷，一是社會風氣的壓力。前者是長期以來就存在的問題；那就是「文憑主義」和「升學主義」對學童和青少年造成的身心壓力，使得父母轉而以將子女送出國外讀書做爲逃避和擺脫國內升學壓力的方法。後者則是近年來的新生怪異現象，那就是成年人的虛榮心理，尤其是部份有經濟能力的新興都市中產階級以送未成年子女出國讀書來滿足自己的虛榮，過去還只是大學後的出國深造，現在則流行從小就送出去「留學」。教育制度的缺陷還更是根本的癥結，虛榮風氣只是條件因素，因爲能送那麼年輕子女出國讀書的，畢竟還是局限在那些比較富裕的都市家庭。況且，升學主義所爲害的，却是所有的青少年和他們的家庭。「學童外流」的現象，不過是冰山的水面部份。

對於中產家庭的虛榮心理，我們認爲做父母的應該三思，不要天眞的以爲把孩子送出去就是給了孩子最好的前途，更不可以拿孩子的童年和青少年成長時應有的家庭溫暖做爲滿足自己虛榮的代價。

對於升學主義的根本解決辦法，我們不只一次呼籲政府要拿出魄力改革教育制度，下面是幾點可供參考的改革方向：

第一、實施多軌教育制度，鼓勵興辦夠水準的專科與職校，以疏導過份偏重單線升學的壓力。

第二、澈底解決和突破各級職校就業的瓶頸，積極改善建教合作的績效。

第三、透過社會教育的力量，儘量提倡多元化的社會價值，確立行行出狀元的新觀念，以緩和只以升學求取功名的社會壓力。

75. 3. 15.《聯合報》

「小留學生問題」的背後

由於錢復代表返國述職，在公開場合談論了不少有關小留學生在美的問題，「小留學生的問題」又再次成爲新聞媒體裏的熱門話題。

這確實是個值得加以重視的特殊現象。因爲「小留學生」的流行，無疑的，反映了當前臺灣社會的若干問題和癥結。

如果只是動機單純的「移民」問題，並不令人心憂。仔細說來，「小留學生」不是小孩子在美適應的問題，而是大人的問題，是那些帶小孩出國又把他們留在那裏的家長們的問題。他們的心態，讓我們特別關切。據了解，不少成人們的理由都是說「爲了小孩將來的教育機會和前途」才把孩童送出去。簡單說，就是爲了幫自己的孩子逃避國內升學的壓力和文憑主義的戕害。這種說辭不無理由。我們這種令人詬病的教育制度確實「逼出來」不少「小留學生」。如果有辦法能夠不讓自己小孩受升學主義之苦，誰又會責怪呢？教育問題才是學童外流的癥結所在。

事實上却又不那麼單純，也有不少的家長並不是「爲了小孩」，眞正的動機是爲了滿足自己的虛榮心，炫耀自己有能力把孩子送到美國讀小學、讀中學。更有部份的人是缺乏對臺灣未來的信心，爲了替自己找「後路」，在舖路，才先把孩子、太太送出去，以便利以後的落脚。在這兩個理由之下，「小留學生」問題的出現還只是表面而已，更深一層的癥結却在我們眼前的社會風氣和目前臺灣所處的特殊狀態。具體說，這現象所反映的却是「部份」中產階級特有的浮誇性格和「找後路」心態。從現實眼光來看，這問題比前述的教育問題可能要來得更嚴重。

有些學童在美適應不良，演變成不良青少年，製造華人社區裏的社會問題，固然令人關心。但是，「小留學生」給臺灣社會留下來的不良衝擊更應加以注意。如果有愈來愈多「有能力」的中產階級以送小孩出去做爲「出路」，將可能不但拖延國內教育改革的脚步，而且加深社會不平的心理，甚而助長虛榮的社會風氣。

因此，「小留學生」問題是當前値得重視的社會現象。但是光靠較嚴的出入境辦法，或是，輿論的批評，是無濟於事的。這問題背後所暴露的教育制度弊端、不良的社會風氣，以及「部份」中產階級對未來的信心不足，那才是最根本要解決的癥結。

75.1.19.《中國時報》

原名「中產階級的浮誇！」

輯六

關懷大陸社會

社會學和人類學在中國大陸的命運

1972年的3月至4月，有72位美國亞洲研究學者應邀到中國大陸訪問，主要想瞭解那裏的人類學和社會學情況。顧波敎授（Gene Cooper）也是其中的一位。他曾在北平的「國家少數民族研究所」（National Minorities Institute）裏，跟費孝通、吳文藻、林耀華這三位中國三、四十年代的社會學和人類學家見了面，並且交談了許多。顧波回美後，曾將那次的談話記錄寄給費孝通看，費看完之後，附加了他的一些回答和看法。顧波敎授便將那談話內容和費的來信在1973年10月的《當代人類學》（*Current Anthopology*）發表，從這篇文字很淸楚看出，人類學和社會學根本在大陸上消失了。

我讀到這篇文字之後，就隨手翻譯了出來。那已是六年半以前的事了。那時候，由於國內對大陸內幕消息的報導還有不少禁忌和限制，這篇譯稿也就被某一大報的副刊給「忍痛」退了稿。身爲國內社會學界的一分子，自然關心大陸那邊同行的命運，我便將這譯稿影印了幾份，送給同好讀讀。後來，我出國了，便將這手寫的翻譯稿子留給一位也是讀社會學的學妹。就這樣，一幌就是六年多，我又回到了國門。跟那位學妹見面時，她想起那舊稿，又把它寄還給我。我很驚訝這舊稿竟然仍無恙。鑑於幾年來，國內討論大陸社會文化的風氣已甚爲開放，尺度也放寬了。同時，我再讀之餘，仍覺得它有「資料性」的價值。我再加了些最近的資料乃交本刊發表，以供國內社會學、人類學界及關心大陸上學術遭遇的朋友們參考。[:

值得特別一記的另一樁舊事是我在原稿後更曾做了如下的後記：

「讀完這篇報導，眞爲大陸上的社會學家和人類學家感到悲哀、叫寃。費孝通等人一再批判自己、淸算自己，自己絲毫沒有獨立的人格和思想。更別說有批評共產社會制度的勇氣。最近讀到美國社會學會主席布勞教授（Peter Blau）寫給蘇俄頭子布里茲涅夫的信，抗議其驅逐索忍尼辛出境，認爲這是對知識分子迫害的擧動。布勞並以社會學家的立場讚揚〈古拉格羣島〉這本書是一重要的社會學文獻。他還特別呼籲說不管是那一國度的社會學家都應該有責任和職業良心去理性地批評現存的社會制度希望能更好，更適合於人類在其內生活。讀完前後這兩篇文字，不能不讓身爲自由社會的每一知識分子有所領悟。」

費孝通的自白

下面這段話是費孝通在接受訪問時所說的話：

「我很高興今天能再度見到濶別已久的美國朋友們，我是在三十多年前到過美國的。在這三十個年頭裏，種種大的變化都發生了。由於你們對人類學的批評，稱之爲『帝國主義的產物』，讓我很感動。經過三十年的隔離之後，我們需要有更多相互的了解才行。但是，這種了解恐怕也是不容易，「中國」三十多年的變遷，使得我們知道該如何改變人類學的領域，如何用我們的知識服務人民，而不是效勞帝國主義。這是我們最基本而最重要的一點，爲了達到這點，我們曾做了一次自我的革命，開始批評以前所學的那一套『資產階級的人類學』。如果說我以前寫過的有什麼用處，那就是可以拿來告訴別人：「這就是一個資產的人類學家所寫出來的東西』（他笑了）。以後，根本不必再去讀這些老而無用的書了。」

「怎樣才造成這個變化呢？過去幾年，尤其是文化大革命那段期間，我們終於找到了線索。根據「主席」的語錄，我們知道了應該要到羣衆裏去，並且向羣衆學習。上個月，我才剛從五七幹部學校回來，在那裏的鄉下，我住了兩年半。現在，我學會做勞力的工作，學會種棉花（他笑了），只有在你自已浮入勞力工作，才能了解勞工階級想什麼。我甚至不忍再讀自己所寫的有關鄉民社會的著作。當年，我根本缺乏他們的階級觀念，我的想法、我的感覺，和工人完全不同。我所要解決的、所要回答的問題也根本不是農民所想的。那時候，我曾經看不起他們，把他們當做文盲和粗人。我不但沒有服務農民，反而幫了統治他們的人。以前，我從來沒弄懂過，現在，經過了文化大革命，經過了內心的革命，我完全懂了。」

人類學已變成控制工具

在今天的「中國」大陸，社會學和文化人類學已經不再被認爲是一門學問了。吳文藻告訴我們，他們現在根本不再訓練任何一個新的人類學家或社會學家。雖然，還有所謂的「研究」在鄉下或工廠繼續做，但這些都不是經過設計，交由專家去做的，而是每一個中國人都得被迫去鄉下，直接地向工人和農民學習他們的風俗和習慣，所有的人也得去做幾樣花體力的工作。

從吳所說的，很淸楚可看出，帶有社會革命行動的人類學，和把研究對象客觀化的人類學，這兩者之間的差別是很大的。根據他的說法，想要知道梨是什麼，就去吃它，想要了解社會，那就參與到「鬪爭」裏去。早期的西方人類學家，也曾有過這種膽量和勇氣跟農民生活在一起，然後研究他們。但是在社會科學界裏仍是少數。今天中國大陸的知識分子由於下鄉的結果，他們對鄉下的事懂得可說跟當地人一樣多。

在這種一年到頭只專注於「鬪爭」「開會」的情況下，我們很清楚可預料到，中國大陸的人類學家根本就沒有機會去接觸西方人類學的文獻和研究趨勢。這是一種必然的隔離。唯一的例外大概算是周口店古生物博物館的館長吳心直(譯音)吧，他却很清楚西蒙氏 (Simon) 最近的研究和發現。這個博物館的規模和陳列，倒是足堪與我在美國所看到的相比美。以吳文藻來說，他在一九三七年代在巴黎跟墨斯 (Mauss) 是非常熟悉的，可是吳、費、林三個人近來都沒有讀過 Levi-Strauss 的東西。

「中國科學院」的脊椎古生物學研究所之下，設有人類學研究組，側重在考古學方面，它是研究中國史前和上古文化史最豐富的地方。此外，還有一個哲學和社會科學研究所，其下沒有少數民族和語言研究組，這倒是大多從事文化人類學方面的工作。可是，就我們所知，沒有一個文化人類學的研究是在漢人社會中進行的。

林耀華說，在「解放」初期，中國境內一向被忽視的少數民族，開始受到「新政府」的注意和關心。1950年左右，人類學家跟其他的革命行動團體一樣，分別被驅到邊境去服務人民，1951年，林到了西藏，費到了雲南和貴州。他們有興趣的應該是根據語言和文化活動世界定一個民族的範圍，可是他們帶去的却是共產黨的教條。林得意地告訴我們，這種工作是包括了人類學和土地改革兩大貢獻。

1956年初，「國務院」下的「少數民族委員會」，組織了一支研究隊，實地調查中國境內所有少數民族的考古，社會史、語言和現況。而交由少數民族研究所的人主其事。所提到的有四川的夷族、松花江的赫哲族，還有西藏的藏族。這些邊境民族仍帶有農奴的色彩。在夷族進行的工作，是在認定和登記他們的族羣系統，由於幾十年來他們一直不安定，所以現在卽使是同一族的也大多從沒見過面。去赫哲的，則協助他們開拓，在這個工作隊的幫忙下，赫哲族的人口增加了，從1957年的五百人，增到目前的一千人。在中國大陸，共產政府是不向少數民族推行節育計畫的，只有漢人才做。

在這些地區裏，中國的人類學家起初是疲於所謂的「民主改革」，後期則被要求去進行「社會主義的改造」。林耀華坦白的承認，他們要做的事實在太多了。不但要研究各民族記載的和口述歷史，並且還要訓練一批當地的幹部。有時候，他們還得參加這樣的工作，去決定那個少數民族居住的地區，適合於實施「自治區」。

林耀華還告訴我們，中國少數民族發展史的第一册已快出版。兩本在文化大革命期間被禁過的期刊：《少數民族研究》和《少數民族統一》，將再度出刋；另外，對人類學界，尤其是考古學家有興趣的兩本雜誌：《考古》和《文物》也將恢復出版。摩根（Morgan）那本《古代社會》（*Ancient Society*）新的中文版，最近已經出版。

在消失的邊緣

雖然，中國大陸在「保存」那一小羣一小羣的部族上做了一些努力，可是，就專業的眼光看來，人類學和人類學家在目前的大陸似乎已處在消極和滅亡的邊緣上。透過翻譯的人，這一個多小時的談話裏，我們對大陸上的同行所獲得的印象仍然是片斷的。相信，還有更多的事實沒有被講出來。

費孝通的回信

顧波教授回美國後，將上面的談話紀錄寄回北平給費孝通看，費等三人做了下面的補充和辯白：

由於時間的限制，很遺憾在上回的談話裏，我們無法做充分的討論，從這次的經驗，使我們深深感到彼此都該要有進一步的溝通和了解，依目前的情形顯然是不夠的。或許，將來兩「國」之間有更多「友善的」來往後，可以慢慢消弭這種差距。在這裏，我們有幾個重要地方，必須澄清。

1.你們批評早期的人類學家是「帝國主義的產兒」，我們非常同意這點，這種批評的態度是讓我們深爲感動的。

2.誠如你所說，今天中國的社會學和文化人類學已不被認爲是學問，這是事實，但我們還得再說幾句。任何一門學問都必須要有一個理論的系統和實際的功能。可是，一門被資產階級意識型態所控制，而且拿去効勞帝國主義的學問，是絕對不被允許在這麼一個無產階級的社會主義國家生存的。這一點，希望你們能了解。我們根本否認人類學這門學問了，即使是「解放」後，我們在邊區少數民族裏做的工作，也絲毫跟人類學無關。我們做的社會調查和訪問，制定族羣、研究語言、進行民主改造、訓練幹部，並改造地方政府等等，都是偉大的「人民工作」。我們所遵循的是「馬列主義」，所聽的是黨和政府的指示，這些都是我們跟人類學家所做的在理論上、在實際上，最基本的不同地方。

3.我們知道你們關心的是我們這些曾經學過西方人類學的知識分子，在「解放」後做過些什麼，現在又做些什麼？在上回的討論裏，我們也根據了經驗告訴過你們了。中國共產黨一直都讓我們這些從「舊社會」出身的知識分子在新政府下發揮才智爲人民做事。「黨鼓勵我們，教育我們，更改造了我們」。

解放後的二十多年裏，我們一直致力於國家的社會主義革命，和社會主義建設。我們已說過，在黨和政府的指導下，我們做了激烈的自我革命。我們掃淸以前因襲的資產階級封建的思想，重新改造我們的觀點和態度。並且開始站在無產階級這一邊。改造的主要方法就是一方面學習馬列主義和毛澤東思想，一方面把自己訓練成一個工人、一個農民、一個民兵，並且親自參加到鬪爭革命的行動裏去。

至於你稱我們爲人類學家，我們只能承認它是過去曾有的一個頭銜而已，現在，我們只願說自己是曾讀過人類學的人。這是歷史事實，我們不能也將不會否認。但歷史是會進步的，是隨之不斷的創新。我們希望你們能了解我們的新面目，同時跟我們做朋友。同時，我們更盼望在你們多認識了我們之後，能夠領會到那句你們稱呼我們的：「“學術界”碩果僅存的幾個！」是不正確的。

4.我們完全了解你們生活的社會是很不相同的。你們將如何處理「人類學」這門學問也只有你們自己才能決定。我們的做法絕不會是一樣的。但我們堅決相信世界人類的最終目的則是一樣的，我們必須強化我們的聯合，向彼此學習，並且奮力去追求共同的進步。

最後，讓我誠懇地感謝諸位亞洲研究學長的來訪。

中共恢復了社會學

去年（1979）中共讓社會學在大陸恢復，同時也再度成立了所謂「中國社會學社」，又由一生充滿了悲劇性色彩的費孝通出來擔任會長。下面這一段就是美國社會學會通訊1979年5月的報導：

「依北平評論的消息，在一個全國性的集會裏，費孝通被選爲『中國社會學社』的會長，與會的共有六十多位資深、資淺社會學研究人員。……自從1952年以來，社會學課程就從此在大陸的大學裏剔除，有關社會學的研究也在1957年禁止。

『中國社會科學院院長』胡喬木在會中並强調社會學在發掘中國社會問題的解決，及研究中國社會現象的重要性。他提到種種社會現象之間的相連性的及社會生活的多面性都是科學研究的對象。胡並說明歷史唯物論雖然提供了研究社會的基本觀點、方法和理論，但這並不表示將排斥不同科學方法用來探討不同社會現象的重要。旣然社會學是一門科學，就不能禁止它的存在和發展。『中國社會科學院』並已決定專設一個社會學的研究機構主其事，來發展中國的社會學研究。

與會的所有人都一致認爲，爲了中國的社會現代化，社會學就必須要重新被肯定、被重視。在會中，他們更建議，在適當時機時，社會學系應該要復設在各大學裏頭，並且社會學刋物要大力推動與發行」。

但這是不是表示社會學眞的能今後在大陸生存下去呢？能夠眞的脫離於政治的擺佈和意識型態的窠臼呢？能眞的就像布勞所說的那樣「大陸的」社會學家也可以站出來理性地批評共產社會制度嗎？這些

都是一連串的疑問，要解答它們，只有等著瞧今後的發展和變化。

但至少在臺灣的社會學家和人類學家還有這份自由和力量，多少能擔負些布勞所呼籲的那份社會學家的「天職」，來客觀地批評社會的問題，包括政治、經濟、文化等制度中不合理的現象。如果，我們有這種環境，「能爲」而「不爲」，那豈不是太對不起自己的角色。也對隔海的同行說不過去，因爲他們卽使是「欲爲」也「不能爲」！

69.4.《大時代》10期

中共也需要社會學

如果大陸的社會學家眞能大膽發掘社會問題，誠誠實實地整理，小心翼翼地分析，應能將社會問題公開化，迫使中共政權正視問題。

中共在1952年，也就是所謂五年計畫的頭一年，正式的關閉了所有大學裏的社會學系，相關的研究機構也遭封鎖。從此，社會學這門在國民政府時期相當活躍和重要的學問，開始度著打入冷宮後的寂靜歲月。

社會學被認爲是帶有資本主義色彩的學問，是在資產階級意識控制下，爲帝國主義効勞的工具；社會學也被視爲一種會威脅中共「權威」的自由主義意識；因此，在中共政權的眼裏，社會學的存在不僅不應該，也是不必要的。尤其要命的是中共一切模仿俄國，一九四〇到五〇年代的俄國大學教育課程裏沒有社會學，中共也就不能有。

在1957年的時候，政治氣氛稍稍緩和，儼然製造出一股百花齊放的情勢，有一些「社會學家」也曾公開的簽請恢復社會學，但始終被壓制了下來。就這樣， 將近三十年來，社會學在大陸幾乎是一片空白，跟世界上的社會學界完全隔離、孤立。

一直到1976年，毛澤東死了，四人幫倒了，四個現代化的呼聲起來了之後，社會學的命運才有些改觀。

社會學和四個現代化

在過去社會學對所謂「社會主義建設」的貢獻並不是沒有被人提到過。曾有人指出：社會學的研究將可以幫助解決社會主義中的一些社會問題，譬如人口、知識分子的再教育、勞工、黨員與非黨員的衝突、一些政治機構如人民代表大會的組織、家庭關係裏的兩性與兩代之間、城鄉的衝突、犯罪……等等。費孝通就曾這麼寫著：「這些問題將不會自動減低，也不會是和平和安靜，我們最好是用科學方法去研究它們，而不要閉著眼睛假裝像每件事都沒問題……」。但是，行不通就是行不通，像費孝通本人也因此遭到一連串的迫害和洗腦。

在1976年，爲了四個現代化（即工業、農業、國防、和科學技術現代化），中共當局讓了步。很明顯，中共要現代化，就得打破封閉三十年的孤立格局，就得再度進入過去被中共痛恨排斥的「資本主義的世界體系」。社會科學的再度公開，顯然是必要的；惟有透過社會科學的知識和研究，中共才能重新調整它在這個資本主義世界裏的新角色，恢復社會學的需要也就愈來愈明朗……。

1977年，在「中國科學院」之外，另設獨立的「社會科學院」，又顯示出中共急迫需要社會科學的跡象。而1979年 3 月，中共更讓「中國社會學研究學會」在北平成立。同年九月，另一個獨立的「社會學會」也在上海成立，並出版一份叫做「社會問題」的刋物。

在「中國社會學研究學會」的要求之下，中共也選定在上海的復旦大學恢復設立社會學系，將開辦四年的大學部。同時也很可能會在「北京大學」或「人民大學」裏開辦研究所。

最值得注意的是「社會科學院」裏也在籌備設立單獨的「社會學研究所」。這一切均顯示中共對「社會學」的讓步、重視、或是利用。依目前的情勢看來，三者大概都有其可能性。

至少，在「官方」的說辭裏以及在大陸社會學界的「期望」中，社會學和它的研究都是針對四個現代化而來，說社會學的研究可以了解在四化過程中的社會問題，並解決這些社會問題。可見「恢復後」的社會學將會帶有非常濃厚的實用性質，和一九六〇年代俄國恢復社會學的時候所賦予的承諾一樣。

馬克斯應付不了那麼多社會問題

如果官民兩方都認爲今後要有社會學的科學研究來解決眼前的社會問題，那麼就表示這些社會問題已經相當嚴重，而且馬克斯—列寧—毛澤東這一套敎條似乎已不管用了，無法應付那麼多中共從未預料到，或者從不願意承認其存在的社會問題。

跟大陸社會學家及官員有接觸的美國社會學者都得到某種相當一致的印象，那就是:

一、這次中共恢復了社會學，社會學界是旣興奮，又尷尬。興奮的是他們曾經從事的學問能夠再度被重視，他們的身分和地位也就會跟著提高；尷尬的則是隔離了三十年，要如何從頭做起？令人惶恐萬分。 而且， 如何能夠記明社會學的研究方法與工具可以跟它背後的「資產階級成分」劃分開來，不致再度被政治封殺，更是讓他們緊張的地方。萬一研究結果竟然跟官方的說法相違背，那又該怎麼辦呢?

二、目前大陸流行一句話，說眞理來自事實，不來自政治敎條；因此，社會學和人類學可以用來發掘事實。馬列主義只能提供一個分析的架構，絕無法供給一個清楚的藍圖，做爲分析和解決問題的依據。同時官方也坦白承認大陸社會已面臨許許多多新興的社會問題，包括人口過多、少年犯罪、失業、家庭和婚姻衝突、居住的問題等等。對這些問題，中國的馬克斯主義竟是束手無策，旣無法了解，亦無法改立對策。應該取而代之的是社會學。

三、雖然社會學是開放了，但是中共官方不可能會放手讓社會學界去幹，社會學必須要達到官方認定的任務和使命，也必須扮演官方認可的實用角色；社會學家也必須守官方設定的「規矩」。依照擔任「中國社會學研究學會」會長的費孝通的說法，今後的社會學會是一個有「本土」色彩，而不是全盤輸入的社會學。並且要由被研究者參與到研究過程當中，他們甚至可以決定什麼題目才是應該研究的。換句話說，中共官方要的社會學是一種「人民」的社會學，而且是一個爲現代化服務的社會學。能不能做到這點，恐怕也不是現在就能看得出來的。

大陸社會學者心頭一個結

我們在臺灣，可以用什麼角度去看大陸社會學的這個發展呢？

以從事社會學工作的立場，我們當然歡迎社會學在大陸能夠再站起來，希望它能夠再度發揮它在人類社會史上的特殊角色，那就是批判社會、檢討社會。有位美國社會學家說過，只有自由的國家才能容忍社會學，因此，從社會學日後的發展及其方向，或許可以拿來做爲測量中共給予大陸社會自由的程度。這種自由也正是我們期望海峽對面的社會學家們能夠盡力爭取的。

也正因爲社會學多少都有這種內在自由驅力，現在大陸的社會學家面對開放的大世界，看到世界上其他國家社會學的前進發達，而大陸是空白一片，想來，他們心頭總有一個結；不知是什麼滋味。這一點，我們也該同情。

將社會問題公開化

如果大陸的社會學家們眞能把握他們所謂的「人民社會學」的方向，大膽地去發掘困擾人民的各種具體社會問題；誠誠實實的整理、小小心心的分析，即使沒有什麼「舶來的理論」，總會有其實質的貢獻；這貢獻就是將社會問題公開化，迫使中共政權也正視社會問題、解決社會問題，若能如此，得到好處的不也就是大陸上的人民了嗎?

過去三十年來，臺灣有社會學，大陸上沒有；臺灣承認有社會問題，大陸上否認；臺灣的社會學總有些太美國化，大陸上則與外界隔離，什麼方向也沒有。今天，臺灣和大陸都有了社會學，雖然在性格上不同，但由於研究的對象都是中國人，關心的也都是中國社會的未來，如果我們能暫時冷靜的把政治及意識型態的問題擱在一旁，而以人民和社會的福祉和發展做爲考慮的核心，或許，此時此地這兩個社會學的並存、並育，會給我們一些有意義的啓示。

70.6.《綜合月刊》

研究中共社會在方法學上的若干問題：
兼論大陸鄉村社會的持續與變遷

前　　言

國內的社會學界，基於種種內外在原因，始終無法積極的將研究範疇延伸到對中共社會這三十餘年可能有的變遷，做較客觀和深入的探討。對社會學界本身和決策圈來說，這現象都是件遺憾的事。喪失一塊原是珍貴的研究領域，對企圖建構中國社會結構和變遷理論的工作上說，社會學者猶如失去一個「實驗室」，這個損失多少限制了在臺灣的社會學發展以及它在世界社會學當中的地位和潛力。在另一方面，因爲缺少足夠有關大陸社會結構變遷的經驗性和系統的分析，我們的決策機構多半只能著重在中共上層政治結構（尤其是政權的轉移和變動），對外關係，或是其總體的經濟表現層面的了解，並據此或做對策擬定，或做批判，或做爲提供國內一般民衆「認識大陸」的主要素材。結果，我們對中共的社會和行爲層面反而生疏，遠不比對政治和經濟方面的認識。相同的，在這種欠缺完整、客觀而具解釋力的社會資料和研究的情況下，至少對我們的大陸政策，在社會和文化及民族策略上是會有影響的，基於此，今後的中共（大陸）研究應該多强調社會學的研究和分析，這種需求絕對是切合實際而且是必要的。

研究中共社會在方法學上的若干問題

在臺灣要進行第一手的大陸社會分析，是有很多無法克服的困境，第一手資料 (primary data) 要靠實地研究，這當然不可能。因此，我們能用來做為社會分析的資料就只有依靠所謂次級資料 (secondary data)，同時，也只能做一個遠距離的研究 (long-distant research)。通常，我們可以加以利用，做爲大陸社會研究的資料來源，有下面這六類：

1. 中共的「官方」印刷品：包括新聞、書刊、雜誌、統計、和廣播稿；

2. 由非中共機構彙集到的文件：包括外電、外國情報單位，以及我們敵後工作人員所彙集到的機密文件；

3. 對從大陸逃難出來的居民做訪問，或是他們所寫的實際報導；

4. 在大陸公開流行的小說及散文戲劇作品；

5. 曾到大陸做實地研究的社會學者及人類學者，他們所撰寫的專書或研究報告；

6. 曾到大陸訪問的各級國外官員、新聞界、學術界、金融貿易界人士他們回來之後所做的報導和訪問。

上述六類來源應該是瞭解大陸社會時相當重要的資料依據。可是正由於來源的複雜和分歧，如果只靠某一來源的資料，研究結果可能就會有偏差。在目前的美國學者對中共社會所做的研究當中，就有這樣的困難，Oksenberg (1969: 587–594) 曾比較不同資料來源所呈現出來的中共地方菁英形象，却有很大的差距。即使是有名的中共專書，由於引用資料的相距很大，所受研究訓練也不同，因此，每本書也就各自呈現出不同的中國大陸形象，譬如說Snow (1961) 當年從火車的窗戶看到的大陸，是落後的工業化景象；Schumann (1966) 在人民日報上看到的中共政治顯然是一種不穩定的辯證關係；而Barnett (1967) 從過去中共幹部口中聽到的中共印象，則又是一個巨大有力的科層體系。爲了避免以偏概全可能導致的偏頗推論，我們在做社會分析時，就必須擴大和兼顧不同來源的資料，並且要做對比和查證的工夫。

針對上面提到的問題，國內的大陸研究機構似可嘗試在已彙集的所有中共資料中，做社會層面的分析（如人際關係、家庭關係、行爲模式、價值規範、家庭與社區青年、人口、都市、鄉村、社會控制、和社會問題等），並且將不同來源的資料分別做較合乎社會學研究法的「內容分析」，以爲印證的根據，找出其相符及相矛盾的地方，再加以研判其之所以如此的原因。然後，還得判斷其可以用來推論的可能範圍及限制。

第二個中共社會研究在方法學上的困難是現有社會科學理論在運用上的限制。早期的美國經濟學家在處理中共經濟成長問題時，就犯上了只用純粹（資本主義）經濟學原則和數理模型去了解中共的經濟。既沒有將中共的「控制型」經濟本質弄清楚，更沒有把它放回到中國的社會政治和文化的脈絡中去認識。直到政治經濟學（political economy）觀點被重新肯定其對第三世界社會經濟現象的了解有特殊價值之後，美國的中共經濟研究才有較一進步的突破。針對這點，我們從事大陸的社會研究時也要警覺和避免夾帶過多西方的社會學理論，不要企圖生硬的用它來解釋大陸的社會變遷，以及其呈現的種種問題。不過，社會學的科學研究法訓練，應該可以讓社會研究者在研究大陸社會時，能夠多做些可運作的假設及命題(working hypotheses and propositions)，並且再斟酌我們對中國社會文化和歷史的了解，再對種種次級資料所顯示的「現象」做合宜和客觀的解釋。

除了上述資料的來源和理論的解釋會有困難之外，在國內進行中共社會研究可能還要克服先驗意識形態的障礙。就某個程度來說科學的社會研究不比單純意理的批駁，它不能先有結論再找資料，再做推論，一個正確而又客觀的社會研究必須先要有詳實的資料依據，因爲社會研究的對象是社會和人羣，而非僅僅是某一個「政權」而已。因此，先行賦予主觀或意識形態的判斷（結論）並非是可取的作法。同時還會扭曲了對「大陸社會」在結構變遷上眞實的形貌。再淺顯的說，今後的大陸社會研究，應該避免過去西方學者所犯的那種「非恨卽愛」的兩極情緒。不要把在大陸社會裏生活的中國人也一併視爲「敵人」在做研究。如果用研究者的態度表達（attitudinal and expressive）和認知（cognitive）兩層次來檢討過去西方（尤其是美國）所做的中共研究，我們可以從表一發現，大致上呈現出幾種類型。那就是猜忌懷疑、嚴厲的保留性、不切實際的期望、和有尺度的期望等四種類型。近年來由於中共對外政策比較開放，西方社會科學家比較有機會接觸中共的資料或是訪問中國大陸，因此，研究的傾向也就比較客觀和眞實。但是，我們所要求的中共社會研究旣然是要能做爲決策的依據，就不能只是理論性的假設而已，更要是一種具有解釋能力的分析。

要提昇國內中共研究的水準，達到有解釋能力的分析程度，除了「態度」和「認知」問題必須解決之外，可能更需要將前述所討論的兩個困難，「資料」和「理論」，都得一併設法加以克服和突破。比較短期並且馬上可行的實際做法，可能就是先將有關大陸資料逐步公

表一：從事中共社會研究的類型比較

研究者態度和表達層面	研究者的認知層面	
	不甚熟悉中共社會	熟悉中共社會
仇恨	懷疑猜忌	嚴厲的批判和保留
偏愛	不切實際的期望	有尺度的期望
客觀	過於理論化的假設	有解釋能力的分析

開化，讓社會科學界使用，主管的研究單位更可進一步有計畫的推動有關大陸社會的研究計畫，邀請國內社會學家及其他社會科學家參與，以進行比較長期的研究。此外，今後召開類似國際性的大陸研究時，除了政治、外交、經濟之外，更應設法邀請國內外的社會學家和人類學家參加，尤其是那些曾去中國大陸做過實地研究的學者。

中共鄉村社會結構的持續與變遷：整理與檢討

爲了進一步說明目前大陸社會研究在方法上的問題，其在社會變遷理論上和對大陸政策上的含義，在本節將以鄉村社會結構在共黨制度下的持續和變遷做爲分析的個案。

在社會變遷的理論和研究當中，通常認爲一個政治結構的轉變（包括政治意識形態、權力分配的改變），總會帶來在社會結構上的衝擊和影響，這其中的「變遷媒介」(change agent) 就是政府用來做爲變遷工具的種種政策、法令、和運動。對有興趣和關心中國社會變遷的社會學家來說，先從鄉村社會著手，尤其特別具有意義。第一、目前的多數人口仍留在鄉村，這是實際的考慮；第二、鄉村的傳統和抗變力量比較上來說，總量比較大，因此探討其持續和變遷是有理論上的重要性。

一般的了解是，中共鄉村社會在過去三十年共黨政權的控制下，受到政策影響最大的除了早期的土地改革和農場集體化之外，就是1958年的人民公社制度了。在一連串政策性的計畫變遷之下，除了有形的行政單位劃分和鄉村外貌有所改變之外，在鄉村的社會結構和生活方式（如人際關係，家庭關係、村際關係、農戶所得、生產方式、技術水準、宗教和儀式行爲、祖先祭拜、婚娶行爲、……）是不是也產生顯示轉變？是不是各自有其變遷的幅度和速率？如果了解了這些社會變遷的事實之後，社會學者當才可繼續探討「共黨體制對鄉村社會變遷的影響有多大？」這麼一個具有理論和政策涵義的問題。

對於鄉村社會中的公社、生產大隊、生產小隊、農戶的構成和關係，將不在這裏贅述（參閱 Crook 1975, Ahn. 1975）。本節主旨是整理鄉村社會結構的變與不變。由於我們國內沒有現成的實地研究或次級分析的資料，只有依靠美國的社會學者和人類學者在近年所做的中共研究中去找有關鄉村社會結構方面的文章及專書。根據這些考慮，在本節能做爲討論和評估對象的有Skinner (1966), Ahn (1975), Parish (1975), Stavis (1976), Parish and Whyte (1978)以及Burns (1981) 等的研究成果。

我們要整理和檢討的是在上述各個研究中其研究主題和資料性質之間的關係，以及研究結果所呈現的鄉村變遷的軌跡；茲爲方便說明上述這些評估起見，將所有的討論簡要的鋪陳在表二：

表二：大陸鄉村社會變遷研究的評估

	研究主旨	研究方法	研究發展	方法學上的評估
Skinner (1966)	中國鄉村地方性市場形態與社會結構和關係，第三部分則著重在鄉村人民公社制度實施後上述關係的演變以及產生的若干問題。	中共官方統計、文件、各省省誌、中共報紙和雜誌（次級分析）。	本研究發現人民公社的組織範圍大於傳統中國鄉村地方市場的大小，因此呈現許多無法推動的困難，也迫使中共不得不將公社的範圍縮小以配合原有的市集形態。	①一般說來，收集資料相當豐富，方法與目的之間的一致性很能照顧到。 ②由於是以整個大陸的鄉村爲研究和推論的範圍，而資料本身却多單以舉例方式出現，因此，在推論有跳躍的缺點。無法做更具說服力的推論。
Ahn (1975)	分期討論 1985 的大躍進期間到文革前後（1966～1974），大陸鄉村公社的演變，以及其內在外在的種種促變因素，包括共黨意識與經濟成長要求之間的矛盾和妥協。	中共官方報紙、雜誌已發表的文獻研究報告（次級分析）。	基本上這是描述性的研究報告，很有系統的對鄉村公社與社會結構之間的關係做了不同時期的比較。本研究發現中國傳統鄉村的社會單位如市集、村莊和鄰里在公社制度下仍然具有出奇的穩定和持續抗拒力量。同時隨著公社的縮小也開始出現自由市集和私有地的現象。	①與 Skinner 的研究一樣，是企圖推論到整個鄉村。因此對於若干地區的差異性就無法照顧得到。 ②對於其他鄉村生活的層面無法就現有資料去推論。
Parish (1975)	探討中共的家庭政策和公社制度與鄉村中實際農民家庭運作情形之間的差異和衝突。	—官方報紙 —外國訪客的報導 —華僑探親的報導 —逃往香港的難民家庭訪問 —（初級分析與次級分析合併	①研究發現鄉村中「家庭」仍然扮演重要社會單位的角色，福利系統也以家庭單位爲基礎。同時，嚴格的移民限制也防止了家庭成員的流動。 ②上述觀察，也會受地區的不同而有差異性存在。 ③「家庭」的持續存在，否定了共產家庭應揚棄的意識形	①開始用訪問難民家庭收集大陸社會研究的資料是一個新的突破，有其貢獻。 ②描述性的討論多於分析性和理論性的解釋。

		使用）	態，這也反映了共黨上層對家庭政策的矛盾。	
Stavis (1976)	探討鄉村地方性組織（多目標多功能和多管道的區域性個體）和鄉村農業發展的關係。	全部依靠已發表的相關研究報告包括 FAO US-AID. 及農業經濟方面的論著（次級分析）。	跟其他亞洲地區比較，跟中共的農業生產成效有關的是公社制度下的「生產隊」組織，可是其功能的發揮並不是公社三級制的政策力量而是原來就存在於中國鄉村的地方組織，如換工個體、水利組織及市場團體。	①由於受到所引用次級第二手資料的限制，無法做較細密的分析。其結論雖認爲大陸的地方性組織會有助於農村經濟和農民所得的增加，可是並無具體的資料做爲證據。 ②本研究是跨比較分析，中國只是比較的單元之一，因此在討論大陸鄉村的地方組織時並不深入。
Parish Whyte (1978)	探討廣東一省的鄉村社區、家庭及儀式生活在中共體制下的持續與變遷，其廣度和速率。	主要是靠訪問六五位以前分別住在廣東省六三個村子的居民，做深入的訪談記錄（初級分析、內容分析）。	研究結果發現廣東省鄉村社會在中共體制之下，經過三十年的政策與計畫性變遷，鄉村的社會文化結構變遷並不是像中共政策所想像的那麼理想。尤其是中共極力想改變的鄉村社區結構（公社制度及生產、分配、和工點方式）在廣東省沒有得到成功。其他的普遍鄉村生活內容，如生育控制、醫療、親族關係、迷信及宗教儀式行爲則有相當大的改變。而其他的變遷如認養兒女、聘禮、兄弟關係、高壽賀禮……等雖有改變，但這並不是政策所導致的，而是其他社會因素所促成。	①用訪問的第一手資料是相當有意義的作法，比起以前的研究有進一步的突破。 ②但是用難民作爲訪問對象可能在推論社會變遷的整體現象會有其限制。

Burns (1981)	探討在廣東鄉間愈來愈普遍的所謂「第二類經濟」型態，即在公社集體經濟之下產生的一種非官方（非法）的民間經濟行爲和生產消費策略，以追求生產隊及農戶所得及利潤的提高。	中共官方資料、報紙及雜誌，以及學界已發表的農經文獻。	①最令人吃驚的發現是在廣東鄉間執行「第二類經濟」運作方式的竟然是當地的地方幹部（生產隊的負責人）。 ②這些策略包括做假報告、貪污、投機、巧立名目以申請貸款，不願出人力出物資給上一級的生產單位，以及自動打散生產隊的範圍以縮小成員戶數，爲了是將來分經濟所得時每戶可以得多一些。 ③在中央集權的控制經濟體制下產生「第二類經濟」，從結構上來說是一種功能上的變通，也表現出對中央控制在鄉村經濟上的一種民間反應。	①將研究範圍縮小到廣東省，是一種新的嘗試，以期做較深入的個案分析。 ②在澄清「第二類經濟」這個概念的目的下，本研究有相當出色的方法學上的貢獻。 ③描述性的論述仍多於分析和理論的解釋。

綜觀上述六個有關大陸鄉村社會變遷的研究、依據研究主旨、研究方法、研究發現方法學上的評估等項的檢討，可得幾個綜合性的觀察:

1.各個研究共同的主旨，都是在企圖了解三十年來在大陸的鄉村社會裏到底變了沒有? 如果變了，這些變遷的內涵和軌跡是不是中共政策所預期的結果?

2.各個研究所採取的資料彙集方法仍然以運用次級資料，如官方統計、報紙雜誌爲主，而只有少數是用訪問的實地調查法。

3.在方法上的問題比較嚴重是資料本身的效度（validity）問題，以及研究結果在推論上和解釋上的可行性和合宜性。

4.研究者在分析和解釋資料時，都相當的能持著客觀的態度，少有過於做意識形態上的主觀判斷，研究者對中共政策也多持中立的立場，並不做好惡的選擇。

5.綜合研究的結果，不難得到一個相當值得再研究的命題，那就是三十年來大陸的政治結構雖然產生了相當劇烈的轉變，對計畫變遷方面，共黨所擬訂的政策也有很獨特的性格，可是它對於鄉村社會內部的結構變遷並沒有像政策預期中那麼多、那麼深。傳統中國的鄉村社會的結構韌性仍然扮演了持續和抗拒的作用。 如地方市場、 村里單位在公社中仍然發揮其影響力量等，而且也因爲集權缺乏彈性的緣故，在推動時反而造成了許多變形和變通的「地方策略」來抗衡，如「第二類經濟型態」的出現等。

本文只是一個初步的嘗試而已，對於上面這五點觀察式的命題有必要做進一步更深入的探討和驗證。尤其是針對第五點，更值得讓國內有興趣於大陸社會研究的社會科學家及有關決策單位做理論性的思考和擬訂策略時的參考。

71.5.25《中國論壇》160期

中國大陸農業生產責任制初探：
記美國「中西部中國研討會」的一次討論會

楔　　子

去年十月底，在哈佛東亞研究中心的一次「新英格蘭中國研討會」(New England China Seminar) 聚會裏，我碰到了十年沒見面的白瑞德 (Richard Barrett)。十年前，我是中研院民族所的助理，他是密西根大學社會系的研究生，到臺灣收集資料、學中文，並在民族所擔任訪問學員，我們一道在桃園大溪做過田野調查，拍過民俗記錄影片。十年後，我們都拿到了學位。現在他在伊利諾大學芝加哥校區社會學系教書，我回民族所工作，今年在波士頓大學和哈佛訪問研究。我這一年除了利用時間「充電」，抽空完成一些文債之外，研究的主題之一就是比較近幾年來臺海兩岸農業政策的演變，特別是這些政策的改變對農民與農村社會的影響，以及農民對政策改變的反應。

就在那天，白瑞德告訴我，「中西部中國研討會」(Midwest China Seminar) 將在十二月初於芝加哥舉辦一次有關中共農業責任制的專題討論會，我相當興奮。對臺灣的農業政策和農村變遷，我還算熟悉，過去幾年，也一直是我研究的對象。對中共的農業政策和農村變遷，雖然也是我近幾年來探討海峽兩岸三十年來發展經驗的比較對象；但在了解上總是有相當的距離。這一年能來美國，就是希望能多接觸一些資料，多熟悉大陸的農業、農村和農民。除了自己找資料、讀文獻、注意地方新聞的發展之外，另一個很重要的途徑就是找機會認識研究這方面的學者，熟悉他們的研究，了解他們的見解。基於此，我決定從波士頓到芝加哥參加這項研討會。

「中西部中國研討會」跟「新英格蘭中國研討會」和「加州中國研討會」(California China Seminar) 一樣，都是在美國按地區別，由當地鄰近的中國研究學者相互召集的研討團體。據我了解，新英格蘭地區的研討會以哈佛爲中心，目前研討會召集人是波士頓大學歷史系的 Merle Goldman 教授。在中西部地區是設在伊大香檳校區的「亞洲研究中心」(Center for Asian Studies)，負責人是經濟系的 Peter Sehran 教授。「加州研討會」則是以加大柏克萊校區的「中國研究中心」(Center for Chinese Studies) 爲協調中心。

透過 Dick Barrett 的介紹，我與 Peter Schran 教授聯絡上，表示我目前研究的主題與這次研討專題有關，有興趣參加研討會。中西部中國研討會似乎是財力較寬裕，Peter Schran 回信歡迎我去芝加哥，並慷慨的答應支助我來回的機票費用。就這樣，我於去 (1983) 年12月 3 日，參加了在伊大芝加哥校區的教授俱樂部召開的「中共農業生產責任制」的研討會。

能有機會去芝加哥參加這次研討會，我很感謝舊友Dick的幫忙。說來也巧，Dick 竟也是寫我那本「*Government Agricultural Strategies in Taiwan and South Korea: A Macrosociological Assessment*」(1981) 的書評人，他的書評將在近期的《亞洲研究學報》(*Journal for Asian Studies*) 發表。這次在芝加哥我們聊了很

多舊事，他已婚，太太是華裔。我們也有機會見面，一道在芝城的華埠吃晚飯。Dick對臺灣研究一直很有興趣，我建議他找機會繼續再做這方面的研究。他跟他在密大的指導教授 Martin Whyte 在去年發表的一文有關用依賴理論去評估臺灣發展經驗的批評文章，曾引起相當程度的注意。我們也希望今後會有機會一道再共同合作做研究。他現在有研究生是從臺灣來的，我請他善待臺灣來讀社會學的學生，並多多嚴加指導。我告訴他，他們都可能是未來臺灣社會學界的新血和生力軍。

從理論到實際

會前，來自中西部各校的「中國研討會」不少成員，大夥先在由Dick安排的一家希臘餐館聚餐。趕來得及吃午飯的有二十多人，在餐桌上碰到了在愛我華州大（Iowa State Univ.）人類系教書的黃樹民兄，原以爲會再碰到在 Ohio State Univ. 的陳中民兄，但却不見他的人影。跟 Peter Schran 教授也寒暄一陣，謝謝他的慷慨支助。芝加哥大學社會學的 William Parish 因當天在華府開會無法來，但後來我們另外一天中午碰了面，在芝大教授餐廳吃午飯，並聊了一些中國研究的問題。

會議是下午一點鐘開始，當天的研討議程安排是這樣的：提出來的論文一共有四篇，分別是

1. Michael McGrath（Adrian College）〈責任制的意識形態〉（The Ideology of Responsibility）。

2. Chung-min Chen 和 Owen Hagovsky（The Ohio State Unvi.）〈農業的責任制：湖北的例子〉（Agriculture's Responsibility:

The Case From Hubei)

3. Bendict Stavis (Univ. of Northern Iowa)〈中共新鄉村政策的若干初步結果〉(Initial Results of China's New Rural Policies)

4. David Zweig (Florida International Univ.)〈鄉村致富的政治：中國鄉村中資本主義的『樹苗』和社會衝突〉(The Politics of Rural Prosperity: Social Conflicts and the "Seedlings" of Capitalism in Rural China)

擔任評述的則是負責召集這幾篇文章的黃樹民教授，他也是跟中研院民族所有深厚淵源的旅美中國人類學家，他是臺大人類學系畢業，在密西根州大拿了學位，研究彰化「新興」的 Bernard Gallin教授就是他的指導教授。現在的樹民兄是 Iowa State Univ. 的人類學暨社會學系的副教授。

從這四篇文章的安排看來，是先從理論上討論中共如何辯解近年來所實施的農業生產責任制，是如何的符合於「社會主義」的「集體經濟」(這是 McGrath 文章的內容)；並且用湖北省的一個公社例子作爲個案說明這個「責任制」的內容、種類，並企圖探討其推行實施的過程(這是 Chen 和 Hagovsky 文章的重點)；然後提供量化的資料來看看「責任制」實行之後，在中國各地農村所產生的初步經濟與生產性後果(這是 Stavis 文章的核心)，以及在江蘇省的一個公社所觀察到的一些社會性後果(這是 Zweig 文章重點之所在)。從理論到實際，一步步來討論中共農業生產責任制的種種，可以說是一次很有系統的入門解說。由於在會中所報告的四篇文章在沒有詳細涉及責任制的歷史淵源和內容我覺得有必要先做一點考證和分析。

淺說「責任制」

——來龍去脈和內涵

通常，最通俗的了解就是把中共近年實施的「農業生產責任制」追溯到1978年12月18日到22日的中共十一屆三中全會中所做的策略性決定。這個策略性的改變就是所謂的「解放思想、實事求是」。意思就是「反極左」的思想和政策。在農業和農村政策上，則是將農村經濟政策加以「放寬」，並且給予「合法化」。所謂「放寬」，事實上是指批判硬要把「集體農業中的基本核算單位，以生產隊一下子過渡到生產大隊」的「窮過渡」，(卽所謂「四人幫」的一平二調主義)，在「公報」裏，明確規定「人民公社要堅決實行三級所有，隊爲基礎的制度，穩定不變」。因爲過去那種左傾思想的「窮過渡」「在表面上提高集體農業的公有化水平，而在實際上却在破壞農業生產力、破壞客觀經濟規律」。重新認識到農業的生產力和客觀的經濟規律只是放寬的準則，可是並沒有什麼具體的政策改變。如果說有什麼比較具體的合法化政策，那應該要算是同意恢復「農村市場」和「農業副產品市場」，流通農產品的市場作業，不再嚴格局限農村市場的範圍和運作。不過，各種形式的責任制在各地農村開始展開，由各地農民實驗推行。

眞正對「責任制」給予決定性合法化地位的却是在1980年9月的黨中央發布七十五號文件以後，亦卽所謂的「中發七十五號文件」。這大概與同年的五月三十一日，鄧小平在一次同中央負責工作人員談話中，提到「農村政策放寬以後，一些適宜搞包產到戶的地方搞了包產到戶，效果很好，變化很快。安徽肥西縣絕大多數生產隊搞了包產到戶，增產幅度很大。鳳陽花鼓中唱的那個鳳陽縣絕大多數生產隊搞了大包干，也是一年翻身，改變面貌。……可以肯定只要生產發展了，農村的社會分工和商品經濟發展了，低水平的集體化就會發展到高水平的集體化，集體經濟不鞏固的也會鞏固起來。關鍵是發展生產力。」的肯定態度有關。在那次談話中，鄧也似乎在企圖化解（實際上是辯解）對責任制實行後會影響社會主義集體經濟體制的看法。他說：「我看這種擔心是不必要的，我們總體的方向是發展集體經濟。……現在農村工作中的主要問題還是思想不夠解放。除表現在集體化組織形式這方面外，還有因地制宜發展生產的問題。」所以說，那個中發七十五號文件，是在以中央的立場將1979年以來，農民「自行」採取的各種生產責任制措施加以合法化的保障。然而，責任制眞的是從七十年代後期在中國大陸農村「突然」產生出來的「政策後果」嗎？仔細注意中共三十年來經濟政策演變過程。不難發現，這種生產責任制在五十年代中期「合作化運動」期間，便已出現，在六十年代初期的劉、鄧「新經濟政策時期」也再度推行過。近年來，不過是再度恢復而已。但是，中央的大力認可和鼓吹則是前所未有的。

另一個值得注意的問題是，目前這種責任制是不是完全由上而下推動出來的「新」農業政策呢？我對這問題特別有興趣。根據初步的研究結果，我認爲並不盡然。地方上農民的自發性和「求生存」的嘗試錯誤力量，據我看來才是具有決定性的淵源。換言之，在毛澤東死後，四人幫下臺之後的中國農村社會，由於政治氣候的稍微得到喘息，而農村經濟日益產生困境的雙重條件之下，農民和地方農村的勢力乃開始各自思考求生存的各種突破途徑。於是早期那種責任制的原形（如包產到戶，三自一包……）便被農民紛紛再度加以嘗試。試的結果，農民得到了增產的好處，生活有了改善的機會。因此各地方的反應普遍積極。農民的生產力一時也得到了解放。從1978年到1980年之間，可以說是中共在農業政策上的「放寬」與「無為」時期，讓地方農民自求生路。沒想到，生產責任制度就在這種中央放任的態度下，幾年工夫內形成一種普遍的新農業生產制度。地方上的情緒，一旦提昇到擋也擋不住，中央乃在八十年後期認同此一農業生產方式，並且才把它正式納為政府的農業政策。所以我的看法是，在開始的兩年多時間內，中共對責任制並沒有拿定主意，一方面是怕太早而不成熟，將它視為「政策」，怕它失敗，另一方面也更怕當時「左傾」力量的反對。一旦，地方上的力量蘊育得差不多了（所幸的是，這兩年多，一般農民由於得休養生息，反應很好），有了這種「靠山」，鄧派看形勢和時機成熟了，便納為中央政策，坐享「因地制宜」、「施惠羣衆」的美名。中共總副理萬里在1983年11月 5 日在「農業書記會議和農村思想政治工作會議」上就針對其中「聯產承包責任制」的產生，透露說那「不是哪一個人想出來的，而是廣大農民在三中全會精神指引下，在實踐中逐步摸索創造出來的」。他說得沒錯，經常有人以為趙紫陽在四川的實驗是開創整個責任制度的先河。事實上他當時是並不贊成「包產到戶」的（他只贊成「包產到組」），目前這麼多形式的責任制，在我判斷，絕不是鄧小平或趙紫陽當年所能預想得到的。當時他們只是希望放手讓農村喘口氣，暫時將1949年以後所採行的「壓擠」農業政策，做若干調整。就這點來看，現在在大陸農村所看到的這些多采多姿的農業生產責任制，既不是有計畫的政策後果，也因此很難預料中共當局會讓這責任制走多久和走多遠。道理很簡單，就實際的眼光來說，一旦這種「放任」和講究個體利益的責任制走到極端，對社會主義的集體農業是會造成威脅的，這也是為什麼從1980

年以來，中共的當局要經常透過種種場合在辯解責任制「不會」是集體農業向個體農業倒退，並且是符合馬列社會主義的，這辯解的內容分析正是McGrath 文章的主旨。記得去年九月間，在我來到波士頓沒多久，去哈佛找研究中國農業經濟的「哈佛國際發展研究所」(Harvard Institute of International Development, HIID) 主任Dwight Perkins 教授時，我們就談到中共會讓責任制演變到什麼程度。他也懷疑中共會眼看它推展到極端，而傷害社會主義的根本體制。

到底上面所說的「農業生產責任制」有什麼樣的特色和內容呢? 幾個最爲突出的特色一是生產核算的單位，雖然原則上仍然定在「生產隊」，但是在實際上却降到「家戶」（或「組」，由幾家人構成，通常是鄰居或親戚）。一旦將「家庭」建立成爲集體與個體訂立生產契約的對象和單位，無異是逐漸恢復了早期的「家庭耕作制」。第二個特色與此有關，亦即牽涉到勞動與報酬之間的關係，責任制取銷過去所謂的「道德誘因」(Moral Incentives) 和工點制度，代以比較符合經濟原則的以「做多少」「做多好」來決定收入的各種「物質誘因」(Material Incentives)。第三是建立了農活的各種「承包制度」，一旦承了包，就要負責任，承包者可以是個別農戶、幾個農戶、或是勞動者個人。由所謂的集體（生產隊）與個體（戶）訂立契約，規定責任田（或其他農活）的大小，或是由生產隊統一經營和分配，或是完全由個體負責生產投資和農活。至於收穫則或是先有個定產數，超產歸己、虧產自負，或是只要上交國家（征購任務）和集體提留（公積金、公益金、以及幹部補助）的部分之外，全部剩下的收穫直接歸農戶所有。

根據我的了解，目前的責任制有兩大類。第一類是「不聯產」計酬（亦卽勞動支出，勞動成果和勞動報酬並不聯繫），主要就是包工制，最基本的就是「小段包工」由生產隊依據農活需要，畫分若干階段、規定進度、工數，據此分包到勞力。然後「插牌定標、固定崗位」。承包者乃按要求完成作業任務，獲得工分，作爲領取報酬的依據，這是最初期的原始責任制，旨在糾正和解決原來那種「大呼隆」的勞動方式；不同工混工分的問題。但這種責任制常因勞動定額會有不合理情事出現，而且農活的質量也難保證。所以這種形式不太能穩定的存在。也不太能滿足農民求變的需求。第二類是「聯產」計酬（亦即將勞動的支出、成果和報酬聯繫起來），大概又可按承包的程度，對象和農戶在經濟活動上「獨立」的程度分爲三小類，一是「專業承包聯產計酬」、二是「聯產到勞和包產到戶」部分維持生產隊的統一經營和分配（如某種專業或農活），實行定工和定產、定產之內依據定工數統一分配，超產歸己，虧產自負；部分則又可以分生產隊的耕田到戶，或以生產投資和大部分的農活由戶個人負責。不過生產隊仍有統一分配之權）。三是目前最爲農民所歡迎的「包干到戶或大包干」，它是將生產隊的全部耕地分包到「戶」，然後按合同分配報酬，亦即所謂「保證國家的，留足集體的，剩下都是自己的」不再「拐彎」。也完全克服了所謂的「平均主義」，由生產來決定分配，並且生產隊不再插手負責統一分配，而是按合同分配。在1981年12月 9日到16日在昆明擧行的「全國農業生產責任制問題討論會」中，就曾對這第三種的「大包干（包干到戶）」，進行很多的辯論，對它該不該也算是生產責任制，還是不是集體經濟形態，或是個體經濟形態，或是「混合」形態，更有很多的討論。

以上這幾種生產責任制在大陸農村中普遍的程度如何呢？根據前述該討論會中所提的資料來看，截至1981年底爲止，整個大陸農村已經實施各種責任制的核算單位（生產隊）有90%，其中屬於「不聯產」

（如小段包工）有10%，屬於「聯產」的有80%，其中「雙包」（包產到戶和包干到戶）形式就佔有50%。也有其他的省級的數據，可以看出地域之間的差別，如1981年8月20日到28日在山東煙臺市舉行的「全國農業經濟問題討論會」就有如下的省別責任制資料：甘肅、安徽的「雙包」已過80%，其中「包干到戶」佔60%；河南包產到勞、包產到戶、大包干共80%。從這些數據多少可見一斑。在一份報告中，更提到很值得注意的一種說法：「小段包工包不住，聯產到勞穩不住，大包干擋不住」。這似乎又可透露一些責任制未來可能發展趨向將是大包干（包干到戶）的天下。而它對中共社會主義集體農業的威脅性也最大。這也是爲什麼中共特別要大力的將「包干到戶」責任制拉到「馬列社會主義」意理框框裏硬要加以「合理化」的緣故。

怎樣合理化？

——意理危機與辯辭

Michael McGrath的論文引了「北京評論」，在1983年9月5日一期的數字，提及已有93%的所有生產隊已經實施了各類的「責任制」，這將會明顯的改變公社集體經濟體制的本質。難道中共的社會主義有了新的定義嗎？能夠先用國家經濟發展的利益來解釋嗎？如何能在馬列主義的框框中合理化呢？政治與經濟，個體的利益如何與集體經濟體制的維持相聯結呢？由於市場和價格功能的存在，是不是中共就會走向資本主義呢？生產責任制是不是將會把中國大陸的農村帶回到資本主義裏去呢？這些都是 McGrath 在一開始就提出來的幾個問題。他在文中並沒有完全回答以上的各個問題，但對於中共的「經濟理論家」如何合法化和合理化農業生產責任制却有若干的整理。很值得提出來介紹。

很明顯，中共經濟理論界目前急於要做的就是如何從馬列毛的意理當中找尋合法化的「線索」。具體說，他們的目的不外是（1）强調中國社會主義的特性，（2）又不過分陷入馬克斯和恩格斯當年說法的框框，（3）一方面批評，一方面又有意的選擇部分「毛澤東的思想」，用來辯解新政策和路線。在這些點上，他們特別著重於下面這幾點辯論：

1.生產力要解放，不要用生產關係來束縛生產力。過去的左傾政策所强加的農業「生產關係」是錯誤的，因爲它破壞和束縛了農民的生產力。薛暮橋（大概是目前在中共最紅的經濟學家之一）和于光遠（薛的同事，中國社會科學院的副院長）就曾「很有力」的在這方面做了辯解。「生產關係一定要適合生產力發展的水平，這才是可應用於社會的客觀法則」和「判斷生產關係是不是優越要看它能不能提高生產力的發展」就是他們的說法。于光遠更進一步提到以目前中國大陸生產力發展的歷史階段看來，三種經濟體制的共存可能是最適合的生產關係，亦即「國有經濟」、「集體經濟」和「個體經濟」。個體經濟是用來彌補和輔助前兩種體制不足。他們的論點就是說，現有的生產責任制就是這麼一種混合經濟體制，而且適合於提高農民的生產積極性和生產力。

2.社會主義經濟計畫，不要過分集中，不要「一刀切」要進行改革體制。薛的另一個同僚在「北京評論」（1981年8月24日）甚而對其他社會主義國家的困境提出警告，他說「幾乎在所有的社會主義國家的實踐中，都顯示出依現有的物質條件不可能建立一個低度商品關係，高度中央集權計畫，和排斥市場機能的『經濟體制』。許多社會主義的國家都經驗到低落經濟發展動機，沒有積極性，收支平衡發生困難，和經濟發展失去均衡的種種問題。（關鍵就在於）他們的生產關係不適合於生產力。」於是强調全盤的經濟計畫是有問題的，因此應該要有改革體制的準備。商品和市場並不只是資本主義才專有的，「中國」也可以建立「社會主義的商品經濟」，因爲資本主義並不是不可免，但是高度的商品經濟階段却是不可免。這眞是很妙的辯辭！

3.過去農業成長的停滯和失敗，完全歸咎於「左傾」的思潮和改革，甚而批判公社制度阻礙農民生產意願和積極性。所以現有的生產責任制就是在糾正過去的錯誤政策，要讓農民有喘息和休養生息的機會。由於生產資料（如土地）仍然是由集體所有，農戶只有使用權並沒有「所有權」。所以他們强調責任制仍是「集體經濟」！

儘管中共的理論家一直在替「生產責任制」做理論上的辯解，也儘管中共當局支持和推動責任制的實施。但是在我看來，責任制既然是農民由下而上推展起來的，中共只是撿個便宜納爲「政策」。政府對農業的投資却沒有因此而提高，農業投資的「壓低水平」現象在「新農業政策」之下，依然持續的存在。趙紫陽在1981年批評過去政府壓低農業投資的錯誤，可是1982年和1983年之間中共對農業部門的相對投資比例却沒有提高，反而偏低。中共似乎是希望藉由責任制的認可，農民提高了生產意願，生產量一旦提高了，收入多了，農民自然就會增加他們對農業的投資。這眞是如意算盤。換言之，根據過去對中共卅年來農業政策的分析，「責任制」的實施是幫助了農民（生產和收入都得到改善），但也却成爲政府不必大量投資到農業的藉口，中國大陸的農村經濟仍然停留在「自我財力供給」的階段，由農民本身來支持農村經濟，政府可以繼續執行其一向的「工業偏好」的成長政策。

因此，我的看法是，中共雖有「四個現代化」的計畫，事實上，工業、科技、國防三個現代化才是政府眞正的投資重點，農業現代化的投資則是要靠農民本身。責任制乃適時成爲政策的工具。問題是，農民本身的資金依然很有限，只能救急的維持數年農村經濟的復甦。一些大型的農業投資（如機械化、水利、農業生化以及市場運銷等制度之改革）農民仍無法負擔。如果中共政府的農業投資不能在近年內大幅度的提高，大陸的農業成長的瓶頸要想突破是非常有問題的。任何政府如果光想平白靠農民吃飯，揩農民的油，而想因此能提高農業發展水平是不能維持太久的。政府的「發展意理」必定也要做幅度的調整才行。

尤其是當農民的生產增加到某一程度，經濟生活需求提高也到某一程度的時候，投資資金和管理制度的問題就會跟著產生。那時候，政府如果無法提出更有力的具體措施來滿足農民的需要（例如更開放的農業市場與運銷，更有效的農業建設投資，更方便的農村金融系統，甚而更現代化的農業機械化……），農民的反應會轉變成「反感」，恐怕不會再像過去一樣，政府能强用政治控制力量一下就平息掉的。因爲那時候農村的經濟有了一些獨立性，農民的政治力也就會增高。甚而農民會進而要求完全脫離集體農業，也是可能的傾向。

雖然中共的經濟理論家們想將責任制合理化，也想儘量減少責任制和社會主義集體經濟之間的矛盾和衝突，但他們似乎另一方面企圖藉著責任制的推展讓中央的控制力稍爲鬆弛並且讓地方的「自主性」因此提高。不過，這也只是停留在「地方」層次而已，在整個「國家」層次上，仍堅持集體所有的社會主義。就像我在前面所談過的，這恐怕比那些理論家們所想像到的還要複雜得多。

我同意 McGrath 在文中最後所問的兩個問題，這種所謂的「社會主義商品經濟發展」到底能夠走多遠，而不與社會主義國家的控制相柢觸呢？中共能夠眞的利用與經營「商品化生產」而又避免任何資本主義的負作用嗎？

執行與推行過程

——一個湖北的例子

Chen 與 Hagovsky 的文章除了在第一部分介紹幾種責任制的內容外，第二部分和第三部分都在說明責任制是如何在各個地方上產生推行。安徽和四川是責任制最先開始產生的兩個省，Chen與Hagovsky似乎是在想說這兩個省的推行不同形式責任制的過程都有著精緻的計畫和實驗，他們以所謂「試點」的設立來做爲論述的證據。不過，根據我的了解這些試點的設立只是「上級」在地方農民已經普遍或偷偷或明白的「自己幹起來」之後，才答應「批准」成立「試點」做爲試驗區。在起初也停留在省或縣的範圍之內，並沒有公開的擴大到全國或中央的層次。農民「做了再說」的自發性才是眞正的動力，我看到一分報導，指出安徽鳳陽縣（亦即鄧小平在前面提到的那個談話中所說到縣份）在七九年初開始搞「包產到戶」和「包產到組」的時候，就是從地方上生產隊中農民自己偷偷搞起來的，不向外聲張，怕上面來檢查批鬬，有個生產隊全體農民還集體發誓，如果隊幹部挨批挨鬬，他的家屬生活完全由全體農民來包。後來鬧到省級黨部去，才同意了生產責任制。在肥西縣，「很多社員都要求分地負責，不答應不出工，這才同意的」。在開始的時候，公社幹部反對，怕犯錯誤，挨鬬的思想仍然深深留在個別幹部心中，後來省委（萬里）同意了鳳陽縣二千五百個生產小隊搞責任制，這才影響全省。肥西縣的幹部在這上下一心的情況下，也才點了頭。責任制也開始明著搞了，誰要干涉，農民就準備用不幹活、罷耕的辦法來對抗。

這麼說來，責任制實在不能說是有計畫有遠見的「政策」，一開始並沒有任何政策，只是在比較放寬的政治空氣下，農民爲了求生存、求出路自發性的搞起來的。當然五十年代和六十年代的歷史經驗帶給了他們一些想法，因此就又再把當年的「承包」制拿來搞搞。因此，硬要說責任制是經過中央的設計，付諸若干地方的實驗，看看後果如何，再推廣到全國，是過分相信西方社會科學的政策決定和執行的模型，却硬要套到中共的實際上。這是很牽强的說法。

比較有意思的是 Chen 與 Hagovsky 引用了一些數字和圖表曲線來說明自1978年到1982年這五年當中，責任制在全國生產隊的普遍化程度一直有提高的趨勢，並且在不同形式的採納上也有從比較「集體」色彩的責任制（如不聯產計酬的小段包工）愈來愈轉變到比較「個體」色彩的責任制（如包產到戶和包干到戶）。如前所述到1982年爲止，90% 的生產隊都實行了不同的責任制，其中絕大多數採行「雙包」制。

華山公社是湖北武昌市近郊的公社，有一七九個生產隊，人口是三萬六百人。這個公社是在1980年中開始責任制，到1982年初爲止，一六一個生產隊已經採取了不同形式的責任制。Chen 與 Hagovsky 的文章報導了公社的華山大隊的「第六生產隊」農民如何在1980年冬收之後提議實行責任制，如何透過隊中農民們的討論，以及如何得到公社甚而縣省級幹部的同意開始做爲「試點」，去進行「包產到勞」的責任制。文中並描述了這個分田承包的辦法和過程，以及一年後又如何分配的辦法和過程。由於包產到勞是比較受集體（生產隊）控制（統一經營和分配）的一種責任制，因此生產隊仍然要扮演積極的管理角色。這個第六生產隊的試驗結果很成功，生產量比去年增加26

%。一旦這個隊搞成功了，其他的隊也跟著想做，到1981春季全公社，也就同意在各個生產隊去推行不同形式的責任制，以當作「實驗」。結果，又有不錯的結果，全公社的平均所得由1982年的一四二元提高到1981年的二〇九元。而且到1982年爲止，「包產到組」是華山公社所有採行責任制的生產隊中最流行的一種方式。

在文中，另一個採取「包產到組」的生產隊也被拿來做爲例子說明實行的過程，在這大隊之中，工廠也實施了責任制，並且設立了超額「獎金」的制度。

兩位作者一直想強調責任制是在有完善的計畫之下執行著，所以連把各種揭露和公開討論推行責任制所造成的負作用，也視爲是「因爲事先有計畫」的指標。這實在很不能讓我信服。「公開問題」頂多只能反映出中共的省或中央幹部對各地方農民及生產隊自發實驗責任制的注意，監視各地實施的情況，以做爲調整中央下一步政策態度的依據。不能說是中共的中央有事先的計畫。在按部就班的做考評工作。這未免太樂觀於近年來中共對農業的看重和計畫了。

不過，如果把地方上農民的實驗和自發過程看成是一步一步的嘗試「計畫」，則未嘗不可。仍然要注意的是在農民嘗試過程中所遭遇地方和上級幹部的阻礙以及引起的衝突，不是所有的農民嘗試和自發都是像湖北的華山公社各隊那麼順利而有秩序。比湖北更先開始搞責任制的安徽和四川，如前面提到的，農民是冒著險、狠下心去搞的。萬一他們失敗了，政治的後果會是如何，實在不堪設想。

初步經濟效果

Benedict Stavis 認爲責任制得以實施，必須要從中共內部三十年來在發展路線上的鬪爭背景來看，亦卽「兩條路線」的鬪爭。責任制在七十年底能夠在各地由農民自發實驗，中共上層的政治環境提供了必要的條件，因爲那時候鄧派所代表的「實用派」當道（亦卽早期所謂走資派）。換言之，這一系列的新農業經濟政策得以通過、認可，可說是一連串政治、意理、和派系上鬪爭的後果之一。當年趙紫陽能在四川，萬里能在安徽「看著」農民自發搞責任制，然後認可責任制的實驗，就是有鄧小平在北平做政治的靠山，也有著所謂「放寬」農村經濟政策的原則在支撐，結果一個當了總理（趙），一個當了副總理（萬）。如果我前面一直强調的農民自發觀點是正確的話，那麼趙與萬不過是在四川和安徽「點頭」讓農民放手去搞而已。趙與萬敢點頭，又因爲有鄧在北平撐腰。說來，當時政治的微妙力量的確是責任制的關鍵。

Stavis 的文章最有力的嘗試是引用中共發佈的全國各省農業經濟統計數字（1979～1981）（統計年鑑與農業年鑑），運用統計分析的方法，來探索生產責任制在過去那三年有什麼樣的經濟效果。儘管統計數字本身的可信度值得推敲，統計方法也值得斟酌，但他若干初步的發現却是蠻有意思的。他引用近幾年來由中共官方出版的「農業年鑑」1980和1981版，和「統計年鑑1982年」，由前書得到1979和1980年的數據從後書得到1981年的資料，並參考「中國經濟年鑑，1982」，「中國百科年鑑1980」等書。根據此間研究中國經濟的學界表示，這些資料還算可靠、可用。不過，用這些資料來評估責任制的效果，仍有一些方法學上的問題要特別小心。諸如：1.許多比較的社會經濟現象實在無法從這些單層面的統計數字看得出來，譬如同一年的不同時間，在同一核算單位（生產隊）之中，就可能採用過不同形式的責任制，也可能同一核算單位，有一些農戶採用不同責任制，這些眞實的現象在以「年」和「核算單位」爲單元的統計數據是觀察不出來的；2.收集和編纂統計的單位和人員畢竟不是學術單位，他們的立場和目的，有時是會加入一些「偏差」在收集資料的過程當中；3.用「省」做爲分析單位，有時會面臨到如何處理省內部各地方的差異性問題，如果省與省之間的差異小於省內部的差異，那個用「省」做爲統計分析的單位，就產生了分析和推論上的痲煩。當然，如果能夠有「縣」或「鎭」「鄉」的資料，就可以解決這問題，到目前爲止，有關省以下的統計資料，仍是很零散、不夠系統，很難加以運用。Stavis 建議或者可以嘗試用 Skinner 提出來的八個經濟區域來做爲鉅視的分析單位。但是，這實在有更多的方法學上的問題，仍有待進一步的討論。4.光用1979到1982的資料來看變遷，實在還是太短了些。同時，氣候的不規則影響也是另一個會造成偏差的因素。解決的辦法是將這三年的資料平均之後做爲以後比較的「基線」(baseline) 資料，譬如說十年以後再來看責任制所造成的經濟變化（如果十年以後這個制度照常實施的話！）。

牢記著上面這些警惕，讓我簡單的提一提 Stavis 所做的統計分析結果：

1.自1977到1981，農產生產成長率有顯著增加，粗農產生產總值增加28%，總作物總值增加22%；有些個別作物如小麥增加42%，稻米11%；棉花增加最快，達89%……。如果從卅年的農業成長資料來比較，也看出1977以後的成長率高於 1974～1977，更是高於 1950～1960年代的長期成長率。在農作物生產量的成長方面，與以前比較，在總數量上並沒有太大的明顯增加，可是在商品作物上（如棉花、糖、油，比前十年來說則有突破性的增產）。

2.在農家收入方面，由於增產，糧價提高了20～30%，允許私有耕作機會和手工業生產等，使得公社社員平均「分配」所得，從1977年的六十三元（人民幣）提高到1981年的九十三元。至於平均總所得則顯示出自1978年的一三四元到1981年的二二三・四元，乃至1983年的二七〇元。其中農業產品價格的提高是一個很重要的因素。

3.現代農業生產的「投入」，（如化學肥料、電力，手扶犁地機、拖拉機等）也隨著增加不少，結果是生產成本，相對提高。關於「生產力」的問題，似乎也有若干的解決，農村總收入增加的比例高於農業生產總成本增加的比例，1977年成本佔總收入的32.8%，到1981年時，則降到28.8%。不過，這偏低的比例可能受到1979年以後農產價格提高的影響。此外，收入的提高也受到私有地收成和「非農」工作機會收入的影響，因此要摸算出農業的淨技術效率是有困難的。不過，如果對農業1980和1981兩年的生產函數（Production Function）加以分析，仍可發現其生產力是有些改善，其中肥料的使用對收成的效果最大。水利灌溉的係數就沒有那麼好。

4.最有意思的是探討「責任制」的實施到底與上述這些農業生產的改善有沒有關係？初步的結果發現：（A）一般說來採取傾向於「個人」動機和誘因責任制（如雙包，農業承包，和包產到勞）的省份，比重「集體」誘因責任制（如小段包工，包產到組）的省份在各方面的農產績效都較可觀。（B）具體說來，採行「雙包」責任制的省份在糧食作物上尤其成功；採行「專業承包」的省份在林業上特別成功；而採取「包產到勞」的省份在畜牧上最為成功。可是，採「小段包工」責任制的省份在副產品生產上則比較成功，但在農作物生產量上却下跌。「專業承包」制似乎在畜牧上也不太行，「包產到勞」在林業上也很差勁。（C）在不同農作物和產品的成長率上與不同形式責任制之間似乎也沒有特別明顯的關係。（D）當省份採取比較傾向「個人」誘因的責任制時，那些省的農民則有傾向於多用肥料，少利用水利灌溉並且也減少機械犁田。相對的，採取比較「集體」傾向責任制的省份，則有些微的水利灌溉，但降低肥料的使用，和機械犁田的操作（但比個人責任制較不嚴重）。這個結果值得做進一步比較微視（micro）的分析，看看水利和機械化的降低是不是也反映「個體」責任制的結果眞的造成對「公共財」的不利。另一個可能則是反映農民愈來愈精於盤算、水利和機械化的「邊際成本」高於其「邊際收益」，因此農民較不感興趣，而傾向於能夠馬上獲得效果的肥料（尤其是化學肥料）。這結果是不是也反映出農民對「責任制」缺乏穩定信心，因爲他們顧慮上面的政策會變，一旦變了，投資在有長效的水利和機械，不是就吃虧了嗎？

5.比較窮縣和富縣，又可以發現，前者並沒有因爲責任制的實施而相對變得更窮，他們得益的程度並不比富縣差，甚而更好。換言之，Stavis 的資料顯示，富與窮縣的差距並沒有因此惡化。不過，甘肅與貴州兩省却是愈來愈差，比雲南和寧夏更糟。（這四省算是大陸的四個窮區）。我認爲窮省一般說來沒有相對惡化的原因，可能受到原本產量過於偏低，因此導致近年「成長率」會偏高的結果。

6. Stavis 的資料還呈現另一個很有意義，但尚未成熟的假設亦即政府的干預程度大的省份（指標是生產大隊作爲核算單位，大的生產隊，較多的醫護人員等）則會有較低的農業成長。不過，另一個可能的解釋則是由於政府干預愈大的地區愈傾向於都市化，因此也愈著重副業副產品的生產，因此乃有導致農業成長率下降的結果。至於那一個解釋比較可靠，依然需要進一步的探討和分析，尤其是要有更多的個案研究。

7.最後一點值得提出來的是有關「責任制」的短期和長期的農

業、經濟發展效果。就短期來說，是已看出來有正面的效果，可是長期的發展影響，則更有賴於更多、更大幅度的制度改革和政府的農業投資。這又牽涉到我在一開始就提到中共三十多年來，「發展意識形態」的調整，如果其「壓擠」農業的意識不變，責任制頂多只是帶來一時的農業復甦而已。問題是，中共這種「發展意識形態」有可能改變嗎？上層的權力結構與政策將能持續多久？下層農民地方勢力由於上層農業政策的放寬而培養的一些實力，又能擴大到多大，又能造成多少的「制衡」？這些都是非常值得注意的可能發展傾向。

社會與政治衝擊

——江蘇的一個例子

David Zweig 是剛從密西根大學拿到博士學位的政治學者(1983)他在南京大學做過研究訪問，並在江蘇省的農村公社做過田野研究。這篇論文就是他在江蘇田野調查的結果之一。

這篇文章首先以「農民、集體和國家」三者的關係及其近年來在結構上的改變所導致的種種衝突做爲一個開頭，討論責任制帶來的社會結構衝擊。他提到下面這幾點，我覺得很有意思：

1. 自1958年以來實施的「三級所有制」，（公社、生產大隊、生產隊）、農民與國家之間，就隔著這三個層級。但各級的領導幹部，尤其是大隊和小隊層次的幹部，一直存有來自上下兩邊的經濟和社會壓力，一方面要做到上層的經濟計畫要求，一方面又得應付地方上農民（都是他們的同鄉或親戚）的種種需求。同時，各種非正式的社會團體，如親族和地方派系却一直是存在的。一旦正式的組織在近年內由於責任制的實施乃開始鬆弛，這些非正式的組織乃相對開始擴張其勢力而演變成抗衡的力量來源。

2.農戶仍然是中國農村社會的基礎。尤其是自從1979年以後其角色和功能更能突出和明顯，這當然是受到各種責任制的直接影響。因此，生產隊的功能和生產隊幹部的影響也就相對的式微。農戶的重要性又有恢復到1949年以前的趨勢。

3.農戶的功能提高，最主要來源是農戶獨立的經濟力量的提昇。各種責任制（尤其雙包）根本就是以農戶做爲核算單位。這麼一來，農戶與上層集體的可能衝突會增加也就不難想像。過去，農戶致富會被批判爲「資本主義的尾巴」，現在情形改變了。1983年的中共中央一號文件已經明白揭起用「包產到戶」「包干到戶」等以個別農戶爲主的責任制做爲發展農業商品化的力量。這麼一來，一些農戶致富的速度也就相對的比其他農戶快，比幹部更富裕，結果是所謂「千元戶」「萬元戶」的名詞形成，這些富裕農民也就開始遭到幹部的迫害和壓抑，其他農戶的不滿和嫉妬產生，種種衝突也開始在地方上發生。

4.責任制也導致部分幹部擔心會有資本主義因而復辟的後果，生怕農村所得和貧富不均的「兩極化」，也會因此形成。許多幹部乃藉口「中央」對經濟犯罪的取締命令，而將「致富」與「犯罪」連在一起。結果造成許多的顧慮和不安。

從以上就大陸農村一般性的政治社會衝擊看來，Zweig 提出三個問題，這三個問題將會影響和妨礙日後責任制的推展。這三個問題分別是①意識形態的束縛（左派思想的作祟，視責任制爲資本主義的復辟）②過分敏感（怕兩極化，怕事，怕批鬪，怕上級政策會再變）③嫉妬（農民之間的嫉妬，幹部對農戶的嫉妬）。這三個問題則又分別是當今農村中新生社會衝突的導火線。

Zweig 接著用江蘇一個公社的例子做更具體的說明。

在文化大革命期間，對「農民致富」是抱著非常嚴厲的態度。當地流行一句話「生薑、洋葱、大白菜，一年搞個幾百塊，那有心思學大寨」。到了1978年，由於安徽省搞生產責任制成功，這裏也學了起來，三分之一的生產隊採行了「包產到戶」。幹部原來是批判農民致富要不得的，也開始改口說提高個人生產的積極性是好的。這個公社一項重要收入是靠搞樹苗的承包。樹苗的承包責任制讓一些生產隊的所得提高了30%。種植樹苗的確帶來不少財富，但同時也製造了不少衝突。首先是集體農業的下跌、農戶個體經濟的擡頭，大夥都對種植樹苗買賣有興趣。不幸在1979～1980這一段時間，由於樹苗缺貨，許多農戶竟然去城裏的公園偷砍樹枝，或是到市郊人家的園子裏偷砍。結果，黨書記非常生氣，在1980年3月召集「學習班」痛斥地方幹部和農民，並準備限制種植樹苗的承包，指斥之為資本主義的作為，並要求將這些樹苗充公。這下子，許多人懷疑這又是另一次「極左」的反動，農民生氣，地方幹部緊張。許多大隊的農民因此索性讓那些「將劃為公有」的樹苗乾死，不去管它。有的大隊只是登記那些樹苗為集體所有，從未轉移。有的大隊書記因此發了橫財，因為農民要求不管事，一棵樹苗付一元給他，有的比較「左」的大隊幹部却是嚴格執行，搞得人心惶惶。而且財務損失很大。這是一次對責任制反動的例子。

到了1980秋，等到那份中發七十五號文件發佈下來以後，責任制有了合法地位，開放的農業路線又開始明朗。從那時開始，農民開始想盡辦法致富。但在整個江蘇省「左傾」較强的壓力下，農民遭受一些不合理的要求，如强要求抽10%的稅等等。這導致許多大隊與公社之間的衝突。這衝突的來源則來自上級的意理和幹部過分反動的因素。公社的束縛力量依然很大。

另外，在農村內部也掀起了不少衝突。財務糾紛造成了彼此的不信任，「關係」「走後門」又開始活躍在地方政治和經濟事務上，爲了是得到更多的方便。家族的關係也開始復活，藉著這種去快速累積家戶的財富。

一連串的衝突和緊張關係，就在1978到1981年之間一再的出現。沒錯，近年來農業政策的調整，是創造了不少農民致富的機會，但也促生了不少農民的「私心」和非法行爲，也造成了幹部的「反動」和「迫害」。在許許多多其他的大陸新聞報導裏也可以看到像 Zweig在江蘇所觀察到的「負作用」現象。不知道這種衝突會在怎麼樣的情況下平息和減少，或是反而日益增加；這些衝突又會不會影響到日後責任制在各地農村的推動？這些都是很值得有興趣於大陸研究的社會學家去做進一步探討的。

73.8.25.～9.10.《中國論壇》214–215期

大陸農民在想什麼？
——農民「新諺語」的分析

如果我想了解臺灣的農民想要什麼，我可以到鄉下做訪問調查，親自聽聽農民的意見，體會他們農業生計和生活的甘與苦，也更可以知道他們對當前政府農業政策的反應。

但是如果我想要了解中國大陸的農民在想什麼？他們對過去中共農業政策的看法，以及對現在普遍在各地農村實施的「生產責任制」有什麼樣的反應，就沒有那麼方便了。一方面是限於目前的政治情況，我不能也不便到大陸農村做田野研究，另一方面是即使去了，在種種限制之下，也未必能挖出「眞相」。因此，我就調整研究策略，採取「遙研」的辦法，用文獻的次級資料分析去了解這個問題，過去幾個月來，我讀大陸報紙（尤其是地方性的小報）和學術期刊得到一個意外的收穫，那就是從大陸農民最近流行的「新諺語」，便可以多少體察出他們的社會心理。下面就是我收集到的一些較有代表性的農村流行話，分類整理後得到的結果。

過去農業政策虧待農民

- 「你來我也來，男打撲克，女做鞋，你走我也走，咱們都是七

八九」（七八九是指工分）

- 「評得肚皮吃不飽，評得田里在長草，評得人人想睡覺」
- 「春吃槐花，夏啃南瓜，秋嗾山芋，冬靠國家」
- 「支書催、隊長帶、一報有風就回來」
- 「隊長用錢一句話，會計用錢一筆劃，保管員用錢自己拿，社員支錢得跑九崗十八窪」

以上這幾句流行話是農民針對過去農業政策過於左傾，大搞農村集體管理，重「政治」積極性，不管農民勞動的質與量的批評。由於是吃「大鍋飯」，搞勞動的「大呼隆」，農民靠「工分」分配口糧和收入，在分配上又搞「平均主義」，搞得農民沒有勁去耕作，生產情緒降低，收成也變差，生活更是苦哈哈，再加上集體經濟過於「官僚主義」，幹部搞「一刀切」，光靠「長官意志」決定農活，幹部享有特權，農民却倒楣。

對現行的「放寬」農業政策有好感

一般說來，農民在七〇年代後期開始各自想盡辦法，自求生路，嘗試各種救急治窮的法子，責任制就是在當年那種情形下「錯誤的嘗試」出來的。當年，許多地方的農民冒著險，偷偷的搞「責任制」，後來效果好，中共當局才開始公開認可「責任制」的合法性。八〇年的「中發七十五號文件」就是中共當局對此的「正名」。農民這麼做爲的是增產，爲的是治窮，什麼形式好，他們不在乎，只要致富就行。下面是有關的「新諺語」：

- 「形式好不好，肚皮是記號，形式高或低，增產爲依據」
- 「上北京不是一條道，你走你的，我走我的，看誰走得快。咱們秋後見」

• 「上邊要方向，我們要產量」

目前最受農民歡迎的是所謂的「雙包」（包產到戶，和大包乾），簡單說是一種農民向生產隊「承包」農活（耕地、荒山、造林、畜牧，或其他的各種農業生產項目），「保證國家的，交夠集體的，剩下都是自己的」。農民普遍的很帶勁，生活也有改善，這種責任制也是最要講究個人勞動動機的責任制，要勤快、要肯幹，而且更要能盤算、動腦筋，才會儘快致富。

• 「不記工、不算帳，幹部社員兩清亮」

• 「大包干、大包干，直來直去不拐彎，保證國家的，留足集體的，剩下都是自己的」

• 「把全部的勁都使出來了， 全家老少都上陣， 椽子檁條都吃勁」

• 「實行大包干眞是太美了，美得晚上睡不著，一心一意盤算怎樣才能增產」

• 「『包大爺』大顯威靈」

• 「誰信得早，誰敢『冒尖』，誰就富得快」

• 「吃不窮，用不窮，人無盤算一世窮」

對未來的農業政策仍然沒有信心

大陸農民在現行的放寬政策之下，是暫時得到了好處，下面是一些「流行話」用來描寫他們的心情：

• 「一年還清帳，兩年起新房，三年成小康」

• 「住的講寬敞，吃的講營養，穿的講漂亮，用的講高檔」

可是對於上頭會不會讓他們一直這樣生氣勃勃的搞「責任制」，大陸農民却一直不是很安心，所以才有這樣的話出現：

- 「一不要國家投資，二不要集體物資，只要一個『允許』」
- 「瞎子過河，試著來」
- 「一年不變有糧吃，二年不變有錢花，五年不變小康家」
- 「社員怕變，幹部怕錯」

大概是由於他們在過去卅年吃了苦頭，也看清了中共的農業政策實在「骨子裏」並不是對農民那麼照顧，幾十年來的農業政策眞是時晴時雨，雨多晴少，現在雖是晴，但誰也不敢擔保會「晴」多久。

難怪農民會擔心的說：

- 「困難時期『定』政策，情況好轉『變』政策，運動來了『批』政策」

74.1.25.《中國論壇》224 期

海峽兩岸三十年來農業政策變遷

前　　言

我所做的研究，在理論層次上說，是想要了解在不同的政治經濟體系之下，農業政策會有如何的內涵和特性，又分別是如何制定和改變。卅幾年來的臺灣和大陸即很可以做爲比較的對象。

自1949年至1952年間，海峽兩岸都曾有過不同的土地改革，顯示在不同的農業體制，臺灣是家族小農私有制，大陸則是集體所有制。這維持了將近卅年。到了七九年，雙方却又都在改變，但變的方向不同，唯分別都在「修正」過去實施的農業體制。臺灣從七九年開始正式公佈所謂的「第二次農地改革」，旨在擴大單位耕作面積。大陸自七九年以來則熱烈的推動「農業生產責任制」，旨在縮小單位耕作面積。這種轉變，不只是單純的耕地大小改變而已，還牽涉到土地所有權制度轉變的問題，以及與原有「合法」農業體制產生「矛盾」的問題。

臺灣早期實施的是小農私有制的土改，土地因之非常分散，二、三十年後發現這樣子很「不經濟」，因此想要合併擴大，強調所謂

「規模經濟」和「耕作機械化」。「第二次農地改革」的目的卽在修正過去的「第一次土地改革」，允許地主擁有大於「耕者有其田」條例的上限（但事實上這構成不了限制）和放鬆「耕者有其田」的基本政策——「耕者」有「其田」。後者才是眞正限制所在，近年來實施的「耕作」和「委託經營」，如果嚴格說來，代耕者和被委託者便可以有法律權利去「有其田」，爲避免這種困境，政府乃宣佈「代耕、委託經營不以租佃論」，亦卽某個農戶把農地委託給別的農戶代耕，不會因此就失去農地的所有權。爲的是鼓勵耕地能夠比較集中和擴大，不必要有那麼多分散的小農戶，而是想建立比較集中的大農戶（至少是中農戶）制度。同時，二次農地改革方案中又設有購地貸款，意在鼓勵小農賣地，中大農買地，如此，農場經營面積才有可能得以擴大。七九年以來的二次土地改革，所進行的方式完全透過市場的機能來做，「政治」的干預成分很小，至少比起第一次土改的「政治性」來說，這是一次「經濟性」的土改。

另一方面，大陸的農村集體制實施以來，一直也有「反經濟」的後果，農民生產意願下降，農耕的創新過程僵化和停滯。因此，責任制的推動卽是在於改變過去集體制的生產和分配方式。最明顯的就是集體耕作的崩潰，實際耕作單位的縮小，集體不再是農耕生產和分配的決定性單位，個別的農戶變成是核心的單位。這無異是恢復了（集體式）土地之前的農地私有制。雖然中共一再要將責任制合理化或是集體制，但問題是很明顯的，中共八四年一號文件裏又正式認可這種農地「私有」化契約可延到十五年，亦卽這十五年之內，保障個別農戶有充分的「使用權」，只是沒有法律上的「所有權」。這讓我想起光復後在臺灣實施的「山地保留地」制度。臺灣山胞有使用權，也沒有所有權，但終究遲早會再一次的「質變」。臺灣山胞從1980年開始也分別有了土地的所有權，可以有限度的自由買賣權益。在大陸，這種十五年權限（這還是合法的，不合法的有更長的，我看過長達廿八年的契約），如果一直「穩定」的推展下去，很有理由相信，遲早會轉變成農地私有制的。

在這兩種農業體制改變的背景之下，馬上聯想到的問題就是爲什麼會有這樣的改變？特別讓我有興趣的是農民與政府的關係，在兩種不同的制度下，經過三十年的長期變遷中，農民與政府到底維持著怎麼樣的一種關係呢？尤其是七九年以後，臺灣和大陸的農民對轉變中的農業體制，又分別有如何的反應呢？

不同的方式進行類似的壓擠

我與另外兩位同仁在臺灣做過一個研究，調查農民對各種農業政策的主觀評估。普遍地看出來，農民對農業政策並不很熟悉，尤其是對早期實施的，更是不熟悉。七九年，正式開始進行的第二次農地改革方案也並不很有成效。措施也沒有提供明顯的誘因。關鍵問題在於該方案的目標與手段並不很明確。在臺灣，農民與政府的關係，在初期可稱之爲「互賴」的關係，在土改之後，農民得到土地，變成自耕農，政府則得到鄉村政治的穩定。土地改革後，鄉村的小地主普遍消失，佃農翻身變成擁有小塊土地的獨立自耕農。農民不再向地主繳租服勞轉而向中央政府繳稅服勞。政府開始取代過去地主的權力與地位，在臺灣鄉村扮演「大地主」的「雇主」角色。這在五十、六十年代尤其明顯。

雖然政府對臺灣的小農一直有著「政治安撫」的考慮。但總括而言，臺灣這三十年來的農業政策仍然帶有一種壓擠（Squeeze）的特性。大陸也是一樣，中共雖是靠農民起家的，但依然是在壓擠農業。我有兩篇論文❶，一篇是談臺灣三十年來的農業政策，一篇談大陸三十年來的農業政策。結論却是有驚人的類似，亦卽兩岸一開始都以「壓擠」著眼看待農業。雖然所用的「方式」不盡相同。兩邊權力中心都說要以土地改革來改變農業結構，提高農民生活水準和地位。結果明顯的效果是改變農業結構，政府在農村的政治經濟力量都分別擴張，而農民對政府的相對權力地位都降低。經濟上看來，雙方土改後農民也的確都得到一時的喘息和「出頭」的感覺。可是「得到」最大的還是「政府」那一方。看來，還是中國歷代的傳統，都很重視「農業」，但並不重視「農民」，農業一直是被壓擠來支持其他部門(Sectors)的發展。這可從雙方在五十年代裏農業部門對整個經濟的「貢獻」(資本形成及生產總額)很明顯的看出來。「壓擠」一辭不要用情緒性的態度來看待它，所謂「壓擠」，是政治和經濟政策運用上的一種策略(取向)。從經濟政策上言，是從農業「擠出」資源到其他部門，從政治手段上言，則是要運用種種制度安排、控制農村的政治社會秩序，以利經濟壓濟的進行。說實在的，要實施壓擠農業政策得體還得要有一些條件才行呢。否則不是整個經濟停滯就是政治不安。不少第三世界國家也都想走壓擠路線，但結果都很糟。許多內外在條件不允許兩岸的壓擠農業政策，一般說來在初期十多年，都可說是很順利，不但奉獻國家經濟成長，而且穩定政治控制。

不衰的「農村」經濟、低迷的「農業」經濟？

在臺灣，從一九七〇年代開始，農民大量流到農業以外去求生

❶ 蕭新煌，〈三十年來臺灣農業政策的演變：1953~1982〉思與言，1983. 3月・臺北，〈1949年後中共農業策略與鄉村社會變遷〉中央研究院民族學研究所集刊，1983. 6月・臺北。

存，農戶平均家戶所得有70%是來自非農業收入。一旦農民打工就變成了兼業農，或是農戶子女在工業及都市有收入支援在農村的家庭經濟。目前，臺灣八十多萬農戶裏只有10%是專業農戶，其餘均是兼業農戶，情況就變得很複雜了。基本上，臺灣的農業已無法單獨存在。因而客觀地說，臺灣的農業已經是在衰退之中，農業經濟本身可以說是在破產之中，但是農村經濟並沒有，而且還維持某種程度的景氣，爲什麼呢？一方面是農村經濟與都市經濟連鎖的結果，一方面則是農村工業化的結果，農業開始有工業在支持著它的生存。所以農業經濟和農村經濟必須分開看。而從整體來講，以及與世界水平比較來說可能也不那麼可怕。只是政府所標榜的農業政策，和眞正做到「爲農」的目標，很難符合邏輯說理。臺灣自土地改革之後，對農民的限制一直很大，有機會的時候不能隨便賣地；農業不景氣的時候，也不能不耕作。加上近年來臺灣稻米生產過剩，政府雖然强調要農民轉作雜糧，但是却沒有提供足夠誘因的計畫，要農民轉作就很困難了。

整個來講，臺灣實行的農業政策對農民的鼓勵、誘因，並不很强，從很多的問卷調查結果，我們理解到，大約有半數以上的農民是認爲耕種沒有什麼前途。那麼，臺灣的農業重不重要呢？非常重要的。尤其由「國家安全」和「經濟韌性」兩個目標看，尤其具關鍵性角色。相當大的社會安全作用；在經濟不景氣時，扮演著社會救濟的角色。但是，慢慢就不再可能了。假如，農業繼續萎縮下去，到自身的生存都有問題，就不可能還有餘力再關注失業人口，那麼整個社經問題就會發生得更嚴重。要農業萎縮而不考慮可能導致的不幸後果（政治、社會及經濟惡果都有），是非常簡單的事。只要放任由自由市場（內在、外在）去運作，農業絕對抵不過國內工商壓力和國外農產品的進口，只有任其退化。如果基於以上安全和韌性的要求及考慮，就得靠「非市場」力量來保護農業和農民。這個「非市場」力量又得靠「政府」。第二次農地改革政策是不是有辦法負起這種「非市場」的機能，讓臺灣農業復甦？讓臺灣農民得到經濟的保障呢？

剖析第二次農地改革

第二次農地改革想要擴大農耕面積，勢必將現有農戶減少。問題是，工業方面及其他部門有沒有辦法及時地提供這麼多的就業機會呢？假如沒有的話，結果只是把農業的問題轉移到工業去而已。到那時候，工業勢必將有一大批由農業轉來的非技術性勞力，工業的飯碗將有更多人搶，競爭的結果，工資就可能會降低。工資降低的結果有兩個可能的衝擊。第一，對外而言，工資水準下降，工業製造成品即可降低，它顯然有利於在國際市場上再度競爭。第二，對內而言，則打擊原有的勞工士氣，降低勞工的經濟福利水準，甚而破壞可能建立起來的工會組織力量。這只是我的推測。不過，不是沒有根據。因爲過去的農業政策一直是爲工商服務。要期望有馬上一百八十度的轉變，顯然也是不可能的，如果眞是如此，那麼所謂二次農地改革又只是另一個壓擠的變形而已，又再次做工業政策的打手。再從工業政策來說，政府一再强調要提昇工業，但這麼一來，實際上是利用農業政策仍然在做加工出口業的再度衝刺，想要和工資較低廉的南韓與非律賓競一長短。以上這個背後的動機及邏輯問題，是否實證上可以成立，得與近年工業政策配合一道加以探討分析。幾年之內應該就可以看出端倪。眼前的問題已經是我們的工業目前尙無法吸收這麼多的農業人口。現在一個農戶的平均耕地是〇・七九公頃（1980年資料），有的經濟學家說是要擴大到十公頃耕地才符合經濟原理，我認爲這是不可能的，除非是走大農莊的路線。但這絕非是要維持小農傳統的政策所能同意的。換句話說，即以每戶農耕地要擴大爲三甲，那麼，原有的三分之二，也就是大約五十萬戶的農民就會被「擠」出來。當然，被擠出的農民也不見得非要離開農村，有可能就變成農場勞工了；離開農村的，就成了工廠的廉價勞工，兩者都不是好出路。這正是我剛剛提到的轉移農業問題到工業問題的本質。

至於，轉作雜糧的問題，政策上的鼓勵不夠，沒有物質誘因，沒有保障。種稻米尙有保障價格（每公頃地至少還有九百公斤的稻米有保障價格），改種雜糧以後如何？完全不知道。政策上非常矛盾，政府一方面「鼓勵」農民轉作雜糧，但却又一直在進口雜糧。這是個歷史的結果，自 1954 年以來，美國一直都有農業剩餘，（像棉花、玉米、雜糧）傾銷到臺灣來。這個情形確是個困境，牽涉到外交政治的問題該如何解決也實在很難講。不過，雜糧進口的問題近年來已經變成臺灣的敏感政治話題，政府非得正視不可。

農民扮演効忠的角色

在過去三十年間的前二十年，臺灣農民一直是扮演著政府的效忠者。這當然是因爲第一次的土地改革，大部份農民對政府非常的感激，從農村的投票行爲來看，確實都是支持政府的。直到 1968年以後，農村的投票行爲才開始有所改變，開始投票給非國民黨籍的候選人，不過，値得注意的是這也不見得就是支持「黨外」；但確是表示政府的農業政策已有了問題，農民才會轉移到否定投票。從七十年代開始，我們可以觀察到臺灣的農民和政府遂維持了一種曖昧的關係，不再像早期那樣「和諧」，政府的鄉村控制機能也不再是視爲當然。

目前臺灣農民與政府的關係還存著另一種曖昧，那就是農民認爲政府替農民「做得不夠」，政府則怕「插手太深」，不太願意投下太多的心力。

責任制提高大陸農民的「獨立性」

大陸農民與中共政權的關係，在過去可說一直是片面的「支配，服從」關係。不過直到近三年來，推行生產責任制以後，一般來講，農民的經濟獨立性提高了一些。以前完全依附在集體，吃大鍋飯，現在農民獨立性增加了，個體農戶和農業部門的資本也累積了一些。問題是， 政府對農業部門的投資， 並沒有隨著責任制的推行而有所增加，相反的却降低了，這就又表現了政府另一次對農業的壓擠政策。在農業投資中，政府直接投資的比例，不只是明顯地降低到比其他的部門之下，而且在歷年也一直下降。而農民本身在農業上的投資仍只是用來購買農具或牛等的項目，並沒有製造「眞正」新的投資，而只是一種所有權轉變的交易而已。亦卽本來屬於大隊公社的，現在變成私人所擁有的，就結果來講總資本却還是一樣的。就目前的情形，農民是普遍的蠻高興，但是有些公社或大隊原來的集體制本來就搞得不錯的，就有不少反感，就會覺得爲什麼要分？爲什麼要瓦解集體制？的確是有些地方，當地幹部硬要「分」硬要「瓦解」集體。就係「四淸」和「文化大革命」時期那樣，幹部硬要「窮過渡」，硬要加罪於個體性的經濟活動。這兩個時期呈現極端不同的方向，但地方幹部怕負責任，望風轉舵的態勢却是一模一樣。一般而言，農民是相當歡迎這樣的政策（生產責任制），農村一時顯得生氣蓬勃「責任制」公開「經濟動機」馬上掛帥，農民一心。爲自己賺錢，大家非常努力的工作。問題在於前面我提到的政府投資下降的問題，將來會出現瓶頸，再過幾年之後，一些農業基礎的建設會漸漸衰退，像水利設施就是很重要的，但如果個別農民都不管，只要有水用就好，大家都拼命搞自己的大包干的經濟聯合體……。那麼，集體的、基礎的農業建設就會塌壞，而政府若是不能做及時的投資補救，就會面臨了成長的瓶頸。尤其是涉及農業現代化的機械化、水利設施、品種改良、市場運銷等等的大型投資。農業如果再度面臨瓶頸，肯定的是將無法承受壓擠；無法支持其他的部門；更無能力成全整體經濟的發展。

在這幾年來是農民和政府雙方都有斬獲，農民高興的是政府管制的放鬆， 可以自求生路。政府高興的則是靠這解決了農業停滯的難題，可以轉放注意力到工業科技的成長上面。換言之，讓農業交由農民自己去搞，政府專搞工業。責任制帶來的社會衝擊是大陸農民的獨立性增加了。但農民仍然害怕上頭的政策隨時會改變，不曉得幾年以後會怎麼樣？因此，農民與政府之間，也出現了一種新的曖昧關係。彼此都在注意對方，農民怕政府再次「抓緊」，政府則怕農民放鬆以後「管不住」，而破壞了原有「支配，服從」的關係。

政府接納農村的變通為政策

臺灣的「第二次農地改革」，和大陸的「生產責任制」由某一層次來講，都並不是政府「自覺性」的農業政策，都不是由上而下經過仔細設計而訂定的政策。事實上，這兩種農制改革都是農民在農村自己變通嘗試的結果，有了一些正面效果之後政府乃接受而納為政府的公開政策。比如，臺灣的「委託經營」和「代耕」等等，都是七十年代農村自己在搞在嘗試的「補救」經營方式，後來經過農發會的「半官方」採納乃變成「實驗」措施，現在都成了官方「二次農地改革」的內容。當初有些人不想繼續耕作，却不准賣地的，現在允許買賣耕地了。問題是，願意賣地的大都是土地較大的中農，想買地的又多是小農。大農減的多，小農減得少，結果只是耕地所有的再分配，並未能眞正做到擴大耕地。所以說，政府只是事後的「追認」，納爲政策，是一種典型的紙面上的政策。

大陸方面呢，有些研究論文認爲當初萬里在安徽，趙紫陽在四川，都是在有計畫地在實驗和推行生產責任制，我認爲並不盡然。很多都是農民自己搞起來的，這當然也有歷史的原因，在五十年代的「合作化運動」和六十年代的「新經濟政策時期」，都已嘗試過和現在責任制很接近的「包產到戶」的「三自一包」。也就是說，農民回想到當年的那種作法，自己乃再度冒險加以嘗試，以後才得到上面的首肯。有一句農民流行的話說：「一不要國家投資，二不要集體物資，只要一個允許。」這句話很能夠反應農民當前的心態，希望能夠自己搞，政府不要管太多。農業生產責任制，自1978年開始，大陸不少地方都普遍地在進行，但眞正變成中共的農業政策是在1980年「中發七五號文件」公佈之後。這中間的兩三年內，中共基本上只是用一種放任的態度，讓農民去「實驗」的態度，另一方面，也可能因爲當時鄧小平的力量尙不夠穩定，不敢輕易領銜帶頭，把責任制度變成國家政策，萬一搞壞了，自己的權力都會受損。

所以，可以看出來，兩岸的政府對待農業和農民的政策，都不是十分具有「遠見」的，雖然一開始有意識型態上明顯的差距，但後來都是邊走邊看，碰到農業問題的惡化才正視它。在發展政策中，「利用」農民的策略則是一致的。雙方在七十年代却開始面臨嚴重制度上改變的挑戰，都在七九年開始做調整，當然方向上不一樣，但是做法和「應變」的決策方式則接近。

做得不夠？管得太多？

至於我所特別感興趣的農民與政府之間的關係，由於近年政策的改變，兩邊目前都頗有意思，都出現一種曖昧、而不很明朗的新關係。臺灣的農民是產生一種依賴的關係，期望政府「多做一點」；而大陸農民則希望政府「少管一點」。臺灣的農民覺得政府過去做的不夠，大陸的農民則是覺得過去被管的太多，現在想要自己搞。但是，大陸農民這種趨向過幾年後可能又會改變，那時候又會認爲政府做的太少（如投資輔導，水利設施），希望多做一點。照目前看來，雖說中共大力鼓吹責任制，但觀諸過去三十年中共對待農業農民的基本策略，我仍要說生產責任制在大陸還是在一種非常不確定的狀況之中。還不知道畢竟能走到什麼程度？走多遠？鄧小平的政權能否容許責任制發展到進一步的「資本主義化」呢？或是回到1949年以前的「單幹」的情況呢？這個問題，目前研究中國大陸農業的學者，恐怕尙無人敢預測的。

這與過去的歷史有很深的關係，我最近搜集了一些大陸農民流行的「諺語」❷，有這麼一句話：「困難時期定政策，情況好轉變政策，運動一來批政策。」意思是，七十年代後期，農業產生很大的危機，因而定了責任制的政策，情況好了，就有可能要改變政策，因爲太放鬆了會出亂子（事實上，中共內部相當注意到責任制可能帶來的後果，以及該如何導向的問題），那麼，以後運動一來就開始批政策了。大陸農民實在是也不知道將來會怎麼樣？

---

❷ 蕭新煌，〈大陸農民在想什麼？〉，中國時報（美洲版），1984. 3. 27。

責任制帶來的農村結構轉變

我對大陸農業政策的研究，比較注意的倒不在於了解著不同責任制的形式（有好幾種）或責任制在各地實行的不同情況。我特別有興趣的是責任制的實行，出現了那些新的社會經濟現象？農民與政府產生了怎麼樣的新關係？

大陸自實施責任制以來，顯然地，個人資本的流通與累積都比較快，還產生新的「經濟聯合體」，也就是一種小「農民企業」的開始出現。一旦農民在經濟上會開始慢慢的獨立，政治力量也就會跟著有所改變起來。換言之，如果責任制繼續幹下去，農民的獨立性一旦滋長到某一程度，到時中共要想收也恐怕收不回來了，現在要收，當然馬上可以收回來，但若再過五年、八年，可能就收不了。這一點，我相信目前中共當局恐怕也是很擔心的。

此外，還有一個「所得分配」的問題。已經有一些局部的觀察及研究發現到，責任制實行以後，所得分配的差距，已經構成爲農村內部的問題。事實上，以前「農村內」的所得分配是相當平均的，只要是農民，他們收入上並沒有太大的差別。過去是不同的區域之間和農工、城鄉部門之間有較明顯的所得差異。現在農業部門內部的所得也開始有了差距。這和臺灣也有點相似。臺灣的所得分配，對整個經濟來說，所得是愈來愈平均，但是不同部門如農工之間的差異就愈來愈擴大，同時由於同樣的鄉村工業化和與都市經濟的聯繫加深之後農戶之間的所得也有拉大的現象。因而一般說臺灣的成就，或是「奇蹟」（不落入所謂顧玆耐（Kuznets）定律）是在於一般所得的改善，但是在改善的過程中，工農間的所得差距却不斷地在擴大。大陸在實行責任制以後，農村裏所得差別的問題又恢復了，貧富不均的問題又慢慢在擴大。臺灣與大陸農業部門內所得不均現象產生的原因並不相同，臺灣是受到工業的衝擊製造農業外的所得機會所產生的，大陸却是農業內部「所得機會」的重新安排而產生的。

國家 (State) 的角色突出

前面，我已經强調了大陸和臺灣兩邊都不是像宣傳中的那麼體恤農（民）業，甚至還有帶有不均衡的偏見。美其名都說照顧農業，事實上都在壓擠農業。可是仔細分析，可以發現兩邊的政策偏見(policy bias) 却不盡相同。大陸旣不是「農村偏見」(rural bias)，亦非「都市偏見」(urban bias)，因爲它並不只完全用鄉村來支持都市，都市也會遭到偏見之害，而是所謂的「國家偏見」(State bias)。是「政府」完全運用政治上的考慮，在決定發展策略的取捨。譬如說農工全都是集體國有，但政府直接經營的企業却有差別待遇，如國營企業總是特別得到偏袒的照顧，其從業人員的待遇也最好，因爲國家(State) 本身也是一個政治經濟體 (Political Economic entity)，它有它的特殊利益，自然跟非國營事業（產業）就產生一種在爭取資源上對立的關係。直屬的國營事業就變成很强一個的政經角色，這是社會主義經濟體制中很重要的一個特點。

臺灣就比較傾向「都市偏見」(urban bias)，很顯然的，是靠農業來促進、支助都市的工業的發展，五十年代臺灣工業化的初期，就完全是靠農業外銷，最早是農業原始物資，後來轉變成食品罐頭。但是，國家 (State) 的角色依然是很重要的。臺灣的經濟發展，國家機構和政府科層體系一直發揮很重要的決定性角色。

我的研究到現在爲止尚無肯定的結論，但發現的是雙方農業政策似乎相當接近，很類似。如果只放在農民所得到的待遇來談，顯然，臺灣的農民是有較多可供選擇的機會。或許可以說，過去三十年來臺灣農業的壓擠政策是在非常有技巧的方式下進行，是透過促成農業部門的成長和現代化，去進行壓擠農業的資源（人力、資本）。但是，農民並沒有被壓擠到活不下去的程度，而是被政策「逼得」只好去找別的出路。當然，也要有別的出路（如工業）存在。大陸就沒有這種技巧，因爲農村一直是個封閉沒有流動機會的部門。農業被壓擠農民並沒有其他「出路」去求得「補償」。因而，相對地，臺灣農民在各方面的境遇是要比大陸的農民好些。此外，從研究的角度來看，在國家角色的運用上，臺灣與大陸都有相當程度的 Patronage 的色彩。

就內部而言，臺灣的農民仍然是對都市懷有自卑情結，大陸農民更是如此，加以流動的限制，更加深城鄉心理上的差距，這的確是個值得再探討的問題。不同的是，臺灣已經相當都市化，農業人口不及30%，總共有八十多萬的農戶，其中專業農戶只有八萬戶。大陸則有85%的農業人口，仍然是以農業經濟爲主的。因此，大陸任何農業政策上的一點變動，對整體經濟的影響，都要比臺灣大很多，它目前其所面臨的問題核心，明顯的乃是生產力與生產關係矛盾的問題，過去實行的集體制「平均主義」，如果是妨礙了生產力，如此的生產責任制又能改善多少呢？從短期來看，大陸農業政策關鍵的問題是農民生產動機的問題，農業結構和整個經濟結構的調整，還是其次的問題。但是臺灣的問題核心，則是三十年來對農業的壓擠政策，已經達到了必須緩和的地步，農業本身已無可再壓擠的可能。因此臺灣農業結構本身的調整以及整個農工發展結構的調整可能是最關鍵的問題。至於農民在今後兩邊的發展過程當中，能不能發揮較主動的角色（相對於政府而言），以爭取更合理的發展成果，並不是樂觀的預測就能做到的。

73.9.《臺灣與世界》14期

開放大陸探親的社會影響

我想就下面幾個問題來探討開放大陸返鄉探親可能對臺灣社會帶來的影響。

一、開放探親政策著實有著强烈的人道精神和倫理色彩，就這點而言，社會民衆對政府當局的人文形象會有良好的改觀；對於日漸成形的政治開放作風，也有正面的助長作用。如果在正式實施之後，一方面秉持人道原則，不做無故的政治行政干擾；另一方面又能按照實際狀況，定期評估成效，如無特別的負面後果，而能逐步放寬有關的限制，讓探親政策確實達到「人道的歸人道，政治的歸政治」的宗旨，到時更可以提高社會民衆對政府的信任和支持。因此，合宜當前社會輿情與需要的探親政策勢必有助於政府在社會上的開明形象。相反的，如果限制過嚴，執行過苛，則將導致更多的民怨和不信任，同時亦有礙今後我方對大陸政策的進一步突破。

二、儘管官方一再堅持只限於「探親」，但一旦開放探親，人去了大陸，又如何約束他們在大陸的行踪和各個不同目的地。因此，探親名義固然是當前政策所允許的唯一條件，但隨之而來的將會是引發民衆對開放旅遊觀光的進一步要求。更值得關切的是，無親可探但有鄉可訪的個人或是以「宗親會」名義申請返鄉的團體，以及雖然無親、無鄉，但嚮往尋根的個人及團體，他們的意願也符合中國人的倫常規範和理念。如果一味固執在「探親」狹隘的考慮上，此一政策恐難收到積極的社會反應，可能還會引起不必要的誤解和糾紛。因此，放寬探親的定義，以及在實際作法上、措施上，也儘量不加限制，才能免於日後後遺症的干擾。擔任中介的民間團體務必對此有深切了解，除了守法之外，更應合情合理，協助民衆完成心願，萬萬不可違背人道的最低原則。

三、開放探親總是增加臺灣與大陸兩邊社會瞭解和認識的第一步。限制少，這種溝通量就大，質也會較深；限制多，其溝通的量與質就會有損。不管怎麼樣，能夠讓在臺灣生活了將近四十年的人，不管他是當年大陸來臺或是在臺灣土生土長的人，有機會到大陸做親身的探訪，除了滿足返鄉探親或尋根的私人心願之外，也會對兩個社會的種種政治、經濟、社會體制和生活方式做「超越情緒」的理智比較和判斷。一旦比較之後，非常肯定的會對臺灣的制度及生活方式有深一層的體驗、珍惜和認同。這不僅會發生在臺灣人身上，也更會展現在大陸人心理對臺灣本土的認同，而讓歷史遺留下來的省籍問題和糾纏甚久的「中國結」、「臺灣結」得以在「可放眼中國，但必須落實臺灣」的共識下，獲得較理智的紓解。同時，探親返鄉對前往大陸的訪者來說，他們可能產生的心理衝擊，勢必遠較大陸人民感受的衝擊爲小，這也可能導致大陸人民進一步要求改革求變的動機。大陸社會如果能有更大幅度的變化，對未來海峽兩岸的長期和平遠景，絕對是有裨益的。

四、隨著日前大陸書籍得以開放進口及出版，甚至大陸影片亦有可能在臺上映的文化政策宣布以來，臺灣社會已掀起了陣陣的「大陸熱潮」，探親一開始，這股熱潮必將有進一步的提高。可預見的是有更多的社會文化藝術訊息和產品（特產、文物、商品等），會在臺灣的街頭商店公開上市。若干新興的市場需求也將因應產生，最明顯的是旅遊業、出版業，以及法律輔導業等，很可能也將引發不同於過去的消費者權益問題。將來如何保障這些探親消費者的權益，也是值得關切的新課題，擔任中介的團體自理應有責任做周詳的規劃，消費者文教基金會也可在作法上提供必要的協助。

五、爲避免返鄉探親者在探親期間或返臺後發生家庭或親情上的不適症或糾紛，諸如婚姻、遺產、奉養等責任問題，有意探親的人應在臺先做必要的心理準備和常識的了解。與在臺家人做充分的溝通更是非常需要的事。中介團體更應提供事先行前的諮商服務（包括心理、社會、法律、旅遊等事項）。

六、不可避免的，在未來的日子裏，開放從臺灣到大陸探訪的路子一開，政府將面對的下一個問題便是如何因應從大陸來臺探親者的衝擊。原本堅持的人道、倫理原則是否將會受到現實政治顧慮的影響，而有偏頗？如果會，那要如何向民衆交代？如果不會，那要如何規劃，以防未料到的負作用產生？這些都是當局該先設想到的下一步政策方向。

七、對於那些完全符合限制條件也最焦急；但却沒有經濟能力去大陸探親的低所得老兵，社會上也應該有道義的責任去協助他們完成心願，以免製造了這些年邁老兵更深的「相對剝奪感」及挫折情緒。擔任中介的民間團體也應考慮到各種支援的途徑。

76.10.10.《聯合報》

透視近年來中國大陸的社會經濟變遷：

蕭新煌與高棣民對談

蕭新煌按：高棣民教授（Thomas Gold）是美國加州柏克萊大學社會學系的助教授，曾於1977到1978年在中央研究院民族學研究所擔任訪問學員，從事他的博士論文研究。他曾在東海大學讀書，並且還在那裏教過書。因此，他對臺灣算是很熟悉，對臺灣社會的感情也相當濃厚。高博士曾先後三次前往中國大陸，也先後在上海的復旦大學讀過書（1979～1980），並到各地旅行、訪問研究。

高教授在柏克萊教當代中國社會的課程，並曾擔任該校「中國研究中心」的副主任。他是目前美國中國研究圈子裏年輕而被看好的新生代。

高：1984年五月間，我和我太太分別做一個旅行團的領隊和副領隊到中國大陸，為期三週。去的地方包括北平、內蒙古、山西的大同和太原、西安、南京、無錫、蘇州、上海，再從上海搭飛機到香港。旅行團在香港解散後，我先留在香港做三個星期的研究工作。六月底我單獨一個人再進入大陸，先後到福建的幾個城市，如廈門、泉州、福州等，再到上海和北平等地。在香港、上海，以及在臺北這裏，我的目的是想找資料，做有關1949年到1952年間，上海和臺灣兩地政府與資本家關係的研究。我是申請到「王安」研究機構的一筆研究費，來從事這項研究的。

我在這三個地方也都訪問了不少當年在上海的企業家和政府的官員。不過，這趟大陸行讓我印象最深却是近年來（上次我是在1982年去過大陸）大陸社會上所產生的一些變化，以及與許多大陸朋友聊天時所觀察到的許多問題……

厦門沒有社會主義氣氛

蕭：你提到你這次花了一個多星期在閩南，何不先談談你的印象？

高：第一次我去大陸是在1979年到1980年，那時的福建還沒准對外國人開放，只讓一些華僑入境。現在開放了，簽證只要二天就可以拿到。在福建，我看了不少地方。讓我印象最深刻的是閩南那些地方（厦門、泉州等）很像臺灣。各方面都像，從地形來講，因爲我是坐「公路局」，現在福建沒有像臺灣的高速公路沿路可以看得很多的村落和市鎭。地形像臺灣，農民住的民房樣子跟臺灣我看到的農家幾乎一模一樣。厦門這個地方眞像我1969年第一次來臺灣時的臺北一些地方，如萬華和淡水。它是一個經濟很活躍的商業港口，有好多房子和小商店，有理髮店、修鞋子和自行車的，賣雜貨，就像十幾二十年前的臺灣一樣。厦門也好像沒有什麼社會主義的氣氛，中國大陸的其他地方則有這種氣氛，沉悶和灰色的社會主義色彩。不過，厦門很活躍，白天做小生意的人很多，晚上的夜市也很熱鬧，賣麵條的，賣衣服的，很多本來都是做來要外銷的，現在都變成內銷了。

當然整個福建已經是一個經濟特區，爲了要引進外貿和僑資，他們歡迎外國人去投資。美國生產駱駝牌香煙的公司就在厦門投資設了一個廠。在厦門近郊的一個港口，就被計畫要建設成像高雄那樣，做一個「加工出口區」。在厦門、泉州、福州，我到處逛街，所以看了很多地方，收穫甚大。

厦門大學的「臺灣研究所」

蕭：厦門大學有個「臺灣研究所」，你去了嗎？對他們那裏的了解如何？

高：「臺灣研究所」是在1980年設立的，其研究項目有三個：「臺灣高山族」，「臺灣的對外貿易」，和「臺灣的人口和家庭計畫」。我去了該所，也跟裏頭的三位學者當面討論，二個年紀較大，一個比較年輕，我們談的問題是一般性的，並不深入。那個年紀大的在1949年時來過臺北、基隆這些地方，他的腦子裏還是三十多年前的臺灣。他還問過我厦門像不像臺北。我很懷疑他們對臺灣會有什麼深刻的了解，我沒有參觀他們的圖書館，不過他們的資料來源大部分是透過香港或一些朋友帶進去的。像臺灣許多的研究他們大部分都沒看過。有的只是臺灣公開發行的政府統計和資料。他們倒曾問過我，臺灣有那些人在做上面那三方面的研究，也想跟臺灣的學者聯繫。

蕭：我曾在美國跟去過臺灣研究所的旅美中國社會學家和人類學家談過他們的印象，他們也普遍都認爲那裏的臺灣研究實在是很差。有「框框」在做爲學術研究的指導，加上資料、人力和經費都欠缺，就更難了。

高：的確是如此。在福州，另有一個福建社會科學院，裏頭設有

「臺灣文學研究所」和「經濟特區研究所」，我想他們對臺灣的加工出口區特別感興趣。但研究成果如何，我個人不得而知。剛剛提到的厦大還有「南洋研究所」，主要是因爲有很多華僑是從福建厦門出去的。不少華僑回到福建投資，聽說也還有一些華僑回到厦門留學。

閩南宗教作用大

蕭：剛才你提到閩南的地形和民宅跟臺灣很相像，這點大概可以從臺灣是移民社會的本質找到線索，除此之外，你在閩南還看到些什麼是比較特殊的?

高：給我印象深的另一件事是地方上宗教作用的重要性，在農田裏面，到處可以看到小土地公廟，大部分還是新蓋的。在厦門、泉州、福州，大的寺廟也都開放，不像大陸其他的地方，這些地方的寺廟有很多人去拜，也有小攤子擺在廟前賣香、冥錢，及拜拜用的東西。這是以前我在其他地方從來沒看過的現象。在這點上，南方與北方的差異實在很大……

蕭：這倒很像臺灣近十餘年來的狀況，各地大小寺廟香火愈來愈鼎盛，根據研究，這一方面是移民社會的宗教帶有濃厚的功利性，二方面是近一、二十年經濟條件也允許，就更促使了這種功利主義成分高的地方宗教發展。民族學的兩位同事，李亦園教授和瞿海源教授他們的研究，也都是從這兩個內在和外在的因素來分析。至於大陸的閩南社會，其寺廟和宗教活動特別多而活潑，或許也與近來農村經濟好轉，經濟機會提高有關。南北社會裏宗教作用的差別，我就沒有任何心得了……

農民生活變化大

高：談到農村鄉下，你做過「生產責任制」的研究，我還要問你哩！不過，讓我也說說我所觀察到的一些現象，看你的意見如何。現在的農民普遍說來都很自由，按照戶或個人，或一批人、小隊，可以簽一個「合同」，說我要在一塊地上，要種什麼樣的作物，像糧食、水果、蔬菜，或養鷄、養猪。說好多少噸、多少擔、多少頭給國家和集體，剩下就是自己可以處理，或者賣給國家，或到自由市場去賣。現在的自由市場到處都有。這兩三年農民的生活發生了很大的變化。在大都市的郊外，到處可看到農民在蓋新的房子。很多農民也都擁有「手開拖拉機」，可用來耕田，不過主要却是用來把它拉在一個車上運貨，所以在現在的大陸公路上，擠滿了農民用那拖拉機運貨，交通很慢。

同時，現在的農民也開始有「非農業」的收入，像運輸、做手工藝品，到城市裏做建築工或舖路工作。我不是說他們已像臺灣農民那樣，非農業收入高達70%。但他們是已有機會從事到鄉下以外的地方去賺錢。我也不太清楚，爲什麼都市裏的失業率還是比較高，尤其是在社會主義國家來說，爲什麼不組織許多「待業」青年去舖路，却要去請農民？由於中國大陸還沒有大規模的自由勞動市場，所以青年人學校畢業之後，要經過分配去工作，還沒分配以前或沒分到的都叫「待業」，他們不叫「失業」。

蕭：農村生活因爲責任制的實施而產生的變化，恐怕會因地域的不同，也有相當大的差別。你這趟江南和西北都去過，有沒有明顯注意到這種大的差異性？

崇尚物質主義　講究消費生活

高：的確是這樣。我這次也到過西北的農村，在那裏我很少看到拖拉機，農民在農田裏還是用很落後的工具。前面有一個人用個犂在整地，後面有一個人在播種。不過在陝西的西安郊外農民生活可能就不太差，在往西安的公路上，就可以看到很多的拖拉機，載著農產品運到城市去賣。另外農民也到處在蓋新房子。值得注意的事是水利設施的問題，這在水田區域特別明顯，由於大夥兒各搞各的，因此像水利那樣，需要公共及集體力量的公共建設就面臨荒廢和困難了。

蕭：關於水利受到荒廢的問題，我在去年的Browm大學會議上，跟 Mark Seldon 教授也談過，他在河北做研究時也發現有類似的現象……

高：讓我再回到一般人民的生活變化上。我的觀感是這幾年的確在物質水準上有改善。商店充滿著各種消費品。尤其是生活必需品。東西好買，不只是幹部，一般工人也買到黑白電視機、彩色電視機、電冰箱、收音機，他們最喜歡四個喇叭的立體收錄音機和電風扇。電冰箱比較少，不只是貴，是因爲沒貨。現在大陸的「消費者」已經開始「重視質料」，以前誰都會搶著要買自行車、縫紉機，而且還要好一點的。自行車要上海的「永久牌」或是「鳳凰牌」，這兩種牌是最吃香的，別的地方生產的自行車就不太受歡迎。

慢慢的物質主義的色彩開始在社會生活上瀰漫，賺錢和講究自己生活上的改善變成是大家追求的目標。許多城市裏的小姑娘，尤其是女工特別喜歡打扮化妝，做頭髮、戴項鍊耳環。我在上海看了幾家工廠，在下班的時候一些女工出來，他們穿得和臺灣和香港的女工穿得差不多。男工穿著也有穿喇叭褲、留長髮和小鬍子的。在東部沿海一帶和大城市特別明顯……在都市，人民的生活水準有很大的提高，「政府」在這幾年，尤其是這一年，花了不少錢去修理改建百姓住的房子，爲他們油漆，外面還是比較髒，不過裏面油漆一下，還不錯。有許多建築材料還是自己可以買的。我有一個在上海的朋友，他跟太太，兩個兒子，那兩個兒子都快要結婚了。因此，他就到市場買木材，買油漆，買磚頭，買水泥，把自己的房子內部整修一番，把兩個臥室改成三個，因爲有三對夫婦要住在裏面。他們有廁所、有浴室，算是比較現代化的。有錢就可以買不少你需要的東西。

錢！錢！錢！

在幾年以前，即使有錢，還要票，還需要關係，那時候消費品剛剛上市，如果想買東西，就得用票或走後門，幹部就很重要。現在有錢的機會多了，用錢就可以買東西，並不需要用票買了。當然，用分配票買一些基本的配額還是有的，如米、麵、油等。不過，有了錢，沒票也照買。比較貴重的設備都是用錢。再說，現在生活習慣也改變了一些。以前，他們米飯吃得特別多，爲什麼呢？因爲肉很難買到，蔬菜也難買。現在不同了，有了「生產責任制」，農產豐富得很，有了錢可以買到很多好吃的東西，譬如猪肉、豆腐、鷄蛋，反而是主食（米、麵粉）吃得少了，所以有時候百姓的糧票有用不完的現象。

蕭：前一陣子，一個在美國教書的中國社會學家告訴我說，他在北平的銀行裏就看到有衣服穿得並不怎麼出衆的農民或小市民，手裏拿著一張美金一〇〇元的鈔票去兌換「人民幣」。這在過去是不可能發生的事，也是了不得的怪事。首先，不太可能讓一個小市民有一〇

○塊美金在手上，卽便有了，他也會被批判，說是走資派、拉資本主義尾巴。現在人看了，也不再會問你錢從那裏來的，銀行行員也不過問，好像是習慣多了……

高：的確是這樣，尤其是華僑多的省份，如廣東、福建的「友誼商店」根本不再限制了，連老百姓都可以進進出出去買東西。只是有兩種價格，用人民幣買通常要貴一百塊錢，利用外滙券買貨就可以打八折。其他還有地方上的「自由市場」，根本不用票，不過總是會貴一些。一旦，買東西不必一定要用票，就少掉一些拉關係、走後門的麻煩，這樣子，幹部的「權」就減少了，這的確是另一種「錢」意想不到的副作用。

蕭：你提到用外滙券買可以便宜，這讓我想到幾年前我到東柏林旅行，在那裏，也是不希望你用東德馬克買，而是歡迎你用西德馬克消費。這些措施，無疑的是社會主義經濟向資本主義經濟賺外滙的作法。

高：對！對！

經濟體制改革的種種

蕭：從剛剛談到現在，似乎已涉及當前大陸社會上變化的一個核心，卽是所謂「經濟體制改革」的問題。這是不是牽涉到資本主義復辟的問題，這跟社會主義是不是又會產生怎樣的矛盾與衝突呢？這豈不打了過去共產黨的一記耳光？

高：「體制改革」的確是個非常熱門的話題，在大陸所有的知識份子也都很熱烈的討論，不過，他們認爲這不是在進行社會主義化，社會主義還是他們所遵循的路線，只是現在要拼命努力做的是建立「

經濟基礎」，這個基礎就是建立社會主義的根本。過去，就是太急著馬上搞社會主義，生產力根本還沒有發展起來，一切都過於落後，農業也好，工業也好，都沒有發展社會主義的前提，這的確跟五〇年代的時候說法非常不同，那個時候，利用三反、五反、社會主義改造運動，跟著是「大躍進」，所做的都是在趕緊做社會主義的改造工作。現在的看法，則是認爲當時太快了，根本還沒條件創造社會主義。

換句話說，現在就是要回復文化大革命時候所批判的「劉少奇路線」。劉少奇當年認爲政治革命和社會革命已經「勝利」了，隨即要緊的事就是大搞經濟建設。毛澤東就認爲劉少奇路線是修正主義、走資派。毛澤東則主張如果光搞經濟建設，政治和社會方面就會退步，所以他才說：「千萬不要忘記階級鬪爭。」所以文化大革命時期，毛劉是持相反的政策。結果文化大革命不注意經濟，只記得階級鬪爭，也就是所謂的「先抓革命，然後再去生產」。現在呢？他們雖然不說，但作法却是「先生產，革命再說吧！」

蕭：事實上已經是打了共產黨過去「革命」理論的一記耳光，不是嗎？

高：事實上，這恐怕反而是比較符合馬克斯的說法的。不過，問題就出在共產黨已經統治了中國大陸三十五年，他們絕對不能說這過去三十五年的路線是錯的，所以現在開始要恢復資本主義。沒錯，他們是在拼命搞經濟，要提高老百姓的生活水平，用各種方法，對外開放，對內搞活經濟。甚至要引進外國資本和技術，甚至要讓外國的消費品來刺激經濟發達。他們不再迷信於國營企業，不再用國家資本來控制一切。過去十多年的經驗已經證明，那麼做人民是吃虧的。

現在，他們是說，暫時不要把國營企業擴大，而是重點放在所謂「集體企業」的發展。

集體企業的活力

蕭：這種「集體企業」據說鄉下、城市都有，而且還滿熱烈的在推展當中，是不是一種介於「國營企業」和「個體戶」之間的經濟活動單位？它是怎麼樣運作的？對今日中國大陸的經濟社會結構又有什麼樣的影響呢？

高：「個體戶」就是資本主義。「國營企業」是政府部門，所以有很多官僚主義。「集體企業」則比較靈活。集體企業在城鄉都有。城市裏，它是以「街道」爲單位，比方上海就有好幾個區，區下有街道，街道下面才是居民委員會。一般說來，集體企業是街道辦的，「大躍進」的時候，大陸說要在十五年之內趕上英國，所以所有的人，包括太太、全家人都參加了勞動生產。這些單位無疑是大的國營工廠的小型裝備廠，做做這個箱子，裝配裝配螺絲釘。……到了文化大革命之後，中國有很嚴重的青年失業問題，政府就得想辦法怎麼去吸收這麼多勞動力。當時，國營企業已經飽和，只有集體企業有辦法調整，也比較靈活，可以擴大，可以按市場要求去生產特別的產品。因此也解決了一些失業問題。

我有一個朋友，在一個街道委員會管轄的集體工廠裏工作，裏頭差不多有三、四十個工人。他是採購員，他了解市場的狀況，他父親以前是個資本家，所以他腦子也很靈活。1978～1979年左右，他在上海做了一個市場調查，去了解人民到底需要什麼？他發現電風扇是個好產品，應該有市場，夏天天熱，而且國營企業工廠的貨品又不夠，供不應求。所以他就遊說他的工廠開始生產電風扇。跟別的廠訂合同，製造部分的零件，他自己的工廠則負責裝備。他的看法完全對，所以有銷路，賺了很多錢。電風扇之後，做電冰箱……。像這種的集體企業，在大陸正風起雲湧的擴大。

他們專做消費品和輕工業的產品，而這些在國營企業是不生產的。集體企業是要繳稅的，他們從事的工商活動可以說是無所不包。他們的經濟活力也比較大。

個體戶解決失業青年問題

蕭：所謂「個體戶」又是怎麼樣的呢？在一連串的經濟改革政策中，它的地位又是如何？

高：「個體戶」主要是在1978～1979年間開始的，爲的是暫時解決待業（失業）知青的工作問題。很多年輕人一畢業分配不到工作，很多還是文化大革命上山下鄉的青年，現在回城市了，沒有工作，製造了很多犯罪問題。同時，碰上那時候什麼東西都缺貨，百姓也不高興。於是當局就想到讓這些青年去做一些「生意」，開設小攤子，賣麵條，修理鞋子，擦鞋子，修理自行車，或是開小雜貨店、小飯館。小飯店有的是知青開的，有的還是退休工人開的，本來不能雇人的，現在也可以雇到七、八個人。

過去上館子要排隊，要搶位子。現在不僅是不要等，而且吃飯的地方比以前要多得多了。這些都是「個體戶」的生意經。當然，也有「集體戶」經營一些生意的，譬如說，我在山西省的一個小地方，看到幾個小店與所謂的「知青門市部」，就是「集體戶」開的。國家給他們貸款，有一段時間不用繳稅，看看生意做得好不好，如果三年內賺錢了，就開始要繳稅。

這些個體戶或小集體戶有的轉得很好賺錢很不錯。他們的工資有的跟過去是寵兒的「國營企業」一樣多，獎金方面有的還比國營企業高。在集體企業裏領到的獎金一個月有的可高到幾百塊錢，國營企業只有六十多塊錢，所以，現在有不少待業青年，即使有了分配的工作，還是不願意去。當然，國營企業畢竟是「鐵飯碗」。

蕭： 他們這些「個體戶」，怎麼看待自己？對政策的信心又如何？我了解是在一開始的時候，他們沒有什麼安全感，他們自己不認爲那是一種「事業」或「工作」，總覺得是「暫時的」而且還會被抓，被批判……

高： 是這樣。在有些地方還是很怕，不過他們現在的態度已有改變了。1982年我到廣州，跟一個在國營企業工作的青年人講話，我也問到這個問題，我問他們對現在工作喜不喜歡，他說無聊極了。我就說，爲什麼不去開個「集體戶」呢？他就回答說，開個體戶，人家會笑你，看不起你，就好像一定是學校成績不好，才沒辦法分配到工作，只好去搞個體戶。那是1982年的情形。到了1984年就不一樣了，現在的現象是，很多人寧願要到個體戶或是集體企業去。

能維持多久？這是一個大問題。鄧小平、趙紫陽、胡耀邦一直說這種政策不要變，十幾年，幾十年都要這麼做下去，一直到生產力發達以後。問題的癥結是沒有人能說得出來一個確切的日期。

對改革政策還是沒有信心

從我研究1949年到1952年上海資本主義改變成爲「社會化」的過程看來，我對今後的發展當然很懷疑。那個時候，在「新民主主義」裏，毛澤東說過，民營企業也可以延續十幾年、幾十年，所以上海資本家們就放心投資開工廠，擴大原來的工廠規模，政府也極力鼓勵他們那麼做，說是既然政府可以保護，應該沒有問題……沒想到，到了1952年就突然來個五反運動，把那些資本家壓迫得很慘。到了1953～1954年更開始社會主義改造。所以很多人就說：「我們上當了，你們不是說還有幾十年的嗎？」

這個經驗的陰影就眞的讓許多人懷疑現在的「開放」「自由」經濟政策會維持多久。看過去三十五年的歷史，實在很難有把握預測二、三年後的事，何況是幾十年後呢？

沒多久前的「反精神汚染運動」，也暴露出來中共黨內對改革已有阻力，雖然搞了沒多久就平息下來，但還很難肯定的預料。反精神汚染雖是說要淸除資產階級復甦帶來的汚染——黃色小說、黃色電影和錄影帶，但背後還有權力鬪爭的事實及知識份子要被批判的動機。

蕭：中基層幹部是不是也會藉它來攻擊他們的異己或是不喜歡的社會經濟變化？

高：你說的沒錯。由於近年來，大陸社會裏個人的自由範圍比以前寬得多了，黨的幹部失勢了，這是好現象。但是幹部却很不高興。他們甚至討厭靑年們留長頭髮，女孩子做頭髮、化粧、戴項鍊、耳環，更不用說自己的權力受到傷害了。

再加上鄧小平一再說要黨的領導班子要年輕化、知識化，因此許多在機關單位、工廠、大學的老幹部，都沒有了，被弄下臺來了。這當然會引起不滿。鄧還說黨的領導要間接，不要干涉人民日常生活和工作，只要政策性的看看不違背社會主義就行了。我看，他們說是說，這方面的改制是不會實行的。在中國大陸，黨還是會要領導一切。在那裏黨的權力還是非常大，譬如說黨書記、支部書記他們的權仍然大得很。

利用愛國主義

現在，大陸上還有一個現象，共產黨特別强調愛國主義，很少談共產主義或社會主義。他們也很積極利用臺灣、香港的歌星爲他們做宣傳。譬如說，一個周末，電視上正好播文藝晚會，就有香港歌星唱「我的中國心」，還看到他同到安徽老家看奶奶、看農村的紀錄影片。有時，也可以看到臺灣跑過去的人上電視，唱臺灣歌曲。在新蓋的長城大飯店裏開過一次「愛國音樂會」，在音樂會，就出現過一個從臺灣去的導演，跟他的太太，三個小孩，和香港的一些人，在唱「高山靑」、「龍的傳人」、「童年」、「酒矸倘賣否」，唱了很多臺語歌曲。

蕭：我看這跟 1997 香港問題的處理，在對內進行「愛國」「統一」的宣傳有關。我想這些發展也是有意在做給臺灣看，尤其是要做給海外知識份子看。這也是値得我們注意的。就你看，大陸到底了不了解臺灣？你上面已經談到厦門大學的「臺灣研究所」非常貧乏，不知決策領導圈子會比較知道多些嗎？

高：我看不見得。不過研究的人員是對臺灣社會不了解，或是停留在「教條」的地步。他們也不太坦白說出他們的看法。假如他們還是認爲臺灣的許多女孩都是妓女；臺灣的工人階級都要搞革命；或是說臺灣的經濟完全被外國資本控制，隨時會崩潰……，有這種簡單化而又教條無知的看法，那就很危險。事實上，大陸對香港也不淸楚。

蕭：這就是我所擔心的一個將來的危機。在不淸楚甚而無知的情況下，中共政權可能做出的所謂「對臺政策」不可能是明智的，一旦盲目的做下政策，對雙方的人民都是非常不幸的……

知識分子的困境

高：我記得在福州的時候，在一個廟裏，碰過三位學者，有一位還是比較年輕的，大概有三十來歲，因爲還沒結婚所以稱呼叫做「老青年」。他因爲下鄉過，在農村待了十多年，再回到城市，就沒有辦法找對象結婚。現在的「共青團」，還得做媒人，開舞會替「老青年」找朋友，有點像臺灣的紅娘。

他是在福建社會科學院工作，我曾問過有關知識分子和社會科學家的狀況。他說到現在仍舊有許多案子沒有解決，很多知識分子還「戴帽子」，不能讀書，不能寫文章，不能做研究。據他說，在大陸，社會科學家是無法發揮才能的。這是蠻嚴重的問題。由於雜誌少，出版的機會更少，學者想寫文章，發表出書，就得要憑介紹、找關係、走後門。另外「文憑」愈來愈重要，在單位裏要靠文憑才能升級，要做技術員就得先要有文憑。

在工廠裏，不少是文化大革命長大的工人，他們基本上是文盲，識字少得很，更別說技術了。因此，工廠裏的文化課就給他們上課，學文化，學幾年畢業了，才能升級。現在有不少短期補習班之類的東西，我有一個朋友在北平學六個禮拜的英語，英國人敎的，畢了業就發一個綠色的「派司」(Pass)，他回到單位以後，會對他有好處。

很多知識分子都受到嚴重經濟壓力，工資低，生活條件差，若做研究，沒有資料，也沒有設備。一般說來知識分子還都是很不滿意現況的。他們說，工人有獎金，農人有生產責任制，有自由市場，都在生活上有改善。只有知識分子的生活水平沒有進步。

蕭：有一個問題，相信你會有興趣談，那就是上海的問題。我記得你說過，三十多年來上海沒有什麼新建設，甚至可說是有被「壓制」發展的情勢，你可不可以再多談談。

上海受壓擠

高：上海在1949年就已經工業化，繁榮不在話下。從1949以來，中共就對上海採取壓制、猜忌的政策，所以一直就想把上海的人才用行政手段遷到外地去，尤其是弄到北京去。因此不少北京人才，尤其是科技的人才，都是上海人。上海的人才外流很嚴重，在西安、北京、新疆，都有上海人才。還有，上海一個地方繳給「中央」的稅，就高達百分之十幾，這是非常顯著的壓擠。中共要上海繳稅，要上海人才外流，而却又一直不肯投資，新的工廠有意不在上海設。不過，上海還是死不了。一直有人才出來，一直有工業成長。我覺得，中共對上海的態度相當嚴苛，這主要是因爲上海太重要了，不能讓它太靈活、太發達。上海的朋友就說，上海的地位很重要，中共就很怕上海萬一出什麼事，對大陸的經濟社會政治都有不可收拾的後果。所以對上海管得才會那麼緊，那樣比較安全和保險。

蕭：如果用發展意理來看，是不是也跟過去中共口口聲聲說的「平衡」發展策略有關？

高：是有關係的。不過，現在的鄧小平路線却不一樣。他要農村裏讓有些農民先「富」起來，然後別人才會改善。現在才有所謂極力要開放沿海十四個城市的政策。目的就是要先讓這些地方經濟繁榮起來。如果幾年後成功了，是件好事，不過萬一失敗了，可能後果不堪設想……

蕭： 我同意你的看法。

74.11.25.～12.10.《中國論壇》244–245期

輯七

瞭解第三世界

第三世界是什麼？在那裡？
——兼談我國的新國際角色

我們在過去十年間，是不是犯了太依賴第一世界的毛病，却迴避了與第三世界積極交往、同氣相求的機會？

最近兩年，我們不時可以在國內的報章雜誌裏看到「第三世界」這個字眼，報導在這所謂的「第三世界」裏的種種問題，如糧食問題、人口問題，負債纍纍、經濟依賴先進資本主義國家、技術落後而人才外流，甚至於水荒、地震、或是水災。有時也會報導第三世界的環境公害輸入，它跟多國公司的關連、女工剝削與經濟政策的關係，尤其令人矚目的要算是經常在新聞中佔有極大篇幅的軍事政變、革命和內亂的消息。這種種音訊和報導一而再、再而三的跟第三世界牽連在一起，不難讓人產生一種制約反應，那就是第三世界好像問題重重，一無是處。因此在臺灣，上到政府官員決策者，下到學術界人士和一般人民，在感情上也多少對第三世界築起一道心理防線和認知上的阻力，認爲我們跟第三世界怎麼可以相提並論？臺灣怎麼可以認同於第三世界？這不是有些恥辱嗎？曾經有美國某官員稱讚過臺灣創造了經濟發展的奇蹟，旣然我們創造了奇蹟讓擧世讚嘆，怎麼可以降低身份，跟看起來有那麼多問題的第三世界稱兄道弟呢？

慶幸我們不是第三世界？

正因如此，每當國內一有關於「第三世界」的消息，我們的新聞媒介總會傳遞另一個暗示性的消息——「慶幸我們不是第三世界」，我們大可以置之度外。這種心態在我們的外交官員當中也相當普遍，至少我們從來就沒聽說過外交決策者曾「公開」聲明，到底我們是怎麼對待第三世界的國家，是不是敢或願意認同於她們？在全球事務上是不是要跟第三世界採取同一個路線的策略？從較深一層來看，我們不禁要懷疑決策階層對第三世界的認識到底夠不夠？如果了解不夠，做起決策也就有困難了。

有意的漠視，錯誤的猜疑

國內傳播媒介一再誤傳及渲染第三世界的問題，根本上也種因於我們對第三世界的無知。我們的音訊全數來自美、英、法等所謂已發展國家，由他們取材、選擇、過濾，然後傳播到接受音訊的國家去，臺灣就是被動的音訊接受者之一。「合衆國際社」、「法新社」、「美聯社」，或是「時代雜誌」、「新聞週刊」，給我們什麼，我們就播什麼，登什麼，而一般人就只好照單全收。在這些由西方已發展國家控制的新聞傳播網絡下，第三世界「新聞性」最高的不外是發生在那裏的種種千奇百怪的問題：政變、軍統、饑荒、文盲等等都是聳動的新聞，具有煽色腥（Sensation）作用。西方國家原來就對自己的科技、經濟有優越感，再加上過去十多年來，在聯合國會場和國際政治上，第三世界又形成了集體力量，跟西方既有勢力（利益）迭起衝突，這種種情勢使得西方的傳播媒介在報導「第三世界」的時候，難免就有些情緒上複雜的情結（complex）。遺憾的是我們的大衆傳播界（理論與實務都包括在內）却沒有釐淸這背後的因緣，竟然任由他去，將西方傳播網絡所建構出來的「第三世界」當做是眞的事實，害得我們的決策者、知識界和一般讀者，一接觸到「第三世界」這四個字就不知所措、躲得遠遠的，或是冷漠地認爲「這是他家的事，跟我無干」。

可是我們眞能忽視這佔全球土地60%，有全球人口70%，擁有大量豐富資源，在國際政治舞臺越來越擧足輕重的第三世界嗎？我國近十年來的外交挫折，是不是也跟過去我們有意的漠視和錯誤的猜疑第三世界有關聯呢？爲了打開今後的外交局面，提升我國的國際參與層次，我們對第三世界的態度和關注是不是應該更積極、更主動些？這必須要求對「第三世界」有較正確的了解。

三個世界

既然有所謂第三世界，就一定該有第一世界和第二世界。這名詞的產生，有學者歸溯到一位法國人口學家索威 (Alfred Sauvy)，他在1952年創造了這個名詞。不過第三世界眞正受到矚目還是在1955年印尼的萬隆會議之後。這個會議主要是要聯合戰後標榜不結盟的新興國家。所謂不結盟是針對著美蘇兩大勢力而言，當時也只包括亞、非新興獨立的國家，最近又將拉丁美洲列入。特別是經過尼赫魯（印度）、蘇卡諾（印尼）和納塞（埃及）大力倡導之後，「第三世界」一辭也就變成了一個在政治上及意識形態上有號召力量的字眼。

「第三世界」愈來愈有魅力

從萬隆會議到現在，已經有二十五年了。在這四分之一世紀裏，隨著國際政治經濟結構的蛻變，「第三世界」一詞愈來愈被接受，它在語意上的魅力也愈來愈强。

簡單的說，第三世界跟第一、第二世界的分野是，第一世界指工業化程度相當高的西方資本主義國家，以美國、西歐爲首，並包括日本、澳洲和紐西蘭。第二世界則是指以蘇俄爲頭目的共產集團國家，包括東德、波蘭、匈牙利、羅馬尼亞、及捷克等。剩下來現有的百餘個獨立國家，主要分佈在蛻變發展中的亞洲、非洲、拉丁美洲及大洋洲，就統稱爲第三世界。任何分類都難免會不周延，也不夠明朗利落。這三種世界的分類當然也不例外。它多少過分簡化了人類社會現象的複雜和相互交錯的性格。同時，將全球社會國家從一到三排列，多少讓人產生「三」必然比「一」跟「二」差的印象。如果根據時下流行的膚淺看法，把「發展」只當做物質、技術和經濟層面的進步，那麼第三世界的確要比第一、第二世界差，低所得、工業落後、文盲多、傳統束縛大， 就往往被前面提列的西方傳播媒介拿來標示 「第三世界」。上面所列擧的現象固然是事實，但第三世界的特徵和社會性格絕對不限於此，它的歷史、文化淵源，甚而哲學、宗教和人生觀、宇宙觀却有其獨特 「優異」的一面。 因此， 無怪乎有批評者會尖銳的說，第三世界窮不窮，要看你怎麼去定義「窮」——是全然用物質做標準，還是也考慮若干精神層次?

無論如何，這三個世界的劃分，還是有它的價值，它提供了一個探索國際社會結構的分析工具。因爲，不管怎麼去挑分類上的毛病，第三世界的國家的社會結構、經濟模式、人民生活方式到底是跟第一世界和第二世界的國家不一樣，而其本身却有相當大的同質性。以下是三個世界的比較，用條列的方式說明，或許較清楚一些。（見次頁）

臺灣是第三世界的一員

根據上述的分類，光復後的臺灣自然也該是第三世界的一員，不過國內的決策者及知識界似乎還不太願意接受這個「名份」，總覺得有失「身份」，這當然是不必要的鮀鳥作風。當然，圖表中的描述是概化，必然有例外，或有名不符合某國家眞實狀況的情形。不過，有了上述的描述之後，對第三世界以及相對的第一世界、第二世界，至少在政治、經濟、社會、軍事各體系上的特性，應能有初步的認識。第三世界與第一、第二世界的關係非常密切，而且經過歷史上殖民主義的傷殘，加上戰後彼此在經濟上、政治上的不平衡交往，第三世界幾乎變成了第一世界與第二世界互爭盟主、控制領導權的戰場。因而第三世界在國家發展的路線上也多少面臨何去何從的抉擇。

南北對話

直到最近十餘年，第三世界在聯合國的會員國增加了，其發言權擴大，這種一面倒、委屈求全的局面才大大改觀，繼而提出了所謂「南北對話」(North-South Dialogue) 及「新國際經濟秩序」(New International Economic Order, NIEO) 的號召，呼籲加强「發展中國家的技術合作」(Technical Cooperation Among Developing Countries, TCDC)。這不外是想提升第三世界在國際政治經濟結構

三個世界的比較

	第一世界	第二世界	第三世界
構成	美、加、西歐及其衛星國家	蘇俄、東歐及其附庸國家	亞、非、拉丁美洲、大洋洲等開發中國家
經濟體系	1.資本主義：私人財產權、「自由」市場，公司財富集中，而「獨占」企業存在。 2.計畫降至最低，中產階級和企業活躍。 3.著重服務財和消費財。 4.工會組織力量集中，有影響力。	1.社會主義：政府財產權，控制及計畫市場，公共部門大量投資。 2.計畫提到最高，無產階級觀念，立基於所謂「一般人的福利」。 3.側重在重工業發展。 4.工會被視爲政府的一部門。	1.混合經濟：公共及私人部門並立，經濟面臨內外導向之衝突，資本主義和社會主義在此互爭長短，爭取盟主地位。 2.計畫多樣性，但「經濟計畫」相當流行，有走上社會主義之傾向。 3.仍依賴農業，但却大力推動重工業成長。 4.工會無法爭取其應有之經濟角色，本身激進却又不穩定。
社會體系	1.都市化程度非常高，中產階級日益壯大，用職業和所得劃分地位。 2.大衆教育，高度的科層化社會結構，崇尚所謂「自由主義」。 3.「大衆消費」取向盛行。 4.低出生率及死亡率。 5.宗教：基督教義。 6.休閒時間加長。 7.優勢種族成份：北、西歐。 8.文化：清教徒文化、世俗化的啓蒙。	1.都市化程度站在中間，但也有高都市化的國家。 2.技術及科學的羣衆教育科層制分明，教育的政治角色異常明顯。 3.低「大衆消費」水平。 4.低到中間水平的出生率及死亡率，並存於不同國家。 5.宗教：「社會主義」。 6.休閒時間逐漸緩慢增加。 7.優勢種族成份：斯拉夫和東歐。 8.文化：拜占庭文化、世俗化的啓蒙。	1.急速都市化，並造成「不均衡」之都市成長，傳統的地位逐漸分殊化，而勞力市場依然分殊程度低。 2.大衆識字班正在推動，高等教育却大爲推動科技方面的發展。 3.「大衆消費」水平 4.出生率高，死亡率則有低有高。 5.宗教：多采多姿，從回教到印度教，從佛教到基督教、天主教。 6.休閒活動少。 7.優勢種族成份：黑人和有色人種（印第安）。 8.文化：哲學的理性主義，宗教和世俗化價值經常劃分不開來。

政治體系	1.議會民主：依據「市場」的經濟法則。 2.意識型態：保守中間路線。 3.政黨存在，但差別在策略，而非基本的意識型態。 4.政黨精英份子很少，只有選舉時才活躍。	1.中央集中權力：建立在共產主義和社會主義上。 2.意識型態由統治精英份子解釋後加以嚴格管制。 3.政黨控制嚴密。 4.政黨精英份子很多（有時佔10%的總人口）。	1.「羣衆民主」：建立在國家主義，民族主義及社會主義的意識型態上，「英才」型領導人物佔上風。 2.意識型態變形很大，但有激進和社會主義的傾向。 3.通常政黨很少或一黨獨大，而政府相當集權。 4.政黨精英份子很少，軍隊的角色通常非常强大。
軍事體系	專業化：軍隊的權力核心相當分散，對政治的干預程度一般說來很低。	專業化：在決策層次上軍隊與政權非常密切。	政治化：干預政治的程度很高，在意識型態上軍隊有其承諾和認同。

綜合取材自 I. L. Horowitz, Three Worlds of Development (New York: Oxford University, 1972)

中的地位，改變現有的國際經濟運作方式，以扭轉過去不甚公平的待遇。這種種新局面，說句老實話，都是第三世界十年來奮鬪掙扎出來的結果，其最主要的策略就是團結，建立第三世界在全球社會結構中的新生聯盟關係。關於這點，我們不能不承認，我國在過去實在是犯了過份依賴第一世界的毛病，却廻避了跟第三世界的積極交往，因此無法參與上述種種第三世界在國際上所做的有意義的工作。十年之間，第三世界集體的地位日益提高，而我國却屢受排擠及挫折，這是值得深加反省的問題。

調整我國與第三世界的關係

也許現在正是我們該大膽地調整對第三世界的態度、改變我們在第三世界陣容中的「角色」的時候。甚至，我們應該從拒絕接受和逃避，到認同和主動參與；並支持、同情其他「第三世界」國家的作法。在適當時機或許我們更應該在道德上、在政治上，甚而經濟上給予支援，從而建立中華民國與第三世界關係的新形象。這樣做，相信對我們是有百利而無一害的。

70.8.《綜合月刊》

從新國際經濟秩序到南北對話

臺灣該不該認同於「第三世界」？這個問題可以從好幾個角度去看。如果是就第二次世界大戰後，臺灣在國際政治經濟情勢中的階級地位而言，臺灣跟其他第三世界國家的確有相當多一樣的地方，只是我們或許比較「成功」些。雷根總統在剛開過的「坎肯高峯會議」中就曾津津樂道的以臺灣做爲實行資本主義自由企業制度的「橱窗」。

但如果是拿中國人一向炫耀的歷史文化本位主義來比，當然，承襲中國文化命脈的臺灣的確跟一般第三世界國家有不少差異。可是，處在目前現代世界體系中，臺灣有它不得已的處境，而這個處境是現實的、冷酷的。更不幸的事實是，在二次大戰後，評斷一個國家的地位多以政治與經濟指標爲準，少以文化與歷史爲標的。因此，臺灣自己主觀上願不願納入第三世界的陣容，已不重要。因爲，在國際上，我們已「客觀」的被標籤爲第三世界的一員。與其阿Q式的排斥這個「綽號」，不如把它合理化，把它當做一個「現實的名目」，好好刻意經營及把握我們在第三世界中已有的成就，並且儘量表現這些別的第三世界國家沒有的悠久歷史和文化內涵，再加上三十年來全民努力的經濟政治成果，提供給第三世界一個可能追求到的「模型」，並且公平地多做些「給」與「取」的工作，相信我們會在第三世界中更突出、更有實質的份量。到那時，臺灣就不會只是美國官方眼中的櫥窗，而是第三世界所公認的發展典範。

也許再進一步用將近十年來第三世界共同努力的目標來說明，可以讓國內一些不情願將自己歸類爲「第三世界人民」的決策者及學者專家有較實際的考慮背景，看看到底臺灣一旦積極去爭取與第三世界的關係，是利多還是弊多？

1974年5月，聯合國大會召開了一個第六次特別會議，這個會議主要是由阿爾及利亞建議，並得到大多數發展中國家的擁護支持，才順利舉行的。在會中通過一項決議案，公佈了對此後「南北對話」具有決定性影響力的宣言，那就是「建立新國際經濟秩序宣言及行動方案」。在這宣言中，最有意義的是它公開標明「新秩序」的目標及原則，以及揭櫫它對第三世界以及全球社會的遠景的具體期望。

新秩序要建立在平等互惠之上

所謂「新國際經濟秩序」之所以「新」，是在於這個秩序將建立在全部國家（不論其經濟或社會制度如何）都要「公正、主權平等、互賴、及共利合作」的基礎上。並且在這新秩序當中，貧富國家之間正在擴大的差距將被拉近，經濟及社會發展的速度將要在穩定中加速前進，不只爲這一代，更爲下一代爭取更多的幸福、和平及正義。它所蘊含的特殊意義，是指過去三十年的「舊秩序」所缺乏的正是上述這些目標和方向。而且，從一九七〇年代開始，世界經濟就面臨一連串大波動和不景氣，而在其中受害最鉅的却又是那些原來就脆弱的發展中國家；因此，「新經濟秩序」在短程內追求改變的就是種種加諸於第三世界的不公平經濟結構。

特別關心發展條件差的國家

任何新秩序的建立，必定要先有一些原則做爲張本。在宣言中所揭櫫的原則有二十條之多，最根本的有：各國主權平等和相互尊重，各國有主權擁有其境內的資源，不被外國政府所壟斷，各國公平合作，用世界集體的力量解決全球的經濟發展困難。尤其是一些最低度發展和條件最差的國家、內陸鎖國及小島國家等更應特別予以關注，關注的方法不外乎透過若干必要的資源再分配和援助。較具體的原則有對各國公司的作爲加以規律和指導；對第三世界原料成品的輸出和輸入價格訂出合理公平的交易條件；爲了發展中國家的眞正發展目的，現有國際金融組織應做大幅度的改進；對發展中國家的援助方案要確實做到「優厚」，且不應「夾帶」有政治及軍事的條件；在進行技術轉移的時候，要特別注意到發展中國家對現代技術和科學的實際需要，並且努力生產「本土技術」以獲得眞正的合宜性；應讓全球各國，尤其是已發展國家不再浪費資源和糧食……。最後，在這宣言中，又提出兩個相當具有創意的發展新策略：

謀求「水平式」合作

第一是加强發展中國家間相互的多邊合作：包括發展中國家間經濟、貿易、金融、及技術等方面的「水平式」合作，這樣可以減少對已發展國家「垂直式」的依賴關係。水平式的合作應該儘量善用各種可能的途徑和網絡，不管是個人的或是集體的行動，甚或是政府之間的協調等，都可以促進一種比較平等的水平關係。

第二個策略也跟前面的策略有關，那就是在國際合作的架構裏，强化第三世界中「資源生產者組織」的功能，讓它能夠發揮增進第三世界發展的作用。這類組織一旦强化和健全之後，可以協助第三世界加速其技術合作及轉移，並且藉以平衡與先進發展的富有國家的差距；不論是貿易上、技術上、或是資本上的差距，都有可能因此而拉近。最主要的還是這類組織可以提升第三世界生產國的談判力和討價還價的力量。

在新國際經濟秩序被公開認可之後的幾年當中，伴隨著這「新秩序」目標而來的，是一連串的國際及區域會議和討論，其主題總脫離不了新秩序，所有的話題都企圖把新秩序的目標拉到較具體的實踐層次；或是將某種國際事務的改革如人口、糧食、所得分配、能源、禁軍、傳播，與新秩序的實現拉上關係；或是嘗試提供另一種取代的可能「發展」模式（如環境主義、新生活方式及零成長等）。雖然這些討論和會議所產生的文件、宣言、報告、決議都還只停留在建議的地步，還無法綜合出一套可行的「全球性發展策略或方案」，不過，新秩序的目標及對此目標的追求已成爲一股相當大的全球性、世界性的關心和關懷力量；並且也開始結合了南北雙方國家的領導人物、專家學者、思想家一道來進行「對話」，體認到屬於南方的第三世界，其發展不再是孤立的問題而是南北雙方的事。由西德前總理布蘭德（Willy Brandt）召集的國際性委員會，在去（1980）年出版的布蘭德報告中，就以「南北關係：生存方案」爲題目，其主旨顯然是要在八〇年代建立新秩序。

展望八〇年代

在布蘭德報告中，除了回顧和檢討一九七〇年代世界的發展情勢之外，也展望八〇年代的全球發展前途。不論再怎麼談，總脫離不了對新國際經濟秩序的以及對實質南北對話的殷切期待。報告末尾建議在八〇年代的初期，儘速召開一個大概要由二十五位南北國家元首參加的南北高峯會議，就建立新秩序的問題進行面對面的討論。這算是自 1975 年的新國際經濟秩序提出之後，南北對話系列努力中最具體的方案。也因此，才有今年十月二十二到二十三日的墨西哥坎肯高峯會議。

臺灣能置身事外嗎？

從上面這一段歷史來看，新國際經濟秩序是目的，南北對話是手段；這目的和手段之間的一致性，正是當今關心全球發展的發展社會學者最需要注意的課題。

這麼說來，臺灣眞的能再冷眼旁觀、置身事外嗎？

透過南北對話去爭取創造新秩序，讓全球的「發展」能更合理、更人性一些，顯然是一樁在八〇年代中，現代人類最迫切的大工程。它的成敗勢必會延續影響到我們的子子孫孫，沒有一個有意永遠生存下去的國家和人民能夠逃避這件工程的參與。

70. 12.《綜合月刊》

「坎肯會議」與臺灣：

對雷根四條件的檢討

今年十月在墨西哥坎肯召開的「南北高峯會議」，爲臺灣的輿論界多少掀起了一陣漣漪，出現過一些新聞的報導和分析，也有不少政治學者及經濟學家發表了他們對這次會議的看法和討論，然而，却有幾點是沒有被討論到的：

一、 這些意見僅止於對新聞事件的評論， 却沒有做較深入的剖析，更沒有提出任何決策性的意見。

二、我們僅將這次會議當作臺灣以外的一件國際大事處理，却沒有將臺灣與「南北對話」的利害關係及其相關性，放置在同一水平之上。

三、對這次會議的反應意見僅停留在民間而已，我們的外交決策單位却從未發表過任何正式的聲明或立場，對這件國際大事提出絲毫的意見或看法；就我所接觸的國外報章雜誌，有不少是含有官方意見在內的，而我們却僅反映了民間意見。從某一個角度來看，這是不夠的；因爲，「南北對話」所蘊涵有的發展政策，它所要求的是一個較合理而公平的「新國際經濟秩序」(NIEO)， 這對臺灣是具有很深長的意義。因此，對新經濟秩序的努力和要求，我們不可也不應置之不理，甚而規避。

在臺灣，「坎肯會議」被重視的程度仍然只停留在它的新聞性而不是它的實際意義。我認爲這兩種層次都應該同時被重視，甚至實際性要重於新聞性。除了前面所提出的三點遺漏之外，本地的學者專家在介紹、分析這次會議的字裏行間却往往顯露出臺灣是「置身事外」；每當談到「坎肯會議」和「南北對話」時，頂多表現出「我們應靜觀其發展」，却不談下一步該如何，彷彿「坎肯」的內容是別人的事。從此看來，目前臺灣從官方、民間，到學術界對第三世界的體認似乎不夠，也因爲如此，所以無法用比較主觀的、以臺灣的角度來評論坎肯會議對臺灣的意義，這點最明顯的就是表現在對雷根所提四條件的反應。

對雷根四條件的檢討

雷根在會議結束前發表了演講，他贊成在聯合國內舉行全球性的談判，但美國有以下四個條件：

1.談判必須有具體的討論範圍，包括貿易的更自由化、能源問題、糧食開發問題、投資問題……等。

2.未來舉行的這個談判不得要求成立新的國際組織，也就是必須承認現有國際組織的功能及權力是足夠應付世界問題的。

3.這談判應以達到更大的國際經濟成長爲目標，亦即希望國際性的經濟更提高，不能在考慮各國經濟的同時，能對所有國家都有幫助，原則可談但不能容有犧牲（這其中含有很強烈的暗示）。

4.這個談判應在合作的氣氛下進行，而不應各走極端，而蹧蹋了達成協議的機會。

國內對這四個條件並沒有做多少的檢討，我却認爲值得一一加以批判和反省。

對第一個條件而言，這是從1974年的「新國際經濟秩序」便開始談的重點，雷根祇不過在舊話重提，了無新意。當然，美國能公開承認這點已經是不錯的了，因爲在當初1974年會議談到對國家資源獨立運用的問題時，議案的決議是說要求每個國家都必須尊重另一個國家擁有資源的獨立權，它的暗示是允許「國有化」行動。美國在那次投票中是唯一投否決票的國家。

關於雷根第二個條件値得討論的地方便很多了。「不能創立新的國際組織，並必須承認原有組織已夠好的，所需的僅是強化而已」這種論調，與目前談的發展社會學與第三世界發展的一些理論剛好相反；如果不能創立新國際組織，至少現有的國際組織得重新組織過，像「國際貨幣基金會」及「世界銀行」……等。以「國際貨幣基金會」而言，它是一個放貸組織，而其組成分子又都是已開發國家，就因爲它的董事會可以決定放貸與否，因此，在許多情況中它的考慮因素是政治的，這樣的結果是會對南方國家不利的，而發展社會學中「依賴理論」的政策性暗示即是要重新評估現有的國際組織。在這個條件中所顯示的意義是雙重的：第一，雷根的這種想法仍具保守主義的思想，而保守的目的是在維持北方旣有的利益，因爲美國在這些國際組織中的絕對影響力相當大，可是它在聯合國大會的一票，却愈來愈沒有決定性的影響。因此美國爲了顧全自己的利益或爲了北方的利益，才提出不應更改現有國際組織的條件。類似的例子是在上個月，美國就曾揚言，如果聯合國教科文組織（UNESCO）要監督幾個世界大型的傳播網的話，美國便要退出教科文組織，不再給予經濟支援，而美國的退出可能就會造成國際教科文組織在許多方面的不便。原因是教科文組織的大部分經常費用是由美國供給的。第二，它顯示的是，美國的決策者或決策集團，他們的心態和態度，比起對第三世界有瞭解的學術界而言，至少要晚了十五年的時間。

雷根的第三個條件乍聽之下很有道理，但它所映涵的意思是——如果對南方國家有利，北方國家可以去協助，但是不能以絲毫犧牲或減少北方的利益作爲手段。事實上，我們談到「南北對抗」、談到「新國際經濟秩序」時，是要求北方在現階段中要多付出一些；講得更實際些，是要還歷史的債；條件中要求對「所有國家」都要有幫助，雖說「新國際經濟政策」的要求也是要增進「全球」發展，但更要求在這種「再分配」中讓南方國家多佔點份量。

至於雷根第四個條件其實在意義上與第三個條件是差不多的。談判要在合作的「氣氛」下進行，氣氛歸氣氛，氣氛並不是那麼重要，它祇具有修辭學上的意義而已。「氣氛」的暗示是不要有「對立」，而「新國際經濟秩序」或南方國家所要求的，多少得有些「對立」，一個談判初始如果不是對立便談不出什麼名堂，也無所謂「談判」了！要求「合作氣氛」是可以的，但必須要清楚的知道南方國家和北方國家各自要求什麼？我們也同意「不應各走極端」，但也不必美化成「一開始就要合作」，就準備妥協，根據社會學的瞭解，任何談判如果在開始時便是站在相同的觀點及立場來討論，便可能不會有什麼具體結論。反而是開始彼此立場相當不同的時候，在經過談判後，較易達成妥協和有成就感。

美國有多少誠意？

在臺灣，我們對雷根四條件的看法，並沒有很詳細的說明，尤其是關於第二及第三個原則，國內並沒有做適當的反應，我們的反應至多是認爲美國能參加已經表示它有誠意我們便可期望下一步了，似乎認爲它既然提出了一些條件，我們便可預期它有什麼效果出現；但我認爲，這是不深入瞭解的結果，究其原因，便是國內對第三世界的體認不夠。

在此值得順便一提的是，如果這次會議不在墨西哥，如果墨西哥總統不是洛斐斯，美國總統是否會參加「南北會談」就是一個存疑的問題。當初卡特總統在墨西哥發現豐富油源後訪問該國，洛斐斯總統在國宴中當衆言明，如果不是石油的因素，美國總統是不會來的，卡特當卽無法發聲。雷根這次參加墨西哥的會議，其意義多少也在此，而我們國內對美國總統出席坎肯會議的「誠意」，似乎賦與了過多的意義。

「第三世界」的反應

反觀參與會議的第三世界國家是如何反應的呢？我們可以看幾段對這次會議的結論有代表性的兩位第三世界輿論界人士的敍述：

「早在高峯會議以前，第三世界的大多數國家對它的結果都是抱著懷疑或極度悲觀的看法。如今會議已完全落幕了，我們也沒有得到任何值得歡欣或期許的結果。」（亞洲：Thalif Deen）。

「雖然坎肯被藍天碧水及各國互道珍重的元首慈祥和藹的微笑覆繞著，但我們很淸楚地知道，實在沒有留下什麼值得我們展顏的！」（非洲：James Mpinga）。

有人强調坎肯會議的氣氛很好，這或許是它唯一的成果，表示大家願意坐下面對面地談了，但是一般參與的第三世界國家都認爲這次會議並沒有實質的成果，北方國家表示樂觀，南方國家的滿意却僅止於「氣氛」而已。

臺灣可以怎麼做？

在結束這個討論之前，也許該提一提臺灣在處理「坎肯會議」餘波時，可以採取的對策。我個人認爲下面四點或許是可以參考的：

1.由於外交是最實際的事務，因此外交部應仔細研究這次參與坎肯會議的每一個代表團（這次會議共有兩千多人參加，其中有二十二個國家的元首、總理或外交部長，他們隨身帶有一千多位部長及其助理，以及兩千五百位以上的記者前往採訪），這是一次很盛大的國際會議，我們却連一位記者都沒有列席，錯失參與的機會，已經無法彌補。外交部在事後可做的是，好好蒐集、分析這兩天會議中，全世界對「坎肯會議」的報導與分析，藉此來瞭解世界各國對坎肯會議的評論，因而去找尋我們日後該走的方向。

2.我們外交決策單位有了第一項的瞭解後，再開始澈底地重新考慮我們在第三世界的角色如何扮演。我們並不一定非要認同第三世界不可，但不能忽略第三世界的存在，以及它們可能對臺灣造成的實質影響。 就以在第三世界這麼多的自然資源來看， 我們不能不倚賴它們，也不可能擺脫它們的。

3.我們尤其該注意，參加會議的中共趙紫陽的談話，這是在我們的大衆傳播媒介中所沒有提到過的；對中共對第三世界的態度做進一步的分析，從此可以擬出我們應有的因應對策。

4.應加强我們的民間及學術界對三世界的瞭解。對國內企業界而言，第三世界本身就是一個很大的市場。對經濟資源而言，我們民間的外貿協會、公會等組織，應將第三世界的一般資本，以及他們的市場與需求仔細做做分析；政府更該做的是輔導民間，提供正確的資料，如果外貿協會等有客觀環境上的困難，國內可以再成立新的及所謂的「民間組織」來擔任此一工作，以輔導國內對第三世界貿易的成長。至於第三世界對學術界而言，更提供了一個很大的研究領域，尤其是社會學、政治學、經濟學界，都應開始將「第三世界」當成一個特別的研究範圍來做討論，我們如果先將第三世界國家做整體、廣度及深度的了解，一定會比將各國孤立看待有意義得多。

70. 12. 13.《時報雜誌》106期

東亞發展與「加勒比海盆地方案」

從九月廿五日到廿九日，在美國華府有一項名爲「亞洲發展模型與加勒比海盆地方案」(Asian Development Model and the Caribbean Basin Initiative) 的國際研討會。這個研討會是由設於紐約市的「宗教暨國際事務基金會」主辦召開，由美國聯邦政府的國際發展總署和新聞總署支助大部分的經費，中、日、韓三國的企業界亦提供小部分的費用。筆者應邀參加，並於會中宣讀一篇論文，分析有關臺灣、日本和南韓戰後的土地改革政策。

與會人士包括來自東亞的日本和「四小龍」的學者，加勒比海和中美的企業界和政府經建單位代表，以及美國研究發展的學者及官方代表，一共有五十餘人，應邀在會中發表演說的還包括有加勒比海小國聖露西亞 (St. Lucia) 的總理，中、日、韓主管經建的官員代表，以及美國聯邦國際發展總署的主管等。可見，此一會議並非只是純粹的學術討論會而已。

從整個會議的議程看來，它對今後美國在加勒比海和中美洲的經濟外交策略，加勒比海和中美未來的發展趨勢，甚而東亞的對外經濟動向，都應有其相當程度的意涵。因此我認爲有必要提出我對此一會議的看法和分析，以供國內各界人士參考。

探索東亞成功因素

首先，這個會議的召開，除了再次表達美國官方和民間對亞洲經濟成長的肯定，以及美國學術界對所謂「東亞發展經驗」的好奇和熱中之外，更蘊含著另一個兼具理論和政策的假定，那就是企圖探索導致東亞發展成功的種種因素，以及這些因素「移植」到加勒比海和中美洲的可能性。在會中討論的一些「東亞發展模型」因素，包括有資本形成和市場機能、外銷取向的工業、政策、土地改革和農業策略、勞工政策和工運、政治穩定和國家安全、美國外援、企業精神和東亞文化特質等等。然而我們却深深體會到所謂「東亞模型」的確是上述這些元素在特有的歷史、文化及國際政經脈絡中精巧的組合，在還沒有澈底搞清楚其何以如此組合之前，就要談目的「移植」，不但在理論上站不住脚，在政策上更是不智。

不過，此一會議在精神上却有值得喝采的地方，亦即它的確是在企圖將去討論第三世界發展策略時只看到西方先進國的經驗，一味只想做「垂直」移植的視野，轉移到注意及同為發展中國家但已成功的經驗，並開始考慮進行「平行」移植的可能性，就廣義的「發展中國家之間的技術移轉」而言，這會議的召開是有正面意義的。基於此，我非常期望國內社會科學界能夠合力把握此一國際上都在看重「臺灣發展經驗」的時機，好好做嚴肅而公允的自我分析和檢討，這不但對臺灣未來的發展方向會有啓發的作用；如能公諸於世，對國際，尤其是第三世界的發展更會有莫大的貢獻。

一個經濟外交意圖

進一層次而言，這項會議還展現了美國政府的另一個經濟外交意圖，那就是由雷根總統提出，並經國會批准的此一「加勒比海盆地經濟復原方案」，無疑的是要向加勒比海和中美洲「推銷」自由經濟和資本主義。 雷根政府的作法是， 一方面鼓勵美國企業界到該區域投資，還提供其產品外銷美國市場得享有12年的免稅的待遇，另一方面則是在「展示」東亞資本主義發展的成果，並企圖「疏散」東亞各國的資本至加勒比海，不但藉此協助其資本主義而發展，並趁機平衡、紓解東亞製造品進口美國市場的壓力。這固然是美國政府在運用其外交策略以達到其國家安全和經濟的目的。 但對東亞各國， 尤其是我國，却也有相當的意涵。

正當我國在找尋經濟國際化的方向，而加強國外投資又為其必要的努力途徑之際，這個「加勒比海盆地方案」不失為一個值得政府和民間好好的掌握的外在環境及政策誘因。日本、韓國和香港對此一方案的反應似乎比我們要來得積極，並已著手做官方的研判工作。我國雖也派了一個加勒比海投資訪問團，這固然是一個好的起步但進一步對此方案的分析與把握，並藉之對國內企業界的支持與輔導，可能更為迫切。惟事不宜遲，我們也懇切希望主管單位能夠立即深入的情報收集及判斷， 同時確切擬定我們對「加勒比海盆地方案」 的因應對策，好讓民間企業界有所了解和依據。

73. 11. 14. 《時報雜誌》259期

菲　律　賓

——選前選後的觀察

馬尼拉八天

菲律賓大選期間中的八天（二月一日到八日），我在馬尼拉，雖不是專程爲觀察大選而去，我是去參加一項「世界秩序的亞洲顧問會議」(Consultation of Asian Perspectives on World Order)，但到了現場，馬上被大選的社會情緒捲入，就這樣，我目睹了若干菲律賓總統選擧的形形色色。

我在街頭看著兩派助選車馬別苗頭；我在馬尼拉利剎公園百萬人潮裏聽艾奎諾夫人的競選集會演說；我到市郊鄉鎭走動感覺當地的民情動向；我在選前到「全民自由選擧運動」(National Citizens Movement for Free Election, NAMFREL）的開票總部了解他們的活動與部署，開票當晚也到「快速計票中心」進一步觀察其作業；我有機會跟若干自由派學術界人士及積極的天主敎會的神父、修女共處幾天，也深深的體驗到他們的政治看法和熱情「求變的心態」。當然儘量讀遍馬尼拉當地各個立場的報紙，更是那幾天裏頭必做的事。

就這樣，在街頭，在鄉間，在人潮裏，在談話中，在老少婦孺的聖歌聲之間以及各種文字的接觸當中，我誠懇的告訴菲律賓的友人，也深切的告訴我自己：「這次大選是把菲律賓的社會和人民動員起來了；這是一次幾乎全民都在參與的選擧！」投票前一天，我同意大多數政治觀察家所做的預測： 如果是一次乾淨的選擧， 艾奎諾應該會贏，大概是六比四； 不過， 我更「分享」部分觀察家的擔憂：「馬可仕會無所不用其極， 在投票前和開票中， 用各種手法， 讓他『當選』」。

爲菲律賓自由派人士和教會改革派所樂道的 「人民權力運動」 (People Power Movement)，在短短八天的時間裏，我確實情不自禁的感受到了它的火花和熱潮，也基於這種感覺，我體會到：「一旦大多數的人民覺醒了， 動員了， 什麼力量也將擋不住！ 」事實上，當我在機場裏換兌外幣的窗口裏看到玻璃墊上公然貼著艾奎諾的照片時，我就有了這種說不上來的預感。

因此， 當我回臺北之後， 凡有朋友問到我有關這次大選的觀感時，我總是會回答這麼一句話：「卽使馬可仕贏了『選擧』，他却已經完全失去了民心；卽使他能順利『當選連任』，他將必須要以『新馬可仕』的面貌出現，否則後果不堪設想。」

回臺這兩週裏，從報紙、電視的新聞裏，我也一直追踪著菲律賓大選後的政局變化。從官方的「選擧委員會」和民間獨立的「全民自由選擧運動」公布開票，數字的懸殊，到國會接管計票驗票工作，我想馬可仕一定「當選」。從艾奎諾夫人的不承認失敗，各反對勢力的持續抗議擧動，到美國官方觀察團公開指責選擧有弊，我想選擧後遺症必將有更激烈的演變。從雷根特使哈比離菲一小時後，國防部長安利爾和代參謀總長羅慕斯發動「兵諫」，到白宮發佈一項建議：「和平轉移政權」的正式聲明，我又想到馬可仕的政權大概完了。

二月廿五日上午，艾奎諾夫人宣誓就任菲律賓新政府的總統，終於暫時結束了這次大選引發的政治危機。馬可仕及其家人離開馬尼拉，飛往關島，轉向檀香山，預料也將得到美國政府的「妥善照料」，也象徵著菲律賓社會這二十年來獨裁統治的正式落幕。這二十多天來我隨著菲律賓選舉及政情變化而起伏的心情，也才稍稍恢復到一時的平靜。

「民主權力」(People Power) 的展現

國內也已經有不少的言論，針對馬可仕的下臺原因做政治學的分析，大致上，我都相當同意。我不是研究菲律賓政治的專家，也從來沒做過有系統的注意，這次因爲在菲律賓，親身觀察到一些政治和社會的現象，總有許多不了解的地方。才經一位在菲律賓住了十多年的美國神父 Tom Marti 介紹瀏覽了一本由兩位新聞記者出身的美國作者 Fred Pool 和 Max Vanzi 所寫的 *Revolution in the Philippines* (McGraw-Hill Books, 1984)，對菲律賓政治社會的動盪歷史有了較深一層的認識。在馬尼拉，又有機會看到另一本早期活躍於菲國經濟及工業圈的菲律賓耆老 Filemon Rodriguez（八十二歲）寫的那本 *The Marcos Regime: Rape of the Nation* (Vantage Press, 1985)，更對馬可仕二十年的政權從改革走向獨裁的歷程，有了進一步的了解，尤其是這本書，重在詳細描述從1965年12月30日馬可仕上臺到1983年 8 月艾奎諾在馬尼拉機場遇刺，這將近二十年內馬可仕統治下的菲律賓所發生的種種政經社會變化，作者稱那段時間爲「國家最黑暗的時代」。也就從艾奎諾遇刺開始，菲國的黑暗時代開始有了轉機，一直處於不合作狀態的反對派勢力和一直深感不滿却又無從訴求的人民，終於因爲「忍無可忍」而結合在一起，力量才開始顯現出來。艾奎諾夫人受徵召而出馬競選總統，便是這幾年來「人民權力運動」的最高潮。

如果說這次馬可仕下臺是全民民心向背的力量所使然，確是不爲過，而「人民權力」之所以能凝結，艾奎諾的死則是關鍵。再進一步探討，反對派的政治力和「人民權力」社會力之能夠在這次選舉中，毫不保留的展露出來，對馬可仕政權形成無比的壓力，非國社會長期壓積的經濟及社會癥結導致整個社會「決心求變」的心理，則不容忽視。這充分表現在「兵諫」後數天內馬尼拉羣衆不畏死以人牆「保護」叛軍營區以阻擋「親政府軍」坦克攻入的激烈行爲當中。無疑的是，馬可仕在這次選擧過程中，公然舞弊，完全漠視社會上的情緒與輿論，更是激起此次「兵諫」事發和人民起而反抗的「導火線」。

菲律賓人「Hiya」的民族性

如果從結構的觀點來看，馬可仕獨裁政權所肆虐下的畸型社會發展，諸如絕對貧窮的普遍存在，貧富極端的不均，失業危機的升高，已造成社會結構普遍呈現不安定的情勢。而由馬可仕一手造成的所謂「親信資本主義」(Crony Capitalism)，更無時不在惡化和加深菲國經濟原本就具有的低度發展體質。

政治的獨裁和經濟社會的落後和「不均衡發展」讓菲律賓在第三世界發展經驗始終被列爲足堪記取的「壞例子」。這種低度發展的結構癥結，可說是馬可仕政權爲自己的滅亡所種下的種子。菲律賓人和自尊， 長期受到殖民主義的打擊， 但是其民族性中却一直深深埋藏著很强的自傲和尊嚴， 表現在特定情境下的反應， 便是菲人自稱是

「Hiya」的一種「羞辱感」。馬可仕政權下的長期「低度發展」已經很讓菲律賓人的 hiya 隱隱作痛，加上艾奎諾的遇刺，引起全世界的注視和唾棄，更是加深了非人的hiya。於是乎，就在這次選擧裏，菲律賓人決心不能再讓自己的國家和社會再任憑馬可仕這樣蹧蹋下去，也更無法忍受自己hiya再無限制的漫延……。這種hiya的民族性是深植於文化的裏層，它是打破地域、階級和男女的一種文化心理基調。它，終於找到了最適當的時機裏發洩出來，而且發揮了從此改變菲律賓歷史和未來發展的關鍵性作用。

對選擧結果政治衝擊的五種預測

現在，我們完全看到了二月七日大選以來的演變和結局，政治觀察家雖然也發表了一些看似「後見之明」，認爲「兵諫」的發生和馬可仕的下臺也並不是完全唐突的發展。事實上，也的確如此，我在菲律賓的時候，就讀到了一份由幾個教會和研究團體共同擬出來的選後結果預測，亦即所謂「可能演變」(scenarios) 的研判，他們擬出了下面五種選擧的可能結果，並且指出個別的政情演變情況:

第一種可能: 二月七日的大選被取消: 這種可能性的考慮是基於馬可仕恐懼大選的失敗，因而製造混亂和不安事件，而宣佈國家進入緊急狀況，從而取消大選。爲了應付美國的壓力，馬可仕會另一方面進行內閣改組和將大選延期到1987年。但是各地的反抗擧動會因此升高，而且軍事政變的可能性也很高。

第二種可能: 馬可仕／托倫迪納 (Tolentino) 贏了大選: 這是各個團體認爲最有可能的結局。大量的欺騙舞弊和暴力事件將充斥整個選擧的過程。結果是社會普遍的不安，反對派將走向更激進和直接抗議的路子，馬可仕政權也將採取各種安撫與反擊並用的手腕來分散化解及嚇阻反對力量。如果反對浪潮過大，戒嚴法將不可避免。可是，一旦馬可仕訴諸武力，軍事政變的可能性也將必然相對增高，政變的假設是立基於軍隊中改革派力量的集結與有力號召。另一方面，如果反對馬可仕的勢力是採取比較溫和和法律的途徑，諸如向選舉委員會和最高法院控訴選舉的舞弊，那麼政變的機會便會下降。

第三種可能：馬可仕／勞瑞爾（Laurel）贏了大選：如果是馬可仕連任總統而反對黨的勞瑞爾也贏了副總統的位置，那麼這個選舉將會無形中添增一些「公信」。比較溫和的反馬可仕派人士會因此受安撫而接受事實。但是激進派的反對人士則更會被馬可仕的死硬派視爲死敵。一般人民也有可能從此產生一種勝利的錯覺。但是艾奎諾的追隨者及自由派的民主人士却會掀起和領導反政府的擧動，但却因缺少政治及組織的能力而顯得沒有什麼效果。

第四種可能：艾奎諾／勞瑞爾贏，但馬可仕頑抗不交出政權。

馬可仕拒絕轉移政權，他會向法院訟訴，或者宣稱是他的良心驅使他無法交給一個共產黨的政權，他甚至於會發動一個軍事政權來排斥大選的結果。相對的，如果馬可仕不交出政權，反對派也會因而大怒，艾奎諾因而有更強的道德地位來領導反馬可仕的革命，一連串的反抗和示威也就逼得馬可仕做出宣佈戒嚴法的下策。艾奎諾將有兩條路可走，不是組織流亡政府，就是在菲律賓另組政權對抗馬可仕。如果是後者，馬可仕必然會下令逮捕艾奎諾，但這麼做將也會令馬可仕政府再度蒙羞。

第五種可能：艾奎諾／勞瑞爾贏，而且馬可仕下臺。大街小巷充滿歡樂氣氛，羣衆將高歌狂舞。但是艾奎諾的新政府便馬上會無情的面對很大的挑戰——如何重建被馬可仕蹂躪了二十年的國家？根據菲

律賓主教會議 (Catholic Bishop's Conference of the Philippines) 的估計，一些嚴重的難題包括有:

如何向盼望立卽改觀的廣大羣衆解釋重建將是漫長的道路?

如何選擇有能力而又不是與利益結合的官員?

如何控制一些有影響力的機關，如電視、新聞及地方行政單位?

如何對付左派，並與左派相互爭取鄉村貧農地盤的支持?

如果新政府能得到鄉村大多數的支持，那麼其前途雖然辛苦但却開放，否則新政府的內鬨及分裂將大大削減其對付社會上不安因素的能力。

非常值得令人尋味的是， 前面四個可能性當中都突出左派 （非共）會得利的情勢。原因也不難了解，在前面四個可能性下，非共勢必得到坐大的良好環境和時機。卽使是在第五個可能性之下，非共仍然可以坐收「戰術上的好處」，至少它可以得到一時的喘氣，因爲艾奎諾政府將不至於馬上對非共左派採取嚴厲的武力攻擊。也因此，各家推測艾奎諾政府與左派的未來關係及各自可能的下一步動向，將會是左右菲國長遠前途的關鍵因素。

此外，軍事政變的可能性也一再出現在上述幾個可能演變的狀況當中，可見菲律賓社會對軍隊的左右力量是相當敏感和重視。

選後十餘天的演變，結果是第二種和第五種的混合，馬可仕先勝後潰。而某種形式的軍事政變確實扮演著擧足輕重的角色。

我的興趣倒不在於那種預測才是準確的問題。讓我感觸良多的却是菲國的民間社會團體在面對國家前途的抉擇時，能夠細心、模擬出幾種可能演變歷程，不但硏判其對政治局勢的各種影響，還大量而廣泛的印發給所有的人民閱讀參考，爲的就是想藉此提高菲國一般人民對這次選擧的重視和提升他們對「可欲」結果的判斷意識與能力，並且在選擧中拿出每一個人的行動來促成有利國家人民前途的結果能夠實現。這種理性訴求的作法，倒是很值得其他第三世界的社會政治運動者去學習的。

75. 3. 10.《中國論壇》251期

南韓罷工風潮的教訓：
規範罷工權的政治與社會前提

南韓自本年六月二十九日宣佈「民主化政策」以來，到九月中旬爲止，依據勞工部的統計已經發生了大小不一的罷工事件三千二百多起。因罷工而損失的生產總值和外銷減失也都有相當驚人的數字，南韓的產業界和政界都一再的爲罷工的蔓延感到憂心萬分，深怕它演變成爲一不可收拾的社會不安局面。業者擔心南韓經濟爲之崩潰，政界更恐懼剛起步的民主化因之受到打擊。

都市中產階級多予同情

至於社會上一般民衆由於日常生活秩序並沒有受到太嚴重而直接的干擾，他們對勞工階級的罷工多少都還抱有一些同情。這種同情的反應在都市的知識分子和中產階級更爲明顯。鄉村裏的小農階級，大概除了不解之外，就只能暗暗羨慕，城鄉的差距和工業區集中化的結果更使得南韓的小農對於城市和工業區的勞工階級有著幾分的陌生和猜忌，同爲南韓依賴發展下的犧牲者，但因缺乏像工業勞工擁有的組織力和動員力，在過去兩個多月裏，聽到那麼多罷工事件，小農們只有更加感到無奈和無力。

雖然罷工事件在南韓社會裏，不同的階級有著不盡相同的認知和反應，憤怒、恐懼、同情和不解皆有之，呈現出一種頗爲複雜的社會心理狀況。在過去兩個多月裏，除了激進的學生和若干有革命傾向的極端團體之外，包括反對黨在內的普遍社會期待，還是或明的呼籲，或暗的祈禱，罷工事件能夠適可而止，停留在個別工廠內的勞資「鬪爭」或「抗議」行動，他們還可以接受，也覺得罷工事件遲早會發生，能夠儘快化暗爲明，讓政府和產業界正視勞工的不滿，做明快的處理，使得勞工階級有較公平的待遇，這總比一拖再拖，到了積壓過度而爆發全面性的社會不安悲劇，還是要好得多。就連在野的反對黨也深以爲憂，一則他們事實上在整個罷工的擴散上，並沒有多少直接的「動員」能力，他們無法「居功」；二則他們也擔心散在各地的極端團體，利用罷工事件的燎燒，來打擊反對黨的領導地位，而降低其「反對勢力」的合法性。從南到北的個別罷工風潮，對反對黨來說一方面是「政治資本」的累積。另一方面也一再暴露了反對黨在意理上的缺憾和策略動員上的無力感。

六二九宣言是工潮關鍵

因此，南韓的工潮，與其說是反對黨的動員與煽動，不如說是勞工階級意識在「六二九民主化宣言」後韓國政情變局刺激下而產生的凝聚化行動表現。可能更具關鍵性的原因是「六二九宣言」中允許勞工自組工會，而不受限制於原有受政府和資方控制的工會，這使得勞工階級得到「解放」，而紛紛成立所謂「基層勞工工會」來與原來他們認爲不具代表性的工會對抗；罷工便是這些「新工會」用來動員勞工羣衆，直接向資方和「舊工會」合法性挑戰的「武器」。在許許多多「妥結」後的罷工事件裏，重要的結果之一便是「新工會」取得合法地位，取代了「舊工會」在工廠裏的組織權、團結權和爭議權。此外，罷工風潮的背後也若隱若現的形成了一些新的政治勢力，它目前還沒有很表面化，也不易去捉摸其組織性格和意識型態，但很可能是結合了激進學生運動的分子、左派團體，以及較極端的教會力量。值得重視的是這股新勢力與反對黨之間的曖昧甚至於矛盾的關係。至少這兩者之間並不如若干政治觀察家所說的那麼同質，在立場上也不是那麼一致。同時可以預料的是，在今後南韓的政治社會情勢發展中，這股因為工潮而壯大的新勢力，將會愈來愈「有形化」，隨著大選的來臨，反對黨也將會面臨來自勞工階級和這背後的政治勢力更具體的壓力。

兩個多月來的南韓工潮，現在總算有了表面上平息的結局。但罷工所揭露開來的政治、社會和經濟隱憂，却仍然存在。從臺北看漢城，南韓的罷工風潮至少提供了下面幾點值得臺灣記取的教訓。

一、勞工階級的政治動員力量遠較其他階級為大，隨著資本主義的成熟和深入，這種政治壓力也有增無減。

罷工是「不出鞘的寶劍」

二、罷工無疑的是勞工階級最後一個撒手鐧，也是最具殺傷力的團結利器，它的運用對內產生凝聚力量，對外產生「敵我意識」。同時，罷工也將勞工長期受到壓抑的不滿，完全宣洩出來；一則爭取到了勞工勞動條件的改善（如工資、工時、福利、及工會組織的自由），二則提高了勞工階級在政治過程中的「議價」地位。

三、罷工風潮暴露的不只是勞工階級所處的種種困境，更暴露了

「依賴發展」下社會不公平的癥結。原有的「威權政治體制」也面臨嚴重的考驗，因此，罷工的蔓延不只是單純的對不合理「勞資關係」的抗議，也同時向制約的那種「勞資關係」的政體發出嚴厲的挑戰。

四、不具有勞工階級民意基礎的「工會」也是導致罷工的原因之一。「地下工會」因罷工而表面化，資方和政權勢必被迫承認其合法地位，舊工會也勢必瓦解。

五、由於發動罷工的「新工會」在初期尚未具有組織的規模，也無法取得任何與資方爭議的合法管道，因此，絕大多數的罷工只有採取突擊式的方式，亦即「不宣而罷」，所謂「野猫式罷工」(wild cat strikes)，這類罷工通常缺乏可依循的組織規範，隨時都有變質的可能危險，其成敗也難以預料，同時，整個社會爲它而付出的成本也較大。

六、罷工本身固然可怕，但如果因此促成勞資權力關係的「正常化」和「規範化」勞工階級因此也有了民意伸張的「管道」，政府的勞工政策也因此得以改變；一時之間或許帶來不少社會的危機感，但長期而言，未嘗不是一件毫無正面效果的「事件」。

受到正反政治力量干預

七、罷工雖然是暴露勞工經濟問題最强烈的表現，但很有可能受到政治因素的干預，政治因素主要來自兩方面，一是政府，二是對立的政治勢力。這兩股政治力量，一是希望「大事化小，小事化無」，一則是希望「小事變大」。它們之間的矛盾與折衝有時候比參與罷工的勞工當事人想像的還更複雜。如果對立的政治勢力是一個有組織的政治團體或政黨，其干預的程度和內涵往往會比較有規範可循，同時談判對象也較明確，在處理上也遠較那些沒有組織成形的新興政治力量來得容易達成協議。因此，不同政黨的干預罷工事件，尤其是在集體議價過程上，並非完全不可取，反而是那些隱藏在罷工風潮背後的散兵游勇政治力量，其社會殺傷力會更大，其後果也更不可預測。因此，一味排斥或不承認罷工所具有的政治含意，可能不但與現實不符，還有可能將單一罷工演變成為蔓延的政治風潮事件。理想中，罷工應該是勞資雙方權力的角力表現，政府的公權力能不插手，儘量不插手。政府在事先提供一個合理的罷工規範，是有必要的，沒有合理規範的罷工，整個社會將會為之付出不合理的代價。而此一規範是否能被遵守，必須要有兩個前提，一是工會本身具有充分的勞方代表性，否則罷工的目的之一便是對抗原有工會；二是規範本身必須以追求「工業民主」為最高標的，充分尊重勞工的基本團結權與爭議權；同時，更不得以「規範」為名，行「行政壓制」之實。

八、政府與資方的讓步，固然是情勢所迫的結果，也是根源於長期極為不合理勞資關係的結構因素，看起來好像是威權體制政府的「失勢」表徵，但就長期而言，對政府重新建立公權力的公信，未嘗沒有好處。

九、因為罷工而帶來勞動條件的改善，看起來勞方是贏了，但勞方也付出了相當的代價，恐懼、不安與生命財產的顧慮都是參與罷工的勞工所不可免的精神與實質「賭注」。因此罷工的行使，在正常勞資關係之下，不可能會是勞工輕易就想使出來的「王牌」，勞工會有自我衡量和克制的能力。換言之，要消除罷工的隱憂或減少罷工爆發的可能，從根本上去改善，和平衡勞資的權力關係，還是最關鍵的。

以上九點教訓是過去兩個多月來南韓經驗所凸顯出來的事實。這陣子行政院勞委會正在召開工會法修正的系列會商座談會，其中對罷工問題更是最具爭議的主題之一，能夠讓勞方、資方和學者專家針對罷工權的合法化以及罷工的運作規範做充分的表達意見，總是件值得令人激賞的開明作風。基於上述對南韓經驗的分析以及臺灣勞工處境及勞資關係的現實，下面三點呼籲有必要在此加以重申。

第一，罷工是勞工的權益之一，不得剝奪。罷工權的合法化只是讓勞工擁有備而不用的爭議武器，有了合法的罷工權，未必就表示勞工會輕易行使該權。罷工權的行使，本身就是一種社會責任的承諾，勞工反而會更謹慎行事。

罷工權是社會責任承諾

第二，罷工的規範，不得過嚴過苛。更不可假借「調解」、「仲裁」、「裁量」之名，而對不可免的罷工進行政治的壓制，在尊重勞工罷工權的前提下，應該給予工會充分的平等權和自主權；不必要的行政制裁只會製造更多事端，交由社會及輿論來制裁可能更有效也更具有道德裁判的力量。

第三，罷工權既然是工會將勞工集體意志用行動表現的一種方式，工會的代表性和民意基礎，就非常重要。因此在討論罷工規範的合宜性之前，更應將勞工的工會自由組織權，做最誠意的開放，讓工會還給勞工本身。一旦工會有獨立自主的人格，負責任的態度才有可能產生，在行使罷工權時也才會建立在「工會民主」的基礎之上。這樣子才不會將罷工權濫用，以罷工做爲勞工內部鬪爭的手段。

76. 10. 17.《中國時報》

輯八

寫下社會學的遊記

勇敢面對一九八四：

漫步再訪歐威爾的一九八四年

一

夢魘與現實的對照

在新開幕的波士頓大學書店地下樓，我不經心的流覽琳瑯滿目的新年度日曆，準備挑一本買回去，好準備迎接這被全人類都在屏息以待的一九八四。正想能不能找到一份比較能夠代表這具有神祕色彩的新一年。我發現了一分黑紅相間設計簡單却相當强烈的月曆，封面上就是這麼寫著：

「是歐威爾的惡夢或是更美好的一天？明天將會帶來什麼？

爲所有陷入黑暗或是懷有希望的人揭開我們的世界的眞貌。」

我經不起它的誘惑，仔細翻閱它每個月的文字內容。每個月都有兩段文字，前一段是摘自歐威爾的《一九八四》一書，後一段則是選自這近幾年的新聞、總統文告、雜誌，用這兩段文字來做爲對比，很明顯的，編這月曆的作者是想要提醒我們，歐威爾筆下的《一九八四》與我們面臨的一九八四，實在是愈來愈接近了。

下面是幾則相當精彩的對照：

一月「在歐威爾的世界裏，每一個人都被監視，從白天到晚上，從生到死。每個人的活動和來去都被記錄下來。甚至於小孩子都被訓練成一羣小間諜，打小報告。沒有任何人能夠逃開『老大哥』的注視，也從來沒有人躲過他的控制。」

「在喬治華盛頓大學教書教了二十七年的克伏登，被指控同時用假名在其他兩所賓州的大學裏教書，領薪水。偵辦人員還不清楚為什麼他會可能冒用五個名字在七所大學裏教書，用三十四個身分向二十二所其他大學申請教職，並且憑空假冒成立一個國際金融公司，同時還應徵尋伴啓事，去找女伴。到目前為止，偵辦人員還在他的公寓裏找到六十張身分證件、信用卡、駕駛執照，一共用了十二個名字，還有幾分牛津、劍橋、愛丁堡大學教授的聘書。同時，還找到幾分有關買賣銀行、加拿大房地產和石油、藝術品的商業來往書信，一份牧師的證書、幾份報稅單、社會安全卡、和一大堆署名是醫生頭銜的信封和信紙。」

——紐約時報，1983年4月13日

二月「在歐威爾的大洋國裏，文學作品都被機械化、標準化和大量製造。作者不再存在。眞理部(Ministry of Truth)裏有一個單位就被一部大機器所取代，這個機器專門製造小說給所有的羣衆去看。」

「誰最了解當代美國的生活？ 生活在其中的女性最了解了。 因此， 這一套推出的愛情小說， 就是透過她的眼和心去訴說美國的生活。你將會發現這一套哈瑞根美國羅曼史的小說感性、浪漫、熱情。也最能表達當代美國生活的態度。尤其是，你更將會發現你很能跟這些小說產生共鳴，因為這是為你寫、並且是寫有關於你。

我們深深知道這一套哈瑞根美國浪漫小說就是你所要的，我們的讀者研究調查結果已經證實這一點。」

——出版週刊的廣告，1983年4月1日

以核武對峙謀和平

三月「溫斯頓在眞理部上班，這個部的主要工作就是去修改袪除任何可能使得老大哥或是黨受窘的歷史、事件，或是文字。這是一個龐大的機構專門遮蓋那些暴力、醜陋的事實，假裝世界上沒有一點恐怖。

戰爭就是和平！

自由就是奴役！

無知就是力量！

「當我們說到核武制衡的時候，到底我們是在指什麼？當然，我們並不是爲了要擁有核子武器而去生產核子武器。我們並不要過多的武力。核武制衡的基本想法就是要讓對方知道，製造一個衝突，絕對對他們沒有好處。沒錯，這是一個令人沮喪的矛盾，在現在我們仍然要用武器去防範戰爭。我眞的是希望它不需要。我們渴望和平，但是和平是目標，不是政策……

我們已有的核子武力是在很早以前建立的，現在已經過時了。仍然要我們的年輕人去採行使用這種古董是沒道理的……我們必須重新裝配和現代化我們的武力，這就是爲什麼我要決定生產和裝置最新的ICBM 飛彈（MX飛彈）。」

雷根總統面告全國人民，1982年11月22日五月「在大洋國，沒有一個人能免於政治審判。不管你是無辜或是有罪，受過教育或是無知、年老或是年輕，每個人在政治上都是很脆弱的。在老大哥的政權底下，最終究的恐怖可能就是要每一個人都必須要到愛情部（Ministry of Love）的偵訊小組被拷問一番。沒有人是安全的。」

「一項聯合國的報告今天指出在過去十五年當中，至少有二百萬人沒有經過正當法律程序就被處死。所謂正當程序，是指公平的法院、選擇律師和上訴的權利，聯合國人權委員會的這項報告更指出，目前在三十七個國家發現有對政治敵對者進行暗殺或是集體屠殺的情事。這些政治謀殺的案件，在非洲、拉丁美洲，和亞洲幾乎是有一樣的高比例。

對人類的生命愈來愈不重視，在各地殘害的情事愈來愈多，這嚴重的程度已達到構成一樁國際問題。該委員會的特別撰寫人瓦克呼籲各國應該馬上採取行動去防範這種政治屠殺和違反人權的行動。」

——紐約時報，1983年2月17日

電化生活已經實現

六月「在老大哥的倫敦，每個人都要看電視，不管他喜不喜歡。只要他一起來，電視就充斥著各式各樣的恐嚇，和一大串冗長、無聊的宣傳。更糟的是，電視會『監視』他們。每個電視銀幕都裝有鏡頭去監視看電視的人。任何不軌或對『當局』不利的行爲，那怕只是一絲絲不滿的表情，都全被偵察出來，並且要受處罰。」

「在美國的一個城市裏，有電視的人家，只要多花一點錢，就可以享受許多不同凡響的『電化生活』內容：

有三十個閉路電視頻道系統，其中十個是「付錢看」的電視節目頻道，每個月付一一・九五元。

・有一個按鈕，可以讓觀衆向電視『回話』。

・如果家裏已有家用電腦，可以從螢幕上讀一份日報每小時費用五元。再加五元，可以玩電視遊戲，傳眞輸送郵件和接觸到三二、〇〇〇種股票、公債和詳細情報。

・有一〇〇被挑做實驗的家庭，他們可以利用電話線接到電視與電腦，在家裏存款提款，他們也可以在電視上查閱百科全書，或是訂購新書。這些都是免費。

・花四五〇元的安裝費，和每個月十元的訂費，可以透過閉路電視，裝有特殊的警報系統，可以跟警察局、醫院、消防隊馬上聯絡上。

・再沒多久，閉路電視系統可以不時的調整室內的冷暖溫度和能源需要程度。

這個城市是在Ohio州的哥倫比亞市，非常普通的城市，人口一百萬出頭，對市場研究而言，它的特點就是在於它一點也沒有突出的地方。」

——財富雜誌，1980年10月6日

七月「新語 (Newspeak) 是大洋國的官方語言，爲了是要消滅和取代英語。黨無法容忍一種豐富和多樣的語言，因爲那樣子會製造複雜的模稜兩可。在1984年的大洋國，新語跟所有的東西都是一樣粗糙和沒有心靈，新語就是用來濫用語言，而不是提昇語言的水平。」

「『如果你不能說服他們，就去把他們搞迷糊』，這是瓦登學院 (Wharton School) 的行銷學教授阿姆斯壯給他的同行的建議。他所做研究證實了他所謂的法克斯博士假設 (Dr. Fox Hypothesis)。亦即：『專家對專家，愈是無法溝通，愈增加他的地位。』八年前，法克斯博士對一羣專業人士演講『運用數學博奕理論到醫師教育』。講了一小時，隨後討論半小時。這羣包括心理學家、精神科醫師、社會工作者和教育專家的聽衆，在會後塡了不具名的問卷表，都一致表示這個演講又淸晰、又動人。顯然，法克斯是大大的成功。

那知道，法克斯却是道地的冒牌貨。他是一個專業的演員，他的講稿是由三個研究人員從美國科學的一篇文章裏摘出來的材料，而且要他把整個講稿弄成全部雙關語，旣不連貫，又互相矛盾。並且穿插一些笑語和一些不相干的話題。」

——今日心理學，1980年5月號

十一月「在1984年，全球性的差異已是回憶。在那時，全球只存有三個強權集團，一個是包括美國和英國的大洋國（Oceania），一個是包括歐洲和中亞的歐亞國(Euroasia)，另一個則是東亞國(Eastasia)其餘的小國則不時的附屬於這三大強權之下苟延殘喘。」

	已發展國家	發展中國家
人口	11億	35億
平均所得	8855美元	772美元
平均壽命	72歲	57歲
出生嬰兒死亡率（%）	18	86
識字率	99%	55%
平均每人教育支出	428美元	27美元
平均每人國防支出	345美元	34美元

美國外交政策與第三世界：1983年的計畫，海外發展委員會出版。

十二月「愛情部的最低層是一〇一號室。這是老大哥的受害者遭受最殘酷迫害的地方。在一〇一號室，人類的期許完全抹滅，暴君的權力壓制自由達到極限和絕對。在這裏，企圖逃脫的最後一絲希望都泡湯了。」

「在鄉間，一羣牧羊人在夜裏看著他們的羊羣。上帝的天使出現在他們的身旁，牧羊人很害怕，天使告訴他們：『你們不要怕，聽著，我要告訴你們一個天大的喜訊，所有的人都該分享的快樂。今天，大衛城裏有一位救星誕生了，他的名字叫耶穌』。Luke, 2: 8–12

暴露在電腦隱憂中

現在，這份歐威爾1984年的月曆，就掛在我在波大亞洲發展研究中心五一四室的辦公室裏。我不時的翻開它，一邊看一邊想，對歐威爾《一九八四》的預言（他是在1949年寫的），在1984年眞正到來的前夕，重新去回味它，會是什麼樣的滋味。在這份月曆裏，有好幾個月，就眞讓我很不好受。摸摸口袋裏，皮包內眞有好幾張身分證件，每張卡都有一個號碼，我眞是變成一個個號碼了。誰能擔保自己的資料不是已經被製成一連串暗碼，輸到中央系統的電腦中心裏去？隨時可以被政府有關單位「叫」出來，你不是赤裸裸的暴露在政府的「權力」面前嗎？你的「隱私」不就完全沒有了嗎？要天天看報紙、看電視才知道政府在做什麼，知道政府做了些什麼，不管你同不同意，都沒有什麼表達的機會，有時候很叫人無從判斷，該怎麼去相信你的政府是在替誰做事？替我嗎？還是替政府本身這麼一個大機器在做事？有時候，不是也會有一些代表官方立場的單位會來干涉你的私生活嗎？你的衣著，你的髮型，你讀的書，你交的朋友，你信的神，甚而你的性生活，「他們」總有意見。

再鑽牛角尖下去，你不是好像在歐威爾的惡夢裏了？趕快提醒自己，你還是生活在一個號稱民主自由的國度裏，政府還多少有些「分寸」。歐威爾惡夢裏的大洋國，那個政府的權力可是法力無邊，沒有任何可以制衡的力量，在那個國度裏，你根本不再是傳統定義下的「人類」，因爲你已經完全被褫奪了做爲「個人」的所有權利，你的好、惡，你的愛與恨都一概不准存在。你必須要完全做到「一切都已經無所謂了」。一旦你完 完全全無所謂，生不若死。難怪歐威爾裏的英雄溫斯頓想死。更殘酷的是，你不准死。因爲「死」也是表達個性的方式之一。你必須活，爲黨而活，爲老大哥而活。只要你活下去，對老大哥和黨就有意義。對你有沒有意義，那根本不是問題。

想到這裏，歐威爾在《一九八四》裏，所想強烈維護的，不正是個人生與死的意義嗎？個人的自由和政府的權力，民主與極權其間的矛盾、衝突、鬪爭、和消長，不也正是在1984年前夕重訪歐威爾《一九八四》時，最該把握的一條思路嗎？尤其讓我「苦思」的是在極權之下，個人的「個性」如何被處置，個人又會如何反動（反抗）的問題。說是「苦思」，因爲我畢竟沒有第一手的親身經驗。

二

歐威爾一九八四的大洋國，是一個典型的「極權主義政體」(Totalitarianism)。對「極權主義」的認識，最重要的歷史引證就是希特勒的納粹德國和史大林的蘇聯。都是二十世紀的現代產物，這種政體不同於傳統的種種「暴政」(Tyranny)：「權威主義」(Authoritarianism)，或是「獨裁」(Dictatorship)。最大的不同在於極權主義是一個「完全的國家」(total state)——卽完全的控制和完全的恐怖。它不只是要求政權在位，更講究對全體人民做「完全」的控制，人民的所有生活內容（肉體和精神）都要在政權的壟斷操縱之下。所要求於人民（一個個個體）的是要他們完完全全的服膺和順從，靈與肉都包括在內。在歐威爾的《一九八四》裏，所想像出來的精密設計：在政治上，有祕密警察(愛情部的探幹)；在社會上，有完全的兩元階級（黨員和普羅分別是孤立的）；在思想上，有「新語」的創造，所有舊書、舊想法的抹煞，甚而在鐘面出現二十四小時，對個人彼此之間的愛與恨的表達都要禁止。這種種設計就是要讓生活在極權之下的每個人都失去他們的個性，而完完全全投入老大哥的懷抱，絲毫不疑的服從。如果說得清楚一點，這些控制的設計，有幾點共同的特性，一是恐嚇、二是無知、三是痲木。極權政權最「恨」（老大哥是唯一允許有愛與恨的「人」）的就是在他底下的人民不怕，有想法、有感覺。也就是當人還是人的時候，極權政權總會碰到阻力，而當人已經不再是人的時候，就是極權主義發揮到最高水平的境界。

我是在大學三年級的時候，第一次讀歐威爾的《一九八四》（中譯本），那時我二十一歲，也就是十五年前。記得我還寫了一篇文章討論這本書和赫胥利（A. Huxley）的《美麗的世界》(*The Brave New World*)，文章的題目就叫做〈一九八四是美麗新世界嗎？〉（刊在臺大青年1970年）。二十一歲的我，早已經被歐威爾和赫胥利筆下的英雄們：溫斯頓，茱麗亞和野人，深深的抓住了我的注意力。我崇拜他們那種表達「個性」的欲望，也非常同情他們「反抗」極權的舉動，譬如說溫斯頓偷偷的看禁書，茱麗亞帶溫斯頓跑到倫敦鄉下去「做愛」，野人逃到小島去……，都曾經讓我非常感動。不過，年輕的我，看到的只是這種悲劇性英雄主義的行爲，沒看到的却是逼使他們反叛的極權。

性愛變成自由象徵

對「自我」，甚而說對個人的肉體和靈魂的認同和肯定，當年年輕的我和現在中年（？）的我，却都有相當一致的強烈反應。只是，現在的我，更能欣賞和體會到溫斯頓和茱麗亞在樹林裏躲過老大哥的眼光偷偷做愛時，那種「解放」和「反抗」的個人主義表現。這個時刻，重要的不是他們的性交有沒有愛情，而是兩個肉體能夠自由而獨立的接觸，黨管不了他們，這段時刻是完全屬於他們的。

茱麗亞（我們仍然不知道她姓什麼，歐威爾在書裏始終沒有交代）的角色在當時並沒有引起我多大的注意，我認爲她只是溫斯頓用來表達反抗意識的一個工具。（是有些男人沙文主義色彩、抱歉！）再讀《一九八四》讓我發現茱麗亞的反叛性可能更直接、更原始，也因此對極權主義可能更具有破壞性。極權主義基本上是「反性愛」的，尤其是嚴格禁止它的黨員有任何超軌的性行爲，因爲這會破壞了黨的集體主義和規律性，性愛被視爲是一種自由的表現。任何自由都是禁止的，茱麗亞深深的知道這一點，她很清楚黨爲什麼要淨化「性愛」，因爲性愛的需求和本能會製造一種「自我的世界」，而那個世界却是黨沒有辦法掌握住的領域，黨無法控制的都必須摧毀。茱麗亞也清楚，一旦黨整肅了性愛，一旦人民得不到性的適當滿足，人們就會有歇斯底里的後果。而這就是黨要的結果，因爲歇斯底里的心理狀況可是轉化成爲戰爭的慾望和對領袖的狂愛。茱麗亞偏偏喜歡做愛，喜歡化粧，愛穿絲襪和高跟鞋，討厭黨的制服。這些行爲都有強烈反黨的自由色彩。溫斯頓並不太了解這點。他興高采烈的讀高斯坦的《寡頭集體主義的理論與實際》時，茱麗亞睡著了。他批評她只是「腰身以下的叛徒」。結果呢，腰身以上的叛徒却出賣了腰身以下的叛徒，最後溫斯頓還是向老大哥屈服了，他將所有對異性的性愛又都再轉化成爲對老大哥（黨）「同性的愛」。

在《一九八四》裏，男人對男人的壓制和控制，比男人對女人的壓制更可怕，更有形。歐伯朗（O'Brien）對溫斯頓的壓制，絕不是溫斯頓與茱麗亞的關係所能比的，茱麗亞從來沒有對她的愛人奉獻上「被虐待狂」式的愛，但是溫斯頓到頭來却仍然說出來「我愛老大哥」！

茱麗亞是個徹底的「個體」，徹底的「自我」掌握者，她跟另外一本負面烏托邦小說，我們——俄國作家占雅庭（Zamyatin）寫的——裏的女人 I–330一樣，她們的反抗的政治意識不但不比書中的英雄低，甚而更高。占雅庭筆下的I–330 解放了 3D（英雄），更帶他進入了一段政治反抗的生涯。同樣的，茱麗亞比溫斯頓更是一個完整的個人，更成熟的個人。她對個體的熱愛、對集體的憎恨比任何男人都徹底。我同意紐約市立大學 Elain Hoffman Baruch 教授在她那篇「黃金國度：一九八四的性與愛」〈The Golden Country: Sex and Love in 1984〉文章所說的，在一九八四的社會裏，這位唯一出現的女人——茱麗亞，也是最勇敢、最令人佩服的人物。

三

讀過歐威爾《一九八四》的人可能不下數百萬人，最新的一版在年底又再出版了。1984年變成戰後政治文學上的新語言，許許多多書中的字眼都在當代的語言中流行，像「老大哥」、「雙關思想」、「新語」、「憎恨週」(hate week) 等等，都出現在二十世紀中期以後知識分子的字典裏。當然，最關鍵的概念就是「極權主義」。

《一九八四》於1949年出版，正是世界經歷了二次戰爭，同時也親眼目睹了二十世紀的新現象——極權主義的產生，希特勒的納粹德國和史大林的蘇聯。《一九八四》書一出來，引起很大的共鳴，因爲歐威爾所寫的社會，在當時並不是完全那麼憑空猜想，尤其是對那些曾經生活在納粹和史大林政權下的流亡學者，更是活生生的事實，對他們來說歐威爾筆下的《一九八四》不是未來，而是歷史。唯一不同的是《一九八四》裏的極權主義，比他們腦海裏的極權政權更精細、更複雜，因爲科技（尤其是資訊、電腦）成爲完全控制的有力工具。在他們的印象裏，極權還是人對人的監視、控制和壓迫，一九八四却已變成「非人」的機器（如電視銀幕）對人的監視與控制。歷史上還有個希特勒和他的青年團，也還有個史大林和他的黨員，在一九八四却只有一個看不見的「老大哥」和「黨」。這更增加幾分疏離和寒噤。不過恐怖統治的本質却是一致的，強迫個人（公民）的完全屈服也是一致的。

歐威爾的《一九八四》，可以說是在戰後第一本討論極權主義的書。在他之後陸續出版的幾本名著，都在五十年代初期和中期。諸如：

Hannah Arendt, *Origins of Totalitarianism*, 1951

Jacob Talmon, *Origins of Totalitarian Democracy*, 1951

Czeslaw Milosz, *Capitive Mind*, 1953

C. J. Friedrich, *Totalitarianism*, 1954

Zbigniew Brzezinski, *Permanent Purge*, 1956

Friedrich and Brzezinski, *Totalitarian Dictatorship and Autocracy*, 1956

歐威爾和上述這些學者所要探討的核心，不只是在分別「自由」與「暴政」，更不是用來作爲反共的宣傳。他們在理論上最大的企圖却是在區分「極權主義政權」和傳統的「權威主義政權」。極權主義是二十世紀的新現象，是現代的社會政治制度，它比過去的種種獨裁和權威在處理國家與社會的關係時，在控制人民時，更有效率、更有力量，也更澈底。Arendt 描述極權主義時，指出「完全的恐怖」(total terror) 是這種政權的最主要的旨趣，不像過去的獨裁政權，其「獨裁恐怖」(dictatorial terror) 的對象，還只是有選擇性的敵人和政敵，但極權恐怖的對象却是整個的社會與所有的人民。

此外，極權主義的統治都有一套意識形態作爲後盾，作爲統治世界的藍圖，它不只是要在位、擁有至高無上的權力，更要實現其意識形態，爲的是要讓它統治的這個世界，更純化更完全。也因此，其打擊和消滅不服從者和反對者的動機也就更强烈、更絕對。

極權主義的特徵

綜合五〇年代有關極權主義理論的說法，下面三個特性是最突出的。第一是對羣衆的政治動員。這不是說要所有的人民都那麼信服單一的意識形態，可是却要所有人民隨時可以被動員起來，在那裏隨時備用，它也不是要持續的運動和革命，它要的是穩定的統治——轉變革命運動的熱忱成爲儀式的行爲，轉變激烈的辯論成爲口號。儀式行爲和口號就成爲新極權主義統治的工具。不過，對於一批新的精英份子，却要求百分之百的信服和效命。紀律和積極性都是必要的。其餘一般的「老百姓」(一九八四裏的普羅)却要讓他們產生政治冷漠感。不過他們的「公共生活」却一定要由公家的官員來設計和支配。第二是强烈的使命感和改造人性的米賽亞精神。極權不只是要在位，更要改變人性，權力不是目的，更是達到其他更高目的的手段。第三是對所有人民的社會與知識生活的完全控制，經濟、政治、教育、宗教、文化、家庭，甚至感情生活都在「黨」的監視和計畫之下。歐威爾的《一九八四》就是最生動的描述。不過，一般人民只要消極的不反抗就可以，黨員一定要積極的參與。這種完全的控制，是過去的「暴君」所從來不敢想像的，不過一九八四裏却實現了。科技的極權化可以讓「完全的控制」變成可能。

簡單說來，極權主義的統治可能說是革命統治的全盤改變：不再要羣衆運動，取代的是有紀律的精英政黨；革命的熱忱和希望轉變成支配的意識形態；社會控制精密到最高的程度，積極與否，是不是有自我約束已經根本沒有意義。極權主義從革命和權威主義中得到生命，但却反過頭來打擊革命。革命權威的政治是動盪的，高潮起伏，但極權政治却要求穩定；如果說革命政權是短暫的痛苦，那麼極權政權却是漫長的惡夢。

從二十世紀歷史上來看，希特勒納粹統治下的德國，史大林統治下的蘇聯，毛澤東統治下的中共，都大多具有上述的極權主義特性，也都曾經歷鍊過上述所提到的「反革命」轉變。卽使是這三個歷史個案，再加上目前的蘇俄、中共，以及東歐共產集體、古巴、北韓，甚至伊朗；在定義上，它們的政體可能都與「理想型」(ideal type) 的「極權主義」都有距離，因爲，它們都不夠那麼「完全」的統治人民和社會，卽使是政府本身都有太多的漏洞、機會主義、冷漠、貪汚、缺乏效率、缺乏理想……。人民更是培養出一套應付的辦法，去生存，去找尋和保存「自我」和「個體」。就像《一九八四》裏的茱麗亞和溫斯頓，我敢說現在不知道有多少茱麗亞和溫斯頓和上述那些極權政治下的存在者。紐約大學 Michael Walzer 教授稱之爲「失敗的極權主義」(Failed Totalitarianism)。

「失敗的極權主義」絕不意味它比「成功的極權主義」好；同樣的，任何形式的獨裁、暴政、權威主義，也絕不因此比「失敗的極權主義」要好。Walzer 教授在一篇文章裏警告說，過份去强調各種的「暴政」、「專制」和「極權」的差異，可能會造成一種我們實在不想要的後果；讓我們逐漸失去了對自由和民主的信心；讓我們在不同的「不自由」、「不民主」類別裏打轉，而忘了「自由」對「不自由」、「民主」對「不民主」是道德上絕對的差別，一點點不自由和非常不自由，都是「不自由」，都不是好的人類社會生活安排。大暴君和小暴君也都是暴君，在道德上我們絕不能爲了抵制大暴君而替小暴君辯護。同樣的道理，我們不能夠因爲只要不是「極權主義」，連什麼權威主義都可以接受。我們不是常常目睹美國的外交政策犯上這種道德上的錯誤嗎？——只要不是共產黨(左)，各種獨裁都可以支持。

這讓我猛然想到我買的那份月曆裏的警告，它不是在提醒我們，連定義中的「自由民主現代社會」裏都可能有「極權主義」的趨勢和成份嗎？當然，我也不是那麼單純的絕對主義者，我也可能接受「容忍」和「漸進」的可貴，可是問題却在於我們千萬不能忘了，對任何「不自由」「不民主」的容忍都要付出人文代價，除非我們敢擔保，小暴君有一天一定會變好，或是它絕對不會變成大暴君。否則，絲毫的容忍都會帶來「漸退」，人類的自由和尊嚴都會受到摧殘。顯然，在倫理上我們不能接受這種結果。

四

二十世紀的再思考

剛出版的「再訪一九八四：我們這個世紀的極權主義」(1984 *Revisited: Totalitarianism in our Century*)，由紐約市立大學 Irving Howe教授主編，一共收有十三篇文章，我花了幾天的工夫，從頭讀完每一篇。它是一本好書。這十三篇文章可分成兩類，一類直接探討《一九八四》裏的若干概念、想法和預言，譬如說 Irving Howe 自己的文章主要在歐威爾的一九八四裏「權力」的概念，卽黨的權力。Howe 最有趣的部份是他討論歐威爾在一九八四裏對「普羅」（the proles）的處理。一九八四裏的普羅是被黨視爲無望的社會階級，對黨的權力根本不會有任何威脅。雖然，溫斯頓在日記上曾經寫過「如果有任何希望（去反抗），那要靠普羅」。不過，那只是無奈的表現。歐洲戰後的歷史也多少說明工人（普羅）曾扮演過實質的反抗角色，從一九五六的東柏林到一九六八的法國，再從匈牙利的革命到波蘭的工聯。在這點上，Howe 認爲，歐威爾似乎是小看了普羅的潛在「權力」。Mark Crispin Miller 則特別提出一九八四的極權是要讓個人消失，讓所有的差異、不滿、比較都不存在，也就是讓社會對所有的事物都不在乎，都無所謂，具體的說就是無力和無奈。前面曾提及的 Elain Hoffman Baaruch 則分析一九八四裏的性與愛。Bernard Arishai 討論一九八四裏的語言、知識、和「民主」的關係。Luther P. Carpenter 用《一九八四》做爲他在紐約市立大學一個學院教歷史時的教材，他的文章就是在分析這些學生讀完《一九八四》後的反應。

第二類的文章則完全投入於探討「極權主義」的種種，其定義、其內涵、其歷史、其發展以及其未來。Robert C. Tucker 提醒說極權主義裏的「老大哥」不光只是無形的「體制」，「老大哥」更是有形的「人」，極權的「統治者」畢竟是看得見的，譬如說墨索里尼、史大林、希特勒和毛澤東。這一點他認爲是過去分析「極權主義」的理論家所忽視的。Michael Walzer 分析了他所謂的「失敗的極權主義」，亦卽不完美的極權統治，他警告說，不能因爲有些權威政權不是「完全」的控制，就去替它辯護，他更警告說，失敗的極權主義，一且「救世」的使命不能實現，暴政就馬上出現。著名的波蘭學者 Leszek Kolakowski 很生動的指出極權主義中「謊言」的功能，他用《一九八四》中眞理部的職掌來說明極權政治爲什麼要改變人民的「記憶」和「歷史」。他更用波蘭工聯的個案來說明共產統治「合法性」危機的問題。在1957年寫過《新階級》一書的 Milovan Djilas 在分析了「史大林極權主義的解組」(The Disintegration of Leninism Totalitarianism) 分別在蘇聯、東歐和西歐的實際狀況和比較其彼此的差異之後，對極權主義的未來作了若干的預測：包括古典史大林主義意識型態的下跌，取代之可能是愛國的國家主義的擡高；經濟體制的改革會再繼續放鬆；黨的官僚體制中軍事力量會一再擡頭，目前看到的蘇聯軍事帝國主義就是一個趨勢，但因此也將引起愈來愈多的反抗。他更悲觀的指出史大林極權主義的解組，帶來的不是和平和安詳，而是新的風暴和流血。西德柏林大學的 Johanno Strasser，則從另一角度提醒讀者，近代西方科技和經濟的成長，雖然促成了現代民主的基礎，但是它也埋藏了「極權」和「不民主」的危機。James B. Rule 更進一步警告目前西方民主社會裏，高度現代資訊科技的發展，事實上已經種下了「極權控制」的種子，個人的隱私權已經遭到威脅。Robert Nisbet 則追溯二十世紀極權主義的歷史根源，他認爲可以推到法國革命時期的絕對統治，最後一篇長文是老牌研究極權主義專家Richard Lowenthal 寫的〈超越極權主義？〉(Beyond Totalitarianism?) 他指出極權主義目前的轉化是走向一種「後極權」(Post-totalitarian Regine) 的形態，但不能過分樂觀的誤以爲就是「自由化」和「民主化」，因爲它通常出現的新統治階級只是從一個絕對的專制獨裁，轉變成爲更具官僚化的寡頭專制。Lowenthal 分析了蘇俄和中共的最近政治變遷，就是持這種看法。他更預言第三世界的法西斯獨裁，將會與宗教的傳統主義愈來愈發生關聯，這點顯然是當年歐威爾所沒有預料到的。

五

再訪一九八四，心情是沉重的。不只是看到類似歐威爾的一九八四在許多共產主義的國度裏一再重演，更感覺到一些一九八四的趨勢也在我們的「民主」「自由」的世界裏滋生。個人、個體、獨立、尊嚴、隱私這些基本的「人權」似乎愈來愈脆弱，愈沒有保障。政府權力的無限擴張，科技的助長其威力，更令人擔憂。

是時候在自由民主的國度裏，採取制度化改革的行動，來防止這些極權因子的蔓延。否則，等到要像溫斯頓和茱麗亞靠偷偷做愛來表達反抗，已經太來不及了。

——1983年12月17日凌晨於波士頓

73. 1. 10.《中國論壇》199 期

華府四日遊：
一個社會學家的遊記

楔　　子

美國的「國際交換學者委員會」 (Council for International Exchange of Scholars) 每年都會爲來自世界各國的「傅爾博萊特學者」(Fulbright Senior Scholars) 在華府安排一次訪問研討會，今年也不例外。加上今年的十一月六日是美國總統大選的日子，所以這次的研討會主題就訂爲「一九八四年大選」(Campaign 84)。三、四月之交的華府是遊訪的好季節，也如此，會期安排在三月中下旬，自十八日到二十一日爲期四天。由於主辦單位還爲與會學者的家眷安排訪問參觀的行程，我們一家三人就趁這機會從波士頓飛往華府，做四日之遊。時隔數月餘，回想那四日的所見所思很有意思，就寫下來，做爲留念。

這次參加華府研討會的學者有八十幾位，分別來自三十五個國家。大概大都是所謂「資深」學者，大都携兒帶眷，第一天的「華府歷史探源之遊」，就出動了四部大型遊覽車。幾天來大夥兒相處在一起，挺熱鬧的。

韓僑「老人大學」

我們是十七日黃昏搭「平民航空公司」(People Express) 從波士頓到華府。但在紐澤西的紐瓦克機場接客，停了三十餘分鐘，所以按照直飛只需一小時又五分鐘的行程，這一來一共要花上三個小時才到。不過，搭平民航空公司的飛機是省了不少錢，通常來回要付上二四〇美金的機票，如果搭週末或晚上的班次，來往只需九十美金，一差一倍多，我這次在美國旅行就搭了好幾次平航。

十七日晚上，我們住在內人宇香當年大學同班同學的家，她已婚，先生是位心理學家，姓明，現有一男一女。明家住在已算是華府郊區維基尼亞州的 Fairfox 郡。是相當典型的中產階級郊區。那夜，對宇香來說是老友相聚，恨不得透夜長談，我只奉陪到深夜一點多就去睡了。第二天，我才知道他們兩位却一直聊到凌晨四點鐘。明家的老太太幾年前從韓國移民來美，這一年來在這一帶的韓僑老人社區組織中相當積極，她發動老人們，自組類似的「老人大學」，自投或邀人開授不同文教課程並且還籌措基金辦旅遊活動。明老太太自己教的是指壓。我因爲做過臺灣老人福利的研究，所以跟她聊了不少有關老人社區活動的事。她精神之好，令我欽佩不已。據我所知，這樣子的韓僑老人社區組織恐怕還是東亞僑民社會中的創舉，很值得推廣到華人社區裏去，一方面可以讓老人們有繼續學習、相互慰藉和排遣時間的機會，另一方面還可以因此解決不少兩代移民之間的緊張關係。說來也很有意思，近日我就聽到一些有關東亞移民老人的研究，像紐約州大（水牛城）社會系的姜泰植教授（韓人）做舊金山和紐約的韓僑老人社會適應問題，伊利諾大學（芝加哥分校）社會系的劉融教授

（華人）則做芝加哥一帶的華僑老人心理健康問題的研究。加州聖荷西州大的李欽湧兄（社工）好像也在做有關當地移民老人的心理和福利的研究，似乎申請做老人研究的錢仍然很豐富，聯邦政府的老人署一直有錢提供做學術界研究之用，但過去只做白人老人，很少去做到亞洲老人，直到近來才有這類的研究出現。我覺得這些無計其數的老人研究，如果能夠整合起來，將會更有政策性的意義。

靈火與十字架

第二天（十八日），在明家吃完正統的韓式早餐之後，明家夫婦開車送我到華府市中心的「品質客棧」(Quality Inn)，這是主辦單位特地安排的旅館，我們將從十九日開始在這裏住兩個晚上。在二樓註册領取研討會資料之後，就參加了「華府歷史探源」的旅遊活動。在巴士上義務導遊先生帶著我們沿途細數華府城內的各個聯邦機構，從國會到聯邦儲備局，從司法部到中央情報局，我們也看到各國遊說利益團體集中的那條街，像全國教育協會，和美國勞工聯盟等，他們的總部就設在華府中心區，離國會不遠，顯然是爲了方便與國會議員們進行溝通和遊說。我一向對這種「多元政治」體制下的遊說政治很感興趣。雖然有時也會有強吃弱，大吃小或勾結的情事發生，但大體來說，積極的利益團體和健全的遊說政治旣是民主的條件，也是它的產物。臺灣近年來的消費者運動所採取的路線就是在漸漸走這種遊說的策略。我認爲這是今後任何社會運動都將不可避免的一條路，也是值得鼓勵走的唯一一條路。遊說所牽涉到的高度政治藝術和組織，也都是臺灣的社會運動和政治改革團體所應好好學習的大學問。

一路上，我們參觀了華盛頓紀念碑、林肯紀念堂、傑佛遜紀念堂，馳名於世的櫻花大道都在眼前，可惜還沒有開花。直到今天，華府的任何建築物都不准高於華盛頓紀念碑，爲的是不要破壞其高聳的觀瞻，因此所有的摩天大樓都蓋到鄰近的 Alexandria。導遊並且還提到一件有趣的野史，現在變成美國速食重要部分的法國炸薯條(French Fries) 就是當年傑佛遜總統引進來的，爲什麼? 沒有人知道。這大概就是所謂「傳統的創造」吧！在阿靈頓國家公墓，我們看到了甘迺廸總統墓前不斷的靈火，和司法部長羅勃甘迺廸墓前那座樸素的小白色十字架。據說這是羅勃生前的遺囑上所交代的。生前再有名，再有權，死後仍只是一堆黃土、一把火，或是一座十字架。唯一不同的是後來人們對不同人物的不同記憶。

從阿靈頓公墓到創造美國歷史的「維濃山莊」(Mount Vernon)，沿途的景色都展現出初春的氣息，良欣很是興奮，他在這段路程上的情緒比在國家公墓時要好得多，他不了解爲什麼那麼多死人要埋在一起。生前的榮耀和死後的名聲，對一個六歲的小孩來說是太深的奧秘。

誰是華盛頓

在維濃山莊我們參觀了華盛頓的故居，主屋是一幢很樸實的兩層殖民時代的建築物，但整個山莊佔地却是非常大，現佔有五〇〇公畝的地是開放參觀的。附屬的建築物不少，譬如說馬廐、洗衣房、農具間、奴隸住所等等。這樣的一個山莊比起我在英國看過的貴族大家的農莊大宅，實在是小家子氣多了，氣派和擺設也都小得多。這當與早期的移民背景有關。整個山莊的生態和景觀却是很美，如果照中國人的說法就是「風水」很好。同來參加這次研討會的中研院史語所所長丁邦新兄嫂（在密西根大學客座）和政大政治系的曾濟羣（在喬治城大學客座），也對山莊的「風水」讚賞不已。

正巧在這一天，兩家電視臺都在這裏做專題採訪的節目，大概是在推動對山莊和華盛頓的紀念熱潮，好像是CBS的記者吧，他特地訪問小孩子。良欣這一個東方面孔的小孩被他看上，他上前來訪問良欣，下面是他們的對話：

記者：「你從那裏來？」

良欣：「臺灣。」

記者：「你知道誰住過這裏嗎？」

良欣：「不知道。」

記者：「華盛頓，他是美國的第一任總統。」

良欣：「噢！」

記者：「你喜不喜歡這裏？」

良欣：「喜歡。」

記者：「爲什麼？」

良欣：「這裏很不錯！」(It is nice.)

良欣這一回答，引起在場的參觀者都笑了。隨後記者轉向攝影機說道：「這裏很不錯，大概就是吸引這麼多人來參觀的最好理由！」

結束半天的華府之遊，回到旅舍已經將近六點鐘。明家夫婦在六點鐘又開車來接我們。當晚我們在宇香的另一位從小就一齊長大的朋友家作客。她先生是學經濟的，現任職世界銀行，也在天主教大學的經濟系攻讀博士學位，他對中國經濟問題一向很有興趣，不過，他有意思在近年內轉到AID任職，並想能夠到非洲做有關非洲發展問題的研究工作。晚餐是一頓非常豐富的韓國大餐，華府一帶的海鮮也是有名的，餐桌上就有一大鍋螃蟹。我是好吃海鮮的人，尤其是螃蟹，明太太就特地準備這一鍋，表示對我這個「中國女婿」的歡迎和認可！

美利頓國際會館

籌辦這次大會所有議程和活動事宜的是「華盛頓國際中心」(Washington International Center, WIC)，它是美利頓國際會館(Meridian House International, MHI)屬下的五個機構。美利頓國際會館是在1950年成立的一個接受聯邦經費與非營利性組織，它的功能是提供各式各樣的服務和活動給來自世界各地的官方訪客，包括外交使節、訪問學人、工商業、新聞界的訪客等。它一年有七百一十萬美元的經費，手下有分散在全美各地十八個地區七十五萬的義務工作人員在配合會館的文教服務活動。光是華府一帶，就有二七六二個具有外交人員身分的外國訪客，MHI下面就有另一個機構叫做「迎賓和諮詢服務」(The Hospitality and Information Service, THIS) 專門服務這一批外交人員的家屬，小到托兒、租房子的事，他們都幫得上忙。前面所提到的「華盛頓國際中心」是專門安排與國際發展總署(AID) 或官方有關的外國學者或學生，給他們各種不同的簡介活動(Orientation program) 或是討論會。傅爾博萊特基金會是美國官方的交換學人計畫，所以這一次就交由會館下的國際中心來主辦。會館的現任理事長何瓦先生 (John Jova) 本身就曾是一位資深的外交官，他曾經擔任過中南美幾個國家的大使，美利頓會館的宗旨是扮演「來到美國的門道」和「通往世界的窗戶」。何瓦先生在國務院歡迎參會學者和家眷的午宴上說，「誰知道? 我現在所做的事可能比我過去所做的大使工作更有意義，也更為重要！」國民外交的重要，沒有人會否認，但怎麼做才有效，則是大學問。每年拿七百多萬的錢又這麼有系統有組織來做這種國民外交才是大手腕。在臺灣，政府一直在喊國民外交，可是却沒組織沒計畫在做，爲什麼不能也像美國一樣由政府拿錢出來，但讓民間來做呢?

美利顛國際會館的會址設在一幢一九二〇年代蓋好，十八世紀法國建築風格的三層樓房，原來的主人也曾是外交官。我們幾天的研討會大多數都在二樓的音樂室舉行。在歐洲幾個地方跑過之後，對這種十八世紀的建築，也愈能欣賞其中的精緻和線條。

國務院裏的室內裝潢

提到建築和室內裝潢就使我不禁想起那天在國務院八樓富蘭克林國宴廳 (Benjamin Franklin State Dining Room) 的午宴。八樓整個樓面都是用來接待和款宴美國的官方外賓之用，通常就統稱爲「國務院外交接待廳」(State Department's Diplomatic Reception Rooms)，有大有小適合於不同場合之用。每個廳房都用一個早期總統的名字稱呼，如傑佛遜廳、亞當廳、門羅廳、麥廸森廳，還有就是上面的富蘭克林國宴廳等。從一九六一年外交接待廳正式開設讓總統、副總統、國務卿接待國賓以來，這八樓的全部室內裝潢可以說是索然無味（照現在的裝潢水平來看），典型的現代室內空間擺設，低頂、高窗、水泥地板上舖著牆角到牆角的一色地毯、桌椅、沙發、燈飾也是現代那種單調的設計和擺設。後來經過國務院內的「美術委員會」(The Fine Arts Committee)的努力，二十年來一直在重新設計和裝潢這許許多多大小不一的宴客廳。譬如說傑佛遜廳在1974年全部翻新，裝潢成十八世紀的 Palladian 形式，亞當廳也被重新設計成爲十八世紀時的Chippendale 風格。其他如電梯間、走道、會客室、女賓和男賓休息室，也都一一全部翻新，裝潢成爲不同風格的十八世紀時美國的建築和藝術形式。所有擺設的家具、掛畫、和擺飾也全部是從全國各地收藏家收購而來。全都是道地的古董珍品。我們用午餐的富蘭克林國宴廳是最大的宴客廳（101×54英尺），目前還沒有重新裝飾，看起來就顯得單調多了。計畫中是要拿掉現有的落地窗和鋼板，重新設計它的大理石地板，要把它整個變成十八世紀到十九世紀初期的美國大宴廳，估計的花費是一百萬美元。

重新設計裝潢和購置十八世紀的家具，所需的費用是由國務卿和「美術委員會」主席出面，邀請各界名流認捐，或加入或爲支持會員，會費從五〇〇美金到二十五萬美金不等。

國會階前的耶穌

在開會期間，主辦單位還安排了國會山莊（衆議院和參議院）和白宮的參觀行程。這兩個地方我們都只是走馬看花。在衆院前面，目睹一羣人爲維護公立學校恢復公開禱告的修憲法案而在衆院散發傳單，並且還豎了一尊耶穌的偶像，爲的是影響當天衆院議員的投票。雷根總統眼看大選來了，爲了爭取保守派的票源，明明自已是一個歷任總統最少上教堂的一個人，却提出恢復學校公開禱告的修憲案。這一來，引起保守與自由兩派國會議員激烈的爭議，社會上，尤其是宗教團體更是積極熱烈的在遊說，一時不只變成華府的熱門政治新聞，更是全國各地地方上的話題。如果衆院通過之後，就得送到參院去投票，結果是連衆院都沒通過。如果我要是有權投票我也是會投反對票的，基於兩個信念；宗教不要與政治目的混在一起，宗教也不該與教育宗旨相混淆。我第二天看報紙知道投票結果時，突然又想到昨天在國會階前的那尊耶穌像，不知今天還在不在？

在兩院裏，我們分別到議壇會場瀏覽一番。在參院會議席上找到麻省愛德華·甘迺廸議員的席位，他坐的位子原本可以往前移，以顯示出資歷的深淺，但他爲了紀念其先兄，仍然坐在先兄當年坐的右後角的座位上。在我們走出來的時候，在參院外的草坪上，「大右派」的高華德議員則正在接受電視記者的訪問。我們這一小組參觀後，就到司法部的餐廳吃午飯。

白宮裏的女人

去年六月中旬，我曾在白宮面前等著一位朋友碰面，記得白宮面前鐵欄干外走道旁沒有任何障礙物。這次再訪白宮，已看到一列水泥的障礙物，赫然在那裏，爲的是加一道設防怕恐怖分子開自殺飛車衝進白宮。在白宮幕僚辦公室的進口處，檢查更是森嚴，又是對身分證，又是瞧護照的。白宮的內外景觀和裝潢，說來都還很不錯，但比起歐洲的任何貴族的大花園或是城堡來說，還是小器得多，雖然格局和廳院的分佈擺設與英國很接近，不過却有美國的特色。我想在這種小地方也總該要顯示出不同，否則獨立革命不就突顯出它的絕對必要性嗎？誰入主白宮，在那四年當中，對白宮的景觀和裝潢也多少會有一些加加減減或更動，或是增設一個花園，或是更動一下各個廳房的用途。在這方面，白宮女主人（第一夫人）就經常是關鍵性的人物。不過，幾位曾經住在白宮裏的女士，如卡特夫人、福特夫人、艾森豪的孫女等，在最近的一次聚會裏，則感嘆說當白宮裏的女人往往會失去自我，總是只被認同是某某的太太，某某的女兒，或是某某的兒子的太太或姊姊……「自我」往往消失掉，所以她們建議，未來將生活在白宮裡的女人們一定要先自我肯定，做一番心理建設。我在想，是不是也由於爲克服她們自我的消失感，因此就藉由對白宮裏面空間的支配和改變，來平衡和突顯白宮女人的個性？這只是我的一個假設。不過，從環境心理學的觀點來看，未必只是胡思亂想。

文化的硬體與軟體

宇香和良欣在我開會期間，主辦單位都安排有到博物館和藝術館的參觀節目。他們去了「美國歷史博物館」(Museum of American History)、「太空博物館」(Air and Space, Museum)、「國家藝廊」(National Gallery of Art)、「兒童博物館」(Childrens Museum) 等。

對提昇全民的文化生活品質的功能來說，這類博物館的設立是很重要的。但要能發揮它應有的文化教育作用，就不能不講究它的設計和管理品質。用句老話，不只是硬體建設，更要注意軟體的建設。

想到硬軟體的建設，就讓我想起那晚我與宇香到「甘迺廸中心音樂廳」(Kennedy Center Concert Hall) 聽國家交響樂團演奏的感受。甘氏中心不但是道地一流的硬體建築，也更有一流的軟體節目。宇香在出來的時候，問我爲什麼臺灣不能也有像這樣有水準的音樂廳，我那時的回答是說「沒錢」。事後再多想，我懷疑不光只是錢的問題，可能更嚴肅的還是我們的觀念問題，包括我們對「表演藝術」(Performing Arts) 的看法，對藝術人才的培養和支持，還有我們對所謂「文化建設」的認識。藝術文化不單單與經濟有關，也更與政治和意理有關。

在華府那四天，除了對美國總統大選的是非和表裏這一類「政治問題」，有進一步的認知之外，讓我感受最深的就是上面這些建築、藝術、音樂等一類的「文化問題」了。

73.10.2.～10.3.《美洲中國時報》副刊

再訪愛渠

二月中旬，我們全家從波士頓回水牛城（Buffalo）舊地重遊。水牛城對我來說有特殊的意義。我在那裏結婚，我們的老大在那裏出生，我在那裏讀了五年研究院，拿了學位。我在那裏不但專攻「發展社會學」，還在那裏接觸到有關環境問題的理論與實際。紐約州立大學（水牛城校區）的「環境研究中心」就是讓我開始進入環境研究領域的地方，而附近尼加拉市的愛渠（Love Canal），則是讓我親身目睹環境災害所製造的人文與社會問題。

愛渠在還沒有變成可住地以前就是一條渠道，在二次大戰期間（1942～1952）前後，虎克（Hooker）化學公司買下來這條渠道，做為堆填其化學廢料的掩埋場，就這樣在那十年當中，這條水道就變成了新生陸地，沒多久，虎克竟將這塊新生地以一美元象徵性的賣給當地的教育局，做為與建小學以及平價住宅的用地。當時是皆大歡喜，尼加拉市解決了因人口壓力而面臨的建地問題，虎克也做了順水人情，更可以說是它處理掉了一個潛在的定時炸彈。二十幾年來，倒也沒有什麼明顯的可疑跡象。

直到七十年代中期，那幾年雨雪都特別多，每次大雨一完，居民總會看到地面上裂出一道道帶有化學惡臭的水溝，校園裏、居家的地下室牆角、街道旁都看得見，這時候愛渠居民開始緊張了。這是在1976到1977年之間，市、州政府在當地居民一再抱怨之下，也開始勘察和調查，但步驟非常緩慢。反映出這些官員對當地居民的焦慮和擔心並不那麼認眞。直到當地的「住屋所有人協會」組成了到處陳情，並引起紐約時報頭版頭條新聞的注意，上級政府才眞正重視愛渠化學污染的嚴重性。白宮於1978年 8 月 7 日宣布愛渠爲「緊急災區」。同時，開始協助當地居民疏散，搬離愛渠災區。我在離開水牛城的前一個月，卽1979年 7 月，又去了一趟愛渠，那時的愛渠已是一座空城，當地藍領階級和勞工的住家，一排排房子門窗都釘了木條。已有幾百家人都搬走了，但是政府的遷移補助費却不足夠讓他們到外地買同樣的房子，許多人家就在附近租房子、或是買小一點的房子、或是長期住汽車房子。環境保護機構和衞生單位也在開始進行所謂之彌補清理工作，希望能將這一大塊被當地化學廢料污染的地表能夠清除，挖地抽泥的工程也眼看著在1979年夏天大規模的開始。

四年過後的今天我再回去看愛渠。凄涼的景況益復有加，可是政府的擧動却沒有什麼進展，這包括四年前沒解決的兩個嚴重問題：對搬走居民的全盤健康檢查和對化學污染對人體影響之鑑定（已有報告發現有過多的流產率）；亦卽對整個災害地區是否可能消除掉化學毒物，又是否可以再適合人居住？尤其是這個「可居性」的問題特別複雜，牽連也最大，如果不可居，那麼政府或有關單位勢必要賠償居民的地價。問題就出在如何決定「可居性」。這過去三年當中「環境保護署」和「健康和人類服務署」出面都分別做了調查，結論却是彼此衝突；一個說可以，一個說不行。結果是另一個單位「技術評鑑署」說，上面兩個結論都錯，因爲他們所依據的資料和研判方法論都有問題。於是乎就在我再訪愛渠的那一天（二月十日）一個新的單位「技術評估委員會」也到了現場。他們的工作就是去重新建立一個可靠的「方法論」。等到有了那個可靠的「方法論」之後，才去判斷愛渠是不是可以再讓人回來居住，時間又成爲當地受害居民最大的敵人。

就這樣，官僚的作業過程一拖再延，在所謂「嚴謹、科學」的美名之下，把政府不負責任的態度却掩蓋起來了。同時，這種拖延的戰術、官僚的作風，也慢慢在把受害居民的種種社會心理傷痛和付出的生命財產代價遮蓋起來，想藉著人們日益淡忘的記憶，來不了了之這場可怕的人爲災害。

再訪愛渠，讓我的心情愈加沈重，也對官僚這個大機器裏的非人性成分愈加寒心。

73.4.25.《美洲中國時報》副刊

採訪臺北性格：

垂直化、夜間化和國際化

已經有不少的都市規劃、環境工程、人口學、都市社會學、都市經濟的專家曾經對臺北市的未來做了專業的預測。我的專長不在上述的範疇裏，但我却是一個從小在臺北市長大的社會學者。我雖然花相當大的精力在農業及鄉村研究上，但私生活的活動空間却還是在都市裏。因此，我對臺北未來的推測，大體上該說是體驗和觀察的結果，再加上一些訓練出來的「社會學想像」。

我生在南昌街公賣局的小職員宿舍裏，是一棟日式的房子，沒幾年就搬出來，住在當時還叫做漳州街的地方，靠近植物園和南機場一帶。從童年開始，一直到大學畢業，我的生活和學習活動範圍都沒有超過古亭區，成長的空間也完全是「平房式」的，也就是一個屋頂下只有一戶，完全沒有「屋頂上有人住」的生活方式。所以我的鄰里關係，只有左鄰右舍，或是前家後宅，是一種前後左右「平行」的社會互動關係，而沒有上下「垂直」的社會性來往。但隨著都市人口的集中，公寓和大厦開始成爲臺北生活的流行空間之後，大多數臺北人的鄰里社會關係也就從平行化慢慢轉變到垂直化。

我是民國六十八年從美國讀書回來之後，才開始我的垂直化臺北社會生涯。這種垂直的社會網絡，對今天大多數的臺北人而言，已經是必然的空間生活方式。未來的臺北生活內容也將顯現愈來愈「高」的垂直社會關係。愈來愈多你的鄰居和朋友將是在你屋頂上的十幾層高處或是你地板下的十幾層底。這種社會關係空間分佈的改變是有意義的，但現有的若干都市生活規範却仍然停留在平行的格局，將來垂直「居戶權」的重視和維護是值得重視的問題。

在我的記憶裏，過去社會生活的活動也都發生在白天，到了午後十點、十一點，社會生活都該停擺。可是，由於研究工作的習慣，使得我的夜間生活却愈來愈頻繁。我也同時發現，臺北的夜間人口也愈來愈多，許多新生的夜間職業更是愈來愈多。在夜間進行的經濟、社會、文化活動也就隨著擴張。換句話說，臺北都市生活的時間、層面，已經大幅度的從白天延長到夜晚。在未來，臺北將是會愈接近「不夜城」的風格。隨著而來，市政管理及都市社會控制的夜間化也就將是不可避免的問題。

我小時候，非臺灣、非中國的印象還是很少，除了中山北路一帶有美軍出入之外，就只是市招上的英文字了。實際生活方式還完全是中國式的，慢慢的，不只是招牌上的表面國際化而已，臺北生活的食、衣、住、行、育、樂各個內在生活內容也都愈來愈國際化。除了艋舺、大龍峒還「很臺灣」之外，臺北的市容實在也沒有太多的本土味道。先是美國潮，接著是香港熱，現在又吹著東洋風。現在的臺北已經好像愈來愈不屬於臺灣或中國，它的未來，國際化的色彩也將持續的愈來愈濃。以前的臺北市長說要把臺北建設成爲一個具有中國特色的現代化城市，我有點懷疑它的具體內容會是一個什麼樣的東西。

我的臺北生活體驗直覺的告訴我，未來臺北的空間生活是垂直化，時間向度也會是擴張到夜間化，而臺北市容和生活內涵變化更是不可逃避的走向國際化。　　75. 6. 7.《聯合報》副刊

不是遊記的「遊記」

這次有機會帶大四畢業班去環島旅行，一共跑了六天，走橫貫公路，東海岸，然後南橫和高速公路一路下來，雖仍是走馬看花，倒也瞧了不少地方。同時，讀社會學的「瘾」犯上以後，連旅行遊覽，也都清閒不下來。回來以後，許多感想總覺不說出來不痛快，下面就是我這六天的「社會學」之旅。

現代人和時間表

現代人實在是被「時間」所支配，這六天裏頭，大夥兒一直都被行程逼著。於是乎，這種趕時間的旅行「組織」就非常重要，要有人安排行程時間表，不但食宿，連遊山玩水的興致起伏，都得按表實施，更改不得。在南部碰上了媽祖進香團，我看他們這些阿公阿婆也被有規律的組織起來，組織的力量仍然是「時間」。有人研究一般人的「時間」運用，分爲「約束時間」，就是指工作和上班，在這段時間內要從工作單位的作息表及進度，另外是「自由時間」，包括休閒活動、娛樂節目如讀報、看電視等。其實，所謂「自由」，還是擺脫不了時間表的約束，看電視就是一個明顯的例子。有學者說，重視時間的，才是現代人。現在想一想，或許應該說，能夠忍受時間表擺佈的就是現代人。那些阿公阿婆，別看他們年紀一大把，對「時間」的崇拜，尤其是趕遊覽車開車時刻到廟裏進第一根香的「吉時」，更是不敢違背。你能說，他們是「不守時」的傳統人嗎?

大學女生拜神求籤

在臺南、北港和鹿港一帶，我們一路在不少的廟宇停下來「參觀」，我是參觀，可是許多女同學却眞的跑去求神求籤，有的說是求前途，有的說是求婚姻，有的說是求家運。看她們燒香燒「金紙」的樣子，不像是姑且信之，更不像是好玩的樣子。她們是眞的相信。記得我小時候，也跟著家人四處到廟裏燒香拜佛，只希望各關聯考能順利，那時候「制約」得很相信，考前總要「習慣性」的去向衆神報到，才能心安也才有信心。但那多少是有「現實」的意味，解的是眼前的未知數。到了大學之後，我就開始反抗，不去信神。

我看我周遭的朋友也大多跟我一樣。可是，這些比我年輕十歲，大學就要畢業的準學士，却一個個抽著籤要我這個老師解籤。我在想，我當初不信神，只是對當時家人壓力的一個反抗呢？還是眞的不信「神」，不迷信？我的這些學生，他們虔誠的相信神，是不是更有一種比較「成熟」的宗教態度呢？或是他們也受到了這幾年的「鄉土熱」衝擊，對地方民間信仰也重新帶上一種虔誠愛膜的「浪漫」色彩？或是他們比我當年對前途的未知數更敏感？……我只感覺，說他們「迷信」是不太公平的。

旅舍、落石和免費廁所

六天在旅途上，看得最多的，也最感到不舒服的就是觀光地區所謂的「免費」厠所和小攤販，有時候，還會看到守在厠所門口賣衛生紙的，竟然也一邊在賣小吃。這種情景，再跟所有名勝的髒亂無序一起看，實在讓人懷疑，我們的觀光事業是怎麼做的。談起觀光，總免不了要扯到旅館來，這六天裏爲了省錢，學生不是住統舖，就是住八人一間的上下床舖，我倒是有「套房」可以住，唯一可觀的是浴室的存在，我的套房就變了公共浴室，因爲統舖的浴室厠所實在太髒了。

房間裏有現代的電視，但插頭壞了不來修，有現代的抽水馬桶，但不通暢，有現代的彈簧床，但床單不換，棉被罩更是不用說了……這些都是地方上旅舍的典型寫照。要怕這些，就得花大筆錢，住所謂的「觀光」級飯店。問題是，這不變成有錢人才能享受到清潔和舒適的旅行？白天呢？付了過路費，却會無緣無故被紅旗一擋，說前面炸山，得在花東公路上等一個小時，或者得提心吊膽的躲沒有被清除掉的落石，我在想爲什麼不能做比較有效率的協調？炸山應該有個時間限制，總不能一高興就炸呀！清除落石，也總該可以有固定的流動工程隊呀？這些雖都是小事，却充分表現行政單位在觀念上的落伍和輕率，以及他們對所謂「國民」公共生活品質的蔑視。這實在是要不得。

東西部的不均衡發展

從西部尤其是北部到東部的遊客，都會讚嘆東部自然天景之美，可是可曾連帶也考慮到東部在過去三十年的國家經濟發展過程中，被忽視的一面？上次我到東部，是十年前。十年當中，這一前一後，我得到的感覺和印象，東部仍然是沒有多大變化。海岸線上的民舍仍是老舊單調，臺東仍是起色不了，它的夜市跟十年前比較起來，竟然沒有更熱鬧，夜市的景觀是很可反映一個地方經濟的好壞，東海岸的海鮮到那裏去了？是不是都被收購賣到西部、北部去了？在許多公共建設投資上，東部要比西部落後多了，他們交稅却沒有打折扣的享受。沿途看到那些生活在東海岸的小孩子們在打赤脚的戲耍，他們看起來很快樂、很自由，這也許比西部都市小孩幸福。整個社會環境和條件、包括教育、信訊、文化……却要比西部的都市小孩差得太多了，這些「結構上」的不公平都是生下來就加上去的限制，這就難免影響了他們未來的成就潛力。這還能說是公平競爭嗎？

公衆安全政府要先負責任

一連串的公衆安全不幸事故發生，使得本來是輕鬆愉快的旅行，搞得學校和系裏都很緊張，要家長寫同意書，要領隊寫同意書，（聽起來眞像在寫具結書），弄得我這個要負責任的領隊，沿路上也一直不敢放鬆神經，臨走前系主任的叮嚀，敎官像託負大任似的口氣，總聽起來很不是味道。爲什麼會這樣子呢？難道說路基壞了，不能修？平交道不能事先多考慮、多設計？平時的交通秩序又難道不能先下工夫研究改革？這些潛在危險原來都是可以透過「公共政策」的改革而減少的，現在却要分攤到每一個可能碰上了的人身上。這總是不太對勁的事。

政府單位似乎要更積極主動的去負起責任來，事先就先考慮類似公衆安全的防範，在根本上消弭它發生的可能性。而不應該用消極禁止或用「我早就告訴你不要去」來自我安慰自我解嘲。那是官僚式的不負責任。

六天了，總算把三十多位國家的大學生平安無事的送回來，想想我還眞是替國家做了一件功德無量的好事哩！

70. 3. 16.《民生報》

滄海叢刊已刊行書目(八)

書名	作者	類別
文學欣賞的靈魂	劉述先	西洋文學
西洋兒童文學史	葉詠琍	西洋文學
現代藝術哲學	孫旗譯	藝術
音樂人生	黃友棣	音樂
音樂與我	趙琴	音樂
音樂伴我遊	趙琴	音樂
爐邊閒話	李抱忱	音樂
琴臺碎語	黃友棣	音樂
音樂隨筆	趙琴	音樂
樂林蓽露	黃友棣	音樂
樂谷鳴泉	黃友棣	音樂
樂韻飄香	黃友棣	音樂
樂圃長春	黃友棣	音樂
色彩基礎	何耀宗	美術
水彩技巧與創作	劉其偉	美術
繪畫隨筆	陳景容	美術
素描的技法	陳景容	美術
人體工學與安全	劉其偉	美術
立體造形基本設計	張長傑	美術
工藝材料	李鈞棫	美術
石膏工藝	李鈞棫	美術
裝飾工藝	張長傑	美術
都市計劃概論	王紀鯤	建築
建築設計方法	陳政雄	建築
建築基本畫	陳榮美、楊麗黛	建築
建築鋼屋架結構設計	王萬雄	建築
中國的建築藝術	張紹載	建築
室內環境設計	李琬琬	建築
現代工藝概論	張長傑	雕刻
藤竹工	張長傑	雕刻
戲劇藝術之發展及其原理	趙如琳譯	戲劇
戲劇編寫法	方寸	戲劇
時代的經驗	汪琪、彭家發	新聞
大眾傳播的挑戰	石永貴	新聞
書法與心理	高尚仁	心理

滄海叢刊已刊行書目(七)

書名	作者	類別
印度文學歷代名著選(上)(下)	糜文開編譯	文學
寒山子研究	陳慧劍	文學
魯迅這個人	劉心皇	文學
孟學的現代意義	王支洪	文學
比較詩學	葉維廉	比較文學
結構主義與中國文學	周英雄	比較文學
主題學研究論文集	陳鵬翔主編	比較文學
中國小說比較研究	侯健	比較文學
現象學與文學批評	鄭樹森編	比較文學
記號詩學	古添洪	比較文學
中美文學因緣	鄭樹森編	比較文學
文學因緣	鄭樹森	比較文學
比較文學理論與實踐	張漢良	比較文學
韓非子析論	謝雲飛	中國文學
陶淵明評論	李辰冬	中國文學
中國文學論叢	錢穆	中國文學
文學新論	李辰冬	中國文學
離騷九歌九章淺釋	繆天華	中國文學
苕華詞與人間詞話述評	王宗樂	中國文學
杜甫作品繫年	李辰冬	中國文學
元曲六大家	應裕康 王忠林	中國文學
詩經研讀指導	裴普賢	中國文學
迦陵談詩二集	葉嘉瑩	中國文學
莊子及其文學	黃錦鋐	中國文學
歐陽修詩本義研究	裴普賢	中國文學
清真詞研究	王支洪	中國文學
宋儒風範	董金裕	中國文學
紅樓夢的文學價值	羅盤	中國文學
四說論叢	羅盤	中國文學
中國文學鑑賞舉隅	黃慶萱 許家鸞	中國文學
牛李黨爭與唐代文學	傅錫壬	中國文學
增訂江皋集	吳俊升	中國文學
浮士德研究	李辰冬譯	西洋文學
蘇忍尼辛選集	劉安雲譯	西洋文學

滄海叢刊已刊行書目(三)

書名	作者	類別
疑不懼	王洪鈞	教育
化與教育	錢穆	教育
育叢談	上官業佑	教育
度文化十八篇	糜文開	社會
華文化十二講	錢穆	社會
代科學	劉兆璸	社會
界局勢與中國文化	錢穆	社會
國家論	薩孟武譯	社會
紅樓夢與中國舊家庭	薩孟武	社會
社會學與中國研究	蔡文輝	社會
我國社會的變遷與發展	朱岑樓主編	社會
開放的多元社會	楊國樞	社會
社會、文化和知識份子	葉啓政	社會
臺灣與美國社會問題	蔡文輝 蕭新煌主編	社會
日本社會的結構	福武直著 王世雄譯	社會
三十年來我國人文及社會科學之回顧與展望		社會
財經文存	王作榮	經濟
財經時論	楊道淮	經濟
中國歷代政治得失	錢穆	政治
周禮的政治思想	周世輔 周文湘	政治
儒家政論衍義	薩孟武	政治
先秦政治思想史	梁啓超原著 賈馥茗標點	政治
當代中國與民主	周陽山	政治
中國現代軍事史	劉馥著 梅寅生譯	軍事
憲法論集	林紀東	法律
憲法論叢	鄭彥棻	法律
師友風義	鄭彥棻	歷史
黃帝	錢穆	歷史
歷史與人物	吳相湘	歷史
歷史與文化論叢	錢穆	歷史

滄海叢刊已刊行書目(六)

書名	作者	類別
卡薩爾斯之琴	葉石濤	文學
青囊夜燈	許振江	文學
我永遠年輕	唐文標	文學
分析文學	陳啓佑	文學
思想起	陌上塵	文學
心酸記	李喬	文學
離訣	林蒼鬱	文學
孤獨園	林蒼鬱	文學
托塔少年	林文欽編	文學
北美情逅	卜貴美	文學
女兵自傳	謝冰瑩	文學
抗戰日記	謝冰瑩	文學
我在日本	謝冰瑩	文學
給青年朋友的信(上)(下)	謝冰瑩	文學
冰瑩書柬	謝冰瑩	文學
孤寂中的廻響	洛夫	文學
火天使	趙衛民	文學
無塵的鏡子	張默	文學
大漢心聲	張起鈞	文學
回首叫雲飛起	羊令野	文學
康莊有待	向陽	文學
情愛與文學	周伯乃	文學
湍流偶拾	繆天華	文學
文學之旅	蕭傳文	文學
鼓瑟集	幼柏	文學
種子落地	葉海煙	文學
文學邊緣	周玉山	文學
大陸文藝新探	周玉山	文學
累廬聲氣集	姜超嶽	文學
實用文纂	姜超嶽	文學
林下生涯	姜超嶽	文學
材與不材之間	王邦雄	文學
人生小語(一)(二)	何秀煌	文學
兒童文學	葉詠琍	文學

滄海叢刊已刊行書目(五)

書名	作者	類別
中西文學關係研究	王潤華	文學
文開隨筆	糜文開	文學
知識之劍	陳鼎環	文學
野草詞	韋瀚章	文學
李韶歌詞集	李韶	文學
石頭的研究	戴天	文學
留不住的航渡	葉維廉	文學
三十年詩	葉維廉	文學
現代散文欣賞	鄭明娳	文學
現代文學評論	亞菁	文學
三十年代作家論	姜穆	文學
當代臺灣作家論	何欣	文學
藍天白雲集	梁容若	文學
見賢集	鄭彥棻	文學
思齊集	鄭彥棻	文學
寫作是藝術	張秀亞	文學
孟武自選文集	薩孟武	文學
小說創作論	羅盤	文學
細讀現代小說	張素貞	文學
往日旋律	幼柏	文學
城市筆記	巴斯	文學
歐羅巴的蘆笛	葉維廉	文學
一個中國的海	葉維廉	文學
山外有山	李英豪	文學
現實的探索	陳銘磻編	文學
金排附	鍾延豪	文學
放鷹	吳錦發	文學
黃巢殺人八百萬	宋澤萊	文學
燈下燈	蕭蕭	文學
陽關千唱	陳煌	文學
種籽	向陽	文學
泥土的香味	彭瑞金	文學
無緣廟	陳艷秋	文學
鄉事	林清玄	文學
余忠雄的春天	鍾鐵民	文學
吳煦斌小說集	吳煦斌	文學

滄海叢刊已刊

書名	作	
歷史圈外	朱	
中國人的故事	夏雨	
老臺灣	陳冠	
古史地理論叢	錢	
秦漢史	錢穆	
秦漢史論稿	刑義田	
我這半生	毛振翔	
三生有幸	吳相湘	
弘一大師傳	陳慧劍	
蘇曼殊大師新傳	劉心皇	傳
當代佛門人物	陳慧劍	傳
孤兒心影錄	張國柱	傳
精忠岳飛傳	李安	傳
八十憶雙親 師友雜憶 合刊	錢穆	傳
困勉强狷八十年	陶百川	傳
中國歷史精神	錢穆	史
國史新論	錢穆	史
與西方史家論中國史學	杜維運	史
清代史學與史家	杜維運	史
中國文字學	潘重規	語
中國聲韻學	潘重規 陳紹棠	語
文學與音律	謝雲飛	語
還鄉夢的幻滅	賴景瑚	文
葫蘆・再見	鄭明娳	文
大地之歌	大地詩社	文
青春	葉蟬貞	文
比較文學的墾拓在臺灣	古添洪 陳慧樺主編	文
從比較神話到文學	古添洪 陳慧樺	文學
解構批評論集	廖炳惠	文學
牧場的情思	張媛媛	文學
萍踪憶語	賴景瑚	文學
讀書與生活	琦君	文

滄海叢刊已刊行書目（三）

書名	作者	類別
不疑不懼	王洪鈞	教育
文化與教育	錢穆	教育
教育叢談	上官業佑	教育
印度文化十八篇	糜文開	社會
中華文化十二講	錢穆	社會
清代科舉	劉兆璸	社會
世界局勢與中國文化	錢穆	社會
國家論	薩孟武譯	社會
紅樓夢與中國舊家庭	薩孟武	社會
社會學與中國研究	蔡文輝	社會
我國社會的變遷與發展	朱岑樓主編	社會
開放的多元社會	楊國樞	社會
社會、文化和知識份子	葉啓政	社會
臺灣與美國社會問題	蔡文輝 蕭新煌 主編	社會
日本社會的結構	福武直 著 王世雄 譯	社會
三十年來我國人文及社會科學之回顧與展望		社會
財經文存	王作榮	經濟
財經時論	楊道淮	經濟
中國歷代政治得失	錢穆	政治
周禮的政治思想	周世輔 周文湘	政治
儒家政論衍義	薩孟武	政治
先秦政治思想史	梁啓超原著 賈馥茗標點	政治
當代中國與民主	周陽山	政治
中國現代軍事史	劉馥 著 梅寅生 譯	軍事
憲法論集	林紀東	法律
憲法論叢	鄭彥棻	法律
師友風義	鄭彥棻	歷史
黃帝	錢穆	歷史
歷史與人物	吳相湘	歷史
歷史與文化論叢	錢穆	歷史

滄海叢刊已刊行書目(四)

書名	作者	類別
歷史圈外	朱桂	歷史
中國人的故事	夏雨人	歷史
老臺灣	陳冠學	歷史
古史地理論叢	錢穆	歷史
秦漢史	錢穆	歷史
秦漢史論稿	刑義田	歷史
我這半生	毛振翔	歷史
三生有幸	吳相湘	傳記
弘一大師傳	陳慧劍	傳記
蘇曼殊大師新傳	劉心皇	傳記
當代佛門人物	陳慧劍	傳記
孤兒心影錄	張國柱	傳記
精忠岳飛傳	李安	傳記
八十憶雙親 師友雜憶 合刊	錢穆	傳記
困勉強狷八十年	陶百川	傳記
中國歷史精神	錢穆	史學
國史新論	錢穆	史學
與西方史家論中國史學	杜維運	史學
清代史學與史家	杜維運	史學
中國文字學	潘重規	語言
中國聲韻學	潘重規 陳紹棠	語言
文學與音律	謝雲飛	語言
還鄉夢的幻滅	賴景瑚	文學
葫蘆・再見	鄭明娳	文學
大地之歌	大地詩社	文學
青春	葉蟬貞	文學
比較文學的墾拓在臺灣	古添洪 陳慧樺 主編	文學
從比較神話到文學	古添洪 陳慧樺	文學
解構批評論集	廖炳惠	文學
牧場的情思	張媛媛	文學
萍踪憶語	賴景瑚	文學
讀書與生活	琦君	文學

滄海叢刊已刊行書目(五)

書名	作者	類別
中西文學關係研究	王潤華	文學
文開隨筆	糜文開	文學
知識之劍	陳鼎環	文學
野草詞	韋瀚章	文學
李韶歌詞集	李韶	文學
石頭的研究	戴天	文學
留不住的航渡	葉維廉	文學
三十年詩	葉維廉	文學
現代散文欣賞	鄭明娳	文學
現代文學評論	亞菁	文學
三十年代作家論	姜穆	文學
當代臺灣作家論	何欣	文學
藍天白雲集	梁容若	文學
見賢集	鄭彥棻	文學
思齊集	鄭彥棻	文學
寫作是藝術	張秀亞	文學
孟武自選文集	薩孟武	文學
小説創作論	羅盤	文學
細讀現代小説	張素貞	文學
往日旋律	幼柏	文學
城市筆記	巴斯	文學
歐羅巴的蘆笛	葉維廉	文學
一個中國的海	葉維廉	文學
山外有山	李英豪	文學
現實的探索	陳銘磻編	文學
金排附	鍾延豪	文學
放鷹	吳錦發	文學
黃巢殺人八百萬	宋澤萊	文學
燈下燈	蕭蕭	文學
陽關千唱	陳煌	文學
種籽	向陽	文學
泥土的香味	彭瑞金	文學
無緣廟	陳艷秋	文學
鄉事	林清玄	文學
余忠雄的春天	鍾鐵民	文學
吳煦斌小説集	吳煦斌	文學

滄海叢刊已刊行書目(六)

書名	作者	類別
卡薩爾斯之琴	葉石濤	文學
青囊夜燈	許振江	文學
我永遠年輕	唐文標	文學
分析文學	陳啓佑	文學
思想起	陌上塵	文學
心酸記	李喬	文學
離訣	林蒼鬱	文學
孤獨園	林蒼鬱	文學
托塔少年	林文欽編	文學
北美情逅	卜貴美	文學
女兵自傳	謝冰瑩	文學
抗戰日記	謝冰瑩	文學
我在日本	謝冰瑩	文學
給青年朋友的信(上)(下)	謝冰瑩	文學
冰瑩書柬	謝冰瑩	文學
孤寂中的廻響	洛夫	文學
火天使	趙衛民	文學
無塵的鏡子	張默	文學
大漢心聲	張起鈞	文學
回首叫雲飛起	羊令野	文學
康莊有待	向陽	文學
情愛與文學	周伯乃	文學
湍流偶拾	繆天華	文學
文學之旅	蕭傳文	文學
鼓瑟集	幼柏	文學
種子落地	葉海煙	文學
文學邊緣	周玉山	文學
大陸文藝新探	周玉山	文學
累廬聲氣集	姜超嶽	文學
實用文纂	姜超嶽	文學
林下生涯	姜超嶽	文學
材與不材之間	王邦雄	文學
人生小語(一)(二)	何秀煌	文學
兒童文學	葉詠琍	文學

滄海叢刊已刊行書目(二)

書名	作者	類別
語言哲學	劉福增	哲學
邏輯與設基法	劉福增	哲學
知識・邏輯・科學哲學	林正弘	哲學
中國管理哲學	曾仕强	哲學
老子的哲學	王邦雄	中國哲學
孔學漫談	余家菊	中國哲學
中庸誠的哲學	吳怡	中國哲學
哲學演講錄	吳怡	中國哲學
墨家的哲學方法	鐘友聯	中國哲學
韓非子的哲學	王邦雄	中國哲學
墨家哲學	蔡仁厚	中國哲學
知識、理性與生命	孫寶琛	中國哲學
逍遥的莊子	吳怡	中國哲學
中國哲學的生命和方法	吳怡	中國哲學
儒家與現代中國	韋政通	中國哲學
希臘哲學趣談	鄔昆如	西洋哲學
中世哲學趣談	鄔昆如	西洋哲學
近代哲學趣談	鄔昆如	西洋哲學
現代哲學趣談	鄔昆如	西洋哲學
現代哲學述評(一)	傅佩榮譯	西洋哲學
懷海德哲學	楊士毅	西洋哲學
思想的貧困	韋政通	思想
不以規矩不能成方圓	劉君燦	思想
佛學研究	周中一	佛學
佛學論著	周中一	佛學
現代佛學原理	鄭金德	佛學
禪話	周中一	佛學
天人之際	李杏邨	佛學
公案禪語	吳怡	佛學
佛教思想新論	楊惠南	佛學
禪學講話	芝峯法師譯	佛學
圓滿生命的實現 (布施波羅蜜)	陳柏達	佛學
絕對與圓融	霍韜晦	佛學
佛學研究指南	關世謙譯	佛學
當代學人談佛教	楊惠南編	佛學

滄海叢刊已刊行書目(一)

書名	作者	類別
國父道德言論類輯	陳立夫	國父遺教
中國學術思想史論叢(一)(二)(三)(四)(五)(六)(七)(八)	錢穆	國學
現代中國學術論衡	錢穆	國學
兩漢經學今古文平議	錢穆	國學
朱子學提綱	錢穆	國學
先秦諸子繫年	錢穆	國學
先秦諸子論叢	唐端正	國學
先秦諸子論叢(續篇)	唐端正	國學
儒學傳統與文化創新	黄俊傑	國學
宋代理學三書隨劄	錢穆	國學
莊子纂箋	錢穆	國學
湖上閒思錄	錢穆	哲學
人生十論	錢穆	哲學
晚學盲言	錢穆	哲學
中國百位哲學家	黎建球	哲學
西洋百位哲學家	鄔昆如	哲學
現代存在思想家	項退結	哲學
比較哲學與文化(一)(二)	吳森	哲學
文化哲學講錄(一)(二)(三)(四)	鄔昆如	哲學
哲學淺論	張康譯	哲學
哲學十大問題	鄔昆如	哲學
哲學智慧的尋求	何秀煌	哲學
哲學的智慧與歷史的聰明	何秀煌	哲學
內心悅樂之源泉	吳經熊	哲學
從西方哲學到禪佛教 —「哲學與宗教」一集—	傅偉勳	哲學
批判的繼承與創造的發展 —「哲學與宗教」二集—	傅偉勳	哲學
愛的哲學	蘇昌美	哲學
是與非	張身華譯	哲學